新版

ロシア語
文法便覧

宇多文雄

ГРАММАТИКА
РУССКОГО
ЯЗЫКА

東洋書店新社

はじめに：本書の意図と性格

「三種の神器」

教科書と辞書が語学習得に欠かせない道具だということに異論のある人はいないだろう。しかしもうひとつ欠かせないものがある、と私は考える。文法書である。この3つが合わさって、語学習得のために不可欠な「三種の神器」となる（発音・会話面の音声教材は別として）。

文法書は、初級教科書がくわしくなったようなものだと思っている学習者も多いが、両者は本質的に異なるものである。たしかに通常の初級教科書は文法に基づいて作られてはいるが、そこでは学ぶべき基本事項をわかりやすい順序で提示し、既習の知識の上に次の事項を積み重ねて、徐々に高度化していくことが求められる。だから教科書では、各時点でどの文法関連事項を扱うかは選択的にならざるを得ず（特に初めのうちは、特定のことばかりくわしくやるわけにはいかない）、必要最低限に整理される。学習者は最重要のことだけ（たとえば主な語形変化）を会得して先へ進むことになろう。

また、そういう初級教科書では、文法説明をなるべく早く、ひとわたりすませる必要がある。さもないと、生きたロシア語に向かい合う本来の学習が始められないからである。一方、整理のための順序はあるが、文法書は知識を順に積み重ねるものではない。その代わり、各項目については辞書同様、その本なりの十分な説明がなされるはずである。

初級教科書終了時点では、学習者の知識はまだ不十分なので、生きたロシア語に立ち向かう前に、各種参考書（中級教科書）で足慣らしをする。これらの参考書の多くは、まとまったテクスト（会話のやり取りもふくむ）を読み進む形で、いろいろな文法事項や表現方法を解説するから、学習者の知識不足は徐々に解消され、ロシア語能力は向上することになる。

しかしそのまま「慣れによる学習」の段階に入ってしまうので、文法の法則をきちんとまとめ、より高度な水準で学ぶ機会は与えられない場合が多い。それでよいのだろうか。「文法」は初級教科書ですむのだろうか。あとは個別の知識をふやし、「慣れ」を重ねればよいのだろうか。おとなになってから外国語を学ぶのに、初級教科書に書かれた法則と体系だけで十分なのだろうか。中級レベル（またはその上）の学習者が、その段階で利用する教科書、参考書以外の道具は辞書である。しかし、必要な道具は辞書だけだろうか。

辞書はありがたい道具であるが、辞書で解決できない問題は多数ある。たとえば名辞類の格がもつさまざまな機能は、用例にぶつかるごとに理解、記憶するしかないのだろうか。また動詞の体の働きは、個別の用例の問題なのだろうか。これらの、参考書の関連事項解説や、辞書による語彙別の解説からはみ出してしまう問題を、体系的に与えてくれるものがどうしても必要なはずである。

学習形態（または投入時間数）や関心分野（読解なのか、会話なのか）が異なるさまざまな学習者のために、辞書では扱えない事項を、それぞれの学習者が必要に応じて調べることができるように作られた文法の便覧がどうしても欠かせない。すなわち、多くの中級教科書のように話題別、問題別ではなく、全方位の姿勢で作られ、秩序だった整理がなされているもの。そのように編集された文法書こそが、第三の「神器」となり得るはずである。本書はそれを目指してロシア語の法則性を全体的に解説した参考書である。

文法を何か堅苦しい、おもしろくないものとして敬遠する傾向が最近は強いように思われる。しかし幼児のようにひたすら暗記して外国語を身につけるのではなく、論理で理解・納得したうえで体系的に習得する必要がある成人学習者が文法を避けていたらかえって手間がかかり、知識が不正確になるだけの話である。しかも、暗記しただけの知識は忘れやすい。

文法書は、成人学習者のためにロシア語の構造を解き明かし、理解と習得を能率よく助けるだけではない。文法書の形をとれば、純粋な文法事項とはいえない多数の表現法の情報に関しても、文法の関係項目に応じて配分・添加することができるので、成人学習者の理解と知識に秩序が生じるのである。この秩序は文法書の構成としてだけでなく、学習者の頭の中に関してもいえることである。

本書の性格

本書の最大の目的は、学習者が座右において辞書のように簡単に不明な点を調べることができると同時に、ロシア語の実用能力を自分で高めることができるような文法知識を提供することである。そこで従来の正統的・学術的な文法書とは多少趣を異にする執筆・編集方針をとった。

1.「引ける」ようにしたこと

成人学習者は、外国語を秩序ある法則体系として取り入れなければ、上達できない。しかも文法による秩序を理解すれば、新たな自分の疑問または不明点がそのいずれに関するものかがわかり、文法書から必要な説明箇所を見つけ出すことができるようになるわけである。辞書にならぶ「神器」であるためには、学習者が求める必要な情報を自分で探し出せる、つまり「引ける」参考書でなければならない。本書は、そのような構成をとり、提示するように心がけたつもりである。

さらに「引きやすく」するために、巻末には説明全項目を網羅した詳細目次をつけた。通常の書籍なら索引の形をとるところだろうが、さまざまな事項の多くが一箇所でかためて扱われる本書の特徴からすると、このような形にしたほうが利用しやすいと考えたからである。

また同じく巻末に、実際に索引が必要で有効になる場合を想定して、単語理解の鍵になる接頭辞・接尾辞などの構成要素や、前置詞・接続詞などの補助的機能語に関するロシア語索引をつけた。

2．実用性の重視

正統的・学術的文法書の代表である（ソ連）科学アカデミーの文法書の規模は、版にもよるが、百科事典のような大判で、2～3冊合計1500ページ以上もある。そんな内容を、日本語でA5判500ページ程度に納めようとするのだから、項目を大幅に取捨選択し、説明を簡素化しなければならない。その際に本書が基準としたのが「実用性」である。つまり日本人学習者にとって重要な、基本的で典型的なこと、役に立つと思われることを重視して整理し、それ以外はかなり省略した。

ロシアにはакадеми́ческая грамма́тикаに対して、練習問題つきのпракти́ческая грамма́тика「実用文法」と呼ばれるものがある。ふつう学校生徒や外国人学習者はこれで文法を学ぶ。練習問題こそないが、本書の目指すところはこれに似ている。正統的な学術的文法書と比べるなら、本書はпракти́ческая грамма́тикаであり、「参照文法」（リファレンス・グラマー）である。

3．「わかりやすさ」の重視

従来、どの分野においてもロシア人の説明は、一般的に長い文章（テクスト）によるくわしい叙述であることが多かったように思う。正直なところ、必ずしもわかりやすいものではない。本書ではなるべくそのような説明を避け、箇条書きや一覧表を多用した。当然その過程で、問題の単純化、微細な部分の切捨てなど、学術的な厳密さを欠く危険も生じるが、実用主義の基本方針に従って、かなり思い切った整理を施した。

4．自習教科書でもある

本書は「引く」だけでなく、自習教科書として読まれることも想定している。純文法書の枠組みからは逸脱することがらも、中級学習者の実力向上に有用だと思った場合は積極的に取り上げげた。たとえば、習得を容易にするための分類、学習者への助言、ことばの構造を分析すべき文法書の枠を超えた個別の表現法の提示などである。逆に、実用能力向上にはあまり関係なさそうな理論や歴史にはあまりふれなかった。

前もってお断りしておくが、第Ⅲ部の語順とイントネーションの部分は文法書というよりも、完全に外国人学習者向けの「教科書」の域を出ていない。

ところで、文法は膨大・複雑なロシア語の世界を生物分類図のように樹木状に、かなり精密に分類するが、一方で生きたロシア語の個々の問題は、生物分類の場合とは異なって、多くの分類項目にまたがり、相互に関連する。そこで本書では多くの箇所に「～（別項目）参照」という注をつけた。重複を避けるとともに、関連問題を立体的に把握するための便法である。

本書のページ数は少ないとは言えないが、以上の方針のせいもあって、扱い得た情報量は、必ずしも十分ではない。ロシア語の本格的、学術的な構造分析を目的とする人は、ロシアで出版される専門文献を利用していただきたい。

文法の整理を試みた本書が、ロシア語を構成する無数の要素を秩序立てて身につけることに少しでも貢献できたら幸いである。

本書の構成

言語とは、四次元の世界にたとえることもできるほど複雑なものであろう。その多数の構成要素は立体的ともいえる多様な相互関係でからみ合い、しかも時代とともに変貌してゆく。そのような、ある特定言語の構造を分析しようとするのが文法である。

ロシア語の文法研究は長い伝統をもち、精緻に発達した体系をなしている。それはたとえばソ連科学アカデミーの文法書の形で共有されている。しかし今も述べたように、本書はそのアカデミー文法の縮小版のようなものではない。基本的にはそこで構築された体系に依拠しているが、本書は上に述べた点を目的とし、それに応じた特色をもっているので、教科書的・参考書的性格も有している。

ロシア語文法は３つの部分から構成される。**音声論（фоне́тика）**および音

韻論（**фоноло́гия**）、**形態論**（品詞論）（**морфоло́гия**）、**統語論**（構文論[1]）（**си́нтаксис**）である。音声論および音韻論はことばの音声部分、発音の諸問題を扱う。形態論は個々の単語の性質、特に変化の諸問題を扱う。したがって形態論の対象は単語であり、主要な分類項目は**品詞**（**ча́сти ре́чи**）である。

それに対し、統語論は単語と単語の結びつき、およびそれらがつくり出す文というものがもっている諸問題を扱う。だから統語論では、文の構造を論じる場合、品詞分類とはべつに、主語・述語・補語などの、別の分類法である「**文の成分**（文肢）」（**чле́ны предложе́ния**）を使用する。これによって語（語結合）が文章の中でもつ機能に応じて分類し、語群と文の意味と働きを把握するのである。

通常の文法書はこの3分類に従って編集されるが、参照文法である本書の第Ⅰ部には音声論・音韻論だけでなく、語の構成（単語の成り立ちぐあい）もふくめた。これは本来形態論で扱うべき事項だが、本書の第Ⅱ部は品詞別の構成をとっており、「語の構成」の問題はどの品詞にも関わるので、まとめて前へ出すことにした。

第Ⅱ部では形態論を、第Ⅲ部では統語論を扱う。ただし、場合によっては厳密な文法上の分類には従わず、「はじめに」で述べた本書の目的に応じた扱い方をしている。たとえば、通常は統語論の従属複文の箇所で扱われる問題（さまざまな従属節の性格）を、むしろ第Ⅱ部形態論の接続詞のところでくわしく扱った。

第Ⅰ部では音声論の説明、特に個々の発音に関する説明を簡略化した。実用能力向上の見地からすれば、発音上の問題に関しては、文法書による分析知識を増大させるよりも、ネイティヴ教員の指導や音声教材の利用によって、現実を「体で」会得することのほうが重要だと考えたからである。

また、第Ⅱ部「形態論」中の140「格の機能」、特にその中のそれぞれの格を要求する動詞・前置詞の項は、単語間の関係を扱うのだから、本来統語論の語結合の問題であり、また前置詞の問題である。

しかし、ロシア語の運用能力向上を目指す日本人の学習者にとって、それぞれの格にどのような用法があるのか、どの動詞がどの格の補語を要求するのか、どの前置詞がどの格をとって、どういうときに用いられるのかは、なるべくまとめて知りたい重要事項であって、統語論の中で学術的に分類され

---

[1] シンタックスは、主として文章の構造と、その中で果たす単語の役割を論じるものだったので、しばしば構文論というわかりやすい訳語が使われたが、単語間の関係も重視して、統語論という、ちょっと意味のとりにくいことばが標準的となった。

た膨大な語結合に関する諸問題（その中の多くは、ロシア語実用能力向上のためには、必ずしも関係ないと思われる）の中に埋没してしまうと使いにくい。またそれぞれの動詞や前置詞の用法なら、辞書で調べることもできる。そこでこれらの問題は、「格の機能」として名詞の項目にまとめるほうが、実用的な目的にかなうと判断した。

このように、多くの問題を一般的になじみが深い形態論の箇所で扱ったため、該当の第Ⅱ部が相対的に大きなものとなり、第Ⅲ部（統語論）が小さくなった。

また語結合の問題の多くは、従来の「構文論」、つまり動詞と補語、定語と被限定語、さらには定語間の諸問題と重複する。そこで、アカデミー文法書のように語結合問題を独立させてそれに多くのページをさく必要があるのかどうか、という問題が生じる。本書ではそれは避け、第Ⅲ部「統語論」の語結合の項目においては原理的な説明にとどめ、実質的部分（用法）は品詞を扱う第Ⅱ部「形態論」と、それぞれの文の成分の項目に分散させた。

そのような独自の配分もあるが、本書は基本的には標準的な文法項目に従って構成されており、学習者が辞書のように「引いて」利用することができるようになっている。

目次

第Ⅰ部　音声論、音韻論、語の構成

第Ⅱ部　形態論（品詞論）語の性質、変化、用法

第Ⅲ部　統語論（構文論）語結合、文の種類、文の構成

第Ⅰ部　音声論、音韻論、語の構成

序論

100. 音声論、音韻論

110. 文字と発音

120. 発音の諸問題

200. 語の構成

210. 概説　語の構成要素

220. 名詞の構成（接尾辞による分類）

230. 形容詞の構成（接尾辞による分類）

240. 動詞の構成

250. 複合語、合成語、略語

序　論

第Ⅰ部ではまず**音声論**（**фоне́тика**）、**音韻論**（**фоноло́гия**）を扱うが、「はじめに」でも述べたように、音声の分析はある水準におさえ、あまり詳細なものにはしていない。

一般に「ロシア語はほぼ書かれたとおりに発音される」といわれるが、ちょっと綿密な音声学的観察をすれば、各文字は場合により、多様に発音し分けられていることがわかる。その現象は詳細に分析され、その発音の差は国際音声字母（IPA）によってもかなりの程度表現できる。

ただ煩雑さを避けたかったことと、音声そのものを掲載できない印刷物としての限界を考慮して、発音の説明をあまり細かい点までは扱っていない。IPA による発音表記も示したが、あまり厳密ではない段階にとどめた。原則としてわが国の初・中級の学習者の間で現在広く用いられている、木村彰一他編博友社『ロシア語辞典』（1995 年（改訂版））と同じ水準である。

標準的な文法書では、音声論・音韻論の部ではそれ以外の問題にふれないが、本書では引き続き**語の構成**（**словообразова́ние**）を扱っている。この問題は本来、文法の中心問題とされている形態論に属すものだが、本書の第Ⅱ部「形態論」は品詞別になっており、語構成の問題はどの品詞にもかかわるので（つまり、語形変化以前の問題といえるので）、品詞各論に入る前にまとめておいたほうが好都合だと思われるからである。

ロシア語では各品詞が特有の形態をもっており、特有の変化をするので、知らない語彙から成り立つ文でも、形を見ればどれが主語、補語であり、形容詞、副詞であるか、また述語動詞の時制が何であるか、かなりの程度推測できる。別の言い方をするなら、品詞区別を示す接尾辞（および語形を示す語尾）の知識は欠かせない。さらに、数の限られた接頭辞が、各品詞にほぼ共通の意味変化をもたらす。つまりロシア語においては、語の構成に関する知識が実用能力拡大にもたらす効果がきわめて大きいのである。本書では語構成の理論、歴史、多様性などにふれるよりも、語彙力拡大に有効と思われる問題を多く取り上げた。

100. 音声論、音韻論

110. 文字と発音

111. ロシア文字と音

ロシア文字アルファベット

<table>
<tr><th>活字体</th><th>筆記体</th><th>名称</th><th>活字体</th><th>筆記体</th><th>名称</th></tr>
<tr><td>А а</td><td>А а</td><td>[á]</td><td>Р р</td><td>Р р</td><td>[ér]</td></tr>
<tr><td>Б б</td><td>Б б</td><td>[bé]</td><td>С с</td><td>С с</td><td>[és]</td></tr>
<tr><td>В в</td><td>В в</td><td>[vé]</td><td>Т т</td><td>Т т</td><td>[té]</td></tr>
<tr><td>Г г</td><td>Г г</td><td>[gé]</td><td>У у</td><td>У у</td><td>[ú]</td></tr>
<tr><td>Д д</td><td>Д д ∂</td><td>[dé]</td><td>Ф ф</td><td>Ф ф</td><td>[éf]</td></tr>
<tr><td>Е е</td><td>Е е</td><td>[jé]</td><td>Х х</td><td>Х х</td><td>[xá]</td></tr>
<tr><td>Ё ё</td><td>Ё ё</td><td>[jó]</td><td>Ц ц</td><td>Ц ц</td><td>[t͡sé]</td></tr>
<tr><td>Ж ж</td><td>Ж ж</td><td>[ʒé]</td><td>Ч ч</td><td>Ч ч</td><td>[t͡ʃ’é]</td></tr>
<tr><td>З з</td><td>З з</td><td>[zé]</td><td>Ш ш</td><td>Ш ш</td><td>[ʃá]</td></tr>
<tr><td>И и</td><td>И и</td><td>[í]</td><td>Щ щ</td><td>Щ щ</td><td>[ʃ’ʃ’á]</td></tr>
<tr><td>Й й</td><td>Й й</td><td>[ìkrátkəjə]</td><td>Ъ ъ</td><td>ъ</td><td>[t’v’órdɨj | tv’órdɨj znák]</td></tr>
<tr><td>К к</td><td>К к</td><td>[ká]</td><td>Ы ы</td><td>ы</td><td>[ɨ́]</td></tr>
<tr><td>Л л</td><td>Л л</td><td>[él’ | él]</td><td>Ь ь</td><td>ь</td><td>[m’áxk’ɪj znák]</td></tr>
<tr><td>М м</td><td>М м</td><td>[ém]</td><td>Э э</td><td>Э э</td><td>[é]</td></tr>
<tr><td>Н н</td><td>Н н</td><td>[én]</td><td>Ю ю</td><td>Ю ю</td><td>[jú]</td></tr>
<tr><td>О о</td><td>О о</td><td>[ó]</td><td>Я я</td><td>Я я</td><td>[já]</td></tr>
<tr><td>П п</td><td>П п</td><td>[pé]</td><td></td><td></td><td></td></tr>
</table>

1．ロシア文字

33のロシア文字（キリル文字）は、表す音の性質に応じて次のように分類できる。有声子音と無声子音は、相互に対応するものと、対応がないものがある。

硬母音字	а э ы о у		
軟母音字 [1]	я е и ё ю		
半母音	й		
有声子音	б в г д ж з		л м н р
無声子音	п ф к т ш с	х ц ч щ	
記号	ь（軟音記号）　ъ（硬音記号）		

2．母音と子音

子音（**соглáсный звук**）とは、息が吐き出されるときに、歯や舌や唇などによって妨害されてつくられる音である。妨害されてその音が作られる場所を**調音点**（**артикуля́ция**）という。音がつくられるときに声帯が働くものを**有声子音**（**зво́нкий соглáсный**）、働かないものを**無声子音**（**глухо́й соглáсный**）と呼ぶ。声帯から出される音が、口の中で妨害されずに響くものが**母音**（**глáсный звук**）である。舌の位置や唇の形によって口腔の形が変わるので、そこで響く母音にも調音点がある。

調音点によって、子音は次のように分類される。

唇音（しんおん）	п, б, в, ф, м
歯音（しおん）	т, д, с, з, ц, н, л
上顎音（じょうがくおん）	ш, ж, щ, ч, р
中舌音（ちゅうぜつおん）	й
後舌音（こうぜつおん）	к, г, х

語形の変化や文法規則と関係するので、子音を調音点によって意識的に区別しておくことは重要である。

3．硬母音字と軟母音字

ロシア人は、調音点が口蓋化（上あごに接近）した場合に（日本語でいう

---

[1] 子音を示す文字は、特定の子音と対応しているので「子音б」のように呼べるが、ロシア語の軟母音というのは、и以外は厳密には母音と対応しているとはいえないので（j＋母音）、硬軟母音を示す文字は「母音」とは呼ばず、「母音字」と呼ぶ。

と、ア・ウ・オが拗音ヤ・ユ・ヨになったようなもの。前に小さな「イ」をともなう音)、音が「柔らかくなった」と感じ、そういう音を**軟音**(**мя́гкий звук**)と呼ぶ。そうでない音が**硬音**(**твёрдый звук**)である。日本語の場合なら、たとえば「ナ」が硬音、「ニャ」が同じ音の軟音とされるのである。

1.の表を見ると硬母音字と軟母音字が対応して存在することがわかる。この中でыとиは発音上硬軟に対応した同種音とはいえないが、ыは硬く、иは柔らかい、相互に似た音なので、対応するものと認識されている。

4. 有声子音と無声子音

発音するときに声帯が使われるのが有声子音、使われないのが無声子音である。有声と無声が対応している子音(日本語風にいえば濁音と清音の対応)と、対応のない子音がある。ロシア語の発音の上では、有声子音と無声子音の対応は重要である(日本語で、清濁関係を知らないと連濁現象が理解できないように)。

йは発音記号では[j]と表される音で、母音に似ているが、音節を構成しないので(アィ、オィのような二重母音の後半部分として現れる。子音の直後にくることはない)、軟音の子音(半母音)と扱われる。

5. 記号ьとъ

ьとъは独立の音を表さず、直前の文字の音が軟音か硬音であることを示す記号である(日本語の濁点のようなもの)。ьは**軟音記号**(**мя́гкий знак**)と呼ばれ、前の子音を軟化させる。ъは**硬音記号**(**твёрдый знак**)(または分離記号 раздели́тельный знак)と呼ばれ、その前にある子音と次にくる軟母音字が分けて発音されることを示す。革命前は、末尾の子音にいちいちこれをつけていたが(文字自体が軟音を示すч、щにも)、軟音記号がついていなければ硬音である(ч、щ以外)、とすれば足りるわけなので廃止され、発音の分離を示すときだけしか使われなくなった。

112. 個々の文字の発音

　発音習得に際してはネイティヴ・スピーカー（音声教材）を繰り返し聞いて練習することが、学習者にとって最も重要であることは言うまでもない。しかし成人の模倣能力は幼児に比べると低いので、個々の音の調音の仕組みを知ることは、正しい発音を習得するうえで欠かせない。そればかりでなく、そのように意識して発音に努力することは聴解能力、語彙力、文法能力の向上とも密接に結びついている。

　ここでは、ロシア語の個々の母音および子音の音がどのようにしてつくられるかを概説する。同系音の硬音・軟音、有声・無声子音を同時に扱う。図の出所は城田俊『ロシア語発音の基礎』（研究社、1988）による。

1．母音字で表される音（力点のある場合）[2]

а [á] と я [já]

　а [á] は日本語の「ア」に近いが、口をさらに大きく開けて、はっきり発音する。舌は緊張せず、下がっている。а́збука [ázbukə]「アルファベット」、да́ча [dátʃʼə]「別荘」、страна́ [straná]「国」

　я [já] は а の前に [j] が来るので、舌の後部が上がり、軟音となる。日本語の「ヤ」に似た音。я́блоко [jábləkə]「りんご」、сентя́брь [sʼɪnʼtʼábrʼ]「9月」、нельзя́ [nʼɪlʼzʼá]「〜してはいけない」

《а》

э [é] と е [jé]

　э [é] は同じく日本語の「エ」に近いが、口を左右に大きく開けて、はっきり発音する。э́тот [étət]「この」、э́ра [érə]「紀元」、поэ́т [paét]「詩人」。力点がなくても、音の質は変わらない。экра́н [ekrán]「スクリーン」、эне́ргия [enʼérgʼijə]「エネルギー」

　е は母音の前に [j] がくるので、舌の後部が上がる。日本語の「ヤ、ユ、ヨ」を発音するように「エ」音を発音する。ве́чер [vʼétʃʼɪr]「夕方」、не́бо

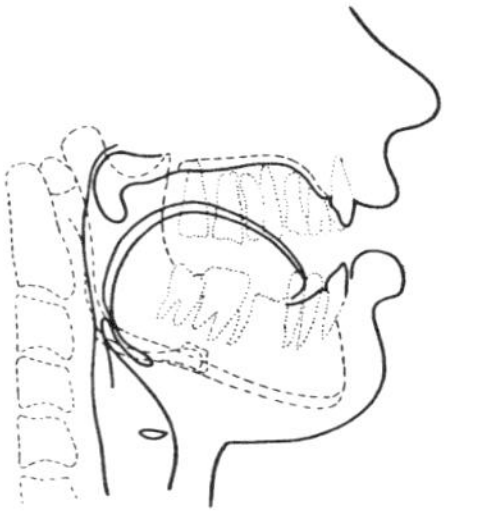

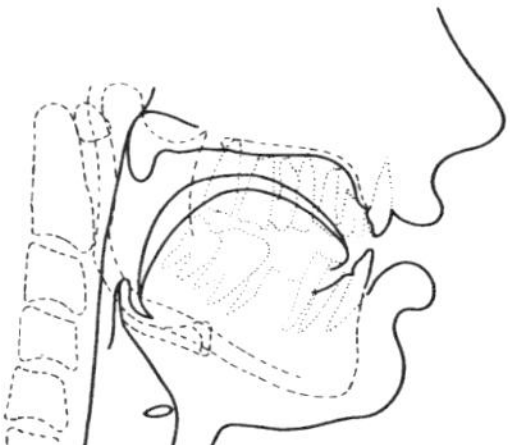

《э》

---

[2] 力点がない場合の母音の発音については、後続 122「特殊な発音」で扱う。

[n'ébə]「空」、Алексéй [al'ɪks'éj]（男の名前）

о [ó] **と** **ё** [jó]

日本語の「オ」はややあいまいな音だが、ロシア語の o の場合は唇を丸めて前へ出し、はっきり発音する。舌はのどの奥へ引かれる。**ó**стров [óstrəf]「島」、своб**ó**да [svabódə]「自由」、окн**ó** [aknó]「窓」

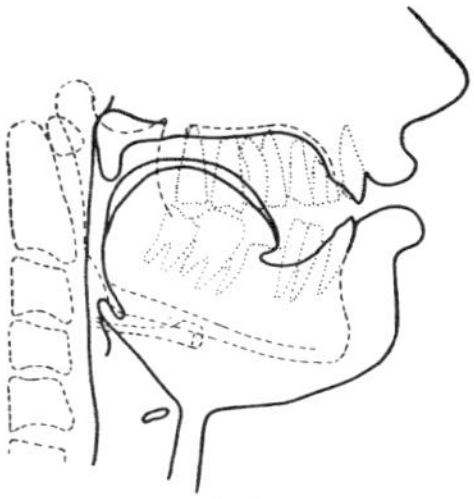

《**о**》

ё の場合は、その前に [j] がくる。なお、ё には必ず力点がある。通常の印刷物では、点々は印刷されないので、e なのか ё なのかを知らなければ発音できない。**ё**мкость [jómkəst']「容積」、дал**ё**кий [dal'ók'ɪj]「遠い」、бель**ё** [b'ɪl'jó]「下着」

у [ú] **と** **ю** [jú]

日本語の「ウ」はかなりあいまいな音だが、y は口笛を吹くときのように唇を丸めて前へ出す。**ý**тро [útrə]「朝」、**ý**лица [úl'iʦə]「通り」。前の子音の口構えが違っていても、初めから唇が丸くなる。м**ý**зыка [múzɪkə]「音楽」、р**ý**сский [rúsk'ɪj]「ロシアの」、к**ý**хня [kúxn'ə]「台所」。力点がなくても、音の質は変わらない。**у**ниверситéт [un'iv'ɪrs'it'ét]「大学」、б**у**мáга [bumágə]「紙」

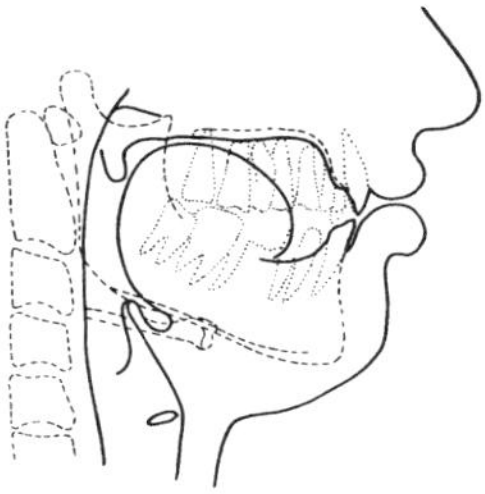

《**у**》

ю の場合は、その前に [j] がきて軟音となる。**ю́**бка [júpkə]「スカート」、бр**ю́**ки [br'úki]「ズボン」、компь**ю́**тер [kamp'úter]「コンピュータ」

и [í]

日本語の「イ」に近い。舌全体が上がる。**и́**ва [ívə]「柳」、л**и́**па [l'ípə]「ボダイジュ」、очк**и́** [at͡ʃ'k'í]「めがね」

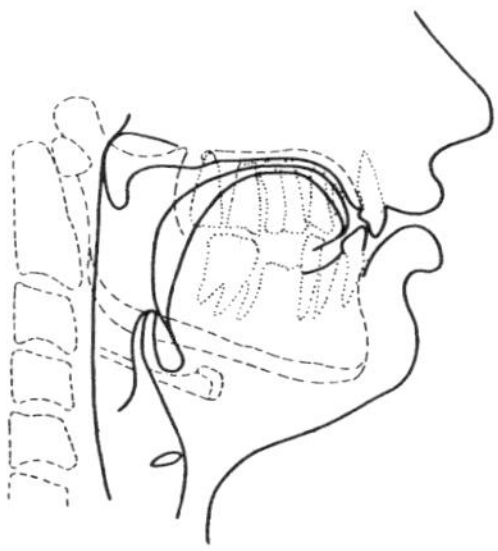

《**и**》

ы [ɨ́]

日本語にも英語にもない音。唇はиのときのように左右に開かれるが、舌はуのときのように奥に上がる。「イ」の口構えで「ウ」を発音するつもりになると、この音になる。**вы́**ставка [vɨ́stəfkə]「展覧会」、чет**ы́**ре [ʧ'ɪtɨ́rɪ]「４」、м**ы́**ло [mɨ́lə]「せっけん」。力点がなくても、音の質は変わらない。в**ы**со́кий [vɨsók'ij]「高い」、весёл**ы**й [v'ɪs'ólɨj]「陽気な」

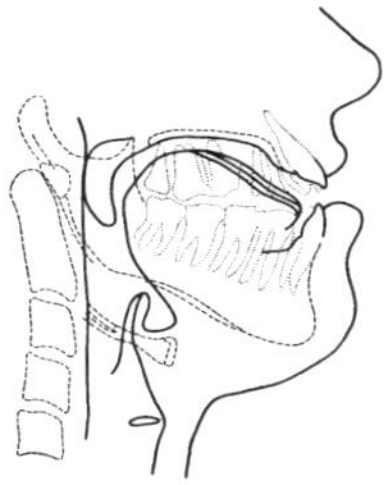

《ы》

２．唇音

п [p] と **б** [b]

пは日本語の「パ」の子音部分とほぼ同じだが、両唇の緊張度が強い。бはその有声音。**па́**с**п**орт [páspərt]「パスポート」、о́**п**ыт [ópɨt]「経験」、кре́**п**кий [kr'épk'ɪj]「強い」、**ба́б**ушка [bábuʃkə]「おばあさん」、ра**б**о́та [rabótə]「仕事」、спаси́**б**о [spas'íbə]「ありがとう」

次に軟母音がくる場合は、日本語の拗音「ピャ、ピュ、ピョ」のようになり、軟音記号がくる場合は、発音の際に [j]「イ」を発音するつもりになる（そのような舌構えにする）ことでその音になる。о**пя́**ть [ap'át']「ふたたび」、**п**ита́ние [p'itán'ijə]「食事」、**пь**е́са [p'jésə]「戯曲」、**б**юст [b'úst]「胸像」、се**бя́** [s'ɪb'á]「自分を」、**бь**ёт [b'jót]「打つ（三人称単数形）」

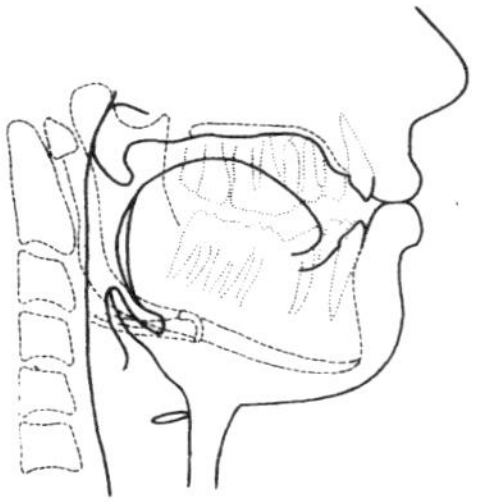

《п, б》

ф [f] と **в** [v]

фは英語の [f] とほぼ同じ。вはその有声音。ただし、英語の [f, v] よりも唇の噛み方が弱く、上の歯を下唇の上におく感じ。**фа́**брика [fábr'ikə]「軽工場」、**фо́**кус [fókus]「手品」、**ф**ило́со**ф** [f'ilósəf]「哲学者」、**в**аго́н [vagón]「ワゴン」、пра́**в**ый [právɨj]「右の」。軟母音字の前では軟化する。с**фе́**ра [sf'érə]「球体」、**вя́**лый [v'álɨj]「しぼんだ」

軟音記号がついた子音の場合は、発音の際に「イ」

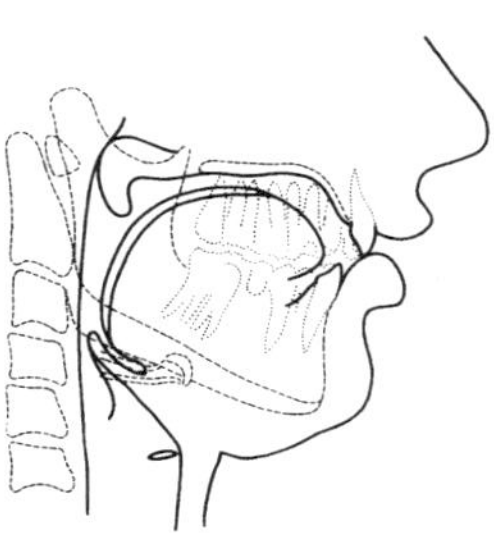

《ф, в》

を発音するつもりになればよい（そのような舌構えにする）。Со́**ф**ья [sóf'jə]（女性の名前）、**вь**юга [v'júgə]「ふぶき」、**Вь**етна́м [v'jɪtnám]「ベトナム」

м [m]

м は日本語の「マ」の子音部分とほぼ同じで、音は鼻をつうじて出る。**м**а́сло [máslə]「バター」、пото́**м** [patóm]「あとで」。軟母音字の前では軟化する。**м**и́лый [m'íɫɨj]「かわいい」、**м**яч [m'át͡ʃ']「ボール」

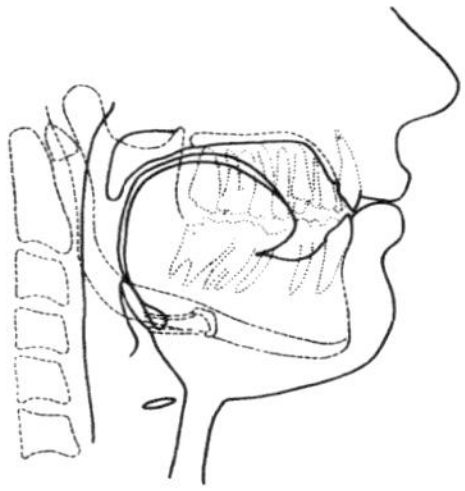

《м》

3．歯音

т [t] と **д** [d]

т は英語の [t] と似ているが（日本語の「タ」の子音部ともほぼ同じ）、舌の先は下の歯につく。д はその有声音。**т**ума́н [tumán]「霧」、**т**руд [trút]「労働」、све**т** [s'v'ét]「光」、**т**у**д**а́ [tudá]「あちらへ」、**д**ы́ня [dɨ́n'ə]「メロン」

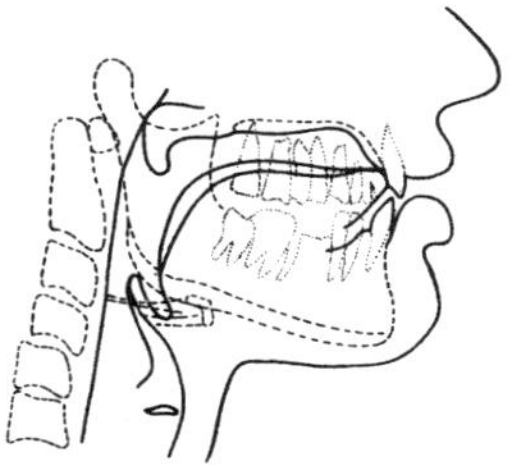

《т, д》

これらの音を軟音化（口蓋化）する場合（次に軟母音字または軟音記号がくるとき）、舌の中央部を上顎に近づける必要がある。まず硬音の発音で舌の位置を覚えると（舌先は上の歯ではなく下の歯の付け根）、口蓋との距離が離れるため、意識的して舌の中央部を口蓋に近づけやすくなる。こうしてできる т (д) の軟音は日本語の「チャ、チ、チュ」などとはまったく異なる音である。**т**ёплый [t'ópɫɨj]「あたたかい」、писа́**т**ель [p'isát'ɪl']「作家」、**т**и́хий [t'íx'ij]「静かな」、Та**ть**я́на [tat'jánə]（女性の名前）、**д**я́**д**я [d'ád'ə]「おじさん」、**д**и́кий [d'ík'ɪj]「野生の」、**д**е́вушка [d'évuʃkə]「少女」、су**дь**ба́ [sud'bá]「運命」

語末が -ть の場合も上と同様にし、「イ」を発音するつもりになると、この音が得られる。この形の単語は数が多いので、特に注意を要する。

с [s] と з [z]

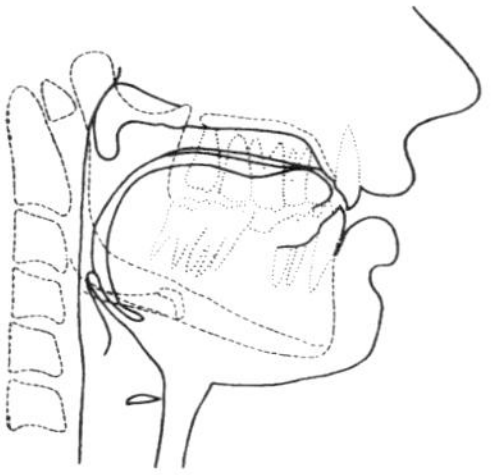

с は舌の先を下の歯の付け根あたりにおくことによって、歯と舌の隙間を空気が通り抜けるときに生じる音。з はその有声音。ただし、с が日本語の「サ」の子音部分とほぼ同じなのに対し、з は純粋に с 音の有声音である。つまり、舌先が上の歯の裏側にふれて短い音をともなう日本語の多くの「ザ、ジ（ヂ）、ズ（ヅ）、ゼ、ゾ」とは異なる [3]。са́хар [sáxər]「砂糖」、Москва́ [maskvá]「モスクワ」、сыр [sír]「チーズ」、зонт [zónt]「傘」、зда́ние [zdán'ijə]「建物」

その軟音はあくまでも [s], [z] が口蓋化した音であって、[ʃ/ʒ] ではない [4]。類似例を求めると、英語の see に似た音であって、she ではない。вся́кий [fs'ák'ɪj]「あらゆる」、сёмга [s'ómgə]「サーモン」、си́ла [s'ílə]「力」、зи́мний [z'ímn'ɪj]「冬の」、зе́лень [z'él'ɪn']「緑」、зять [z'ját']「婿」

ц [ʦ]

日本語の「ツ」の子音とほぼ同じ。ただし、舌の先は下の歯につける。この文字は常に硬音である。цирк [ʦírk]「サーカス」、сце́на [sʦénə]「舞台」、кольцо́ [kal'ʦó]「輪」

н [n]

うしろに硬母音字がくる場合は日本語の「ナ」の子音部とほぼ同じだが、語末にくるときは、日本語の語末の「ン」とは違い、舌全体が上の歯の裏および付け根に強く押しつけられる。そこで、母音はないのに、日本人の耳には「ヌ」のように感じられる。но́та [nótə]「音符」、страна́ [straná]「国」、сон [són]「眠り」、дива́н [d'iván]「ソファー」、каранда́ш [kərandáʃ]「鉛筆」

---

[3] ロシアで出版される和露辞典や日本地図などでは、通常「ザ、ジ（ヂ）、ズ（ヅ）、ゼ、ゾ」は за, зи … ではなく、дза, дзи, дзу, дзэ, дзо と表記される。「伊豆」Идзу、「雑誌」дзасси。
[4]「広島」は Хирошима ではなく、Хиросима。ただし慣用でこれに従わない例もある：「寿司」суши。

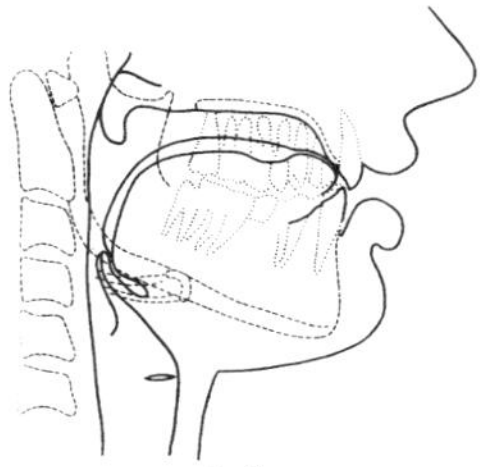

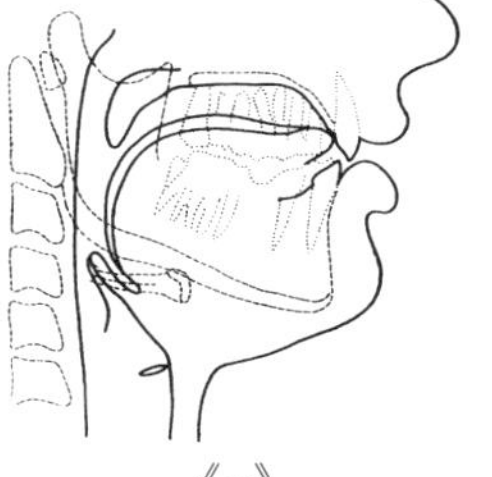

うしろに軟母音字がくる場合は、日本語の「ニャ、ニュ、ニョ」に似た音となる。うしろに軟音記号がくる場合は、発音の際に「イ」を発音するつもりになる（そのような舌構えにする）。**ня**ня [n'án'ə]「乳母」、**ни́**зкий [n'ísk'ɪj]「低い」、те**нь** [t'én']「影」、жиз**нь** [ʒɨ́z'n']「人生」、ко́ре**нь** [kór'ɪn']「根」

л [l]

舌の先端を下の歯の先につけ、舌の前部を上の歯茎に強く押しつけ、母音「ウ」を発音するようにして得られる音。英語の dark l に近い。о́б**л**ако [óbləkə]「雲」、с**ло́**во [slóvə]「単語」、тёп**л**ый [t'óplɨj]「あたたかい」

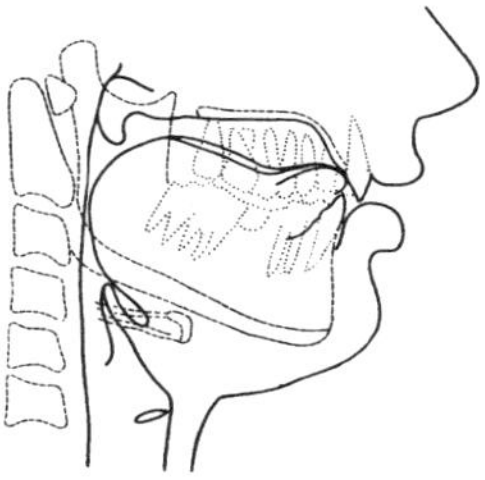

《л》

その軟音は clear l に近い。軟音記号の前にあるときの音は、発音の際に [j] を発音するつもりになる（そのような舌構えにする）ことによって得られる。стре**ля́**ть [str'ɪl'át']「射撃する」、**ли**цо́ [l'iʦó]「顔」、на**ле́**во [nal'évə]「左へ」、то́**ль**ко [tól'kə]「～だけ」、го**ль**ф [gól'f]「ゴルフ」、то́по**ль** [tópəl']「ポプラ」

4. 上顎音

ш [ʃ] と **ж** [ʒ]

どちらも日本語の「シャ」や「ヂャ」とは異なる強い摩擦音。舌先を上顎につけず、舌をひっくり返したスプーン状にし（舌の奥をもちあげ）、舌と口蓋の間にできた隙間に息をとおして出す。どちらの音も常に硬音である。**ш**иро́кий [ʃɨrók'ɪj]「幅の広い」、хоро**шо́** [xəraʃó]「けっこうだ」、**ш**ум [ʃúm]「騒音」、**ж**ест [ʒést]「身振り」、ко́**ж**а [kóʒə]「皮膚」、**ж**ёсткий [ʒóstk'ɪj]「硬い」

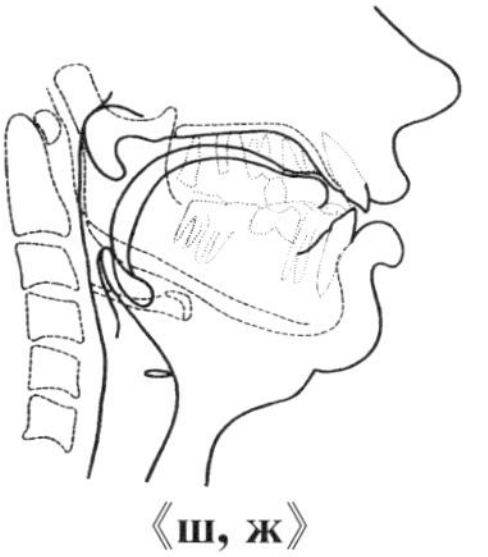

《ш, ж》

щ [ʃ'ʃ']

ш が軟化し、長く発音される音。бор**щ** [bórʃ'ʃ']「ボルシチ」、жé**нщ**ина [ʒén'ʃ'ʃ'ɪnə]「女性」、**щ**ит [ʃ'ʃ'ít]「盾」

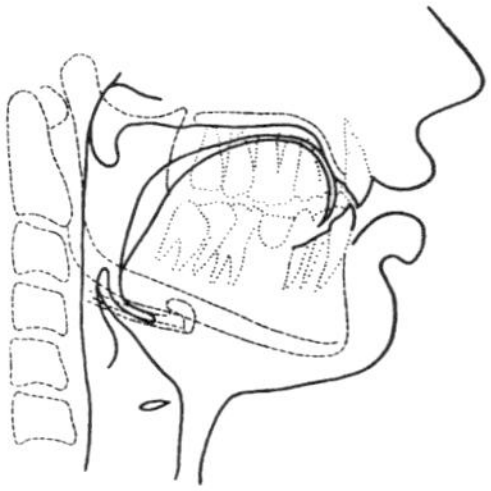

《**щ**》

ч [t͡ʃ']

日本語の「チ」の子音部分とほぼ同じだが、舌の先が歯茎にふれる度合いが強い。これは常に軟音である。**ч**ас [t͡ʃ'ás]「時間」、**ч**ёрт [t͡ʃ'órt]「悪魔」、**ч**и́стый [t͡ʃ'ístɨj]「純粋な」

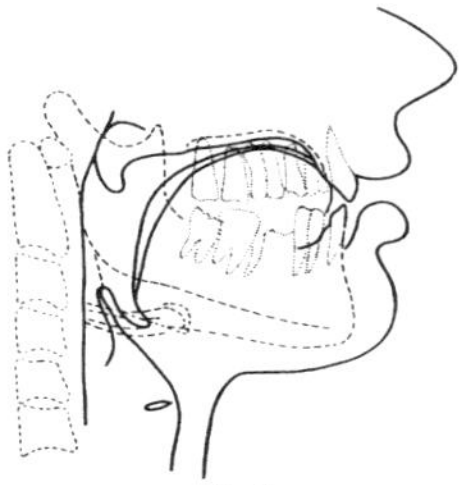

《**ч**》

р [r]

いわゆる巻き舌の音。息によって舌先が振動する。**Р**осси́я [ras'íjə]「ロシア」、ди**р**éкто**р** [d'ir'éktər]「所長」、го́**р**ный [górnɨj]「山の」

軟音は他の子音の場合と同様。**р**яд [r'át]「列」、вих**рь** [v'íxr']「旋風」、секретá**рь** [s'ɪkr'ɪtár']「秘書」

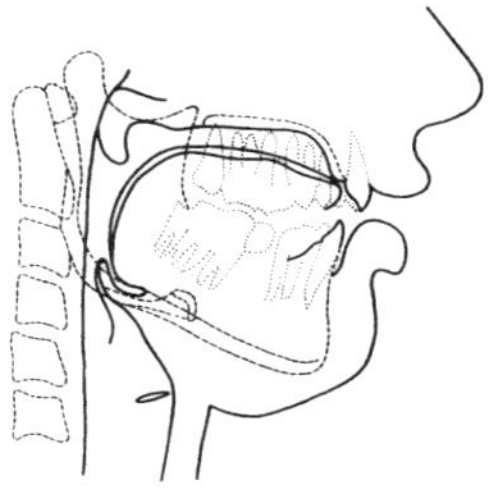

《**р**》

5．中舌音 й [j]

[ɪ] に似ているが短く、音節を形成しないので半母音とされる。ロシア語単語では、必ず母音のあとにくる。舌を盛り上げ、口蓋との間の隙間で出されるので、ロシア人がゆっくり発音すると摩擦音が聞こえる。музé**й** [muz'éj]「博物館」、хозя́**й**ка [xaz'ájkə]「女主人」、крáсны**й** [krásnɨj]「赤い」

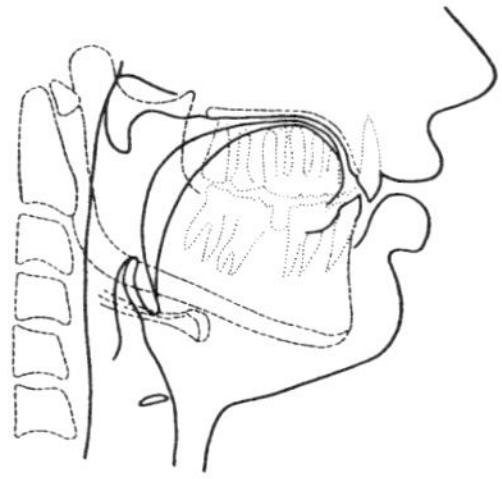

《**й**》

6．後舌音

к [k] と **г** [g]

к は「カ」の子音部分とほぼ同じ。г はその有声音。日本語のガ行は語頭以外では鼻音化するが、ロシア語ではそういうことはなく、常に「学校」「元気」のような音で、「運河」や「湯気」のような音にはならない。**к**ó**шк**а [kóʃkə]「猫」、человé**к** [t͡ʃ'ɪlav'ék]「人」、**г**ость [góst']「客」、кни́**г**а [kn'ígə]「本」

軟音は他の母音の場合と同じ。**к**ирпи́ч [k'ir'p'ít͡ʃ']「れんが」、ра**к**éта [rak'étə]「ロケット」、**г**éний [g'én'ij]「天才」、**г**и́бкий [g'ípk'ij]「柔軟な」

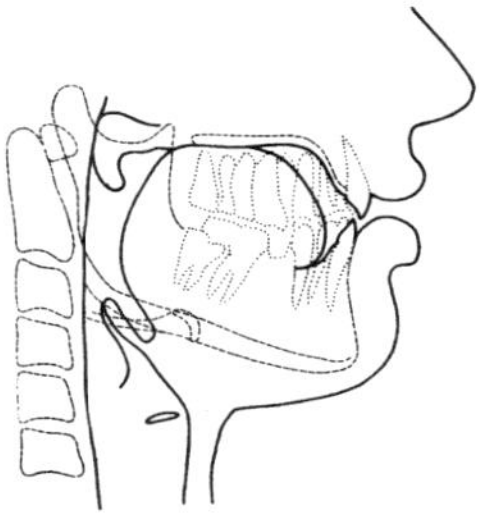

《**к, г**》

х [x]

舌を奥に引き、それをもちあげて口蓋との間の隙間に息をとおして出す音。**х**орошó [xəraʃó]「けっこうだ」、**х**рен [xr'én]「ホースラディッシュ」、вóзду**х** [vózdux]「空気」

軟音は他の子音の場合と同様。**х**и́трый [x'ítrɨj]「ずるい」、**х**ек [x'ék]「メルルーサ」

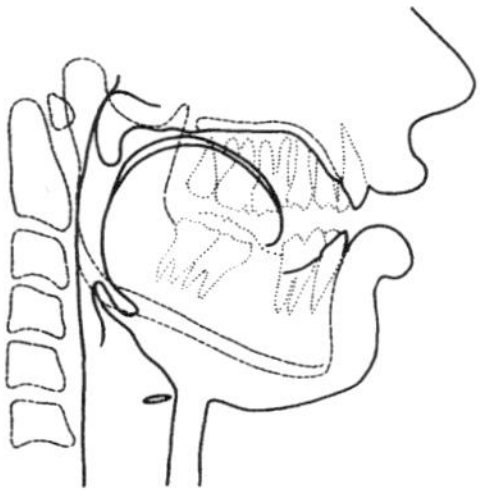

《**х**》

120. 発音の諸問題

ロシア語はおおざっぱにいえば文字で書かれたとおりに発音される。厳密にはそうではないのだが、英語のような、つづりと発音の著しい差はない。ただ、以下の諸点および後続 122「特殊な発音」に注意しなければならない。

121. 発音の規則

1．力点（アクセント）

ロシア語の単語はアクセント（ロシア語文法では**「力点」**（**ударéние**）と呼ぶ）のある母音を中心に発音される。力点は英語などと同じ「強さ（ストレス）アクセント」であり、日本語のような「高低（ピッチ）アクセント」ではない。ロシア語文には音の高低によるイントネーションがあるが、これと力点を混同してはならない。

力点のある母音は強く、はっきり（その母音本来の性質どおりに）発音される。力点のない母音は弱く、短く発音されるので、一般的にはその母音の特徴があいまいになり、ものによっては変質する（「母音の弱化」と呼ばれる）。後続 122「特殊な発音」を参照。

ロシア語の力点の位置は単語によって異なり、変化に応じて移動することも多いので、学習者は正確な力点を身につけなければならない。

2．軟子音

子音を表す文字は大部分（ч と щ 以外）が硬い子音を表すが、これに軟母音字がつくか、軟音記号がつくと軟子音（軟らかい音）になる。次の例では、子音が、次の硬・軟母音字のために硬子音のままだったり、軟子音になったりすることが上下に対応表示されている。

硬子音	пáпа「パパ」 [pápə]	мэр「市長」 [mér]	ты́сяча「千」 [tɨ́s'ət͡ʃ'ə]	лук「ねぎ」 [lúk]	душá「心」 [duʃá]
軟子音	пять「５」 [p'át']	мéсто「場所」 [m'éstə]	тигр「虎」 [t'ígr]	лю́ди「人々」 [l'úd'i]	дюйм「インチ」 [d'újm]

次の例では軟音記号がある場合とない場合でできる硬軟子音が上下に対応表示されている。

硬子音	**вы**́ход「出口」 [vɨ́xət]	**д**а́ма「婦人」 [dáma]	су**п**「スープ」 [súp]	ко**т**「雄猫」 [kót]
軟子音	**вь**ю́га「吹雪」 [v'júgə]	**дь**я́вол「悪魔」 [d'jávəl]	сте**пь**「草原」 [s't'ép']	се**ть**「網」 [s'ét']

硬子音	**с**трана́「国」 [straná]	пы**л**「情熱」 [pɨ́l]	до**м**「家」 [dóm]	са́ха**р**「砂糖」 [sáxər]
軟子音	о**сь**「軸」 [ós']	пы**ль**「ホコリ」 [pɨ́l']	се**мь**「７」 [s'ém']	у́го**рь**「うなぎ」 [úgər']

3．対応の硬子音（軟子音）のない子音

ч, щ はつねに軟子音として発音され、対応の硬子音がない。そこで ч, щ のあとに ь があってもなくても発音は同じである。вра**ч** [vráʧ']「医者」と до**чь** [dóʧ']「娘」、 пла**щ** [pláʃʃ']「レインコート」と ве**щь** [v'éʃʃ']「物」の語末の発音は変わらない。

ш, ж, ц はつねに硬子音として発音され、対応の軟子音がない。そこでこれらのあとに軟母音 и, е, ё が来ても、発音は対応の ы, э, о となる。ш, ж, ц のあとに я, ю がくることはない（外来語は別）。шить, жест, центр は шыть, жэст, цэнтр のように発音される。

4．分離記号

分離記号 ъ は、子音と軟母音 я, е, ё, ю との間に書かれ、ふたつが分離して発音されることを示す。(単語の変化形などがふくまれており、煩雑になるので、この発音対比の表では日本語訳を示さない)

前の子音が軟音化	о**бя́**занный [ab'ázənnɨj]	**се**л [s'él]	**сё**мга [s'ómgə]	**ню́**хать [n'úxət']
分離して発音	о**бъя́**вленный [abjávlennɨj]	**съе**л [s'jél]	**съё**мка [s'jómkə]	ко**нъю**нкту́ра [kən'junktúrə]

ь もまた子音と軟母音の間にあるときは、 分離記号の役を果たす。 なぜならこの ь は前の子音が軟子音であることを示し、 次の軟母音は前の子音を軟化することなく、独立に発音されるからである。

前の子音が軟音化	**тя́**га [t'ágə]	**пé**сня [p'és'n'ə]	**Пё**тр [p'ótr]	**пю**рé [p'uré]
分離して発音	Та**тья́**на [tat'jánə]	**пьé**са [p'jésə]	**пьё**т [p'jót]	ком**пью́**тер [kamp'júter]

5．子音の無声化・有声化

⑴ 無声化（**оглушéние соглáсных**）

対応する無声子音をもつ有声子音（日本語風にいえば濁音）は、語末および無声子音の前では必ず対応の無声子音（清音）になる。

有声子音	б	в	г	д	ж	з
無声子音	п	ф	к	т	ш	с

（上下の文字が対応）

хле**б**（発音は п）「パン」、óб**щ**ество（発音は п）「社会」、
устá**в**（発音は ф）「規則」、**в**стрéча（発音は ф）「会見」
вра**г**（発音は к）「敵」、бé**г**ство（発音は к）「敗走」
нарó**д**（発音は т）「国民」、лó**д**ка（発音は т）「小船」
багá**ж**（発音は ш）「手荷物」、лó**ж**ка（発音は ш）「さじ」
расскá**з**（発音は с）「物語」、рé**з**ка（発音は с）「切断」

⑵ 有声化（**озвончéние соглáсных**）

無声子音 к, т, с は、有声子音（в を除く）の前で対応の有声子音 г, д, з になる。во**к**зáл（発音は г）「駅舎」、ó**т**зыв（発音は д）「反応、評価」、**с**дáча（発音は з）「つり銭」。ただし в の前ではこの現象は起こらない。**к**вас（г にならない）「クワス（ロシア特有の発酵飲料）」、**т**ворóг（д にならない）「コテージチーズ」、**с**вобóда（з にならない）「自由」

軟音記号はその前の子音が軟音であることを示す一種の記号にすぎず、固有の音をもっていないので、これがあっても無声化・有性化の現象に影響を与えない。óбу**вь**（発音は фь）「履物」、кня**зь**（発音は сь）「大公」、до**ждь**（発音は штъ。語末の д が無声化するので、その前にある ж も無声化する）「雨」、рé**дь**ка（発音は ть）「大根」、прó**сь**ба（発音は зь）「依頼」

子音の無声化・有声化の現象は、一単語内だけに現れるのではなく、ひと続きに発音されるふたつの語（たとえば前置詞と名詞）の間でも起こる。**в** кóмнате（発音は ф）「部屋で」（в ресторáне なら発音は в「レストランで」）、**из** контóры（発音は с）「事務所から」、**с** дя́дей（発音は з）「おじさんと」

122. 特殊な発音

1. 無力点母音の発音

力点の箇所で述べたように、力点のある母音の発音が重視されるため、力点のない母音の発音は弱く、短くなり、音が変化する（その母音本来の音が失われる）ことが多い。

⑴ **a と o**

力点のない a と o の音は同じである。力点の直前にある場合は弱い [a] と、それ以外の場所では弱くあいまいな、ы と a の中間のような音 [ə] と発音される。**о**на́ [aná]「彼女」、о́бл**ако** [óbləkə]「雲」、к**ара**нда́ш [kərandáʃ]「鉛筆」、х**оро**шо́ [xəraʃó]「よろしい」、п**о**г**о**в**о**ри́ть [pəgəvarít']「しゃべる」、с**а**м**о**лёт [səmal'ót]「飛行機」

ただし、語頭にある a と o は、力点直前でなくても弱い [a] となる。**а**втоно́мия [aftanóm'ijə]「自治」、**а**кционе́р [aktsɪan'ér]「株主」、**о**пера́ция [ap'ɪrátsɪjə]「作戦」、**о**становить [astənav'ít']「止める」

力点直前の a が ч, щ のあとにある場合には、あいまい音に и の要素が強まる。ч**а**сы́ [tʃ'ɪsɨ́]「時計」、щ**а**ди́ть [ʃʃ'ɪd'ít']「大切にする」

⑵ **я**

語末ではあいまいな [jə]、その他の位置ではあいまいな [jɪ] と発音される。ста́**я** [stájə]「動物群」、ше́**я** [ʃéjə]「首」、хи́ми**я** [x'ím'ɪjə]「化学」、ку́хн**я** [kúxn'ə]「台所」。**я**по́нец [jɪpón'ɪts]「日本人」、де́в**я**ть [d'év'ɪt']「９」、**я**вле́ние [jɪvl'én'ɪjə]「現象」、отча́**я**ние [at'tʃ'ájən'ɪjə]「絶望」

⑶ **e**

語末の -ие ではあいまいな [jə]、それ以外ではあいまいな [jɪ] と発音される。**е**ди́нство [jɪd'ínstvə]「統一」、ср**е**да́ [sr'ɪdá]「水曜日」、з**е**мл**е**де́ли**е** [z'ɪml'ɪd'él'ɪjə]「農業」、писа́т**е**ль [p'isát'ɪl']「作家」、собра́ни**е** [sabrán'ɪjə]「集会」

⑷ **その他**

合成語などの場合、もとの形の影響が残る。н**а**об**о**ро́т [naabarót]「反対に」

2. 逆行同化による軟化

ある音が前にある音に同化作用を及ぼすことを逆行同化という。ロシア語の軟化や無声化・有声化はすべて逆行同化である。子音は後続の軟母音や軟音記号によって軟化するが、その軟化作用は直前にあるс, з, т, д, нにも波及する。

снимáть [s'n'imát'] 「外す」、**зд**есь [z'd'és'] 「ここ」、ро**дн**я́ [rad'n'á] 「親戚」、**дн**ём [d'n'óm] 「昼間に」、а**нт**и́чный [an't'íʧ'nɨj] 「古代の」

ただし л は軟子音の前でも軟化しない。по́**л**день [póld'en'] 「正午」、со́**л**нечный [sóln'ɪʧ'nɨj] 「太陽の」、са**л**фе́тка [salf'étkə] 「ナプキン」

3．連続子音の特殊な発音

(1) 二重子音

語末にある同じ子音の重なりは多くの場合単子音として発音される。

кора́**лл** [karál] 「さんご」、гра**мм** [grám] 「グラム」、гри**пп** [gr'íp] 「流感」、кла**сс** [klás] 「学年」

語中の二重子音は、単語により単子音の発音と二重子音の発音とがある。上記の語末の二重子音の語が、変化語尾の付加によって語末ではなくなって二重子音となることもある。

су**бб**о́та [subótə] 「土曜日」、по**дд**е́ржка [pad'd'érʃkə] 「支持」、а**кк**ура́тный [akurátnɨj] 「正確な」、ми**лл**ио́н [m'il'ión] 「百万」、гра**мм**а́тика [gramát'ikə] 「文法」、су́**мм**а [súmmə] 「合計」、а**нн**ули́ровать [anul'írəvət'] 「取り消す」、ва́**нн**а [vánnə] 「風呂桶」、гру́**пп**а [grúppə] 「グループ」、гри́**пп**а [gr'íppə]（грипп の生格）、те**рр**ито́рия [t'ɪr'itór'ijə] 「領域」、ка́**сс**а [kássə] 「支払い窓口」、а**сс**оциа́ция [asəʦɨáʦɨjə] 「協会」、а**тт**еста́т [at'ɪstát] 「卒業証書」

(2) 破裂が抑えられる音

以下の子音結合では、唇音や歯音などの口構えと舌の位置は通常どおりに準備されるが、破裂することなく次の子音に移行する。

пм/бм

нэ́**пм**ан [népman] 「ネップマン」、о**бм**е́н [abm'én] 「交換」

тн/дн

обра́**тн**ый [abrátnɨj] 「帰りの」、холо́**дн**ый [xalódnɨj] 「寒い」

т/д＋ш/ж

о**тш**е́льник [atʃél'n'ik] 「隠遁者」、о**тж**и́ть [adʒít'] 「老年を迎える」、по**дж**е́чь [padʒéʧ'] 「火をつける」

т/д＋ч

о́**тч**ество [ót̲'t͡ʃ'ɪstvə]「父称」、по**дч**ини́ть [pət̲'t͡ʃ'ɪn'ít']「従わせる」

т＋щ

тща́тельный [t̲'ʃʃ'át'ɪl'nɨj]「綿密な」、**тщ**е́тный [t̲'ʃʃ'étnɨj]「むなしい」

(3) 上顎音の同化

с/з＋ш/ж → [ʃʃ] / [ʒʒ]

бе**сш**у́мный [b'ɪʃʃúmnɨj]「音のない」、**сж**а́тый [ʒʒátɨj]「圧縮された」、прие**зж**а́ть [pr'ijɪʒʒát']「来る」

сч/зч/жч → [ʃʃ']

сча́стье [ʃʃ'ás't'jə]「幸福」、бе**з ч**е́тверти [b'ɪʃʃ'étv'ɪrt'i]「15分前」、му**жч**и́на [muʃʃ'ɨ́nə]「男性」

(4) 子音の脱落

вств → [stv]

чу́**вство** [t͡s'ústvə]「感情」、здра́**вств**уйте [zdrástvujt'ɪ]「こんにちは」

стн/здн → [sn/zn]

изве́**стн**ый [ɪz'v'ésnɨj]「有名な」、у́**стн**ый [úsnɨj]「口頭の」、по́**здн**о [póznə]「おそく」

стл → [sl]

сча**стл**и́вый [ʃʃ'ɪsl'ívɨj]「幸福な」、за**стл**а́ть [zaslát']「覆う」

4. その他の特殊発音

(1) г

г は、形容詞・代名詞の生格語尾では、[v] と発音される。е**г**о́ [jɪvó]、но́во**го** [nóvəvə] [5]

г は、т, ч, к の前では [x] と発音される。лёгкий [l'óxk'ɪj]「軽い」、мя́гче [m'áxt͡ʃ'ɪ]（「軟らかい」の比較級）。また Бог「神」は [bóx] と発音される。

(2) ч

что の ч は [ʃ] と発音される。чн は通常文字どおりに発音されるが、[ʃn] となるものもある。коне́**чно** [kan'éʃnə]「もちろん」、ску́**чно** [skúʃnə]「退屈だ」

---

[5] сего́дня「今日」の сего́ は、古語 сей「この」の男・中性生格だから [v] と発音するのであり、特殊例外ではない。сего́дня は сей день「この日」の生格形が一語の副詞になったもの。ちなみに сейча́с「今」も同様だが、こちらは対格なので主格と同形。

⑶ **ся 動詞**

ся 動詞語末の тся および ться は [ʦə] と発音される。それ以外の語末の ся/сь は、通常軟音である。занима́ешь**ся** [zən'imájɪʃs'ə]（занима́ться「従事する」）、занима́ем**ся** [zən'imájɪms'ə]、занима́ла**сь** [zən'imáləs']。しかし硬音にする人も少なくない。занима́ю**сь** [zən'imájus̲]、занима́л**ся** [zən'imáls̲ə]

⑷ **со́лнце, се́рдце**

со́л**н**це「太陽」の л は発音されない [sónʦə]。се́р**д**це「心臓」の д は破裂が抑えられる [s'érʦə]

⑸ **外来語の e の硬軟**

т**е́**ма [t'é-]「テーマ」、тр**е́**н**е**р [tr'én'ɪr]「トレーナー」、компью́т**е**р [-te-] コンピュータ」、кокт**е́**йль [-té-]「カクテル」、ли́д**е**р [-d'ɪ-]「リーダー」などの外来語の e は、ロシア語風に軟音にするものと、もとの発音に近い硬音にするものがある。まだ外来語の意識があるうちは硬音、すっかりロシア語化すると軟音になるようであるが、ずいぶん時間がたっているはずの т**е́**ннис「テニス」はまだ [tén'is] である。正確を期すためには発音辞典を調べなければならない。

123. 発音と文法

1．文法上の硬軟母音字の対応

ロシア語文法では、硬・軟母音字の対応が重要な役割を果たしている。ひとつの変化の型が、硬変化・軟変化というふたつの現れ方をするからである。発音上の硬軟母音字の対応は先行 111-1「ロシア文字」の表に示されたとおりであるが、文法上の対応は少し異なる（下表太罫内部分）。

硬母音字	а	ы	о	у
軟母音字	я	и	е ё	ю

語の変化の際などに現れる硬軟対応関係は、発音上の対応ではなく、この表に示された対応による。о に対応する軟母音とされるのは、対応する音である ё の他に、音声上は対応していない е もふくむ（こちらのほうが大多数）という点が重要である。あとは発音上の対応どおりである。なお、э と е の発音上の対応は、文法の問題には関係ない。

2．子音の交替

歯音（т, д, с, з）、後舌音（г, к, х）、唇音（п, б, ф, в, м）は、ある条件の下で下表のような変化をする。これを**子音の交替（чередова́ние）**と呼ぶ。日本語で「日」と「傘」がつながると「カサ」が「ガサ」となるようなものである。この現象は語の派生、動詞変化、形容詞比較級形成の際などにひんぱんに登場し、重要な役割を演じる。語の変化形を覚える際や、派生関係を理解してその意味を推測する際には、この知識は不可欠である。

⑴ 歯音、後舌音は з, с, ц, ш, ж, ч, щ などに変わる

д, з, г → ж	ви́**д**еть「見る」→ ви́**ж**у（現在形 я）、моло**д**о́й「若い」→ моло́**ж**е（比較級）、ро**д**и́ть「生む」→ ро**ж**а́ть（不完了体） ска**з**а́ть「言う」→ ска**ж**у́（現在形 я）、бли́**з**кий「近い」→ бли́**ж**е（比較級）、прибли́**з**ить「近づける」→ прибли**ж**е́ние「接近」 мо**г**у́（「できる」の現在形 я）→ мо́**ж**ешь（現在形 ты）、доро**г**о́й「高価な」→ доро́**ж**е（比較級）、кни́**г**а「本」→ кни́**ж**ный（形容詞）
г → з	дру**г**「親友」→ дру**з**ья́（複数形）
д → жд	ро**д**и́ть → ро**жд**е́ние

к, т → ч **ц → ч** **к → ц,** **т → щ,** **х → с**	пла́**к**ать「泣く」→ пла́**ч**у（現在形 я)、гро́м**к**ий「大声の」→ гро́м**ч**е（比較級)、кли́**к**ать「叫ぶ」→ кли**ч**「叫び声」 тра́**т**ить「消費する」→ тра́**ч**у（現在形 я)、кру**т**о́й「けわしい」→ кру́**ч**е（比較級)、све**т**「光」→ све**ч**а́「ろうそく」 ли**ц**о́「顔」→ ли́**ч**ный「個人の」 кли́**к**ать「呼び寄せる」→ воскли**ц**а́ние「歓声」 све**т**「光」→ осве**щ**е́ние「照明」 тря**х**ну́ть「ゆさぶる」→ потря**с**а́ть「ゆらす」
с, х → ш	про**с**и́ть「たのむ」→ про**ш**у́（現在形 я)、вы**с**о́кий「高い」→ вы́**ш**е（比較級)、повы́**с**ить「高める」→ повы**ш**е́ние「上昇」 ма**х**а́ть「振る」→ ма**ш**у́（現在形 я)、ти́**х**ий「静かな」→ ти́**ш**е（比較級)、у́**х**о「耳」→ у́**ш**и（複数形）
ск, ст → щ	и**ск**а́ть「さがす」→ и**щ**у́（現在形 я)、бле**ск**「輝き」→ бле**щ**у́「輝く」（現在形 я) наве**ст**и́ть「訪ねる」→ наве**щ**у́（現在形 я)、про**ст**о́й「単純な」→ про́**щ**е（比較級)、про**ст**и́ть「ゆるす」→ про**щ**а́ть（不完了体）

(2) 唇音はそのうしろに л が加わる

п → пл **б → бл** **в → вл** **м → мл**	ку**п**и́ть「買う」→ ку**пл**ю́（現在形 я)、то**п**и́ть「焚く」→ ото**пл**е́ние「暖房」 лю**б**и́ть「愛する」→ лю**бл**ю́（現在形 я)、употре**б**и́ть「利用する」→ употре**бл**е́ние「利用」 пра́**в**ить「支配する」→ пра́**вл**ю（現在形 я)、деш**ё**вый「安価な」→ деше́**вл**е（比較級)、гото́**в**ить「準備する」→ изгото**вл**е́ние「準備」 дре**м**а́ть「まどろむ」→ дре**мл**ю́（現在形 я)、стре**м**и́ться「突進する」→ стре**мл**е́ние「突進」

3．出没母音

名詞・形容詞が変化するときに、主格（あるいはもとの形）にあった o, e が落ちたり、主格になかった o, e が現れたりすることがある。これを**出没母音**（**бе́глые гла́сные**）と呼ぶ。この現象もかなりの頻度で現れるので、語の変化だけでなく、派生、造語、合成などを見る際にこれを理解していることは不可欠である。

подáр**о**к「贈り物」(格変化) подáрка, подáрку …

лóдка「小船」(複数生格) лóд**о**к

извéстный「有名な」(短語尾男性形) извéст**е**н

前置詞と、続く名詞(あるいは代名詞、形容詞)の間で子音が多重になる場合に、前置詞にоが補われる場合がある。これも出没母音である。в понедéльник「月曜日に」だが、в**о** втóрник「火曜日に」。к вам「あなたのところへ」だが、к**о** мне「わたしのところへ」。с ученикóм「学童と」だが、с**о** студéнтом「学生と」。

4. つづり字の規則

ロシア語には続けて書いてはならない文字がある。後舌音 г, к, х と上顎音 ж, ч, ш, щ (р をのぞく) のあとに ы, ю, я を書いてはならず、変化形式上必要が生じた場合などには、それぞれの対応の文字 и, у, а を書く。これを図示すると、以下のとおりである。カッコ内の文字を書いてはならない。

г, к, х; ж, ч, ш, щ	+	(ы)	(ю)	(я)
		и	у	а

またцのあとにя, юを書いてはならず、代わりにа, уを書くが、これは文法の問題にはならない(変化の際に出てこない)。

200. 語の構成

210. 概説　語の構成要素

1．語の構成要素

単独で文の成分となり得る品詞のうち、副詞をのぞく5種類（名詞、形容詞、代名詞、数詞、動詞）は、**語幹（осно́ва）**（変化しない部分）と、**変化語尾（оконча́ние）**（格や人称による差別化に際して変化する部分）の2要素から構成される。語幹はさらに、その語の根源的意味を表す**語根（ко́рень）**、意味を加えたり、限定したりする**接頭辞（пре́фикс）**、品詞その他の区別を明らかにし、意味を限定する**接尾辞（су́ффикс）**に分かれる。なお、変化語尾は一文字とは限らず、語尾をもたない名詞、代名詞（単数主格）もある。

	語　　幹			変化語尾
	接頭辞	語　根	接尾辞	
беспоко́йство「不安」	бес	-покой	-ств	-о
подзе́мный「地下の」	под	-зем	-н	-ый
приходи́ть「来る」	при	-ход	-и	-ть

副詞も独立の単語だが、変化しないので、ふつうはこのように分解しない。ただ、前置詞と名詞が結合してできた副詞のように、もとの接頭辞や語尾の名残りを指摘できるものもある（たとえば **впереди́**「前に」）。

2．単語構成の多様性

単語の構成はさまざまで、中には人称代名詞や前置詞のように本体しかないものもある。名詞でも、たとえば стол「卓」には語根しかない。また、ふたつ以上の語根からなる合成語や、接頭辞や接尾辞がふたつ以上あるもの、連接辞 интерфи́кс（つなぎの要素）をもつものなど、多様である。

本体（語根）以外の要素をもつ単語構成の例。なお、以下では原則として変化語尾を分離提示しない。

①無語尾の例　ве́тер「風」、секрета́рь「秘書」

②複数接頭辞の例　пере-вы-полня́ть「超過遂行する」、без-вы́-ходный「出口のない」

③複数接尾辞の例　учи́-тель-ский「教師の」、округ-л-я́ть「丸くする」

④ 合成語の例　вод-о-про-во́д「水道」、земл-е-тряс-е́ние「地震」

語構成を、合成語を例にとって解説すると、вод-о-про-во́д の場合、最初の вод は「水」であり、最後の вод は動詞 води́ть「導く」である。про は空間を通過する意味の動詞接頭辞、о は連接辞である。また、земл-е-тряс-е́ние では、земл が「地面」、тряс は動詞 трясти́「揺らす」、ение は動作名詞を形成する接尾辞、земл の次の е は連接辞である。

ロシア語では特に接尾辞が重要で、ひとつの語根からさまざまな名詞、形容詞、動詞、副詞などが作られる。語根の意味を知っていて、接尾辞の知識があると、未知の単語の意味がかなりの程度推定できるのである[6]。

接頭辞の数はあまり多くなく、名詞・形容詞・動詞の間でほぼ共通なので（多くは前置詞起源）、これも意味の類推を助ける。単語を構成要素によって分析することは、語彙力増大にとって有効であり、場合によっては新しい語根（たとえば外来語）から造語することも可能になる。

3．語根

語の主要部分は語根であり、この中にその語の本源的意義が含まれている。

игр-а́	「ゲーム、遊び」	**ход**	「歩行、運行」
про-**игр**-а́-ть	「負ける」	пере-**ход**-и́-ть	「渡る」
игр-ов-о́й	「ゲームの」	**ход**-я́ч-ий	「歩ける」
игр-о́к	「プレーヤー」	вы́-**ход**	「出口」
игр-у́шк-а	「玩具」	**ход**-о́к	「歩く人」

左の例では игр が語根であり、いずれも「遊ぶ・勝負する」ことに関係した単語であることがわかる。右の例も同じように ход が語根で、どの単語も「行く・歩く」ことに関係している。

---

6 ソ連の作家 Лев Успе́нский が言語学のおもしろさを随筆風に説いたことで有名な «Сло́во о слова́х»（しゃれになっているので訳しにくいが『ことばに関する意見』）という本に、こんな箇所がある。教授が「言語学入門」の一時間目に、学生に次の文を示して「訳」を求める。Глокая куздра штеко будланула бокра и кудрячит бокренка. 学生たちがおどろいて、まったく意味不明だと答えると、教授は憤慨し（たふりをし）、君たちはほとんど全部わかっているはずだ、と反論する。そしてどの語が主語、述語、補語、定語、状況語なのかをたずね、次のような「訳文」を納得させるのである。「ある性格をもつ女性名詞があるやり方で、ある男性動物名詞に対して一回何かをし、その子どもに別なことをし続けている」。つまりここで不明なのは語根だけであり、それ以外の多くの必要情報はちゃんと示されているではないか、というのである。そして、その必要情報を受信者に伝えている接尾辞（および語尾）が、ロシア語ではいかに重要な役割を果たしているかを、学生たちにみごとに理解させるのである。

4．接頭辞

接頭辞は語根の前におかれて、主として新しい語を形成する。すなわち意味を付け加えたり、限定したり、ニュアンスを変えたりするのである。

при-ходи́ть	「来る」	**в**-бежа́ть	「走り入る」
у-ходи́ть	「去る」	**в**-лете́ть	「飛び入る」
в-ходи́ть	「入る」	**в**-лезть	「もぐり込む」
вы-ходи́ть	「出る」	**в**-дви́нуть	「押し込む」

左の例では、いろいろな接頭辞がつくことによって、ходи́тьに新たな意味が加わる（漠然とした広い意味「行く」が、限定された明確な意味になる）ことがわかる。右の例では、種々の動詞に同じ接頭辞вがついて、「走る」にせよ、「飛ぶ」にせよ、いずれも「入る」意味になっていることがわかる。

接頭辞は後続242「動詞の接頭辞」、252「合成語」、253「略語」でくわしく扱う。

5．接尾辞

接尾辞は語根の後におかれて、新しい語あるいは語形を作る。すなわち、品詞を表したり、単語の意味を限定したり、文法上の形を作ったりする。

доро́га「道」→ доро́ж**н**ый「道の」	обрати́ть「向ける」→ обращ**е́ние**「呼びかけ」
коне́ц「終わり」→ коне́ч**н**ый「終わりの」	топи́ть「燃やす」→ отопл**е́ние**「暖房」
се́рдце「胸」→ серде́ч**н**ый「心こもった」	учи́ться「学ぶ」→ уч**е́ние**「学習」

左列には名詞にしかるべき接尾辞（н）がついて形容詞が派生する例を、右列には動詞にしかるべき接尾辞（ение）がついて名詞に転じる例を示した。ロシア語の語形成に際しては、子音交替や出没母音の現象が広く見られることがわかる。接尾辞の具体例の説明は後続220「名詞の構成」、230「形容詞の構成」、240「動詞の構成」でなされる。

6．派生関係

形態が明確なロシア語の品詞の間では、多くの場合語根を同じくする品詞間の関係が容易に指摘できる。しかしどの品詞がもとから存在し、どれがあとで派生したかを指摘するのは、容易ではない。本書ではその点に厳密を期すのではなく、単語の構成と単語の相互関係を分類することによって、現代ロシア語の理解と運用能力増大のために有効な現象を指摘するにとどめる。

220. 名詞の構成（接尾辞による分類）

種々の接尾辞によって新しい名詞が誕生する。これを、
1. 人を表す名詞
2. 抽象的事物を表す名詞
3. その他（道具、場所、集合体、一個などを表す名詞）
4. 指小語・指大語

に分けて概観する。

221. 人を表す名詞

人を表す名詞は、それが
① 動作の主体を表しているもの
② 人の性質、特徴を示すもの
③ 人の所属（居住地、国籍、所属団体など）を示すもの

に分類できるが、分類はあくまでも相対的である。

接尾辞 （カッコ内は女性）[7]	分類	例
-ак, -як **(-ачка, -ячка)**	① ② ③	名詞から　ры́ба「魚」→ рыба́к (рыба́чка)「漁師」、мо́ре「海」→ моря́к「船乗り」 形容詞から　просто́й「単純な」→ проста́к「間抜け」、бе́дный「貧しい」→ бедня́к「貧乏人」 名詞から　земля́「土地」→ земля́к (земля́чка)「同郷人」、По́льша「ポーランド」→ поля́к (поля́чка)「ポーランド人」
-арь (-арка)	① ②	動詞から　печь (пеку́)「焼く」→ пе́карь (пека́рка)「パン屋」、бунтова́ть「暴動を起こす」→ бунта́рь「暴徒」 名詞、形容詞から　глава́「頭」→ глава́рь「首領」、ди́кий「未開な」→ дика́рь (дика́рка)「未開人」

[7] ここに示されている女性形は存在するが、使用される度合いや女性形に加わるニュアンスなどは単語によって異なる。

-ач **(-ачка, -ачиха)**	① ②	動詞、名詞から　ткать「織る」→ ткач（ткачи́ха）「はたおり」、толка́ть「押す」→ толка́ч「後押し屋」、скри́пка「ヴァイオリン」→ скрипа́ч（скрипа́чка）「ヴァイオリニスト」 形容詞、名詞から　бога́тый「豊かな」→ бога́ч（бога́чка, богачи́ха）「金持ち」、лихо́й「元気な」→ लиха́ч「元気な人」、си́ла「力」→ сила́ч（сила́чка）「力持ち」
-ец **(-ица, -ка, -чиха)**	① ② ③	動詞から　купи́ть「買う」→ купе́ц（купчи́ха）「商人」、боро́ться「たたかう」→ боре́ц「戦士」、продава́ть「売る」→ продаве́ц（продавщи́ца）「売り手」 合成語　о́чи「眼」、ви́деть「見る」→ очеви́дец（очеви́дица）「目撃者」、во́льный「自由な」、ду́мать「考える」→ вольноду́мец（вольноду́мка）「自由思想家」 形容詞、名詞から　му́дрый「賢い」→ мудре́ц「賢者」、по́длый「卑劣な」→ подле́ц「卑劣漢」、краса́「美」→ краса́вец（краса́вица）「美男」 住民、国民を表す　Япо́ния「日本」→ япо́нец（япо́нка）「日本人」、гора́「山」→ горе́ц「山地の住人」 党派、思想を表す　респу́блика「共和国」→ республика́нец[8]（республика́нка）「共和主義者」、а́рмия「軍隊」→ арме́ец「兵士」
-ик (-ица)	②	形容詞から　ста́рый「年とった」→ стари́к「老人」、передово́й「前を行く」→ передови́к「先駆者」 形容詞を作る接尾辞 н が加わって -ник の形をとるもの　вино́вный「原因となる」→ вино́вник（вино́вница）「張本人」、пле́нный「捕らわれの」→ пле́нник（пле́нница）「捕虜」、проти́вный「敵対する」→ проти́вник（проти́вница）「敵」 名詞から　мя́со「肉」→ мясно́й「肉の」→ мясни́к「肉屋」、сторона́「側」→ сторо́нний「〜側の」→ сторо́нник（сторо́нница）「味方」

8 さまざまな理由から、人を指す接尾辞以外の接尾辞が入ることがある（ここでは н）。

-чик (-чица)	①	名詞から　зака́з「注文」→ зака́зчик（зака́зчица）「発注者」、докла́д「報告」→ докла́дчик（докла́дчица）「報告者」、перево́д「翻訳（通訳）」→ перево́дчик（перево́дчица）「翻訳（通訳）者」
-щик (-щица)	①	名詞から　конто́ра「事務所」→ конто́рщик（конто́рщица）「事務員」、ка́мень →「石」ка́менщик「石工」 動詞から　танцева́ть「踊る」→ танцо́вщик（танцо́вщица）「バレエダンサー」、носи́ть「運ぶ」→ носи́льщик「ポーター」
-анин, -янин (-анка, -янка)	③	名詞から　Христо́с「キリスト」→ христиани́н（христиа́нка）「クリスチャン」、А́нглия「英国」→ англича́нин（англича́нка）「英国人」、град「町」[9] → граждани́н（гражда́нка）「市民」、двор「宮廷」→ дворяни́н（дворя́нка）「貴族、士族」
-ист (-истка)	①	名詞（主として外来語）から　маши́на「機械」→ машини́ст（машини́стка）「機関士、タイピスト」、Маркс → маркси́ст（маркси́стка）「マルクス主義者」、идеа́л「理想」→ идеали́ст（идеали́стка）「理想主義者」
-ич (-ичка) [10]	③	名詞から　Москва́ → москви́ч（москви́чка）「モスクワっ子」、царь「皇帝」→ царе́вич「皇子」
-ок	①	動詞から　игра́ть「プレイする」→ игро́к「プレーヤー」、знать「知る」→ знато́к「物知り」
-тель (-тель-ница) 例は省略	①	動詞から　стро́ить「建てる」→ строи́тель「建設者」、чита́ть「読む」→ чита́тель「読者」、люби́ть「好む」→ люби́тель「愛好家」
-ун (-унья) 例は省略	② [11]	動詞から　болта́ть「おしゃべりする」→ болту́н「おしゃべり」、лгать「嘘をつく」→ лгун「嘘つき」、ворча́ть「不平を言う」→ ворчу́н「不平家」

---

9 град は го́род の教会スラヴ語形。
10 この形で、父称がつくられる。Бори́с → Бори́со**вич**（Бори́со**вна**）。
11 これらはふつう、非難のニュアンスで使われる。

§女性名詞の形成

男性名詞から、特定の接尾辞によって対応の女性名詞が形成される。

-а, -я	супру́г「夫」→ супру́га「妻」(いずれも敬語レベルのていねい語)、господи́н「～さん」→ госпожа́[12]（女性に対して)、коро́ль「王」→ короле́ва「女王」
-иха	по́вар「コック」→ повари́ха「料理女」、купе́ц「商人」→ купчи́ха「商人の妻」、за́яц「ウサギ」→ зайчи́ха(雌)
-ица[13]	царь「皇帝」→ цари́ца「皇后」、волк「オオカミ」→ волчи́ца(雌)
-ка[14]	сосе́д「隣人」→ сосе́дка（女性)、америка́нец「アメリカ人」→ америка́нка(女性)、го́лубь「ハト」→ голу́бка(雌)[15]
-на[16]	子を表す。князь「公爵」→ княжна́「公爵令嬢」、царь「皇帝」→ царе́вна「皇女」、Алексе́й → Алексе́евна(父称)
-ша	夫人を表す。генера́л「将軍」→ генера́льша「将軍夫人」(俗語)、профе́ссор「教授」→ профе́ссорша「教授夫人」(口語)、до́ктор「医師」→ до́кторша「医師夫人」(俗語)
-ыня, -иня	бог「神」→ боги́ня「女神」、князь「公爵」→ княги́ня「公爵夫人」、ба́рин「主人」→ ба́рыня「奥様」
-уха	主に形容詞から　ста́рый「年とった」→ стару́ха「老婆」、то́лстый「太った」→ толсту́ха「太った女」

12 子音交替が起こったり、次のкороле́ваやповари́хаの例のように別の接尾辞が補われることがある。
13 前の表の -ец, -ик, -тель の項も参照。
14 前の表の -ак, -ач, -арь, -ец, -ин, -ич, -ист の項も参照。
15 恋人間の呼びかけ語として用いられる。
16 前の表の -ич の項（男性の場合）も参照。

222. 抽象的事象を表す名詞

1．名詞・形容詞から派生する抽象名詞

これらの名詞は、ときに具象的な意味にもなる。

-ость (-есть)	形容詞から　но́вый「新しい」→ но́вость「ニュース」、ско́рый「速い」→ ско́рость「速度」、до́лжный「義務のある」→ до́лжность「義務」、све́жий「新鮮な」→ све́жесть「新鮮さ」、кипу́чий「わきたつ」→ кипу́честь「活気」
-ота (-ета)	形容詞から　краси́вый「美しい」→ красота́「美」、высо́кий「高い」→ высота́「高さ」、чи́стый「清潔な」→ чистота́「清潔」、просто́й「単純な」→ простота́「単純さ」、ни́щий「貧乏な」→ нищета́「貧困」
-ие, -ье	形容詞および名詞から　здоро́вый「健康な」→ здоро́вье「健康」、весёлый「陽気な」→ весе́лье「陽気」、вели́кий「偉大な」→ вели́чье「大きさ」、ра́вный「平等な」、пра́во「権利」→ равнопра́вие「同権」、пред「前」、сло́во「ことば」→ предисло́вие「まえがき」
-ина	形容詞から　глубо́кий「深い」→ глубина́「深度」、широ́кий「広い」→ ширина́「広さ」、ти́хий「静かな」→ тишина́「静穏」 名詞から　свинья́「豚」→ свини́на「豚肉」、телёнок「子牛（複数 теля́та）」→ теля́тина「子牛肉」、верх「上」→ верши́на「頂上」
-щина	形容詞および名詞から　жена́「妻」→ же́нщина「女性」、год「年」→ годовщи́на「記念日」、Пугачёв「プガチョフ」→ пугачёвщина「プガチョフの乱」[17]、Обло́мов「オブローモフ」→ обло́мовщина「オブローモフ主義」[18]、Достое́вский → достое́вщина「ドストエフスキー流儀」

17 エカテリーナ二世時代にコサックのプガチョフが起こした反乱。
18 -щина のついた名詞にはいろいろな意味のものがあるが、固有名詞につけられて、その人物の性格、傾向、主義などを表すものが多い。多くは否定的な意味で用いられる。オブローモフは、ゴンチャロフの同名の小説の主人公で、無為と無気力の毎日を送る地主。

-ство (**-ствие**)	名詞から　де́ти「子どもたち」→ де́тство「幼（少）年時代」、изда́тель「出版人」→ изда́тельство「出版社」、мещани́н「町人」→ меща́нство「俗物根性」、беда́「不幸」→ бе́дствие「不幸」 形容詞から　бога́тый「金持ちの」→ бога́тство「財産」、мно́гие「たくさんの」→ мно́жество「多数」、удо́бный「便利な」→ удо́бство「便宜」、пья́ный「酔った」→ пья́нство「大酒」、споко́йный「安らかな」→ споко́йствие「平穏」
-ыня	пусто́й「からっぽの」→ пусты́ня「荒野」、свято́й「神聖な」→ святы́ня「聖物」
-изна	дорого́й「高価な」→ дорогови́зна「値上がり」、дешёвый「安い」→ дешеви́зна「値下がり」、круто́й「急な」→ крути́зна「急坂」
-ба	друг「親友」→ дру́жба「友情」、злой「悪い」→ зло́ба「悪意」
-да	враг「敵」→ вражда́「敵意」、пра́вый「正しい」→ пра́вда「真実」、криво́й「曲がった」→ кри́вда「不正」

2．動詞から派生する抽象名詞

動作名詞が多いが、そうではないものもあり、ときには具象的な意味にもなる。

-ние	-ание, -яние, -ение, -тие（ときに -ье, -ьё）の形をとる。 他動詞から　жела́ть「望む」→ жела́ние「望み」、учи́ть(ся)「教える」→ уче́ние「教義」、обрати́ть(ся)「向ける」→ обраще́ние「呼びかけ」、заня́ть (ся)「占める」→ заня́тие「仕事」、основа́ть「創立する」→ основа́ние「創立」 自動詞から　молча́ть「沈黙する」→ молча́ние「沈黙」、прибы́ть「到着する」→ прибы́тие「到着」、жить「生活する」→ житьё「暮らし」
-ство (**-ствие**)	насле́довать「相続する」→ насле́дство「遺産」、устро́ить「組織する」→ устро́йство「機構」、руководи́ть「指導する」→ руково́дство「指導」、сле́довать「続ける」→ сле́дствие「結果」、де́йствовать「行動する」→ де́йствие「行動」

-ка	вы́ставить「陳列する」→ вы́ставка「展覧会」、страхова́ть「保険をかける」→ страхо́вка「保険」、останови́ться「とまる」→ остано́вка「停留所」、закуси́ть「ちょっと食べる」→ заку́ска「前菜」、улыба́ться「ほほえむ」→ улы́бка「ほほえみ」
-ня (-отня, -овня)	болта́ть「しゃべる」→ болтовня́「おしゃべり」、бе́гать「走り回る」→ беготня́「走り回ること」
-ба	боро́ться「たたかう」→ борьба́「闘争」、проси́ть「たのむ」→ про́сьба「依頼」、ходи́ть「歩く」→ ходьба́「歩行」、служи́ть「つとめる」→ слу́жба「つとめ」、суди́ть「さばく」→ судьба́「運命」
-еж (-ёж)	плати́ть「支払う」→ платёж「支払い」、гра́бить「略奪する」→ грабёж「略奪」
-ок	оста́ться「残る」→ оста́ток「残り」、напи́ться「十分飲む」→ напи́ток「飲料」、пережи́ть「生き残る」→ пережи́ток「遺物」
-сть	зави́довать「ねたむ」→ за́висть「ねたみ」、владе́ть「所有する」→ власть「権力」、ненави́деть「憎む」→ не́нависть「憎悪」
-тва	моли́ть「祈る」→ моли́тва「祈り」、брить「(ひげを)そる」→ бри́тва「かみそり」、бить「打つ」→ би́тва「戦闘」
-нь, -снь, -знь	боле́ть「病む」→ боле́знь「病気」、жить「生きる」→ жизнь「生命」、дать「与える」→ дань「貢物」

英語なら -y で終わる外国起源の名詞がロシア語化する際には、-ия になることが多い。また英語の名詞 -tion がロシア語化する際に -ция となるものが多い。биоло́гия「生物学」、иро́ния「皮肉」、реализа́ция「実現」、пози́ция「立場」。

3. 接尾辞のないもの

собра́ть「集める」	сбор「集めること」	слу́шать「聞く」	слух「聴覚」
крыть「おおう」	кров「屋根」	лови́ть「捕らえる」	ло́вля, лов「狩猟」
рыть「掘る」	ров「堀」	хвали́ть「ほめる」	похвала́「賞賛」
вози́ть「運ぶ」	воз「荷車」	есть「食べる」	еда́「食べ物」

223. その他（道具、場所、集合体、一個を表す名詞）

1．道具を表す名詞

-ло	動詞から　пра́вить「直す」→ пра́вило「規則」、мыть「洗う」→ мы́ло「せっけん」、ме́рить「計る」→ мери́ло「計測器」
-(л)ка	動詞から　ве́шать「かける」→ ве́шалка「ハンガー」、кача́ть「ゆすぶる」→ кача́лка「ゆりかご」、коси́ть「刈る」→ коси́лка「草刈り機」

なお既述の、動作主体である人を表す -арь, -ец, -(н)ик, -(в)ик, -тель は、道具に関しても用いられる。

-арь	名詞から　сло́во「単語」→ слова́рь「辞書」、бу́ква「文字」→ буква́рь「初等読本」
-(н)ик, -(в)ик	名詞または形容詞から чай「茶」→ ча́йный「茶の」→ ча́йник「急須」、пере́дний「前の」→ пере́дник「前掛け」、учёба「学習」→ уче́бный「学習の」→ уче́бник「教科書」
-тель	動詞から　дви́гать「動かす」→ дви́гатель「エンジン」、глуши́ть「聞こえなくする」→ глуши́тель「消音器」、увели́чить「拡大する」→ увеличи́тель「虫めがね」

2．場所を表す名詞

-ище	動詞および名詞から　動詞からの場合はлが加わることが多い。учи́ть「教える」→ учи́лище「学校」、убежа́ть「逃げる」→ убе́жище「避難所」、пожа́р「火事」→ пожа́рище「火事場」
-ня	動詞および名詞から　動詞の場合は ль が加わることが多い。спать「眠る」→ спа́льня「寝室」、пивова́р「ビール醸造人」→ пивова́рня「ビール工場」、пе́карь「パン焼き職人」→ пека́рня「パン製造所」
-(н)ица	名詞または形容詞から　пе́пел「灰」→ пе́пельный「灰の」→ пе́пельница「灰皿」、са́хар「砂糖」→ са́харный「砂糖の」→ са́харница「砂糖入れ」
-ина	名詞および形容詞から　род「誕生」→ ро́дина「故郷」、ра́вный「平らな」→ равни́на「平野」、ни́зкий「低い」→ низи́на「低地」

-ье	名詞から　бéрег「岸」→ поберéжье「岸辺」、Кавкáз「カフカス」→ Закавкáзье「外カフカス」、пол「床」→ подпóлье「地下室」

3．集合体を表す名詞

-ство	名詞から　студéнт「学生」→ студéнчество「学生(集団)」、купéц「商人」→ купéчество「商人階級」、крестья́нин「農民」→ крестья́нство「農民階級」
-ня	名詞および数詞から　род「誕生」→ родня́「親戚」、сто「100」→ сóтня「百(名詞)」
-ьё (-рье, -ие)	形容詞から　сырóй「未加工の」→ сырьё「原料」、бéлый「白い」→ бельё「下着、シーツなど」、жить「住む」→ жильё「住まい」
-(н)як	名詞から（ふつうは「林」）　дуб「樫」→ дубня́к「樫の林」、берёза「白樺」→ березня́к「白樺林」

4．一個を表す名詞

-ина, -инка	名詞から　горóх「えんどう豆」→ горóшина「えんどう豆一個」、жéмчуг「真珠」→ жемчýжина「一粒の真珠」、снег「雪」→ снежи́нка「雪一片」

224. 指小語、指大語

1. 指小語の意味

名詞に特定の接尾辞がつくと、その名詞が小さいことなどを表す指小語（**уменьши́тельное сло́во**）となる。指小語の意味は次のいずれかである。

① **実際に小さい**ことを表す

② 話し手が主観的にその名詞を**小さく、愛らしく表現**する（愛称）

③ それとは逆に**軽蔑的に表現**する（蔑称）

④ **比喩**として　たとえば、ドアの取っ手はру́чка、いすや机の脚はно́жкаだが、本当は手(足)ではないものを、「手(足)のようなもの」として表現したわけである。こういう場合に指小語が使われるが、取っ手や脚が小さいわけではなく、またこの取っ手や脚を直接的にрука́、нога́ということは、ふつうはない。

もちろん、ру́чкаやно́жкаはふつうの指小語として「小さい手（足）」でもあり得る。指小語がどの意味で用いられているかは、文脈による。また、もとの名詞が使用されなくなった例や、もとの名詞から意味が変わってしまう例もある。たとえば、я́блоко「りんご」やло́жка「スプーン」は本来指小語であったが、もとの形は現在存在しない。現在во́дка「ウォトカ」に「水」の指小語の意味はない。

①と④の用法は客観的なので、文体上の意味をもたないが、②と③の用法は、対象に対する話し手の評価や態度を表す主観的なものなので、文体に大きく影響する。

たとえば、この形を多用する人の文体（話し方）は、対象に対する愛情を直接的に表現した、思い入れの強い感じとなる（年配の女性に特に多く見られる）。

Ну, дава́й, мой серде́чный, под <u>голо́вку-то мя́гонькую поду́шечку</u> положи́, та́к-то, <u>мило́к</u>, поле́гче тебе́ бу́дет.	いい子だね、おつむにやわらかーい枕をおあて。そう、坊や、楽になるだろう。

または、あまり主観的な指小語を使わない人が、あるものに関してそれを使ったなら、そこにはそれなりのニュアンスがこもっているはずなのである。

指小語を作る接尾辞は、ひとつの接尾辞からなる単純接尾辞（дом「家」→ до́м**ик**「小屋」）と、2つ以上の要素からなる複合接尾辞（дом → дом**и́шко**）に分けることができる。複合接尾辞は、この例のような2つ以上の要素からなるものと、単純接尾辞による指小語にさらに接尾辞がつくものとがある。

いずれにしても指小の意味は強くなり、ほとんどどれもが愛称または蔑称である。

2．単純接尾辞

(1) 男性	
-ок (-ёк)	гриб「きのこ」→ грибо́к、пиро́г「ピローグ」→ пирожо́к[19]「ピロシキ」、у́гол「隅」→ уголо́к「隅っこ」、ого́нь「炎」→ огонёк「ともしび」、конь「子馬」→ конёк（その愛称。または比喩として「スケート靴」）
-ец	брат「兄弟」→ бра́тец、двор「中庭」→ дворе́ц「宮殿」、о́браз「形象」→ образе́ц「見本」
-ик	стол「机」→ сто́лик、коне́ц「端」→ ко́нчик「端っこ」、час「1時間」→ ча́сик
(2) 女性	
-ка	берёза「白樺」→ берёзка、река́「川」→ ре́чка「小川」、бума́га「紙」→ бума́жка、ель「もみの木」→ ёлка、ре́па「かぶ」→ ре́пка
-ица	сестра́「姉妹」→ сестри́ца、де́ва「おとめ」→ деви́ца、ры́ба「魚」→ ры́бица
(3) 中性	
-ко	пи́во「ビール」→ пивко́、лицо́「顔」→ ли́чико、о́блако「雲」→ о́блачко
-цо (-це)	вино́「ワイン」→ винцо́、о́зеро「湖」→ озерцо́、блю́до「（各自に分けられる前の料理がのった）大皿」→ блю́дце「（カップの）受け皿」

3．複合接尾辞

(1) 男性	
愛称的 -очек, -ичек	кусто́к「茂み」→ кусто́чек、огонёк「ともしび」→ огонёчек、но́жик「ナイフ」→ но́жичек、я́щик「箱」→ я́щичек

19 この単語は通常複数形（пирожки́）で用いられる。

蔑称的 **-ишка** **(-ашка)**[20] **-ишко**	ма́льчик「少年」→ мальчи́шка、па́рень「若者」→ парни́шка、 дом「家」→ доми́шко、го́род「町」→ городи́шко
(2) 女性(時に男性にも)	
愛称的 **-ичка**	сестри́ца「姉妹」→ сестри́чка、у́лица「通り」→ у́личка、 пти́ца「鳥」→ пти́чка
-енка(-енька) **-очка(-ечка)** **-ушка(-юшка)**	па́па「パパ」→ па́пенька, па́почка、ма́ма「ママ」→ ма́менька, ма́мочка、ня́ня「うば」→ ня́нечка、Ле́на「レーナ」→ Ле́ночка мать「母」→ ма́тушка、дед「祖父」→ де́душка、изба́「百姓小屋」 → избу́шка
蔑称的 **-ёнка(-онка)**	ло́шадь「馬」→ лошадёнка、де́вочка「少女」→ девчо́нка、 соба́ка「犬」→ собачо́нка
(3) 中性	
愛称的 **-ечко, -ышко**	блю́дце「受け皿」→ блю́дечко、крыло́「翼」→ крылы́шко、 со́лнце「太陽」→ со́лнышко
蔑称的 **-ишко**	бельё「下着」→ бельи́шко、де́ло「用事」→ дели́шко(通常複数)

§ 接尾辞 -ёнок

この接尾辞は通常動物の子どもを指すが、場合によっては指小語の感じとなる。複数形は -ята である。ребёнок「(人間の) 幼児」の複数は ребя́та, ребя́т, ребя́там …[21]

козёл「雄ヤギ」→ козлёнок、орёл「ワシ」→ орлёнок、тигр「トラ」→ тигрёнок、кот「ネコ」→ котёнок、чёрт「悪魔」→ чертёнок「小悪魔」

---

20 -ишка (-ашка) は動物名詞、-ишко は非動物名詞につく。どちらも、もとの名詞同様男性名詞とされる。複数形はどちらも -ишки。

21 ただし、ребя́та は「子どもたち」の意味では用いられず、「若者たち」、若者の間では「仲間たち」の意味になる。意味上 (実際の用法上)「幼児」の複数になるのは、現在では単数がほとんど用いられない де́ти である。

4．人名の場合

　ロシア人の名前は比較的限られた一定の枠内から選ばれ[22]、両親が作り出すようなことはない[23]。そのほとんどが決まった愛称形をもっており、それが広く用いられる。多くの場合、形が変わってしまうが、語尾は男女とも -я (ж, ч, ш, щ のあとでは -a）である。蔑称形は子ども時代の遊び仲間で使われるもので（なれなれしいが、特に軽蔑を示すわけではない）、おとなに対して用いると、幼なじみのようなよほど親しい仲でなければ、ぞんざいにひびく。

　複合接尾辞は、感情移入が強い場合（たとえば、家庭内や恋人同士など）に用いられる。-енька, -ечка, -очка, -ушка, -юшка, -уша, -юша などがよく用いられるが、場合によりかなりさまざまな形をとる。

男性の名前	その愛称	その蔑称	複合接尾辞を使った例
Алекса́ндр*	Са́ша	Са́шка	Са́шенька
Алексе́й	Алёша	Алёшка	Алёшенька
Влади́мир	Воло́дя	Воло́дька	Воло́денька
Оле́г	—**	—	О́ленька, Оле́жка
Никола́й	Ко́ля	Ко́лька	Ко́ленька, Колю́ша
Серге́й	Серёжа	Серёжка	Серёженька, Сергу́ша

女性の名前	その愛称	その蔑称	複合接尾辞を使った例
Алекса́ндра*	Са́ша	Са́шка	Са́шенька
Екатери́на	Ка́тя	Ка́тька	Ка́тенька
Ири́на	И́ра	И́рка	И́рочка
Мари́я	Ма́ша	Ма́шка	Ма́шенька
Ни́на	—**	Ни́нка	Ни́ночка
Татья́на	Та́ня	Та́нька	Таню́ша

* 男女両方の名前があるが、愛称などは共通である。男女の名前があるものは他に Валенти́н (Валенти́на), Евге́ний (Евге́ния) など。
** 決まった愛称はなく、愛称を使うはずの場合でもそのままの形が用いられる。

---

[22] ギリシャ、ローマ、ユダヤ、ゲルマン、スラヴ民族などの古い名前で、聖書や各民族の神話、伝承にちなむものが多い。
[23] ソ連では、イデオロギーに基づく夢が語られたスターリン時代の一時期に、Электро́н, А́том, Ста́лик（スターリンにちなむ）や Эне́ргия, Ине́ль（Ле́нин を逆つづりにした女性名）などと命名することが一部で流行したが、まもなくすたれた。

5．指大語（**увеличи́тельное сло́во**）

指小語が多数存在してひんぱんに用いられるのに対し、指大語は現在では限られたものしか用いられない。**-ище**（男性・中性名詞）、**-ища**（女性名詞）。おとぎ話や民話などでは、ふつうは「不細工」、「おおざっぱ」などのニュアンスをもつ。

дом「家」→ дом**и́ще**、за́яц「うさぎ」→ зайч**и́ще**、жара́「暑気」→ жар**и́ща**、друг「親友」→ друж**и́ще**（悪い意味ではない）

230. 形容詞の構成（接尾辞による分類）

種々の接尾辞によって形容詞が誕生する。これを、
1．名詞から派生した形容詞
2．動詞から派生した形容詞
に分けて概観する。所有形容詞についてはⅡ-226「所有形容詞、苗字、その他の問題」で扱う。

231. 名詞から派生した形容詞

名詞から派生した形容詞は数が多く、細部を見ると多様だが、概略次のように整理できる。なお、意味の類推が可能な形容詞には訳をつけない。

1．-н- を最後の要素とする接尾辞	
-н-	ко́мната「部屋」→ ко́мнатный、о́пыт「経験」→ о́пытный「経験豊かな」、нача́ло「初め」→ нача́льный、кни́га「本」→ кни́жный、зима́「冬」→ зи́мний
-ин- 主に動物を表す名詞からつくられる	ле́бедь「白鳥」→ лебеди́ное о́зеро「白鳥の湖」、орёл「鷲」→ орли́ный нос「鷲鼻」、лев「獅子」→ льви́ная до́ля「獅子の分け前（大部分）」
-ян(-ан)- 主に材料を表す名詞からつくられる	де́рево「木」→ деревя́нный、стекло́「ガラス」→ стекля́нный、шерсть「ウール」→ шерстяно́й
-енн-	соло́ма「わら」→ соло́менный、мгнове́ние「瞬間」→ мгнове́нный、хозя́йство「経済」→ хозя́йственный、у́тро「朝」→ у́тренний
-ов-н-(-ев-н)	дух「精神」→ духо́вный、день「日」→ дневно́й「昼間の」
-шн- 主に副詞、前置詞からつくられ、軟語尾	сего́дня「今日」→ сего́дняшний、ны́не「今」→ ны́нешний、до́ма「家で」→ дома́шний

-(и)онн-[24]	ста́нция「駅」→станцио́нный、организа́ция「組織」→организацио́нный、экза́мен「試験」→экзаменацио́нный
-аль-н-	му́зыка「音楽」→музыка́льный、теа́тр「劇場」→театра́льный、оригина́л「オリジナル」→оригина́льный「独創的な」
-ар-н-, -яр-н-	популя́рный「人気のある」、регуля́рный「定期的な」、гуманита́рный「人文の」
-ич-н-	траге́дия「悲劇」→траги́чный、тип「型」→типи́чный「典型的な」、эне́ргия「エネルギー」→энерги́чный「元気な」
-ив-н-	акти́в「積極分子」→акти́вный「積極的な」、ма́сса「かたまり」→масси́вный「どっしりとした」、опера́ция「作戦」→операти́вный「機動的な」、декора́ция「装飾」→декорати́вный
-оз-н-	рели́гия「宗教」→религио́зный、гра́ция「優雅さ」→грацио́зный、курьёз「珍事」→курьёзный
2．-ск- を最後の要素とする接尾辞	
-(е)ск-	дире́ктор「所長」→дире́кторский、де́ти「子どもたち」→де́тский、май「五月」→ма́йский、го́род「町」→городско́й、Русь「ルーシ」→ру́сский「ロシアの」
-ов-ск-, -ев-ск- **-ин-ск**	дед「祖父」→де́довский、Никола́й→никола́евский、мать「母」→матери́нский、Екатери́на→екатери́нинский
-цк-	дура́к「ばか」→дура́цкий、рыба́к「漁師」→рыба́цкий、каза́к「コサック」→каза́цкий
-ическ-	эконо́мика「経済」→экономи́ческий、тури́ст「旅行者」→туристи́ческий、истро́рия「歴史」→истори́ческий
3．-т- を最後の要素とする接尾辞	
-ат- 「～を有する」意味を表す	усы́「口ひげ」→уса́тый「口ひげを生やした」、крыло́「翼」→крыла́тый「翼のある」、жена́「妻」→жена́тый「妻帯している」

24 この項目以下の -н- をふくむものはほとんど外来語からつくられる。名詞形は使われないものもある。

-ист- 「～の多い」意味を表す（特に地理的特徴）	ка́мень「石」→ камени́стый「石の多い」、лёд「氷」→ льди́стый「氷におおわれた」、дух「香り」→ души́стый「香りのよい」
-ов-ит- 「～を有する」意味を表す	плод「果実」→ плодови́тый「実り多い」、яд「毒」→ ядови́тый「有毒の」、де́ло「仕事」→ делови́тый「実務的な」
-аст- めだつ肉体的特徴を表す	глаз「目」→ глаза́стый「目の大きい」、зуб「歯」→ зуба́стый「歯の鋭い」、нос「鼻」→ноcа́стый「鼻の大きな」
-оват-(-еват-) 性質が完全でない意味を表す	дорого́й「高価な」→ дорогова́тый「高めの」、кра́сный「赤い」→ красноватый「赤っぽい」、те́сный「せまい」→ тесно́ватый「ややせまい」
4．-в- を最後の要素とする接尾辞	
-ов-(-ев-)	ма́сса「かたまり」→ ма́ссовый「大量の」、берёза「白樺」→ берёзовый、по́ле「野原」→ полево́й「野外の」
-ив-	пра́вда「真実」→ правди́вый「信憑（しんぴょう）性のある」、лень「怠惰」→ лени́вый「怠惰な」、фальш「ごまかし」→ фальши́вый「にせの」
-лив-	сча́стье「幸福」→ счастли́вый「幸福な」、тала́нт「才能」→ тала́нтливый「才能ある」、за́висть「ねたみ」→ зави́стливый「うらやむ」
5．その他	
-ок-	высота́「高さ」→ высо́кий、ширина́「幅」→ широ́кий「幅の広い」、глубина́「深さ」→ глубо́кий
-к-	близ「近くに（前置詞）」→ бли́зкий「近い」、низ「下方」→ ни́зкий「低い」
-л-	свет「光」→ све́тлый「明るい」、круг「輪」→ кру́глый「まるい」、тя́жесть「重さ」→ тяжёлый

6．接尾辞をもたないもの	
	形容詞をともなう名詞からつくられる合成形容詞には、接尾辞なしに語尾がつくものがある。身体的特徴を表すものが多い。 чернобро́вый「眉（まゆ）の濃い」、одногла́зый「片目の」、узколо́бый「額のせまい」、широкопо́лый「裾（すそ）の広い」

232. 動詞から派生した形容詞、その他

1．動詞から派生した形容詞

-лив-	терпе́ть「がまんする」→ терпели́вый「がまん強い」、молча́ть「沈黙する」→ молчали́вый「無口の」、забо́титься「心配する」→ забо́тливый「めんどうみのよい」、шути́ть「冗談を言う」→ шутли́вый「冗談好きの」、пуга́ться「おびえる」→ пугли́вый「臆病な」
-чив-	улыба́ться「ほほえむ」→ улы́бчивый「にこやかな」、заду́маться「考え込む」→ заду́мчивый「瞑想的な」、доверя́ться「信頼する」→ дове́рчивый「信じやすい」
-тель-н-[25]	стро́ить「建設する」→ строи́тельный「建設の」、убеди́ть「説得する」→ убеди́тельный「説得力ある」、вступи́ть「入る」→ вступи́тельный「入るための」、указа́ть「示す」→ указа́тельный「指示の」、созна́ть「意識する」→ созна́тельный「意識的な」

2．形容詞として用いられる形動詞

-щ-, -ч-[26]	сле́довать「続く」→ сле́дующий「次の」、быть → бу́дущий「未来の」、писа́ть「書く」→ пи́шущая маши́нка「タイプライター」、лете́ть「飛ぶ」→ лету́чая мышь「こうもり」、горе́ть「燃える」→ горя́чий「熱い」
-вш-, -ш-	быть → бы́вший「かつての」、пройти́「通り過ぎる」→ проше́дший「過去の」、сойти́ с ума́「気が狂う」→ сумасше́дший「気の狂った」
-м-	люби́ть「好む」→ люби́мый「好みの」、выноси́ть「がまんする」→ невыноси́мый「たえがたい」、зави́сеть「依存する」→ зави́симый「従属する」
-н-, -т-	дать「与える」→ да́нный「所与の」、звать「呼ぶ」→ незва́ный「招かれざる」、соли́ть「塩漬けにする」→ солёный「塩辛い」、заня́ть「占める」→ за́нятый「ふさがった」、оде́ть「着せる」→ полуоде́тый「半裸体の」

---

25 この -тель は、Ⅰ-221 の動作主体を表す -тель と同じもの。
26 -ч は -щ 同様、能動形動詞現在を構成する接尾辞であったが、現在では形容詞としてのみ用いられる。

3．指小の形容詞

原則として語幹が г, к, х に終わる形容詞には、**-еньк-, -оньк-** がついて指小語になることがある。ただし、これは形容詞の性格が小さく（少なく）なることを意味するのではなく、名詞が指小語である場合に、文体の性格をそろえるために形容詞もこうした形とするのである。224「指小語、指大語」参照。

ми́лая дочь「かわいい娘」→ ми́л**еньк**ая до́ченька
си́ний лист「青い紙切れ」→ си́н**еньк**ий листо́чек
чёрная соба́ка「黒い犬」→ чёрн**еньк**ая соба́чка
у́мные ребя́та「賢い子たち」→ у́мн**еньк**ие ребяти́шки
ти́хая пти́ца「静かな鳥」→ ти́х**оньк**ая пти́чка

240. 動詞の構成

動詞には体の対応があるばかりでなく、さまざまな様相にしたがって多様な変化をするため、その派生関係、転換過程、多数の要素（子音交替、出没母音、他の構成要素の出現など）の関与が複雑となり、語構成の正確な把握は容易ではない。ここでは現代ロシア語の習熟に有益と思われる、動詞がつくられるパターンの代表的なものを示すにとどめた。

241. 動詞をつくる接尾辞

動詞不定形の圧倒的多数は「母音＋ть」の形をもっている。文法的に対応する硬・軟母音字 4 対 9 母音のうち、ё, ю 以外はすべて存在する。

硬母音字	軟母音字
-ать　де́лать「～する」, писа́ть「書く」…	**-ять**　поня́ть「理解する」, повторя́ть「繰り返す」…
-ыть　откры́ть「開く」, мыть「洗う」…	**-ить**　люби́ть「好む」, проси́ть「頼む」…
-оть коло́ть「刺す」, моло́ть「粉にする」…	**-еть**　петь「うたう」, смотре́ть「見る」…
-уть кри́кнуть「叫ぶ」, верну́ть「戻す」…	

この中の、語構成の見地から留意すべきもの（または語彙力増大に資するもの）は以下のとおりである。

1. 不完了体をつくるもの

単純動詞といわれるものの大半は不完了体で、これに接頭辞がつくと、その意味が加わった新しい動詞の完了体となる（Ⅱ-351、352「体の形成(1)、(2)」参照）。そこで、もとの動詞とは異なる、その新しい意味をもった動詞の不完了体が必要となる。いくつかの決まった接尾辞がそれをつくり出す。現在では接頭辞のない形（もとの単純動詞）が用いられなくなっているものが多数あるが、多くの動詞の体対応はこのようにしてつくられたのである。

-а-[27]	включи́ть「ふくめる」→ включа́ть、обсуди́ть「判断する」→ обсужда́ть、поступи́ть「行動する」→ поступа́ть、заме́тить「気づく」→ замеча́ть、разру́шить「破壊する」→ разруша́ть、освети́ть「照らす」→ освеща́ть
-я-	объясни́ть「説明する」→ объясня́ть、прове́рить「検査する」→ проверя́ть、соста́вить「組み立てる」→ составля́ть、укрепи́ть「強化する」→ укрепля́ть、изме́рить「計測する」→ измеря́ть、повтори́ть「くりかえす」→ повторя́ть
-ва-	встать「立ち上がる」→ встава́ть、заболе́ть「病気になる」→ заболева́ть、разде́ть「ぬがせる」→ раздева́ть、умы́ть「洗う」→ умыва́ть、узна́ть「気づく」→ узнава́ть、прожи́ть「生き抜く」→ прожива́ть、накле́ить「貼る」→ накле́ивать
-ыва-[28]	показа́ть「示す」→ пока́зывать、описа́ть「描写する」→ опи́сывать、закуси́ть「(食物を)つまむ」→ заку́сывать、обду́мать「熟慮する」→ обду́мывать、вы́играть「勝つ」→ вы́игрывать
-ива-	разыска́ть「探し出す」→ разы́скивать、размеша́ть「かき混ぜて溶かす」→ разме́шивать、вы́учить「暗記する」→ выу́чивать、проскака́ть「駆け抜ける」→ проска́кивать

§上と同じだが、出没母音が現れたり、母音が変わるもの

-а-	вспо́мнить「思い出す」→ вспомина́ть、умере́ть「死ぬ」→ умира́ть、приня́ть「受け入れる」→ принима́ть、назва́ть「名づける」→ называ́ть
-я-	помы́слить「(〜しようと)考える」→ помышля́ть、пригото́вить「用意する」→ приготовля́ть
-ва-	спроси́ть「たずねる」→ спра́шивать、останови́ть「止める」→ остана́вливать
-ыва-	опозда́ть「おくれる」→ опа́здывать、разброса́ть「散らかす」→ разбра́сывать、насоса́ть「吸い取る」→ наса́сывать、разрабо́тать「加工する」→ разраба́тывать、затопта́ть「足跡をつける」→ зата́птывать

27 この -а- と、次の、-я-, -ва- には常に力点がある。
28 いわゆる**多回動詞**をつくるこの -ыва- と次の -ива- では、その前の音節に力点がある。

-ива-	осмотре́ть「見回す」→ осма́тривать、устро́ить「催す」→ устра́ивать、умолча́ть「言わずにおく」→ ума́лчивать、подгото́вить「準備する」→ подгота́вливать、зако́нчить「終える」→ зака́нчивать

2．完了体をつくるもの

前項で述べたように、単純動詞の大半は不完了体で、これに一定の接頭辞がつくと、原則的には同じ意味の（完了体の意味は加わるが）対応の完了体となる。これらの完了体にはそれ以上接尾辞は必要ではない。

пить「飲む」→ **вы́**пить、плати́ть「支払う」→ **за**плати́ть、писа́ть「書く」→ **на**писа́ть、ра́доваться「喜ぶ」→ **обра́**доваться、смотре́ть「目を向ける」→ **по**смотре́ть、теря́ть「なくす」→ **по**теря́ть、чита́ть「読む」→ **про**чита́ть、буди́ть「起こす」→ **раз**буди́ть、мочь「〜できる」→ **с**мочь、ви́деть「見る」→ **у**ви́деть など

3．名詞・形容詞・動詞からつくられる動詞

現代ロシア語の語彙力を高めるために有益な語形成の知識、という見地から注目すべきその他の動詞形成接尾辞には次のようなものがある。

(1) **-еть, -ить** は形容詞から動詞を派生させる。

-еть （自動詞）	кра́сный「赤い」→ красне́ть「赤くなる」、тёплый「あたたかい」→ тепле́ть「あたたまる」、сла́бый「弱い」→ слабе́ть「弱くなる」、жёлтый「黄色い」→ желте́ть「黄色くなる」、здоро́вый「元気な」→ здорове́ть「元気づく」
-ить （他動詞）	бе́лый「白い」→ бели́ть「白くする」、у́зкий「せまい」→ у́зить「せまくする」、мя́гкий「軟らかい」→ мягчи́ть「軟らかくする」、высо́кий「高い」→ повы́сить「高くする」、дли́нный「長い」→ удлини́ть「長くする」

(2) **-ничать** は形容詞または人を示す名詞から「〜のようにふるまう」という意味の動詞を派生させる（会話的）。

形容詞から	скро́мный「控えめな」→ скро́мничать「謙遜する」、ва́жный「重大な」→ ва́жничать「もったいぶる」、не́рвный「神経質な」→ не́рвничать「いらだつ」、жа́дный「欲張りな」→ жа́дничать「欲張る」

人を示す名詞から	хозя́ин「主人」→ хозя́йничать「管理する」、спле́тник「ゴシップ屋」→ спле́тничать「陰口をきく」、хи́щник「猛獣」→ хи́щничать「略奪する」、безде́льник「ぐうたら」→ безде́льничать「ぶらぶらする」

(3) **-нуть** という接尾辞をもつ動詞には不完了体もあるが（たとえば ги́бнуть「滅びる」、мёрзнуть「凍える」、со́хнуть「乾く」など）、多くの場合この接尾辞は不完了体から完了体をつくる。その中には、一回の瞬間的動作を表す完了体（**一回動詞**と呼ばれる）もふくまれる。通常の完了体と一回動詞の両方であるものも少なくない。

-нуть（一回を表す）	дви́гать「動かす」→ дви́нуть、крича́ть「叫ぶ」→ кри́кнуть、толка́ть「押す」→ толкну́ть、мига́ть「まばたきする」→ мигну́ть、стреля́ть「射撃する」→ стрельну́ть、маха́ть「振る」→ махну́ть
-нуть（完了体動詞）	подчёркивать「強調する」→ подчеркну́ть、тро́гать「さわる」→ тро́нуть、замыка́ть「閉じ込める」→ замкну́ть、отдыха́ть「休む」→ отдохну́ть、привыка́ть「慣れる」→ привы́кнуть

(4) **-овать**

語形成の点で特にきわだっている動詞接尾辞は **-овать**[29] である。-овать（軟変化は -евать）をもつ単純動詞も少数ながら存在するが（たとえば кова́ть「(鉄などを）鍛える」、сова́ть「つっこむ」、жева́ть「噛む」など）、多数は名詞から派生した動詞である。特に名詞の外来語は、この接尾辞によって新たなロシア語動詞となる。

29 この接尾辞をもつ動詞の現在形変化は、Ⅱ-322「現在型第１変則変化」にあるとおり、-ую, -уешь …（-юю, -юешь …）。ただし、-овать（-евать）が接尾辞ではなく、他の理由からその形になったものはそのかぎりではない（たとえば здоро́ваться「あいさつする」здоро́ваюсь, здоро́ваешься … 、успева́ть「間に合う」、одева́ть「着せる」など）。

30 この種の動詞の動作名詞の多くは -ция（英語の -tion にあたる）という接尾辞によってつくられている。たとえば、автоматизи́ровать — автоматиза́ция「自動化」、механизи́ровать — механиза́ция「機械化」（先行 222-2「動詞から派生する抽象名詞」も参照）。

-овать (**-евать**)	**ロシア語名詞から** го́лос「声」→ голосова́ть「投票する」、о́браз「形象」→ образова́ть「形作る」、чу́вство「感情」→ чу́вствовать「感じる」、про́ба「試み」→ про́бовать「試みる」、след「あと」→ сле́довать「あとを追う」、го́ре「悲しみ」→ горева́ть「悲しむ」、ночь「夜」→ ночева́ть「泊まる」 **外来語名詞から**[30] план「計画」→ плани́ровать「計画する」、интере́с「興味」→ интересова́ть「興味をもたせる」、ремо́нт「修理」→ ремонти́ровать「修理する」、риск「危険」→ рискова́ть「危険を冒す」、организа́ция「組織」→ организова́ть「組織する」、та́нец「踊り」→ танцева́ть「踊る」

242. 動詞の接頭辞

1．接頭辞の機能

単純動詞に接頭辞がつくと、限定された意味をもつ新しい意味の動詞（完了体）がつくられる。たとえば、писáть「書く」の場合は下のようになる。

вписáть	「書き込む」	**над**писáть	「表書する」	**пред**писáть	「指示する」
вы́писать	「書き抜く」	**о**писáть	「描写する」	**про**писáть	「処方する」
записáть	「書き留める」	**пере**писáть	「書き写す」	**рас**писáть	「絵をかく」
исписáть	「書き尽くす」	**по**писáть	「暫時書く」	**с**писáть	「書き写す」
написáть	「書く」	**под**писáть	「署名する」		

多くの動詞は当初具体的な単純な動作を意味していたが、徐々に意味が精密になり、さらに抽象的、内面的な意味が加わってゆく。接頭辞は本来動作の方向や様態を表すので、具体的な意味を表す動詞の場合は、意味の推測が容易である。たとえば、вы́бежать「走り出る」、вы́нести「運び出す」、вы́ступить「進み出る」、вы́пустить「放つ」、вы́брать[31]「取り出す」などはいずれも、単純動詞本来の意味に「出る（出す）」が加わった意味である。

このように、同一の接頭辞がついているために意味の類推が可能となる例は多いので、動詞接頭辞の意味を知ることは、語彙力を増大させるうえで必要であり、有効である。

しかし、時代とともに動詞に抽象的、内面的な意味が派生し、それに方向性や様態を示す接頭辞が加わった場合、新しい動詞が何を意味することになるのかを推測することは必ずしも容易でない。たとえば、вы́разить「表現する」、вы́гнуть「曲げる」などは「出る（出す）」だけからでは類推できない。

その他にも、類似の意味の接頭辞がついて（たとえば вы- と ис-）微妙に使い分ける場合や、歴史的な経緯から特別の意味が加わるなど、さまざまな要因が作用するので、接頭辞による動詞の意味の変化はかなり微妙であり、一律には整理できない。

2．個々の接頭辞の意味

動詞につく接頭辞の意味の大略を一覧表にする。多様な意味をもつ動詞につく接頭辞の意味はこれに尽きるものではなく、ものによってはここに示された以外の意味になることも少なくない。

---

31 接頭辞 вы- がついた動詞完了体では、力点は常に вы- にある。

в-(во-)	「中へ」	внести́「持ち込む」、впусти́ть「入れる、通す」、влить「注ぎ込む」、воткну́ть「詰め込む」、вду́маться「考え込む」
вз-(взо-, вс-)	1)「上へ」 2)「強く」	взойти́「登る」、вползти́「這い上がる」、вски́нуть「投げ上げる」、взорва́ться「登る」 вскрича́ть「わめく」、вздохну́ть「深く息をつく」、вскипе́ть「沸騰する」、взорва́ть「爆破する」
воз-(возо-, вос-)	1)(同上)[32] 2)「ふたたび」 3)(単なる完了体)	вознести́「もちあげる」、возвы́сить「高める」、возвести́「(地位を)上げる」、возмути́ть「憤慨させる」、восприня́ть「摂取する」 возврати́ть「もどす」、восстанови́ть「復旧させる」、возобнови́ть「更新する」、воспроизвести́「再生産する」 воспо́льзоваться「利用する」、взволнова́ться「興奮する」
вы-	1)「外へ」 2)「完全に」 3)行為の結果[33] 4)(-ся)強調	вы́ехать「(乗り物で)出る」、вы́гнать「追い出す」、вы́ключить「外す」、вы́пустить「出す」、вы́думать「考え出す」 вы́полнить「実現する」、вы́расти「成熟する」、вы́держать「耐え抜く」、вы́здороветь「全快する」 вы́жить「生き抜く」、вы́играть「勝つ」、вы́сидеть「卵をかえす」 вы́плакаться「存分に泣く」、вы́родиться「退化する」、вы́даться「突出する」
до-	到達・達成	довести́「(〜まで)案内する」、добра́ться「たどりつく」、допо́лнить「補充する」、доби́ться「獲得する」、дости́гнуть「達成する」
за-	1)「〜し始める」	запла́кать「泣き出す」、засмея́ться「笑い出す」、запе́ть「うたい出す」、заговори́ть「話し出す」、заложи́ть「基礎をおく」

32 воз- は вз- と基本的には同じもの。
33 自動詞を他動詞化する場合もある。

	2)「寄る、外れる」 3)「〜し過ぎる」 4)「一杯に」 5)(-ся)強調	зайти́「立ち寄る」、зарабо́тать「かせぐ」、заложи́ть「うしろへ置く」、зачи́слить「編入する」 запи́ть「飲みふける」、задержа́ть「引き止める」、засе́сть「居座る」、захвали́ть「ほめすぎる」 запо́лнить「充たす」、засы́пать「ふさぐ」、заня́ть「占める」、зарва́ть「埋める」、засори́ть「ごみだらけにする」 засиде́ться「座り込む」、заду́маться「考え込む」、захлебну́ться「むせる」、зачита́ться「読みふける」
из- **(изо-,** **ис-)**[34]	1)「内から外へ」 2)「完全に」	исходи́ть「発する」、изгна́ть「追放する」、издержа́ть「支出する」、избра́ть「選び出す」、извле́чь「抽出する」 исчерпа́ть「汲み尽くす」、износи́ть「着古す」、израсхо́довать「消費しつくす」、изре́зать「切り刻む」
на-	1)「表面へ」 2)「たくさん」 3)(-ся)「十分に」	найти́「行き当たる、発見する」[35]、нае́хать「衝突する」、напа́сть「攻撃する」、накры́ть「覆う」、насы́пать「ふりかける」 набра́ть「たくさん取る」、накупи́ть「たくさん買う」、наби́ть「詰め込む」 нае́сться「腹いっぱい食う」、напи́ться「十分に飲む」、наговори́ться「しゃべりまくる」、наслади́ться「楽しむ」
над- **(надо-)**	「上に」	надстро́ить「上へ建て増す」、надкуси́ть「上をかじる」、надписа́ть「上書きする」

34 この接頭辞は вы- と似ているので（вы- では視点が「外に」あるのに対し、из- の場合は「内」にある）、併用されることが多いが、用法が異なることがあるので注意を要する。たとえば、вы́полнить「実現する」と испо́лнить（ほぼ同義）、вы́ключить「(スイッチを）きる」と исключи́ть「除く」、вы́брать「選び取る」と избра́ть「選挙する」など。

35 идти́ は移動の動詞であるから、「行き当たる」が本意であり、「発見する」はそこからの転意である。

недо-	不完全	недооцени́ть「過小評価する」、недожа́рить「焼き足りない」、недосказа́ть「言い足りない」、недозре́ть「未熟である」、недое́сть「食べ足りない、栄養不良だ」
о- **(об-, обо-)**	1)「全体に、周辺に」	обойти́「歩き回る」、обсуди́ть「審議する」、очи́стить「清掃する」、осмотре́ть「よく見る」、описа́ть「描写する」
	2) 否定、譲歩	осуди́ть「非難する」、оговори́ться「あらかじめ断わっておく」、опо́мниться「我に返る」
	3)(完了体)[36]	окамене́ть「硬化する」、оправда́ть「正当化する」、окре́пнуть「強くなる」、освети́ть「明るくする」
от-(ото-)	1) 離脱	отъе́хать「(乗り物で)はなれる」、отвести́「連れて行く」、отложи́ть「引き延ばす」、отличи́ть「識別する」、оторва́ть「もぎ取る」、откуси́ть「噛み切る」、отре́зать「切り取る」
	2) 完成、終結	отде́лать「仕上げる」、отмени́ть「中止する」、отдохну́ть「休む」
пере- **(пре-)**	1)「移る(移す)」	перейти́「渡る」、переда́ть「伝える」、перевести́「翻訳する」、пересе́сть「乗り換える」、преступи́ть「(法を)犯す」
	2) 反復	перестро́ить「建て直す」、переписа́ть「書き直す」、перечи́слить「列挙する」、пересмотре́ть「再検討する」
	3) 過度	пересоли́ть「塩を入れすぎる」、перегрузи́ть「積みすぎる」、переутоми́ть「疲労困憊(こんぱい)させる」、переступа́ть「踏み越える」
	4) 相互	переговори́ть「会談する」、переклика́ться「鳴き交わす」、переписа́ться「文通する」
	5)「過ごす」	переночева́ть「夜をすごす」、пережи́ть「(ある期間)生きる」

[36] 名詞、形容詞からつくられた動詞に関して。

по- Ⅱ-352「体の形成（2）」参照	1）（完了体）[37]	потеря́ть「なくす」、потра́тить「消費する」、посмотре́ть「見る」、пообе́дать「昼食をとる」、поиска́ть「探す」
	2）開始（定動詞）	пойти́「出かける」、пое́хать「（乗り物で）出かける」、побежа́ть「走り出す」、повести́「連れて行く」
	3）「少し」[38]	поговори́ть「（ちょっと）話す」、пое́сть「（同）食べる」、попи́ть「（同）飲む」、посиде́ть「（同）すわる」、поспа́ть「（同）眠る」
	4）「ときどき」[39]	попива́ть「（ときどき）飲む」、погу́ливать「（同）散歩する」、погова́ривать「（同）しゃべる」
под- **（подо-）**	1）「下へ（で、から）」	подве́сить「吊り下げる」、подписа́ть「署名する」、поддержа́ть「支える」、подчеркну́ть「下線を引く」、подби́ть「裏をつける」
	2）従属	подчини́ть「隷属させる」、подлежа́ть「従属する」、подве́ргнуть「こうむらせる」
	3）「ひそかに」	подсказа́ть「耳打ちする」、подмигну́ть「目くばせする」、подмени́ть「すりかえる」、подслу́шать「盗み聞きする」
	4）接近	подойти́「近づく」、подвести́「近づける」、подде́лать「贋造する」
	5）少量	подли́ть「少し注ぐ」、подмы́ть「ちょっと洗う」、подожда́ть「しばらく待つ」
пред- **（предо-）**	「前に」	предложи́ть「提案する」、предста́вить「提示する」[40]、предви́деть「予見する」、предупреди́ть「予防する」、предвеща́ть「予言する」（不完）
при-	1）到達、接近	прие́хать「到着する」、принести́「もってくる」、прибли́зить「近づける」、пригласи́ть「招く」、приду́мать「考えつく」

37 単なる完了体をつくるのに最もよく用いられる接頭辞。
38 人を誘うときなどに、おおげさにならないようにする気分がはたらくので、この表現は会話でよく用いられる。
39 多回動詞語尾とともに、不完了体を形成する。
40 この単語は本来「前におく」意味だが、そこから転じて「提出する、代表する、紹介する、上申する、上演する、思い描く」など広い意味に用いられる。

	2）付加 3）「少し」	придáть「付与する」、приложи́ть「添付する」、привязáть「結びつける」、прибáвить「付け加える」、придáть「添える」 прикры́ть「少し覆う」、прилéчь「ちょっと横になる」、примéрить「着てみる」
про-[41]	1）貫通（時・所・状態） 2）逸失、過誤	провести́「(時を) すごす」、пройти́「(ある距離を) 行く」、проспáть「(ある時間) 眠る」、прослýшать「聞きとおす」 просмотрéть「見損なう」、проигрáть「負ける」、прослýшать「聞き逃す」、промахнýться「打ち損じる」
раз-（разо-, рас-）	1）「分ける」 2）「いろいろ」 3）もどす、解ける	раздели́ть「分割する」、расстáвить「配置する」、разноси́ть「配達する」、разойти́сь「解散する」、разобрáть「見分ける」 рассмотрéть「審査する」、разговáривать「おしゃべりする」（不完）、разби́ть「粉砕する」、размышля́ть「熟慮する」（不完） развязáть「ほどく」、раскры́ть「開く」、разочаровáть「失望させる」、раздéть「ぬぐ」
с-（со-）	1）離脱 2）集め（ま）る 3）往復	сойти́「離れる」、снести́「持ち去る」、снять「取り去る」、сложи́ть「解除する」 собрáть「集める」、сойти́сь「集まる」、сострáвить「組み立てる」、сопостáвить「対照する」、скопи́ть「ためる」 сходи́ть「行ってくる」、сбéгать「走って往復する」、съéздить「(乗り物で) 往復する」
у-	1）去る 2）（完了体）	уéхать「去る」、увезти́「運び去る」、убрáть「かたづける」、упусти́ть「放す」、удали́ть「遠ざける」 увели́чить「増大する」、удовлетвори́ть「満足させる」、уси́лить「強化する」

41 自動詞を他動詞化する。

250. 複合語、合成語、略語

ふたつ以上の語根が結合してできる語を合成語という。非独立語である前置詞などがつく場合は（たとえば、**бес**поря́док「無秩序」、**сверх**уро́чный「超過勤務の」など）、その部分が接頭辞と扱われるので、通常は合成語とされない。ここではそれを「複合語」と扱う。

251. 複合語（接頭辞がつくもの）

1．動詞の接頭辞

接頭辞をもつ動詞に関連する名詞、形容詞は、当然その接頭辞を維持する。

名詞	**в**клад「貢献」、**за**хо́д со́лнца「日没」、**до**каза́тельство「証拠」、**на**ступле́ние「到来」、**о**писа́ние「描写」、**пре**увеличе́ние「誇張」
形容詞	**по**ня́тный「わかりやすい」、**за**нима́тельный「おもしろい」、**на**сто́йчивый「粘り強い」、**пре**сту́пный「犯罪的な」、**при**близи́тельный「近似の」、**раз**гово́рный「会話の」

接頭辞のつく動詞については、先行242「動詞の接頭辞」参照。

2．前置詞が接頭辞になるもの

前置詞の中には、動詞接頭辞と共通のものも少なくない。名詞が語根となった複合語が生じる。

名詞	**со**гла́сие「賛成」、**при́**город「郊外」、**под**по́лье「地下室」、**безо**бра́зие「醜態」、**сквоз**ня́к「すきま風」、**проти́в**ник*「敵」
形容詞	**за**грани́чный「外国の」、**до**революцио́нный「革命前の」、**под**го́рный「ふもとの」、**над**зе́мный「地上の」、**после**вое́нный「戦後の」、**вне**шта́тный「定員外の」、**между**наро́дный「国際的な」、**чрез**ме́рный「極端な」

* この場合は接頭辞が語根となっている。

3．その他の機能語が接頭辞になるもの

否定の助詞 не-（主に形容詞）、「半分」を意味する пол-(полу-)（主に名詞）は接頭辞の機能を果たす。не- は原則的にどの形容詞にもつけることができ、

反対語となる。

пол- がついた語では、主格・対格で名詞部分が生格となる。その他の格では、полу- となり、もとの名詞の変化をする。「半年」の格変化は полго́да, полуго́да, полуго́ду, полго́да, полуго́дом, полуго́де となる[42]。これにつく形容詞の主格・対格は複数主格または対格、他の格は名詞と同じになる（це́лые（це́лых）полго́да, це́лого полго́да, це́лому полго́ду ...）。Ⅱ-242「順序数詞、集合数詞、その他の問題」参照。

名詞	**не**пого́да「悪天候」、**не**сча́стье「不幸」、**не**знако́мец「見知らぬ人」、**пол**го́да「半年」、**пол**сло́ва「二言三言」、**пол**мину́ты「30 秒」
形容詞	**не**сча́стный「不幸な」*、**не**обы́чный「ふつうでない」、**не**большо́й「大きくない」、**полу**мёртвый「半死半生の」、**полу**кру́глый「半円の」、**полу**лёгкий「フェザー級の」

*「幸福な」は счастли́вый だが、「不幸な」はふつう несча́стный という。несчастли́вый は「運の悪い」。сча́стный という単語は 19 世紀までは用いられたが、今はすたれた。

4．副詞

前置詞＋名詞、前置詞＋形容詞短語尾、前置詞＋数詞で形成される副詞が多数ある。そこで使われる名詞の中には、現在その形では用いられないものもふくまれる。Ⅱ-420「副詞」も参照。

前置詞＋名詞	**на**ве́рх「上へ」、**на**верху́「上で」、**на**ве́к「永久に」、**с**ни́зу「下から」、**за́**мужем「夫のいる」、**по**и́стине「本当に」
前置詞＋形容詞短語尾	**на**пра́во「右へ」、**с**ле́ва「左で」、**до́**сыта「満腹するまで」、**по**немно́гу「少しずつ」、**за́**ново「新たに」、**в**полне́「十分に」
前置詞＋数詞	**в**двоём「ふたりで」、**в**перв́ые「初めて」、**на**едине́「相対して」、**за**одно́「共同で」、**в**тро́е「３倍に」

42 ただし、полуо́стров「半島」、полуме́сяц「半月」のように полу- を接頭辞とする語は、ふつうの名詞変化をする。

252. 合成語　（сло́жные слова́）

ふたつ(以上)の語根が結びついて形成される合成語は、２種類に分けられる。

① ふたつ(以上) の語根が連接辞 -о-(-е-)、によって結びついているもの。-е- は軟子音および ж, ш, ц のあとに使われる

② ふたつ(以上) の語根が直接結びついているもの

1．-о-(-е-)によるもの

一応以下のように分類したが、第１、第２の語根のもとの品詞が何であるかは、相対区分にすぎない。派生関係をどこまでたどるかによるからである。

最初の語根	第２の語根	合成語
名詞	動詞(多数)	путеводи́тель「旅行案内」、языкозна́ние「言語学」、товарообме́н「交易」、газопрово́д「ガス管」、парохо́д「汽船」、пищеваре́ние「消化」
	名詞	шарови́дный「球形の」、грибообра́зный「きのこ状の」、ю̀го-за́пад「南西」、япо̀нско-англи́йский「日英の」、железнодоро́жный「鉄道の」
形容詞	名詞(多数)	новосе́лье「新居」、разногла́сие「意見の不一致」、разнообра́зный「多様な」、красноарме́йский「赤軍の」、дальневосто́чный「極東の」
	動詞	нау̀чно-иссле́довательский「学術研究の」、о̀бщепри́нятый「一般に通用する」、иносказа́тельный「寓意的な」、новорождённый「新しく生まれた」、ма̀ловырази́тельный「表情の乏しい」
	色の形容詞	я̀рко-кра́сный「真紅の」、свѐтло-жёлтый「薄黄色の」、тёмно-зелёный「暗緑色の」
само-, все-, ино-, много-, мало-	動詞、形容詞、名詞	самолёт「飛行機」、самоуве́ренный「自信過剰な」、всеми́рный「全世界の」、иностра́нный「外国の」、многоле́тний「年を経た」、малокро́вие「貧血症」

одно-、順序数詞	名詞	односторо́нний「一方的な」、одноэта́жный「1階建の」、второстепе́нный「副次的な」、третьекла́ссник「3年生」、первобы́тный「原始的な」

2．直接結びつくもの

最初の語根	第2の語根	合成語
名詞、代名詞の斜格	動詞	себялю́бие「利己主義」、себесто́имость「原価」、сумасше́дший「気の狂った」
副詞	形容詞、形動詞	вы̀шеупомя́нутый「上述の」、ни̇жесле́дующий「下記の」、многоуважа́емый*「尊敬する」
個数詞 [43]	名詞、形容詞	десятиле́тие「10年（記念）」、трёхэта́жный「3階の」、треуго́льник「三角形」、стопроце́нтный「100パーセントの」、двухме́сячный「2カ月の」

* 主として公的な、あるいは目上の人への手紙の書き出しの決まり文句に使われる。

3．その他

ふたつの名詞がハイフンで結ばれているものは、本書では付語と扱うが（Ⅲ-333「定語、付語」）、いくつかの地名や民話などで使われる決まった形は составны́е слова́ と呼ばれる合成語の一種である。Москва́-река́「モスクワ川」、Кита́й-го́род「キタイ・ゴロド（モスクワ中心部の地名）」、Во́лга-ма́тушка「母なるヴォルガ」、жар-пти́ца「火の鳥（ロシア民話の）」、житьё-бытьё「世わたり」

[43] 2以上の個数詞が合成語の最初の語根になるときは、生格となる。ただし90（девяно́сто）と100（сто）は主格。また、2、3、4はときに дву-, тре-, четыре となる。

253. 略語（сокраще́ние）

いくつかの単語（多くは形容詞と名詞）からなる語には、概略次のような略語がある。

1．頭文字（1）

本来の単語の頭文字を集めてつくり、ふつうの単語のように読み下すもの。各文字のあとに点（ピリオド）は打たない。大部分は大文字だが、小文字のものもある。機関の名称が多いが、普通名詞もある。

МИД	Министе́рство иностра́нных дел	外務省
ООН	Организа́ция Объединённых На́ций	国際連合
НИИ	нау̀чно-иссле́довательский институ́т	学術研究所
ГЭС	гѝдроэлектри́ческая ста́нция	水力発電所
вуз	вы́сшее уче́бное заведе́ние	高等教育機関（大学）
бомж	（лицо́） без определённого ме́ста жи́тельства	ホームレス

性・数に関し、大文字のものは本来の単語に従い（つまり ООН は女性単数）、小文字のものは新単語扱いとする（つまり вуз は男性単数）のが原則だが、子音で終わるものは男性になることも多い（МИД、ТАСС「タス通信社」など）。また性・数に関し、一定しないものもあるので（たとえば США は単数・複数の両方が用いられる）、個々に注意が必要である。

これらの語は口頭では格・数変化をすることもあるが（たとえば рабо́тать в МИДе「外務省で働く」）、文章体ではしないことが多い（сообще́ния ТАСС「タスの報道」）。

2．頭文字（2）

頭文字を集めてつくるが、文字ごとに読むもの。この場合は大文字のみで、同じく点は打たない。性・数は単語本来のもの。

КГБ	Комите́т госуда́рственной безопа́сности	ＫＧＢ
КНР	Кита́йская Наро́дная Респу́блика	中華人民共和国
МГУ	Моско́вский госуда́рственный университе́т	モスクワ国立大学
ВВС	воѐнно-возду́шные си́лы	空軍
ООО	о́бщество с ограни́ченной отве́тственностью	有限会社

ГИБДД	Госуда́рственная инспе́кция безопа́сности доро́жного движе́ния	道路交通安全監督局

3. 合成語

本来の単語の部分をつなぎ合わせて合成語としたもの。性・数に関しては、新語扱いをして本来のものとは合わせないのがふつうだが、それほど一般的でないものや組織名称はそのかぎりではない。読み方も一律ではなく、俗語的な省略語も多い。また、この形は正式名称だと長くなりがちな機関・組織名称にはきわめて多く、中には大小文字の混ざるものや、語呂をよくするためか、省略なしの正式名称とは語順などが一致しないものもある。

физкульту́ра	физи́ческая культу́ра	体育
са́мбо	самозащи́та без ору́жия	サンボ（柔道に似た格闘技）
филфа́к	филологи́ческий факульте́т	（大学の）文学部
нацме́н	национа́льное меньшинство́	少数民族
ОАО НК «Русsне́фть»	Объединённое акционе́рное о́бщество нефтяно́й компа́нии «Русsне́фть»	石油企業合同「ルスネフチ」
РАО ЕЭС	Росси́йское акционе́рное о́бщество «Еди́ная энергети́ческая систе́ма»	ロシア株式会社「統一エネルギー機構」

4. 省略形

г「グラム」、*м*「メートル」などの単位（これらはふつう点を打たず、イタリックで示される）や、г.「年または町」、стр.「ページ」、ул.「通り」、о.「島」などの語がしばしば省略形になるのは当然だが、ある種の語句にも省略形が用いられる。省略形が書かれていても、読むときはもとの形にする。

и. т. д.	и так да́лее	などなど
и. т. п.	и тому́ подо́бное	などなど
т. е.	то есть	つまり
м. б.	мо́жет быть	もしかすると
с. г.	сего́ го́да	今年の
в. (вв.)	век (века́)	世紀（複数）

ふつうの単語を省略形で書く場合には、意味がわかるようにすること、音節単位にすることが原則であるが、その他以下の点に注意（慣用化した例外はある）。①母音、ьで切らない。同じ子音が２つならぶときは、その子音１

字で切る。異なった子音が2つ以上ならぶときは、最後の子音で切る。

	正	誤
каре́льский	к., кар., карельск.	карель.
о́стров Сахали́н	о. Сахалин（慣用）	
стенно́й календа́рь	стен. календарь	сте. календарь
ру́сский	русск.	рус.

5．単語の区切り方の禁則

単語の途中で改行しなければならない場合の原則は、音節ごとに切ること、単語構造（構成要素）を維持することだが、次のような禁則がある。

禁則	誤	正
1）音節にならない部分は切り離さない	*пое-зд* *ст-рана*	по́-езд「列車」 стра-на́「国」
2）子音と次の母音を切り離さない（ただし接頭辞は分断しないほうがよい） ы は行頭におけない	*гов-орить* *разоч-арование* *под-ыскать*	гово-ри́ть「話す」 раз-очарова́ние「失望」 （ра-зочарова́ние） подыс-ка́ть「探し出す」
3） ь, ъ, й をその前の子音（母音）から切り離さない	*нел-ьзя* *сто-йка*	нель-зя́「してはいけない」 сто́й-ка「支柱」
4）音節でも一字は切り離さない	*а-кция, акци-я*	а́к-ция「行為」
5）単音節接頭辞が子音に続くとき、接頭辞を切らない	*по-днять* *ра-здел*	под-ня́ть「もちあげる」 раз-де́л「分配」
6）語根冒頭の子音を接尾辞とともに残さない。同じく、合成語の後半部の子音を前行に残さない	*перес-тать* *нап-равить* *себес-тоимость*	пере-ста́ть「やめる」 на-пра́вить（напра́-вить） 「向ける」 себе-сто́имость「原価」
7）母音にはさまれている同じ子音は子音で区切る（6の場合を除く）	*гра-мматика* *новов-ведение*	грам-ма́тика「文法」 ново-введе́ние「新機軸」
8）略語、略字は切らない		ООН「国連」、и т. д.「など」
9）数字に続く単位の略字は切らない		50 км, 1941 г.

第Ⅱ部　形態論（品詞論）
語の性質、変化、用法

序論

100. 名詞
- 110. 概説　名詞の性質
- 120. 名詞の格変化
- 130. 格の機能

200. 他の名辞類（形容詞、代名詞、数詞）
- 210. 概説
- 220. 形容詞
- 230. 代名詞
- 240. 数詞

300. 動詞
- 310. 概説　動詞の諸様相
- 320. 動詞の変化
- 330. ся 動詞、無人称動詞
- 340. 移動の動詞
- 350. 動詞の体
- 360. 動詞の相と法
- 370. 形動詞と副動詞

400. その他の品詞（副詞、前置詞、接続詞、助詞、間投詞）
- 410. 概説
- 420. 副詞
- 430. 前置詞
- 440. 接続詞
- 450. 助詞、間投詞

序　論

第Ⅱ部は**形態論（морфоло́гия）**である。形態論では通常、語の構成、変化、用法を品詞ごとに分析する。本書では語の構成は第Ⅰ部で扱ったので、品詞別にそれぞれの変化と用法を説明する。

ロシア語の品詞は通常、下の表の左列に示された10種類に分類される。中央列には、各品詞のうち、形態や機能の違いによる、さらにくわしい分類が示されている。意味による分類（たとえば、普通名詞、固有名詞、抽象名詞など）はここには示されていない。

名詞		челове́к「人」、гора́「山」など
形容詞	一般形容詞	краси́вый「きれいな」、хоро́ший「すばらしい」など
	所有形容詞	отцо́в「父の」、се́стрин「姉（妹）の」など
代名詞	人称代名詞	я「私」、она́「彼女」など
	所有代名詞	мой「私の」、ваш「あなたの」など
	指示代名詞	э́тот「この」、тако́й「そんな」など
	限定代名詞	сам「自身」、весь「～全体、すべての」など
	数量代名詞	мно́го「たくさんの」、ма́ло「わずかの」など
	疑問代名詞	кто「誰」、что「何」、како́й「どんな」など
	不定代名詞	кто́-нибудь「誰か」、како́й-то「なんらかの」など
	否定代名詞	никто́「誰も（～しない）」、не́чего「すべき何もない」など
	関係代名詞	кото́рый、что など
数詞	個数詞	оди́н「１」、сто「100」など
	順序数詞	пе́рвый「最初の」、деся́тый「10番目の」など
	集合数詞	о́ба「両方」、дво́е「２」、полтора́「ひとつ半」など
動詞		чита́ть「読む」、говори́ть「話す」など
副詞		здесь「ここで」、тогда́「あのとき」など
前置詞		в「中へ」、на「上で」など
接続詞		и「そして」、что（英語の that にあたる）など
助詞		не（否定形をつくる）、ли（疑問文をつくる）など
間投詞		ага́「へぇー」、ой「しまった」など

最初の４つ（名詞、形容詞、代名詞、数詞）は**名辞類（имена́）**と呼ばれる。

名詞を中心にその従属物（形容詞と代名詞の一部)、代用物（代名詞の一部)、名詞に準ずるもの（数詞）である。これらは名詞と同様に性・数・格をもつ（数詞の一部を除く)。

動詞は文章の根幹部分（述語）となるので（述語となるのは動詞だけではないが)、時制、法（直説法、仮定法、命令法)、相（能動と受動）など多くの様相をもつ。

最初の6つ（名詞～副詞）は文の成分（主語、述語、補語など文の構成要素）になることのできる独立の単語だが、次の3つ（前置詞、接続詞、助詞）はそれだけでは完全な意味をなすことはない、非独立の補助的機能語である。最後の間投詞は、他とはいささか異なる特別な存在といえる。

ところで、品詞とは扱われないが、品詞に準ずるともいうべき特別なカテゴリーがある。**述語副詞（предикати́вное наре́чие）**と呼ばれ、形容詞短語尾中性形（副詞)、若干の名詞、それ独自のものからなり、単独で、あるいは動詞不定形とともに、状態を表す無人称文の述語を構成する。これについては423⑴「述語副詞」で扱う。

100. 名詞（и́мя существи́тельное）

110. 概説　名詞の性質

ロシア語の名詞（正確には名辞類）には性・数・格という、日本語には一般的に存在しない属性がある。名詞はこれらの属性に応じてさまざまに形を変えるが、本章ではまず性と数について解説し、格による変化とその機能については、それぞれ120および130で扱う。

また名詞は、指す対象の性格により、**普通名詞**（**и́мя существи́тельное нарица́тельное**）、**固有名詞**（**и́мя существи́тельное со́бственное**）、**物質名詞**（**и́мя существи́тельное веще́ственное**）、**集合名詞**（**и́мя существи́тельное собира́тельное**）、**抽象名詞**（**и́мя существи́тельное отвлечённое**）に分類されるが、これらの多くは厳密な定義が困難なうえ、境界線も引きにくいので、正確な分類範疇とはなりにくい。多くの文法書にならって、本書もこの分類を便宜的に使用するにとどめている。

さらにロシア語では、名詞を**動物名詞**（**и́мя существи́тельное одушевлённое**）と**非動物名詞**（**и́мя существи́тельное неодушевлённое**）に分類する。人間（および動物）と他のもの（植物をふくむ）を異質なものとしてとらえ、文法上区別するからである。

111. 性（род）

1．文法上の性

ロシア語の名詞にはすべて文法上の性（男性・女性・中性）がある。自然性のあるもの（父、母、息子、娘など）は自然の性がそのまま文法上の性になる。それ以外のものに関しては、その名詞の性質が男（女）性らしいと考えられていることを示唆するわけではなく、文法上の形式にすぎない。性は末尾の文字によってほぼ見分けることができ、これによって文法形態のある部分が規制される。

名詞の性は主格の末尾の文字（語尾ではない）により、次の表のように区別される。

末尾の文字	性	例
子音	**男性**	хле**б**「パン」、журна́**л**「雑誌」、оте́**ц**「父」、вра**ч**「医者」
-й		ча**й**「茶」、музе́**й**「博物館」、Никола́**й**「ニコライ（男の名前）」
-ь		гост**ь**「客」、слова́р**ь**「辞書」、учи́тел**ь**「先生」*
-а	**女性**	газе́т**а**「新聞」、Татья́н**а**「タチヤーナ（女の名前）」
-я		пе́сн**я**「歌」、Росси́**я**「ロシア」、Мари́**я**「マリヤ（女の名前）」
-ь		мат**ь**「母」、тетра́д**ь**「ノート」*
-о	**中性****	окн**о́**「窓」、письм**о́**「手紙」
-е		мо́р**е**「海」、зда́ни**е**「建物」

* -ь で終わる名詞が男性であるか女性であるかに関して、ある程度の法則性があるが、最終的には個々の単語による（後続(5)「語末が ь である名詞の性」参照）。
** このほかに計 10 個の -мя に終わる中性名詞（и́мя「名前」など）がある。

2. 一般規則から外れるもの

以上の規則から外れるもの、区別に問題があるものは以下のとおりである。

(1) -а (-я) で終わる男性名詞

男性を指しているのに дя́дя「おじ」のように女性の形をしている名詞が若干あり、мальчи́шка「少年」(доми́шко「小屋」) のように指小語が女性（または中性）の形をしているものもある。こういう場合は自然性またはもとの形が優先され、末尾の文字がどうであっても男性名詞として扱われる。

(2) みなし名詞

本来名詞でないものが文中で名詞のように取り扱われる場合は、中性扱いとなる。

Её «нет» мне не понра́вилось.	彼女の「いいえ」は気に入らない。
Вы не уме́ете произноси́ть ру́сское твёрдое «ш».	あなたはロシア語の硬音 ш が発音できない。

(3) 不変化外来語

о, е に終わる外来語および у, ю など、ロシア語名詞としては本来あり得ない語末をもつものの大部分は中性と扱われ、変化しない。

метро́「地下鉄」、пальто́「オーヴァー」、бюро́「局」、кафе́「軽食堂」、такси́「タクシー」、интервью́「インタビュー」など。ただし ко́фе「コーヒー」は男性名詞（不変化）。

⑷ 両性名詞（óбщий род）

aを語尾とする、人を指す名詞の中に、男性を指すときは男性扱い、女性を指すときには女性扱いされるものが若干ある。これは両性と呼ばれる特殊な名詞である。否定的な語である場合が多いが、最後の2例のようにそうでないものもある。

убийца「殺人者」、пья́ница「酔っ払い」、у́мница「利口者」、обжо́ра「大食漢」、сирота́「孤児」、колле́га「同僚」など

Э́тот ма́льчик — большо́й у́мница.	この少年はとてもお利口さんだ。
Э́та де́вочка — больша́я у́мница.	この少女はとてもお利口さんだ。

⑸ 語末が -ь である名詞の性

かなりの数のものは、接尾辞によって男女を判別できる。

男性	**-тель***（動作主体を示す）	чита́тель「読者」、учи́тель「先生」、зри́тель「観衆」、жи́тель「住民」
	-арь	слова́рь「辞書」、календа́рь「暦」、секрета́рь「秘書」
	月名	янва́рь「一月」、февра́ль「二月」、ию́нь「六月」、ию́ль「七月」、сентя́брь「九月」～дека́брь「十二月」
女性	**-ость（-есть）**	го́рдость「誇り」、ра́дость「喜び」、но́вость「ニュース」、све́жесть「新鮮さ」
	-знь, -сть, -сь	боле́знь「病気」、жизнь「命」、честь「名誉」、власть「権力」、смесь「混合」
	-бь**, -вь, -пь**	скорбь「悲嘆」、ветвь「枝」、любо́вь「愛」、степь「平原」、цепь「鎖」

* мете́ль「吹雪」、арте́ль「（社会主義）協同組合」は女性。この -тель は動作主体を表す接尾辞ではない。
** ただし го́лубь「鳩」は男性。

⑹ 職業名

職業を表す名詞（врач「医者」、секрета́рь「秘書」、профе́ссор「教授」など）は通常男性名詞の形をしているが（судья́「判事」のようにそうでなくても男性扱い）、時代とともに女性がその職業につく機会がふえた。これらの語を使って女性を指すとき、形容詞は名詞に合わせて男性形を取るが（ただし主格のみは女性形になることもある）、動詞過去形は意味を重視して女性形となる。

Наш дире́ктор шко́лы спроси́ла, есть ли у меня́ бра́тья.	うちの校長先生に、兄弟はあるか、ときかれた。
Молодо́й врач внима́тельно вы́слушала меня́.	若い医師は注意深く私の言うことを聞いた。

多くの職業名に女性形が存在するが、そのニュアンスはさまざまで、ときには軽蔑的に用いられるので、注意を要する。врач のように女性形がない職業名はもちろん、учи́тельница「女教師」のように、ごくふつうに用いる女性形がある場合でも、職業としては、女性を учи́тель といってもおかしくない。付語をつけて же́нщина-врач のようにいう場合もある。

⑺ 動物の雌雄

動物の名称には、種を示すものと雌雄を示すものがある。種を示すものも名詞として男女があるが、その動物の雌雄を指すわけではない。男性名詞の例として тигр「虎」、за́яц「うさぎ」、воробе́й「すずめ」、女性名詞では соба́ка「犬」、ко́шка「猫」、ло́шадь「馬」、лиса́「きつね」など。雌雄を意識しない（示す必要がない）場合には、これらが使われる。

雌雄を示す場合には、それぞれの形がある。あるいは、種の名称の前に саме́ц「雄」、са́мка「雌」の語をおく。

тигр - тигри́ца (са́мка ти́гра), ко́шка - кот, за́яц - зайчи́ха, лиса́ - лис。соба́ка では「雄犬」の кобе́ль に対して「雌犬」は су́ка、ло́шадь では「雄馬」の ме́рин (саме́ц ло́шади) に対して「雌馬」は кобы́ла

人間にとって雌雄の意味が大きい場合には、初めからべつの語がある。бык（коро́ва）「牛」、пету́х（ку́рица）「にわとり」、козёл（коза́）「やぎ」など

⑻ 人の名前

男女の名前もほとんど性の一般規則に従っている。たとえば Михаи́л, Серге́й, И́горь は男性名で、Еле́на, Ната́лия, Любо́вь は女性名である。ただし Ники́та（男性）、Илья́（男性）のような例外もある。男性の名前の愛称は大部分が -а または -я で終わる。たとえば Ми́ша（Михаи́л の愛称), Серёжа (Серге́й), Воло́дя (Влади́мир)。これらはもちろん男性名詞扱いになる。

非ロシア起源や外国人の名前（苗字をふくむ）は、当然ながらロシア語の原則には従わない。-а, -я で終わる男性の名前は女性名詞としての格変化をするが、子音で終わる女性の名前は格変化させないのが、原則である。それ以外の母音で終わる男女の名前は変化させない。

112. 数（**числó**）

1．数を表す形

ロシア語の名詞には**単数**（**еди́нственное числó**）と**複数**（**мнóжественное числó**）がある。下の表のように、単数形の語末を少し変えると複数形になる。力点が移動するものがある（くわしくは 120「名詞の格変化」参照）。

性	最後の文字	複数形語尾	例
男性	**子音**（語尾なし）	＋**ы**	журнáл → журнáл**ы**，отéц → отц**ы́***，врач → врач**и́****
	-й	й → **и**	музéй → музé**и**
	-ь	ь → **и**	гость → гóст**и**, словáрь → словар**и́**
女性	**-а**	а → **ы**	газéта → газéт**ы**，рýчка → рýчк**и****「（ボール）ペン」
	-я	я → **и**	стáнция → стáнци**и**
	-ь	ь → **и**	тетрáдь → тетрáд**и**
中性 ***	**-о**	о → **а**	окнó → óкн**а**, письмó → пи́сьм**а**
	-е	е → **я**	здáние → здáни**я**

* 出没母音の現象で е が脱落する。
** つづり字の規則により、ы とはならない。
*** 中性名詞には мя で終わるものが 10 個あるが、変則の変化をするので、この表からは除外した（後続 123「単数第 3 変化とその変形」参照）。

名詞の圧倒的多数をしめる男・女性名詞複数の語尾はいずれも通常は ы か и である。単数形の語末が硬い音なら ы に、軟らかい音ならその対応の軟母音 и になる。中性名詞の複数は単数語尾が硬音 о なら а、軟音 е なら я となる。

複数形の形成に際しては出没母音の現象が現れることがあり、つづり字の規則が発動する。力点が移動するものが多数ある（124 ⑴〜⑶「複数変化」参照）。

2．複数しかない名詞

名詞の中には複数形しか存在しないものがある。

⑴ 対で存在していると考えられるもの

брю́ки「ズボン」、трýсики「パンツ、パンティ」、очки́「めがね」、нóжницы「はさみ」、ворóта「門」など

ふつうは対だが、片方のときは単数が使われるものがある。

носки́（носо́к）「ソックス」、боти́нки（боти́нок）「(男物の）靴」、ту́фли（ту́фля）「(女物の）靴」、перча́тки（перча́тка）「手袋」など

⑵ 複数形しかないもの

複数しかない理由はさまざまであり、現在では説明できないものもある。

бу́дни「平日」、весы́「秤（はかり）」、де́ньги「お金（貨幣）」、духи́「香水」、кани́кулы「(学校の）休暇」、по́иски「捜索」、по́хороны「葬式」、сли́вки「クリーム」、су́тки「一昼夜」、счёты「そろばん」、хло́поты「忙しい仕事」、часы́「時計」、ша́хматы「チェス」、щи「シチィ（キャベツスープ）」など

3．単数、複数の一般的用法

一般的には１個（ひとり）の物（者）には単数、２個（ふたり）以上なら複数を用いるが、数えられないもの（こと）も存在するし、名詞すべてが両方の形をもつわけでもない。単数しかない名詞、複数しかない名詞、両方あるが意味と用法が異なる名詞などがあり、その正しい用法は、通常は数を区別しない日本語を母語とする人間にとって必ずしも簡単ではない。

⑴ 一般的複数

特定の１個を指すのではなく、ものごと一般をいうときは、複数が用いられることが多い。ただし、繰り返しになるものは単数を用いてもよい。

Ма́льчики лю́бят игра́ть во дворе́.	男の子は中庭で遊ぶのが好きだ。
В обе́денный переры́в студе́нты собира́ются и разгова́ривают в столо́вой.	昼休みに学生は食堂に集まっておしゃべりをする。
С по́мощью рада́ров удало́сь обнару́жить самолёт-наруши́тель.	レーダーを使って侵犯機を発見できた。
Учи́тель исправля́ет оши́бки в дома́шних рабо́тах ученико́в.	先生は生徒の宿題の誤りを直す。
Сестра́ ча́сто хо́дит на о́перу и́ли на бале́т.	姉はよくオペラやバレエに行く。

(2) 代表単数

概念を一般的、総括的に示したり、物の本質をいう場合には、ふつう単数を用いる。

Волк — хи́щное живо́тное, ро́дственное соба́ке.
狼は、犬の仲間の猛獣である。

Ра́ньше япо́нцы не испо́льзовали крова́ти: они́ стели́ли посте́ль пря́мо на́ пол из соло́менных ма́тов «татами».
以前日本人はベッドを使わなかった。ふとんをじかに畳の上に敷いたのだ。

(3) 共通単数

複数の物（者）に共通する同じ物を示すときは、ふつう単数を用いる。

Все рабо́тники бы́ли в фо́рме.
職員は皆制服を着ていた。

Все поверну́ли го́лову наза́д и посмотре́ли на меня́.
皆振り返って私のほうを見た。

(4) 通常は複数が用いられるもの

・во́лосы「毛髪」、слёзы「涙」のようなもの。во́лос は「毛一本」、слеза́は「涙一滴」

・грибы́「きのこ」、пирожки́「ピロシキ」、огурцы́「きゅうり」のような、ある種の食料品は日常会話では複数を用いる。

・ма́ссы「大衆」。ма́сса は「たくさん」または「塊」の意味。

・проду́кты「食料品」。проду́кт は「製品」「原料」の意味。

У неё бы́ли краси́вые све́тлые во́лосы.
彼女はきれいな金髪をしていた。

У него́, комсомо́льского вожака́, была́ кре́пкая связь с ма́ссами.
コムソモール指導者の彼には大衆との強い結びつきがあった。

4．単数しかない名詞

(1) ある種の野菜など

数えられるものを指しているのに物質名詞のように扱われ、複数形のないものがある。

複数なし	1個を指す場合（複数あり）
карто́фель「じゃがいも」	карто́фелина, карто́шка
морко́вь「にんじん」	морко́вка
горо́х「えんどう豆」	горо́шина
лук「たまねぎ」	лу́ковица, голо́вка лука́

Очи́щенный и вы́мытый карто́фель наре́зать ку́биками, провари́ть 10 мину́т в воде́.	むいて洗ったじゃがいもをサイコロに切り、10分ゆでる。

⑵ 集合名詞

数えられる物を示す名詞の中に、個々の物としてとらえず、集合名詞的あるいは物質名詞的にとらえるものがある。

бельё「下着」、посу́да「食器」、ме́бель「家具」、оде́жда「衣類」、о́бувь「履物」など

Посу́да была́ горо́й сва́лена в ра́ковину.	食器が流しに山と積まれていた。
Таре́лки, ча́шки и блю́дца бы́ли горо́й сва́лены в ра́ковину.	皿やカップや受け皿が流しに山と積まれていた。

⑶ 人を表す集合名詞

молодёжь「若者たち」、студе́нчество「学生たち」、челове́чество「人類」、интеллиге́нция「インテリ（ゲンチア）」、пу́блика「観客」など

Пу́блика горячо́ аплоди́ровала люби́мому арти́сту.	観衆はひいきの俳優に熱烈に拍手を送った。
Зри́тели горячо́ аплоди́ровали люби́мому арти́сту.	（同上）

⑷ 物質名詞

そのうちのあるもの。すべてではない[1]。

желе́зо「鉄」、медь「銅」、кислоро́д「酸素」、мя́со「肉」、рис「米」など

О́чень хорошо́ име́ть в ко́мнате мно́го расте́ний, так как они́ выделя́ют кислоро́д.	植物は酸素を出すから、室内にたくさんおくとよい。

[1] 物質名詞も抽象名詞も厳密に定義し、分類するのはむずかしい。ロシア語ではこの先で述べるように、通常集合名詞、物質名詞、抽象名詞と考えられる名詞でも複数形を用いるものが少なくない。

⑸ 抽象名詞

形容詞や動詞から派生するうちのあるもの。すべてではない。

внимáние「注意」、перепи́сывание「文通」、мóлодость「若さ」、темнотá「闇」、тишинá「静けさ」など

Внимáние депутáтов сосредотóчено на выступлéнии премьéр-министра.　代議員の注意が首相の演説に集中している。

⑹ その他

東西南北（сéвер「北」など）、月の名称（янвáрь「一月」、феврáль「二月」など）、пáмять「記憶」、филосóфия「哲学」、либерали́зм「自由主義」など

Он мучи́тельно старáлся воскреси́ть в пáмяти её óбраз.　彼は記憶の中に彼女の像をよみがえらせようと必死にがんばった。

5．集合名詞、物質名詞、抽象名詞などの複数

⑴ 集合名詞

集合名詞は、人または物のある総体をひとつのまとまったものとして示すのであるから、通常は単数である。しかし、ある具体的集団を意味し、その集団が２つ以上あれば複数を用いる。なお、人の集団を指す語でも、その単語は動物名詞ではない。

нарóд「人々、国民」、поколéние「世代」、коллекти́в「集団」、толпá「群集」など

Никогдá в жи́зни я не ви́дел таки́х толп людéй, как сегóдня.　今日ほどたくさんの群集を見たことは今までに一度もない。

⑵ 物質名詞

物質名詞としてなら複数はないが、具体的な物を指す意味に転じると、複数形が用いられる。

単数	複数
водá「水」	вóды　水のあるところ「河川」「水域」「温泉」など
бумáга「紙」	бумáги　「書類」「証明書」（その意味の単数もある）
винó「ワイン」、ры́ба「魚」、	ви́на, ры́бы　（種類を念頭においている場合）
травá「草」	трáвы　（単数とほぼ同義、または種類を念頭、「草地」）
грязь「泥土」	гря́зи　（治療に使う「泥」）

дождь「雨」、снег「雪」、хо́лод「寒さ」、вре́мя「時」などは、長く続いたり、その期間を指す場合は複数が用いられる。

За у́жином мы вы́пили две буты́лки <u>вина́</u>.	夕食のとき私たちはワインを 2 本飲んだ。
В э́том магази́не продаю́т испа́нские и венге́рские <u>ви́на</u>.	この店ではスペインとハンガリーのワインを売っている。
Печа́тать текст докла́да ну́жно на то́нкой <u>бума́ге</u>.	報告のテキストは薄い紙に印刷しなければならない。
Са́мые ва́жные <u>бума́ги</u> я получи́л накану́не отъе́зда.	最も重要な書類を私は出発前日に受け取った。
Ско́ро пойдёт <u>дождь</u>.	まもなく雨だろう。
<u>Дожди́</u> продолжа́лись уже́ не́сколько дней.	雨がすでに何日も降り続いた。

(3) 抽象名詞

単数は抽象的な概念を表すが、複数は具体的な特定の意味で用いられる名詞がある。

単数	複数
си́ла「力」	си́лы「権力」「軍隊」など、「能力、体力」など
власть「権力」	вла́сти「官憲、当局」
вы́бор「選ぶこと」	вы́боры「選挙」
рабо́та「働くこと」	рабо́ты「具体的作業」「仕事の結果」「作品」
сбор「集める（まる）こと」	сбо́ры「（旅行の）用意、旅支度」
го́нка「追い立てること」	го́нки「レース」

В универма́ге был большо́й <u>вы́бор</u> и́мпортных проду́ктов.	そのデパートには輸入食品の品目が豊富にあった。
Ско́ро состоя́тся <u>вы́боры</u> в парла́мент.	まもなく国会議員の選挙がある。
Я не пошёл с ни́ми, потому́ что не хоте́л отрыва́ться от <u>рабо́ты</u>.	仕事を中断したくなかったので、私は彼らと出かけなかった。
У э́того молодо́го учёного уже́ дово́льно мно́го печа́тных <u>рабо́т</u>.	この若い学者にはすでにかなり多数の印刷された論文がある。

⑷ 抽象名詞単数、複数の意味上の使い分け

	単数のみ	複数も用いられる
организáция	「組織すること」	「団体」
решéние	「決定すること」	「決定、決議」
выражéние	「表現すること」	「個々の表現」
покýпка	「買うこと」	「買ったもの」
доказáтельство	「証明すること」	「証拠」
óбщество	「社会」	「協会、団体」
мéра	「程度」	「処置」

Студéнты занимáлись организáцией шéфского концéрта.
学生たちはチャリティコンサートの準備をしていた。

Госудáрственная и чáстная организáции совмéстно обсуди́ли э́тот вопрóс.
政府機関と民間組織がいっしょにこの問題を審議した。

Покýпка маши́ны былá больши́м собы́тием в моéй жи́зни.
自動車の購入は私の人生にとって大きなできごとだった。

Мы сдáли нáши покýпки в кáмеру хранéния и зашли́ в кафé пообéдать
私たちは買った物をクロークに預けてカフェへ昼食に出かけた。

⑸ 抽象名詞の複数の意味

具体的なものではなく、抽象的な事柄を指す名詞にも多くの場合複数があり、「種々の～」を表す。ものによっては、複数では多少意味が変わる場合がある。

	単数の意味	複数の意味（「種々の～」以外）
услóвие	条件	環境、状況
успéх	成功	進歩
возмóжность	可能性	資力、資質、能力
срéдство	手段	資金、予算
манéра	やり方	行儀、態度
отношéние	態度	二者（以上）間の関係
спосóбность	能力	天賦の才能
знáние	知識	（総体としての）知識、学力

Послéднее услóвие договóра бы́ло для нас неприéмлемым.
契約の最後の条件は私たちにとって受け入れがたいものだった。

В сурóвых мéстных услóвиях емý
現地の苛酷な環境の中で彼はメロンと

удало́сь вы́растить ды́ни и арбу́зы.
スイカの栽培に成功した。

К э́той ста́рой да́че у Ми́ти бы́ло осо́бенное отноше́ние.
ミーチャにはこの古い別荘に格別な思い入れがある。

В конце́ рабо́ты отноше́ния ме́жду на́ми оконча́тельно испо́ртились.
仕事が終わるまでに私たちの関係は完全にこわれた。

Хоро́шее зна́ние иностра́нных языко́в ча́сто помога́ло ему́ в жи́зни.
外国語をよく知っていたので、彼はしばしば助かった。

Разносторо́нние зна́ния де́лали его́ интере́сным собесе́дником в любо́м о́бществе.
いろいろな知識のおかげで彼はどこででもおもしろい話し相手になれた。

(6) 慣用句

単数または複数の用法が慣用的に決まっている場合がある。

гора́「山」	идти́ в го́ру「坂を上る、出世する」、подня́ться на́ гору「山に上る」、идти́ в го́ры「(同)」、быть на горе́「高地で」、быть в гора́х「山中で」
сло́во「ことば」	дать сло́во「約束する」、держа́ть сло́во「約束を守る」、взять сло́во *с кого́*「～から約束を取り付ける」、предоста́вить сло́во *кому́*「～に発言を願う」、взять свои́ слова́(своё сло́во) обра́тно「前言を撤回する」、на слова́х「ことばの上では、口先だけで」、свои́ми слова́ми「自分のことばで」
цель「目的」	с це́лью *чего́*／不定形「～するために、～の目的で」、в це́лях「(同)」
си́ла「力」	в си́ле「力をもっている」、по си́ле(по си́лам)「手に負える」、че́рез си́лу「無理して」、все́ми си́лами「全力で」、изо всех сил「(同)」、в си́лах「元気である、～することができる」

Та́ня продолжа́ла встреча́ться со мной, хотя́ дала́ роди́телям сло́во прекрати́ть на́ше знако́мство.
ターニャは両親に私との交際をやめると約束したが、私と会い続けた。

Ива́н держа́л своё сло́во и продолжа́л помога́ть семье́ поги́бшего дру́га.
イワンは約束を守って、死んだ親友の家族を援助し続けた。

Разреши́те предоста́вить сло́во г-ну Петро́ву.
ペトロフさんにご発言願いたいと思います。

На слова́х он обеща́л поддержа́ть наш прое́кт, а на де́ле вы́ступил про́тив.
ことばの上では彼は私たちの計画を支持したが、実際は反対していた。

113. 格（паде́ж）

1．格というもの

ロシア語の名詞（名辞類）は、文中での役割に応じて形が変わる。これを格変化という。ロシア語には以下の6つの格がある。

主　格（имени́тельный паде́ж）
生　格（роди́тельный паде́ж）
与　格（да́тельный паде́ж）
対　格（вини́тельный паде́ж）
造　格（твори́тельный паде́ж）
前置格（предло́жный паде́ж）

主格以外の格は**斜格（ко́свенные падежи́）**と総称される。

このうち前置格は、必ずいずれかの前置詞とともに用いられる。それ以外の格は単独の場合と、前置詞（それぞれ決まった格を要求する）とともに用いられる場合がある。格および前置詞の働きで、その名詞の文中での役割が決まるのである（たとえば主体なのか、客体なのか）。

どの格も様々な機能と意味をもっているが、強いて代表的な日本語の助詞に当てはめると、下のように「が、の、に、を、で、－」となる。最後の前置格の意味は、ともに使用される前置詞に左右されるので、総括できない。造格は道具として用いられる意味で「で」「にて」だが（「ナイフで切る」のように）、ここには быть と一緒に使われる例を示した。

Там сто́ит журнали́ст.	あそこに記者**が**立っている。
Э́то жена́ журнали́ст**а**.	これは記者**の**妻だ。
Я позвони́л журнали́ст**у**.	私は記者**に**電話した。
Я зна́ю журнали́ст**а**.	私は記者**を**知っている。
Я быи журнали́ст**ом**.	私は記者だった。
Я говори́л о журнали́ст**е**.	私は記者について話した。

2．格変化の形式

⑴ 単数

単数の格変化には、後続 120「名詞の格変化」で示すように、第1変化、第2変化、第3変化の3つの型（および若干の変則型）がある。

第1変化をするのは、すべての男性名詞および
-мя 型を除くすべての中性名詞

第2変化をするのは、-а(-я) で終わる女性名詞
第3変化をするのは、-ь で終わる女性名詞
それぞれの変化形式を見る前に、知っておくべき事項がいくつかある。

① 硬変化と軟変化

第1、第2変化の形式はそれぞれひとつだが、硬母音が出るものと、それに対応する軟母音が出るものに分かれる。どちらであるかは単数主格の形から明らかである。

		第1変化男性	第1変化中性	第2変化	第3変化
硬変化	末尾の文字	子音	о	а	-
軟変化	末尾の文字	й, ь	е(ё)	я	ь

② 変化語尾

子音文字で終わる男性名詞、-ь で終わる男・女性名詞には語尾がない。たとえば男性名詞主格 заво́д「工場」では数・格を表す語尾は語末に添加される。それ以外の名詞には単語の性・数と、主格であることを示す語尾がついている。たとえば、女性名詞 ко́мнат**а**「部屋」、中性名詞 окн**о́**「窓」。格変化の場合はこの語尾が必要に応じて変化する。

③ 動物名詞と非動物名詞

男性名詞、女性名詞では、人間および動物を指すものとそれ以外（植物をふくむ）を指すものの間で変化上違いが現れる。前者を**動物名詞**（**одушевлённые предме́ты**）、後者を**非動物名詞**（**неодушевлённые предме́ты**）と呼ぶ。中性名詞は原則として非動物名詞である。

たとえば、ма́льчик「少年」、соба́ка「犬」は動物名詞であり、трава́「草」、те́ло「肉体」、труп「死体」は非動物名詞である。動物名詞には бог「神」、чёрт「悪魔」、ку́кла「人形」、микро́б[2]「細菌」なども含まれる。集合体を示す толпа́「群集」、молодёжь「若人」などの名詞は非動物名詞と扱われる。

(2) 複数

複数変化の形式は1種類しかないが、上述の硬・軟変化、語尾、動物名詞・非動物名詞などの問題はすべてかかわってくる。くわしくは 124(1)〜(3)「複数変化」を参照。

[2] микро́б「細菌」、бакте́рия「バクテリア」、личи́нка「幼生、幼虫」などに関しては、両方の扱いが見られる。

120. 名詞の格変化

121. 単数第１変化

1. 単数第１変化

	①「工場」	②「少年」	③「辞書」	④「手紙」	⑤「海」
主格	заво́д	ма́льчик	слова́рь	письм-**о́**	мо́р-**е**
生格	заво́д-**а**	ма́льчик-**а**	словар-**я́**	письм-**а́**	мо́р-**я**
与格	заво́д-**у**	ма́льчик-**у**	словар-**ю́**	письм-**у́**	мо́р-**ю**
対格	заво́д	ма́льчик-**а**	слова́рь	письм-**о́**	мо́р-**е**
造格	заво́д-**ом**	ма́льчик-**ом**	словар-**ём**	письм-**о́м**	мо́р-**ем**
前置格	о заво́д-**е***	о ма́льчик-**е**	о словар-**е́**	о письм-**е́**	о мо́р-**е**

太線の枠内が第１変化の規準型。

* 前置格は前置詞なしで用いられることがないので、どの語にもつき得る前置詞 о「～について」を補うこととする（以下同）。

	⑥「贈り物」	⑦「ことば」	⑧「指」	⑨「建物」	⑩「すずめ」
主格	пода́**рок***	язы́к	па́**лец***	зда́ни-**е**	вороб-**е́й****
生格	пода́**р-ка**	язык-**а́**	па́**льц-а**	зда́ни-**я**	вороб-**ья́**
与格	пода́**р-ку**	язык-**у́**	па́**льц-у**	зда́ни-**ю**	вороб-**ью́**
対格	пода́**рок**	язы́к	па́**лец**	зда́ни-**е**	вороб-**ья́**
造格	пода́**рк-ом**	язык-**о́м**	па́**льц-ем**	зда́ни-**ем**	вороб-**ьём**
前置格	о пода́**рк-е**	о язык-**е́**	о па́**льц-е**	о зда́ни-**и**	о вороб-**ье́**

* 出没母音を明示するため、語尾だけでなく、関係箇所を太字にした。
** 斜格に ь が補われる特殊変化（後述５）。

単数第１変化の特徴

§単数第１変化をするのは、すべての男性名詞および
-мя 型をのぞくすべての中性名詞

§第１変化の対格の形は　男性の動物名詞では生格と同じ（表の②、⑩）
その他の男性名詞と全中性名詞は主格と同じ

§生格以下の語尾　硬変化では硬母音（前置格の -е 以外）**-а, -у,** ＝主 / ＝生 , **-ом, -е**（①、②、④、⑥、⑦、⑧）
軟変化ではそれに対応する軟母音 **-я, -ю,** ＝主 / ＝生 , **-ем, -е**（③、⑤、⑨、⑩）

2．力点の移動

3 音節以下で力点が最後の音節にある男性名詞の中には、生格以下で力点が語尾に移動するものがある（③、⑦）。**г, к, х; ж, ч, ш, щ** に終わるものが多い。четвéрг「木曜日」、язы́к「ことば」、нож「ナイフ」、врач「医者」、карандáш「鉛筆」、борщ「ボルシチ」など

次の接尾辞をもち、そこに力点があるものは、生格以下で力点が語尾に移動する。**-ец, -ак, -як, -ок; -еж, -ёж; -ач; -ун; -арь, -ырь, -ирь; -их, -ух**。рубéж「境界」、трубáч「ラッパ手」、болтýн「おしゃべり」、секретáрь「秘書」など

その他、стол「卓」、дождь「雨」、сентя́брь ～ феврáль（九月から二月までの月名）など

3．出没母音

硬子音または -ь で終わる男性名詞で、語幹の最後の音節に o, e があるものは、生格以下でこれを落とすことが多い（⑥）。-ец, -ок で終わるものは原則として o, e が落ちる。япóн**ец** − япóн**ца**「日本人」、от**éц** − от**цá**「父」、кон**éц** − кон**цá**「終わり」、その他 пá**рень** − пá**рня**「青年」、ýг**ол** − уг**лá**「隅」、**день** − **дня**「日」、**рот** − **рта**「口」、**сон** − **сна**「眠り」、вé**тер** − вé**тра**「風」など

出没母音に力点がある場合は、生格以降で力点が語尾に移動する。от**éц**「父」от**цá**, от**цý** ...、кон**éц**「終わり」кон**цá**, кон**цý** ...、ог**óнь**「火」ог**ня́**, ог**ню́** ...、гуд**óк**「汽笛」гуд**кá**, гуд**кý** ... など。ただし、на**ём**「雇用」は нá**йма**, нá**йму** ...

ле(лё) の е(ё) は ь に、母音＋е(ё) の е(ё) は й になることもある（⑧）。лёд − л**ь**да, л**ь**ду ...「氷」、бо**é**ц − бо**й**цá, бо**й**цý ...「戦士」、китá**е**ц − китá**й**ца, китá**й**цу ...「中国人」など

しかし同様の条件をもっていても、o, e が落ちないこともあるので注意を要する。знат**óк** − знат**о**кá「物知り」、кузн**éц** − кузн**е**цá「鍛冶屋」

4．変則形

変則の造格　ц; ж, ч, ш, щ に終わる男性名詞、および語尾の前にこれらの文字がある中性名詞で力点が語幹にある場合、硬変化でもその造格は -ем となる（-ом ではない）（⑦）。япóнец − япóнц**ем**「日本人」、учи́лище − учи́лищ**ем**「学校」など。ただし、力点が語尾にある場合は -ом。врач − врач**óм**「医者」、лицó − лиц**óм**「顔」[3]

---

3 中性名詞は原則としてすべて非動物名詞だが、この単語が「人」の意味で用いられた場合は動物名詞と扱われる。

変則の前置格（1）　-ий, -ие に終わる男・中性名詞の前置格は -ии となる（⑨）。санато́рий「サナトリウム」－ о санато́р**ии**、собра́ние「集会」－ о собра́н**ии** など。-ье に終わる中性名詞の前置格は -ье。сча́стье「幸福」－ о сча́ст**ье**、воскресе́нье「日曜日」－ о воскресе́н**ье**、ружьё「小銃」－ о ружь**е́**、бельё「下着」－ о бель**е́**

変則の前置格（2）　特定の男性名詞は、в, на がついた場合の前置格が -у（-ю）となり、力点は語尾に移る。сад「庭」（в сад**у́**）、лес「森」（в лес**у́**）、бе́рег「岸」（на берег**у́**）。аэропо́рт「空港」、год「年」、мост「橋」、край「地方、端」（「地方」の場合は в краю́、「端」の場合は на краю́）など。ただし、それ以外のときは о са́д**е**, о кра́**е**

5．特殊変化

-ей の е は ь に代わる（⑩）。солов**е́**й － солов**ья́**, солов**ью́** …「ナイチンゲール」、мураве́й「蟻」、руче́й「小川」など。ただし、казначе́й「会計係」は казначе́я, казначе́ю …

変則の生格　生格が -а（-я）になる男性名詞のうち、数量または一部分を示す場合（部分生格と呼ばれる。132（1）「生格の機能」 6 参照）に語尾が -у（-ю）になるものがある。кусо́к са́хар**у**「（角）砂糖 1 個」、ча́шка ча́**ю**「茶一杯」、мно́го наро́д**у**「多数の群集」。しかし近年この形はあまり用いられなくなった。現在では文章語だけでなく、会話語でも、だいたい -а（-я）である。

部分生格ではなく、慣用的語結合にも生格形 -у（-ю）が現れるものがある。вы́йти и́з дому「家を出る」、потеря́ть и́з виду「見失う」、о́т роду「生まれてから」力点が前置詞にあるものも多い。

不変化中性名詞　о, е を語尾とする外来語名詞（普通名詞、固有名詞）は、中性と扱われ、変化しない。пальто́「外套」、бюро́「局」、кафе́「カフェ」など。また ревю́「レビュー」、табу́「タブー」のようにロシア語名詞にはあり得ない語尾に終わる名詞も中性、不変化。ただし、ко́фе「コーヒー」だけは男性名詞と扱われる。

122. 単数第２変化

1. 単数第２変化

	①「部屋」	②「うた」	③「犬」	④「歴史」	⑤「美人」
主格	ко́мнат-**а**	пе́сн-**я**	соба́к-**а**	исто́ри-**я**	краса́виц-**а**
生格	ко́мнат-**ы**	пе́сн-**и**	соба́к-**и**	исто́ри-**и**	краса́виц-**ы**
与格	ко́мнат-**е**	пе́сн-**е**	соба́к-**е**	исто́ри-**и**	краса́виц-**е**
対格	ко́мнат-**у**	пе́сн-**ю**	соба́к-**у**	исто́ри-**ю**	краса́виц-**у**
造格	ко́мнат-**ой**	пе́сн-**ей**	соба́к-**ой**	исто́ри-**ей**	краса́виц-**ей**
前置格	о ко́мнат-**е**	о пе́сн-**е**	о соба́к-**е**	об*исто́ри-**и**	о краса́виц-**е**

太線枠内が第２変化の規準型。
* 後続の名辞類が硬母音と и で始まる場合、および一部の慣用の場合に о は об となる。

単数第２変化の特徴

§単数第２変化をするのは、-а(-я) で終わる女性名詞

§生格以下の語尾　硬変化は硬母音(与格と前置格の -е 以外)**-ы, -е, -у, -ой, -е**（表の①、③、⑤）
軟変化はそれに対応する軟母音　**-и, -е, -ю, -ей, -е**（②、④）

§第２変化の対格は動物・非動物に関わりなく、独立した形 -у(-ю) である。

§つづり字の規則　硬変化の生格は、つづり字の規則に関わる -ы なので、規則に従って -и に代わることがある（③）。その他 кни́га − кни́г**и**「本」、му́зыка − му́зык**и**「音楽」など多数

2. 変則形

変則の与格、前置格　-ия で終わる名詞の与格、前置格は -ии となる。つまり、生格、与格、前置格は同形となる（④）。

変則の造格 (1) 主格が -ца; -жа, -ча, -ша, -ща に終わる名詞で力点が語幹にある場合、造格は -ей となる（-ой ではない）（⑤）。учени́ца − учени́цей「女生徒」、да́ча − да́ч**ей**「別荘」など。ただし、力点が語尾にある場合は -ой。овца́ − овцо́й「羊」

変則の造格 (2) 語尾に力点のある名詞の造格は -ёй となる。земля́ − земл**ёй**「土地」

変則の造格 (3)　造格には -ою(-ею) という形も存在する。以前はよく使われたし、現在でも詩の音節数を整えるときなどに使われる。

3．力点移動

第２変化の力点は原則として移動しないが、語尾に力点があるものの中には、対格においてのみ語幹に移るものがある（доска́ − до́ску「板」、стена́ − сте́ну「壁」)。нога́,「足」、рука́「手、腕」、зима́「冬」、среда́「水曜日」、гора́「山」など

123. 単数第3変化とその変形

1. 単数第3変化とその変形

	①「ノート」	②「愛」	③「母」	④「名前」	⑤「道」
主格	тетрá**дь**	люб**óвь**[4]	ма**ть**	и́м**-я**	пу**ть**
生格	тетрá**д-и**	лю**бв-и́**	мá**т-ер-и**	и́м**-ен-и**	пу**т-и́**
与格	тетрá**д-и**	лю**бв-и́**	мá**т-ер-и**	и́м**-ен-и**	пу**т-и́**
対格	тетрá**дь**	люб**óвь**	ма**ть**	и́м**-я**	пу**ть**
造格	тетрá**д-ью**	люб**óв-ью**	мá**т-ер-ью**	и́м**-ен-ем**	пу**т-ём**
前置格	о тетрá**д-и**	о лю**бв-и́**	о мá**т-ер-и**	об и́м**-ен-и**	о пу**т-и́**

語尾だけでなく、変化形にかかわる部分を太字にした。
太線枠内が第3変化の規準型。②以下はその変形。

単数第3変化をするのは、-ь で終わる女性名詞である。

2. 力点移動

単数第3変化では、原則的に力点は移動しないが、単音節の名詞の中には、в(на) がついた場合の前置格で、力点が語尾に移動するものがある。в тени́「陰で」、в степи́「草原で」。ただし、それ以外のときは、о тéни, о стéпи

3. 第3変化の変形

いくつかの名詞は、若干の変則をともなうものの、上の表の②以下のように第3変化の型にそった変化をする。

§出没母音 ②のように母音が脱落するものが若干ある。ложь, лжи ...「うそ」、цéрковь, цéркви ...「教会」など。力点に注意。

③の мать および дочь「娘」の2語では、語尾前に ер が加わる（2語のみ）。

§-мя型名詞 同様に④の -мя 型名詞では語尾前に ен が加わる。-мя 型中性名詞は全部で10個存在する。брéмя「重荷」、врéмя「時」、вы́мя「動物の乳房」、знáмя「旗」、и́мя「名前」、плáмя「炎」、плéмя「種族」、сéмя「種子」、стрéмя「鐙（あぶみ）」、тéмя「頭頂」

⑤の путь はほとんど第3変化であるが、男性名詞なので、造格が -ём となる（唯一の例）。

---

4 女性名の Любóвь は通常の（о が脱落しない）変化をする。

124 (1). 複数変化 (1) 正則

1. 複数正則変化

	第1変化	第2変化など	第1・2の例外、第3変化	-ия, -ие, -ье
単数主格	заво́д	соба́к-а	тетра́дь	ста́нци-я
複数主格	заво́д-**ы**	соба́к-**и**	тетра́д-**и**	ста́нци-**и**
生格	заво́д-**ов**	соба́к	тетра́д-**ей**	ста́нци-**й**
与格	заво́д-**ам**	соба́к-**ам**	тетра́д-**ям**	ста́нци-**ям**
対格	заво́д-**ы**	соба́к	тетра́д-**и**	ста́нци-**и**
造格	заво́д-**ами**	соба́к-**ами**	тетра́д-**ями**	ста́нци-**ями**
前置格	о заво́д-**ах**	о соба́к-**ах**	о тетра́д-**ях**	о ста́нци-**ях**

太線枠内が複数変化の規準型。

複数変化（正則）の特徴

§複数主格の語尾は、例外を除いて男性・女性名詞とも -ы(-и)。中性名詞は -а(-я)。това́р − това́ры「商品」、жи́тель − жи́тели「住人」、же́нщина − же́нщины「女性」、ко́шка − ко́шки「猫」、оте́чество − оте́честв**а**「祖国」、зда́ние − зда́ния「建物」

§対格　男性・女性とも、非動物名詞の対格は主格に、動物名詞の対格は生格に等しい。

§複数変化形式はひとつ　どの名詞も与格、造格、前置格は **-ам, -ами, -ах** (**-ям, -ями, -ях**) なので、複数名詞格変化の形は規則性が高いといえる[5]。

2. 複数生格

複数生格語尾には、① **-ов(-ев)**、② **語尾なし**、③ **-ей**、④ **-ий** の4形がある。上の表では第1変化の заво́д を規準型としたが、生格に関してはそうはいえないわけである（-ов が規準とはいえない）。

> ① **-ов(-ев)**
>
> **男性名詞。ただし -ь および -ж, -ч, -ш, -щ で終わるものを除く。いくつかの例外を除く**（後続 124(2)「複数変化(2)変則」参照）

---

[5] дверь「ドア」、ло́шадь「馬」、кость「骨」などごく少数の第3変化の女性名詞の複数造格が двер<u>ьми́</u> のようになることがあるが（дверя́ми でもよい）、例外である。

<table><tr><td>
вопрóс － вопрóсов「問題」、урóк － урóков「授業」、язы́к － языкóв「ことば」、отéц － отцóв「父」
музéй － музéев「博物館」、герóй － герóев「ヒーロー」
-ц で終わり、語尾に力点のないものの複数生格は、単数造格同様 о になるはずの母音が е になる。мéсяц － мéсяцев「月」、япóнец － япóнцев「日本人」。ただし、力点があるなら -ов。конéц － концóв「終わり」、купéц － купцóв「商人」
</td></tr></table>

<table><tr><td>
②語尾なし
女性名詞、ただし -ь および -ья, -ия で終わるものを除く。多くの中性名詞（-о で終わるもの、-це; -же, -че, -ше, -ще で終わるもの、および -мя 型）。特定の男性名詞
</td></tr><tr><td>
女性名詞　стенá － стен「壁」、рукá － рук「手、腕」、газéта － газéт「新聞」、гости́ница － гости́ниц「ホテル」
出没母音に注意。語尾の前に子音がふたつ続いている場合、複数生格においてその子音の間に о や е が入ることが多い
чáшка － чáшек「カップ」、лóдка － лóдок「小舟」、сестрá － сестёр「姉妹」。ただし、пóчта － почт「郵便」のような例もある
ふたつの子音の間に ь がある場合は、е に変わる。свáдьба － свáдеб「婚礼」、тюрьмá － тю́рем「牢獄」
子音＋ня 型の名詞では、子音の間に е が入る以外に、単語末に ь が加わることがある。пéсня － пéсен「うた」、бáшня － бáшен「塔」、ви́шня － ви́шен「桜」、ただし、дерéвня － деревéнь「村」、недéля － недéль「週」
中性名詞　слóво － слов「単語」、лицó － лиц「顔」、сóлнце － солнц「恒星」、болóто － болóт「沼」、учи́лище － учи́лищ「学校」
同じく出没母音に注意。окнó － óкон「窓」、письмó － пи́сем「手紙」、крéсло － крéсел「肘掛け椅子」、блю́дце － блю́дец「受け皿」
「語尾なし」になる男性名詞。глаз － глаз「眼」、раз － раз「回」、солдáт － солдáт「兵士」、вóлос － волóс「毛髪」、грузи́н － грузи́н「グルジア人」
</td></tr></table>

③ **-ей**[6]

上の① ②で除かれたものの大部分、すなわち -ь で終わる男女名詞、-ж, -ч, -ш, -щ で終わる男性名詞、-ья に終わる女性名詞、-е に終わる中性名詞（ただし -ие, -ье および -це; -же, -че, -ше, -ще で終わるものを除く）、いくつかの例外（後続 135⑵「複数変化変則」参照）。

писáтель − писáтел**ей**「作家」、гость − гост**éй**「客」、дождь − дожд**éй**「雨」
кровáть − кровáт**ей**「寝台」、дверь − двер**éй**「扉」、болéзнь − болéзн**ей**「病気」
нож − нож**éй**「ナイフ」、врач − врач**éй**「医者」
семья́ − сем**éй**「家族」、статья́ − стат**éй**「論文」
мóре − мор**éй**「海」、пóле − пол**éй**「畑」

-жа, -ча, -ша, -ща に終わる女性名詞の中に、複数生格が「語尾なし」でなく、-ей となるものがある。межá − меж**éй**（または меж）「土地の境」、свечá − свеч**éй**「ろうそく」、ю́ноша − ю́нош**ей**「青年」

-я で終わる名詞の中に、複数生格が -ей となるものがある。тётя − тёт**ей**「おば」、дя́дя − дя́д**ей**「おじ」、дóля − дол**éй**「分け前」

④ **-ий**

-ия で終わる女性名詞、-ие, -ье で終わる中性名詞

организáция − организáц**ий**「組織」、фотográфия − фотогрáф**ий**「写真」
собы́тие − собы́т**ий**「できごと」、счáстье − счáст**ий**「幸福」　例外 плáтье − плáть**ев**「ワンピース」

---

6 -ея に終わる名詞（идéя「理念」、аллéя「並木道」、змея́「へび」など）の複数生格は ей に終わるので、一見 -ей 型に見えるが、この е は語幹なので、②の「語尾なし」に分類されるべきである。

124 (2). 複数変化 (2) 変則

1. 複数変則変化

	①「町」	②「兄弟」	③「親友」	④「英国人」	⑤「主人」
単数主格	го́род	брат	друг	англича́нин	хозя́ин
複数主格	город-**а́**	бра́т-**ья**	друз-**ья́**	англича́н-**е**	хозя́ев-**а**
生格	город-**о́в**	бра́т-**ьев**	друз-**е́й**	англича́н	хозя́ев
与格	город-**а́м**	бра́т-**ьям**	друз-**ья́м**	англича́н-**ам**	хозя́ев-**ам**
対格	город-**а́**	бра́т-**ьев**	друз-**е́й**	англича́н	хозя́ев
造格	город-**а́ми**	бра́т-**ьями**	друз-**ья́ми**	англича́н-**ами**	хозя́ев-**ами**
前置格	о город-**а́х**	о бра́т-**ьях**	о друз-**ья́х**	об англича́н-**ах**	о хозя́ев-**ах**

	⑥「幼児」	⑦「隣人」	⑧「肩」	⑨「名前」	⑩「空」
単数主格	ребёнок*	сосе́д	плеч-**о́**	и́мя	не́б-о
複数主格	ребя́т-**а**	сосе́д-**и**	пле́ч-**и**	имен-**а́**	небес-**а́**
生格	ребя́т	сосе́д-**ей**	плеч	имён	небе́**с**
与格	ребя́т-**ам**	сосе́д-**ям**	плеч-**а́м**	имен-**а́м**	небе**с-а́м**
対格	ребя́т	сосе́д-**ей**	пле́ч-**и**	имен-**а́**	небе**с-а́**
造格	ребя́т-**ами**	сосе́д-**ями**	плеч-**а́ми**	имен-**а́ми**	небе**с-а́ми**
前置格	о ребя́т-**ах**	о сосе́д-**ях**	о плеч-**а́х**	об имен-**а́х**	о небе**с-а́х**

* 単語としてはここに示したとおりだが、この複数形は現在では「仲間、若者」の意味で用いられるので、「幼児」の複数は де́ти（現在では単数形のない単語）で代用される。

2. 複数変則主格形

複数主格には、男・女性 -ы(-и)、中性で -а(-я) とはならないものがある。複数主格に現れた変則性は、その他の格にすべて現れる。ただし与格、造格、前置格の語尾が -ам(-ям), -ами(-ями), -ах(-ях) となる点、生格が前項の規則に従う点は変わらない。いくつかの型があるので、上の表につけた番号にしたがって解説する。

① 複数主格（同形の対格）の語尾が -а(-я) になる男性名詞　複数形斜格の形は正則どおりだが、力点はすべて語尾に移る。

硬変化では他に、бе́рег「岸」、век「世紀」、ве́чер「夕方、夜」、глаз「眼」、го́лос「声」、дом「家」、лес「森」、ма́стер「職人」、но́мер「番号」、о́стров「島」、по́езд「列車」、профе́ссор「教授」、снег「雪」など、かなり多数ある。

軟変化　учи́тель「先生」: учителя́, учителе́й, учителя́м, учителе́й, учителя́ми, об учителя́х、他に я́корь「錨」、край「端」など少数

② **複数主格（同形の対格）の語尾が -ья になる男性・中性名詞**　力点が語幹にあるものでは他に стул（сту́**лья**, сту́**льев**, сту́**льям** …「いす」)、де́рево（дере́в**ья**, дере́в**ьев**, дере́в**ьям** …「木」）など

③ **そのうち、力点が語尾にあるもの**　他に сын（сынов**ья́**, сынов**е́й**, сынов**ья́м** …「息子」)、муж（муж**ья́**, муж**е́й**, муж**ья́м** …「夫」）など

④ **-ин（たいてい -нин）で終わり、人を示す名詞**　他に граждани́н*「市民」、крестья́нин「農民」、христиани́н「キリスト教徒」など

＊複数形では力点が前へ移動する。гра́ждане, гра́ждан, гра́жданам …

⑤ **その例外**　他に господи́н: господа́, госпо́д, господа́м …「～さん（男性につける敬称。苗字につける）」、тата́рин: тата́ры, тата́р, тата́рам …「タタール人」など

⑥ **-ёнок で終わり、人または動物の幼児を示す名詞**　поросёнок:（порося́та, порося́т, порося́там …）「子豚」、телёнок「子牛」、котёнок「子猫」など

⑦ **複数が軟語尾となる男性名詞**　他に чёрт: чёрт**и**, черт**е́й**, черт**я́м** …「悪魔」など

⑧ **複数主格が軟語尾となる中性名詞**　他に я́блоко（я́блок**и**, я́блок, я́блокам …）「りんご」、коле́но（коле́н**и**, коле́ней*, коле́нам …）「ひざ」など

＊変則

⑨ **-мя 型中性名詞**　他に вре́мя「時間」、зна́мя「旗」、се́мя「種子」など

⑩ **その他若干の中性名詞**　同じ型に чу́до（чудеса́, чуде́с, чудеса́м …）「奇跡」がある。у́хо（у́ши, уше́й, уша́м …）「耳」、су́дно（суда́, судо́в, суда́м …）「船」はそれぞれ唯一の例

3．意味の異なる複数形

男性名詞のあるものは2種類の複数形が意味によって使い分けられる。

単数主格	複数主格	複数生格	複数主格	複数生格
цвет	цвет-ы́	цвет-о́в「花」	цвет-а́	цвет-о́в「色」
лист	лист-ы́	лист-о́в「紙」	ли́ст-ья	ли́ст-ьев「木の葉」
зуб	зу́б-ы	зуб-о́в「歯」	зу́б-ья	зу́б-ьев「櫛などの歯」
по́вод	по́вод-ы	по́вод-ов「動機」	пово́д-ья	пово́-дьев「手綱」

124 (3). 複数変化 (3) 力点

1. 力点移動の型

	①「テーブル」	②「列車」	③「単語」	④「論文」
単数主格	стол	пóезд	слóв-о	стать-**я́**
複数主格	стол-**ы́**	поезд-**á**	слов-**á**	стать-**и́**
生格	стол-**óв**	поезд-**óв**	слов	стат-**éй**
与格	стол-**áм**	поезд-**áм**	слов-**áм**	стать-**я́м**
対格	стол-**ы́**	поезд-**á**	слов-**á**	стать-**и́**
造格	стол-**áми**	поезд-**áми**	слов-**áми**	стать-**я́ми**
前置格	о стол-**áх**	о поезд-**áх**	о слов-**áх**	о стать-**я́х**

	⑤「壁」	⑥「足」	⑦「客」	⑧「ニュース」
単数主格	стен-**á**	ног-**á**	гость	нóвость
複数主格	стéн-**ы**	нóг-**и**	гóст-**и**	нóвост-**и**
生格	стен	ног	гост-**éй**	новост-**éй**
与格	стéн-**ам**	ног-**áм**	гост-**я́м**	новост-**я́м**
対格	стéн-**ы**	нóг-**и**	гост-**éй**	нóвост-**и**
造格	стéн-**ами**	ног-**áми**	гост-**я́ми**	новост-**я́ми**
前置格	о стéн-**ах**	о ног-**áх**	о гост-**я́х**	о новост-**я́х**

2. 男性名詞複数の力点移動

いくつかの型があるので、表の番号にしたがって解説する。

① すべて語尾に移動　単数変化で生格以降力点が語尾に移ったものは、複数でも語尾に移ったまま。врач「医者」(врачá, врачý …; врачи́, врачéй)、словáрь「辞書」(словаря́, словарю́ …; словари́, словарéй, словаря́м …)。例外的に複数主格においてのみ、語幹にもどるものがある。конь「馬」(単数 коня́, коню́ …; 複数 кóни, конéй, коня́м …)

② 複数主格から語尾に移動　単数では語幹にあった語尾が、複数主格から語尾に移動する（複数主格が а/я となるもの）。дирéктор「ディレクター」(директорá, директорóв, директорáм …)、учи́тель「先生」(учителя́, учителéй, учителя́м …)、слой「層」(単数 слоя́, слою́ … 複数 слои́, слоёв, слоя́м …)

複数生格以降語尾に移動　вор「泥棒」(複数 вóры, ворóв, ворáм …)、зверь「野獣」(複数 звéри, зверéй, зверя́м …)

3．中性名詞複数の力点移動

③ **複数主格から語尾に移動**　2音節の名詞、多くの3音節の名詞で、複数主格から力点が語尾に移動する。同形の単数生格と複数主格は、力点の位置で区別される。винó「ワイン」単数生格 винá, 複数 ви́на, вин, ви́нам …, oкнó「窓」単数生格 окнá、複数 óкна, óкон, óкнам …、гнездó「巣」単数生格 гнездá、複数 гнёзда, гнёзд, гнёздам …、óзеро「湖」単数生格 óзера、複数 озёра, озёр, озёрам …、зéркало「鏡」単数生格 зéркала、複数 зеркалá, зеркáл, зеркалáм …

4．女性名詞複数の力点移動

単数主格で力点が語幹にあるものは移動しない。кóмната「部屋」複数 кóмнаты, кóмнат, кóмнатам …。ただし дерéвня「村」複数 дерéвни, деревéнь, деревня́м …

単数主格で力点が語尾にあるものは

④ **そのまま移動しない**　статья́「論文」複数 статьи́, статéй, статья́м … похвалá「賞賛」複数 похвалы́, похвáл, похвалáм …

⑤ **複数ですべて語幹に移動する**　стенá「壁」複数 стéны, стен, стéнам …、странá「国」複数 стрáны, стран, стрáнам …、спинá「背中」複数 спи́ны, спин, спи́нам　ただし、複数生格が例外になるものがある。сестрá「姉妹」複数 сёстры, сестёр, сёстрам … судья́「裁判官」複数 су́дьи, судéй, су́дьям …

⑥ **複数主格だけで語幹に移り、あとは語尾のまま**　рукá「手、腕」複数 ру́ки, рук, рукáм …、доскá「板」複数 дóски, дóсóк, дóскáм …、сторонá「側」複数 стóроны, сторóн, сторонáм …。これらのほとんどは、単数変化で対格のみで力点が語幹に移ったものである。

⑦ **複数生格以降語尾に移動** ⑴ 単音節の第3変化名詞のほとんどは、複数生格以降力点が語尾に移動する。часть「部分」複数 чáсти, частéй, частя́м …、кость「骨」複数 кóсти, костéй, костя́м …

⑧ **複数生格以降語尾に移動** ⑵ 2音節、3音節の第3変化名詞の力点は移動しないのがふつうだが、複数生格以降力点が語尾に移動するものも少なくない。лóшадь「馬」複数 лóшади, лошадéй, лошадя́м …、óбласть「州、領域」複数 óбласти, областéй, областя́м … など

原則として、生格の力点がそれ以降の力点を決めるということができる。もっとも生格が語尾なし単音節の場合は、判断できない。

§特殊例

複数のみの名詞 лю́ди「人々」と де́ти「子どもたち」は次のような変化と力点をもつ。

лю́ди, людéй, лю́дям, людéй, людьми́, (о) лю́дях

なお、意味的には、лю́ди の単数は человéк（この単語の複数は通常用いられない)、де́ти の単数は ребёнок とされる。

130. 格の機能

文の中で使われる名辞類は、格という属性をもつ。名辞類は6つの格および格と前置詞の組み合わせによって、必要な文の成分となる（文中での機能を果たす）のである。格の機能は先行113「格」でふれたような単純なものではなく、多岐にわたる。ここではその主な点を概説する。ここで述べるのは、名詞の格の用法だが、これは他の名辞類についてもすべてあてはまる。

131. 主格の機能

主格（имени́тельный паде́ж）は文の主語であるものの格であるが、以下のようにそれ以外の機能も若干もつ。

1．主語になる	Оте́ц рабо́тает врачо́м.「父は医者です」、Де́ло не в э́том.「問題はそこではない」、Э́то была́ его́ мать.[7]「それは彼の母だった」、Все мы уста́ли и проголода́лись.「私たちは皆疲れて空腹だった」
2．述語になる 連辞быть が現在時制で省略される（あるいは現在形есть が現れる）場合、述語となる名詞は主格である。過去ならばふつうは造格だが、不変の事実をいうときなどは主格が使われることもある（後続135⑴「造格の機能」参照）	Его́ оте́ц — врач на́шей поликли́ники.「彼の父はうちの診療所の医師だ」、Он был сын своего́ вре́мени.「彼はその時代の子だった」
3．呼びかけ[8]および名詞文	Дороги́е друзья́!「皆さん」、Пожа́р!「火事だ」

[7] Э́то ～. という文型では、э́то が主語で、名詞は述語とされ、連辞部分の性と数は、例外的に主語でなく名辞部分に一致する。つまり Э́то был брат.「これは兄だった」、Э́то была́ сестра́.「これは姉だった」、Э́то бы́ло письмо́.「これは手紙だった」。（III－321「主語」参照）

[8] かつては6つの格以外に呼格という、呼びかけのための特別な格が存在した。現在では Бо́же!（Бог の呼格）「神よ」、О́тче наш!（оте́ц の呼格）「われらの父よ」などの祈祷の文言（およびそこから発した間投詞的表現）に若干残るのみである。

4．特殊用法 名詞が副詞や接続詞などとして用いられる特殊用法があり、その場合は主格形が用いられる	Онá ýжас не лю́бит лягýшек.「彼女はかえるが大嫌いだ」、Раз не знáешь — не нáдо совéтовать.「知らないのなら、 助言はするな」、Мне бы́ло порá идти́ домóй.「私は帰宅の時間だった」、Они́ шли рукá óб руку.「彼らは手を取り合って歩いていた」

132 (1). 生格の機能

生格（роди́тельный паде́ж）の機能は、動詞要求によるもの、前置詞をともなうものもふくめてきわめて広範にわたる。中には、日本語の感覚からすると理解しにくいものもふくまれる。生格自体の機能は概略次のように分類できる。

1．所属を示す「～の」 この中には狭義の所属関係だけでなく、**日本語の格助詞「の」とほぼ同じ**ように、部分、性質、内容、行為対象、時期などを表す**多様な関係**がふくまれる	мне́ние учи́теля「先生の意見」、обло́жка кни́ги「本のカバー」、хара́ктер отца́「父の性格」、согла́сие нача́льника「上役の同意」、нача́ло сентября́「九月の初め」、те́ма статьи́「論文のテーマ」、усло́вия о́пыта「実験の条件」、но́мер ко́мнаты「部屋の番号」、ка́чество проду́кта「製品の質」、по́мощь колле́ги「同僚の援助」、сюже́т рома́на「長編小説の筋」、день рожде́ния「誕生日」
2．行為の対象を示す 対格補語をとる他動詞が名詞化すると、その補語は原則として生格となる。対格以外の格をとる動詞が名詞化したときの補語の格は、原則としてもとのままである（управля́ть организа́цией「組織を管理する」→ управле́ние организа́цией「組織の管理」）	убо́рка ле́стницы「階段の清掃」、постро́йка мо́ста「橋の建設」、реше́ние вопро́са「問題の解決」、откры́тие о́строва「島の発見」、изда́ние журна́ла「雑誌の発行」、завоева́ние ко́смоса「宇宙の征服」、прода́жа маши́ны「自動車の販売」、посеще́ние заво́да「工場の見学」
したがって、生格補語をとる動詞が名詞化した場合も生格である	достиже́ние це́ли「目的の達成」、тре́бование отве́та「回答の要求」

人称代名詞の場合は、通常生格が前にくる 上記 1．で見たように、生格は行為の主体を示すので、場合によると動作名詞のあとの生格が動作の主体なのか、対象（客体）なのか判断しにくいことも起こり得る 両方をいうときは、主体の名詞を造格にする	Такóй журнáл был нýжен, но никтó не принимáлся за егó издáние.「そんな雑誌が必要だったが、誰もその出版にとりかかろうとしなかった」 осуждéние престýпника「犯罪者に対する非難」と осуждéние коллектíва「グループによる非難」、решéние вопрóса「問題の解決」と решéние профéссора「教授の決定」 обсуждéние учёными проéкта「学者による案の検討」、решéние президéнтом вопрóса「社長による問題の決定」
3．性質を示す 形容詞または形容詞的代名詞をともなった名詞の生格が、前の名詞の性質を表す このような生格は述語にもなり得る	пáрень высóкого рóста「背の高い若者」、пиджáк огрóмного размéра「巨大なサイズの背広」、костю́м чёрного цвéта「黒い色の衣服」、жéнщина лет сорокá「40 歳くらいの女性」、стеклó отлíчного кáчества「すばらしい品質のガラス」 Онí бы́ли высóкого рóста.「彼らは背が高かった」、Онá былá такóго же мнéния.「彼女は同じ意見だった」
4．付語的用法「〜という」 前の名詞の内容を示す。上記 1．「所属」と似ているようだが、意味的にはふたつの名詞は同じなのだから、付語のような用法である	Íмя Пýшкина извéстно во всём мíре.「プーシキンの名は全世界で有名である[9]」、теóрия относíтельности「相対性理論」、стéпень дóктора「博士の学位」

9 日本語でも同じように「プーシキンの名」と言うが、これはアレクサンドルという彼の名前を指しているのではなく、「プーシキンという名前（苗字）」のことである。

5．数量を示す (1)	
数量を示す語とともに用いられる名詞は生格となる	
数量を示す語にはまず数詞があるが、数詞と名詞の関係はやや複雑なので、数詞の項で述べる（240「数詞」）	
その他数量を示すのは、ある種の名詞（деся́ток「10」、дю́жина「ダース」、*како́е-то* коли́чество「ある量」、ряд「一連の、多数の」）	деся́тки дете́й「数十人の子どもたち」、сто ме́тров「100 メートル」、ча́шка ча́ю[10]「カップ 1 杯の茶」、коро́бка конфе́т「キャンディー 1 箱」、па́чка де́нег「札束」、большо́е коли́чество му́сора「大量のごみ」、пять килогра́ммов мя́са「肉 5 キロ」、ряд вопро́сов「多数の問題」、це́лый авто́бус тури́стов[11]「バスまるまる 1 台分の旅行者」、мно́го наро́ду「おおぜいの人」
単位（метр「メートル」、килогра́мм「キログラム」、мину́та「分」）	килогра́мм колбасы́「サラミ 1 キロ」、пять мину́т「5 分」
容器（ча́шка「カップ」、буты́лка「びん」、ло́жка「さじ」、коро́бка「ボール箱」）	буты́лка вина́「ワインひとびん」、две ло́жки со́ли「さじ 2 杯の塩」
単位または容器のように用いられる名詞（гру́ппа「グループ」、па́чка「束」、батальо́н「大隊」）	па́чка газе́т「新聞 1 束」、гру́ппа солда́т「何人かの兵士」
部分を示す名詞（часть「部分」、треть「3 分の 1」、большинство́「大部分」）	треть студе́нтов「学生の 3 分の 1」、большинство́ слу́шателей「大部分の聴衆」
мно́го「たくさん」、ма́ло「わずか」などの数量代名詞である	мно́го вре́мени「たくさんの時間」、ма́ло наро́ду「少ない群集」

10 数量を表すときには、よく生格の古形 -у (-ю) が出現する。кусо́к са́хару「(塊) 砂糖 1 個」、下の мно́го наро́ду など。

11 авто́бус は数量を表す名詞とはいえないので、その意味で使うときはここの це́лый のような語を補う。

(не) хватáет (хвáтит), (не) достáточно「十分だ、足りている（ない）」などの述語も、数量を指しているならば生格名詞をとる	У негó не хватáло дéнег купи́ть маши́ну.「彼には自動車を買う金が足りなかった」、В райóне стихи́йного бéдствия не хватáет продýктов.「被災地では食料が不足している」
6. 数量を示す (2) 一定の容積、数量、時間を念頭においている場合、数量を示すことばがなくても生格になる場合がある（**部分生格 роди́тельный раздели́тельный** と呼ばれる）。ただし、用いられるのは完了体動詞とのみ	Дáйте воды́.「水をください」（しかし Я пью вóду.「私は水を飲む」）、Там я купи́л сáхару (сáхара).「そこで砂糖を買った」、Я могý достáть чёрной икры́.「私はキャビアを入手できる」
動詞に「たくさん（十分に）～する、～しすぎる」意味の接頭辞 на- がつくと、補語は通常生格になる。しばしば -ся をともなって強調となる	В прáздник мать напеклá пирогóв, и мы позвáли гостéй.「祝日に母がピローグをたっぷり焼いたので、私たちは客を呼んだ」、Я поéхал в гóрод и накупи́л книг.「私は町に出かけて本をたくさん買った」、В лесý мы наéлись слáдкой земляни́ки.「森で私たちは甘いイチゴをたくさん食べた」
7. 存在の否定 存在が否定されるとき、その主体は生格となる[12] ＊「あるか、ないか」「もっているか、いないか」の問題については、次ページで解説	Нет снéга.「雪はない」、Вчерá нé было вéтра.「きのうは風がなかった」、Зáвтра не бýдет заня́тий.「あす授業はない」、Тут нé было никакóй загáдки.「そこには何のふしぎもなかった」

[12] быть が動物名詞とともに「来る、行く」の意味で用いられる場合は、Вчерá меня́ нé было здесь.「きのう私はここにはいなかった」とならんで、Вчерá я нé был здесь.「……来なかった」という言い方も可能である。Они́ никогдá нé были в библиотéке.「彼らは図書館に来たことがない」（経験の否定）のような用法もある。

存在を否定する動詞 нет (нé было, не бýдет), не сущеcтвовáть, не имéться（いずれも）「存在しない」など以外の動詞でも、それに準じた意味が意識される結果、主体が生格になってしまう場合がある	На нáшем путú не встрéтилось ни однóй дерéвни.「私たちの道中で村にはひとつも出くわさなかった」、Ни одногó человéка не оказáлось на ýлице.「通りにはひとりの人もいなかった」、Отвéта не трéбовалось.「返事は要求されなかった」
8．否定される他動詞の補語 20世紀初めまで、否定される他動詞の補語は生格であった。その後は一部で対格が許容されるようになり、現在では動詞と名詞の意味、語順などによる揺れが大きく、一定しないが、ほぼ共存状態であるといえる	Он не ест мя́со (мя́са).「彼は肉を食べない」、Читáтели ещё не знáют конéц (концá) ромáна.「読者はまだ小説の結末を知らない」Сергéй не понимáет такóго вопрóса (такóй вопрóс).「セルゲイはそんな問題は理解しない」
9．その他 比較の対象を示す 日付を表す ある種の形容詞の補語	Муж стáрше жены́.「夫は妻より年上だ」 Уви́димся 25-го мáя.「5月25日に会おう」 пóлное воды́ ведрó[13]「水で一杯のバケツ」、 Он достóин уважéния.「彼は尊敬に値する」

§「あるか、ないか」「もっているか、いないか」

存在を否定する нет (нé было, не бýдет) のついた文に対し、存在することをいう場合に動詞 быть の現在形 есть は通常省かれる。しかし「存在するか、しないか」が問題になっているときは、есть は省かれない。

У вас есть дéти? Да, есть.　「お子さんはおありですか」「はい、おります」（有無が問題にされている）

У вас мнóго детéй? Нет, двóе.　「お子さんはおおぜいですか」「いいえ、ふたりです」（子どもがいることを前提に、多いかどうかを問題にしている）

---

[13] 造格にするのは古い用法（пóлное водóй ведрó）。

— У вас есть но́вый телеви́зор? — Да, у меня́ есть но́вый телеви́зор.	「新型テレビをおもちですか」「はい、もっています」(新型テレビの有無を問題にしている)
— У вас но́вый телеви́зор? (≒ У вас телеви́зор но́вый?)	「お宅は新型のテレビですか」(テレビがあることを前提に、新型かどうかを問題にしている。「お宅のテレビは新型ですか」に近い)
— Да, у меня́ но́вый телеви́зор.	「はい、新型です」
У неё температу́ра, у неё грипп.	彼女には熱がある。かぜだ。(このような場合は通常 есть は省かれる)

その他、現在形 есть が使われるのは、硬い定義の表現「〜は〜である」や、не- のつく否定代名詞・副詞が述語となる文の肯定形（233 の 3「否定代名詞」参照）などである。

Стати́стика есть нау́ка.	統計は学問である。
Нам е́сть о чём сове́товаться.	私たちには相談すべきことがある。(есть の発音は強調される)

132（2）．生格要求の動詞

直接的な補語として生格を要求する動詞がある。それらは概略次のように分類できる。

1．**希望・期待・要求**などを表す хоте́ть「望む」、жела́ть「望む」、проси́ть「たのむ」、иска́ть「探す」、ждать「待つ」、тре́бовать「要求する」など[14]	Мы хоте́ли прекра́сной, счастли́вой жи́зни.「私たちはすばらしい、幸せな人生を望んでいた」、Жела́ю вам всего́ хоро́шего.「すべてうまくいきますように（別れるときなどの決まり文句）」、Мы про́сим по́мощи со стороны́ родны́х.「私たちは親戚の援助をたのんでいるのです」、Он зря иска́л подде́ржки же́нщин.「彼は女性の支持を求めたが、むだだった」
2．**達成・到達**などを表す добива́ться「達する」、достига́ть「達する」[15]、дожида́ться「待ちおおせる」、домога́ться「強要する」など	Студе́нты добива́ются хоро́шей успева́емости.「学生たちはよい成績をとろうと努力している」、Путеше́ственники дости́гли верши́ны горы́.「旅行者たちは山頂に達した」、По́езда до́лго не́ было, но наконе́ц мы дождали́сь его́.「汽車は長いこと来なかったが、やっと来た」
3．**恐れ・回避・離脱**などを表す боя́ться「恐れる」、пуга́ться「おびえる」、опаса́ться「懸念する」、избега́ть「避ける」、лиша́ться「失う」、стыди́ться「恥じる」など	Ба́бушка всегда́ пуга́лась неожи́данных телефо́нных звонко́в.「祖母は突然の電話音にいつもおどろいた」、Они́ опаса́лись негати́вных после́дствий кри́зиса.「彼らは経済恐慌のマイナス結果を心配した」、Она́ избега́ет разгово́ров на э́ту те́му.「彼女はこの話題を避けている」、Он сно́ва не смог поступи́ть в университе́т и стыди́лся очередно́й неуда́чи.「彼はまた大学に入学できず、重ねての失敗を恥じた」、По́сле войны́ дед лиши́лся всего́ иму́щества.「戦後祖父は全財産を失った」

14 従来、これらの動詞は補語が人や特定の物を表す名詞なら対格となる、とされた。Я до́лго иска́л э́ту кни́гу.「私は長いことこの本を探していた」。最近はそうでなくても対格が使用されることがふえ、現在ではどちらの格も許容されている。

15 достига́ть は具体的な名詞とも、抽象的な名詞とも用いられるが、добива́ться は、результа́т「結果」、согла́сие「賛同」、цель「目的」、успе́х「成功」など抽象的な意味の名詞としか用いられない。

4. 不在、数量などを表し、**無人称文**をつくる хватáть「足りる」、не хватáть「足りない」、недоставáть「足りない」、набрáться「(ある量）集まる」	У меня́ хватáет дéнег на дорóгу.「私には旅費は足りている」
5. その他 касáться「ふれる」、слýшаться「従う」、заслýживать「値する」、держáться「固守する」、стóить[16]「値する」など	Э́та нóвость касáется нáшей рабóты.「このニュースは私たちの仕事に関係している」、Вáня, слýшайся мáтери.「ワーニャ、母の言うとおりにしなさい」、Егó постýпок заслýживает сочýвствия.「彼の行為には同情できる」、Результáты нóвого óпыта стóят внимáния.「新しい実験の結果は注目に値する」

[16] 数字で価格をいうときは対格。Нóвый компьютер стóит ты́сячу дóлларов.「新しいコンピュータは 1000 ドルだ」

132 (3). 生格要求の前置詞

生格を要求する前置詞の数は多く、広範囲にまたがる用法をもっている。そこで意味別に5つの範囲を設定し（位置関係、方向、時間、原因・理由、その他）、その中で各前置詞の主要な用法を解説した。さらにくわしい用法については辞書を参照のこと。из, c などの主要な前置詞は、いくつもの範囲に関連した用法をもつ。

なお、空間関係、時間関係、原因・理由を表す前置詞については、430「前置詞」の節のそれぞれの項（433、434、435）において、よりくわしく扱った。

1. 位置関係を示す前置詞

близ「近くに」 **вдоль**「沿って」 **вне**「外で」 **внутри́**「中で」 **во́зле**「そばに」 **вокру́г**「周囲に」 **впереди́**「前に」 **ми́мо**「のわきを」 **о́коло**「そばに」 **посреди́**(**среди́**)「まん中に」 **про́тив**(**напро́тив**)「向かいに」	Вдоль доро́ги росли́ берёзы.「道路にそって白樺が生えていた」、У него́ не́ было знако́мых вне рабо́ты.「彼には職場の外には知り合いがいなかった」、Вокру́г горя́щего до́ма бы́стро собрала́сь толпа́ зева́к.「燃えている家の周りにあっという間に野次馬が集まった」、Ми́мо до́ма день и ночь проноси́лись поезда́.「家のかたわらを昼夜列車が通った」、Напро́тив на́шего до́ма стоя́ла це́рковь.「私たちの家の向かいに教会があった」
у「のところで」	（人またはものを場所のようにとらえる場合）Вчера́ у нас бы́ли го́сти.「きのううちには客があった」、За́втра я бу́ду у дя́ди.「明日おじのところに行く」、Он стоя́л у вхо́да.「彼は入り口のところに立っていた」

2．方向を示す前置詞

⑴ **移動・動作の基点を示す**	
из「～から」（**в** の逆方向）	из теáтра（в теáтр, в теáтре）「劇場から（～へ、～で）」
с「～から」（**на** の逆方向）	с концéрта（на концéрт, на концéрте）「コンサートから（～へ、～で）」
от「～のもとから」（**к** の逆方向）	от отцá（к отцý, у отцá）「父のもとから（～へ、～で）」
от「～の方から」（**к** の逆方向）（433「空間関係を示す前置詞」参照）	от столá（к столý, у столá）「机の方から（～方へ、～所で）」
⑵ **物からの方向を示す**（この場合には前置詞固有の意味で用いる）	
из「～の中から」	из столá（в стол, в столé）「机の中から（～中へ、～で）」
с「～の上から」	со столá（на стол, на столé）「机の上から（～上へ、～で）」
от「～の所から」、**до**（「～の所まで」）*（下記説明）	от столá（до столá）「机の所から（所まで）」
из-за「向こうから」	из-за столá（за стол, за столóм）「机の向こうから（～向こうへ、～で）」
из-под「下から」	из-под столá（под стол, под столóм）「机の下から（～下へ、～で）」

日本語にするとほとんどが「～から」になってしまうが、当然ながら使い分けがある。

⑴ の用法では、名詞によって前置詞が決まる。どの名詞が из / в で、どの名詞が с / на であるかについては、433「空間関係を示す前置詞」を参照。

人間または物を場所のように扱うときは（日本語ではふつう「～の所」という）от / к が用いられる。その場合、位置（停止）を示す前置詞は у。同上参照。

⑵ の名詞は場所ではなく物を表しているのであり、「中、上、下」などの意味によって使い分ける。

＊印のついた от / до は⑴ のように、移動の動詞とともに基点を示すのでは

なく、(2)の他の表現同様具体的に範囲を示すので、移動の動詞は用いられない（от стола́ до окна́ 70 сантиме́тров「机から窓まで70センチ」）。これは場所に関して用いられるときも同じである（От служе́бного вхо́да до операцио́нной коридо́р вы́крашен жёлтой кра́ской.「通用口から手術室まで、廊下は黄色く塗られている」）。

§移動の動詞につく接頭辞と前置詞の関係

移動の動詞に接頭辞がついて意味が細かく（具体的に）なると、当然それに対応した前置詞が使用される。

動詞接頭辞	前置詞	用例
вы-	**из**	вы́йти из больни́цы「病院を出る」
до-	**до**	дойти́ до конца́ па́рка「公園の端まで行く」
от-	**от**	отбежа́ть от магази́на「店から走り去る」
под-	**к**	подойти́ к до́му「建物に近づく」
с-	**с**	сойти́ с авто́буса「バスを降りる」
		стере́ть с доски́「黒板から消す」
		списа́ть с доски́「黒板から書き写す」
про-	**ми́мо**	прое́хать ми́мо теа́тра「劇場のわきを通り抜ける」

3．時間を示す前置詞

без「（～分）前に」	Сего́дня я встал без десяти́ семь.「私は今朝7時10分前に起きた」
до「～まで」 「～までに」	Мы рабо́тали до ве́чера.「私たちは夜まで働いた」 Я приду́ домо́й до обе́да.「私は昼食までに帰宅する」
накану́не[17]「前日に」	Друзья́ собрали́сь накану́не Но́вого го́да.「友人たちはおおみそかに集まった」
о́коло「～ころ」	Я зайду́ к тебе́ о́коло трёх часо́в.「3時ころ寄るよ」
от「（日）付けの」	газе́та от деся́того ма́я「5月10日付の新聞」

17 本来「前日に」の意味だが、比喩的に「直前に」という意味でかなり広く用いられる。накану́не войны́「戦争前夜に」など。

по́сле「～のち」	Встре́тимся за́втра ве́чером по́сле рабо́ты.「明日夕方仕事のあとで会おう」
с「～から」	Магази́н откры́т с девяти́ утра́.「その店は9時から開いている」
среди́「～の間に」	Ребёнок просну́лся среди́ но́чи.「子どもは夜中に目覚めた」

「いつからいつまで」はふつう с / до で表現される。с утра́ до ве́чера「朝から晩まで」、с трёх до шести́ часо́в ве́чера「3時から夕方6時まで」。до「まで」が日を指している場合、до のあとに示された日は含まれないのが原則である[18]。Я верну́сь до пятна́дцатого (понеде́льника) ию́ля.「7月14日（日曜日）までにもどります」。ふくめたいのなら по＋対格とする。正確を期する場合や、日よりも長い期間（週、月、年など）の場合は、(не) включи́тельно などを補って明確にする。

年齢に関しては от / до を使う。В э́той гру́ппе со́браны де́ти от двух до пяти́ лет.「このグループには2歳から5歳未満の子どもたちが集められた」。

4．原因・理由を示す前置詞

из	感情が意識的行為の原因である場合	слу́шать из ве́жливости「礼儀上耳をかたむける」、отказа́ться из го́рдости「誇りゆえに断る」
от	感情が無意識の行為の原因である場合	от ра́дости「喜びのあまり」、от го́ря「悲しみのあまり」
	自然現象が物理的状態の原因である場合	от хо́лода「寒さのために」、от дождя́「雨のために」
с	心的または物理的状態の原因である場合	с го́ря「悲しくて」、сде́лать *что* с отча́яния「絶望のあまり」
из-за「～のせいで」		из-за дождя́「雨のせいで」、из-за сне́га「雪のせいで」

詳細は435「原因・理由を示す主な前置詞」を参照。

[18] ただし、最近の用法には変化が見られ、ヴィザの表示でさえ до 31-го ма́я「5月31日まで」のように表示されるので、注意が必要である。

5．その他の主な前置詞の用法

生格要求の基本的な前置詞のそれ以外の意味（用法）を概説する。

(1) **без**	
① **不在**を示す	Он мно́го часо́в рабо́тал без переды́шки.「彼は長時間休みなしに働いた」、Без ва́шей подде́ржки я не мог бы ко́нчить э́ту рабо́ту.「ご援助がなければ私はこの仕事を終えられなかったでしょう」
② 基本的には同じだが、**動作様態**を示す[19]	без труда́「苦労せず」、без оши́бки「間違いなく」без волне́ния「興奮せず」、без увлече́ния「気を入れずに」 Без труда́ не вы́нешь и ры́бку из пруда́.「虎穴にいらずんば虎児を得ず（諺）」、Учени́к без труда́ вы́полнил зада́ние по грамма́тике, а сочине́ние написа́л с трудо́м.「その生徒は文法課題を容易にこなしたが、作文は苦労して書き上げた」、Он расска́зывал споко́йно, без волне́ния.「彼は冷静に、激することなく物語った」
(2) **для**	
①「**〜のために（の）**」	Студе́нт собра́л литерату́ру для докла́да на семина́ре.「学生はゼミの報告のために文献を集めた」、У нас нет усло́вий для выполне́ния э́той зада́чи.「私たちにはこの課題遂行のための条件がない」
②「**〜にとって、〜としては**」	Для мно́гих студе́нтов ле́кция изве́стного учёного ста́ла незабыва́емым собы́тием.「多くの学生にとって、高名な学者の講義は忘れられないできごととなった」、Зада́ча была́ трудна́ для дете́й.「課題は子どもにはむずかしかった」
(3) **из**	
①「**〜のうち**」	Оди́н из на́ших студе́нтов сейча́с у́чится в Москве́.「うちの学生のひとりは今モスクワに留学してい

[19] この用法では без *чего́* と с *чем* が反対語となる。без труда́「苦労せず」、с трудо́м「やっと（苦労して）」

	る」、Мно́гие из жи́телей на́шего го́рода уча́ствуют в соревнова́ниях по зи́мним ви́дам спо́рта.「この町の多くの住人がウィンタースポーツの試合に参加している」
② **原料・材料**を示す	пла́тье из шёлка「絹のドレス」、ва́за из стекла́「ガラスの花びん」、коло́нны из мра́мора「大理石の列柱」В на́шей столо́вой еду́ подаю́т в посу́де из пластма́ссы.「うちの食堂ではプラスチックの食器で食わせる」
③ **由来・起源・出身**などを示す	Мы чита́ли отры́вок из рома́на «Война́ и мир».「私たちは『戦争と平和』の一部を読んだ」、Мой друг из интеллиге́нтной семьи́.「親友はインテリ家族の出だ」、Я узна́л об э́том из газе́т.「私はこの件を新聞で知った」
(4) **кро́ме** **「～のほかに」**	Кро́ме меня́ и Ви́ктора все ушли́.「私とヴィクトル以外は皆去った」、В ко́мнате бы́ло всё кро́ме сту́льев.「部屋にはいす以外何でもあった」
(5) **от**	
① **出所**を示す	Студе́нт получи́л письмо́ от роди́телей.「その学生は両親から手紙を受け取った」、Свет от ла́мпы меша́л ему́ спать.「ランプの光が彼の眠りを妨げた」
② **防御の対象**を示す	Го́ры защища́ют зали́в от ве́тра.「山々が湾を風から守っている」、Он при́нял табле́тку от головно́й бо́ли.「彼は頭痛の錠剤をのんだ」
③ **ある種の副詞のあとで** далеко́「遠い」、недалеко́「近い」、спра́ва「右から」、сле́ва「左から」など	Недалеко́ от уса́дьбы стоя́л высо́кий дуб.「屋敷の近くに高い樫の木があった」

④ **ある種の動詞のあとで** освобождáть(ся)「自由にする（なる）」、скрывáть(ся)「覆う（覆われる）」、откáзывать(ся)「断る」、зави́сеть「依存する」、спасáть(ся)「救う（救われる）」など	Наконéц я освободи́лся от общéственной нагрýзки.「やっと私は社会奉仕の負担から解放された」、Тут всё зави́сит от вáших уси́лий.「すべてはあなたの努力にかかっている」、Он отказáлся от нáшего предложéния.「彼は私たちの提案を断った」
⑤ **その他**	отнимáть рýчку от брáта「弟からペンを取りあげる」、ключ от кварти́ры「部屋の鍵」、óт роду「生まれつき」
(6) у ① **できごと・状態が起こる人**を示す	У моегó брáта роди́лся сын.「弟に息子が生まれた」У неё краси́вый гóлос.「彼女はきれいな声をしている」、У негó пропáли больши́е дéньги.「彼は大金をなくした」、У меня́ боли́т гóрло.「私はのどがいたい」
② **所有・所属**を示す	У негó большóй óпыт рабóты.「彼には豊富な仕事経験がある」、У нáшего врачá прекрáсная дáча на мóре.「私たちの医師は海岸にすばらしい別荘をもっている」
③ **「～から」** брать「取る」、покупáть「買う」、спрáшивать「たずねる」、проси́ть「たのむ」、узнавáть「知る」などの動詞とともに	Я взял у прия́теля словáрь.「私は友人から辞書を借りた」、Тури́ст спрáшивает у продавцá газéт дорóгу до музéя.「旅行者が新聞売り子に博物館までの道をたずねている」、Я узнáл у Кáти о болéзни Натáши.「私はカーチャからナターシャが病気だと聞いた」

133(1)．与格の機能、与格要求の動詞

与格（да́тельный паде́ж）という名称は дать *кому́* に由来し、本来的には動作の方向を示す。

1．与格の機能

(1) **動詞の間接的な補語**となる 対格補語をとる他動詞では間接補語になり、非他動詞なら行為の相手を示す。日本語の「～に」に当たる	дать <u>ему́</u> кни́гу「彼に本をやる」、показа́ть <u>ей</u> фотогра́фию「彼女に写真を見せる」、говори́ть <u>им</u>「彼らに話す」、звони́ть <u>вам</u>「あなたに電話する」
これらの動詞とほぼ同義の名詞の補語も与格である	пода́рок（подари́ть）<u>дру́гу</u>「親友への贈り物」、письмо́（писа́ть）<u>бра́ту</u>「兄への手紙」、отве́т（отвеча́ть）<u>врачу́</u>「医師への答」
(2) **ある種の形容詞の補語**となる 与格補語とともに用いられる形容詞が述語であるときは短語尾となる	благода́рный「感謝している」、ве́рный「忠実な」、знако́мый「知っている」、изве́стный「有名な」、прия́тный「気持ちのよい」、проти́вный「不快な」、подо́бный「そのような」、Мы <u>вам</u> о́чень благода́рны.「私たちはあなたにとても感謝している」、изве́стный <u>всем</u> арти́ст「誰でも知っている俳優」、Э́ти часы́ до́роги <u>мне</u> как па́мять об отце́.「この時計は父の思い出として私にとって大事なものです」
短語尾しかない特殊な形容詞 рад（ра́да, ра́ды）も与格を要求する	Они́ бы́ли ра́ды <u>результа́ту</u> о́пыта.「彼らは実験の結果がうれしかった」
(3) **無人称文の意味上の主体**となる 述語副詞、無人称動詞、不定形によって作られる無人称文の主体を示す	Снача́ла <u>мне</u> тру́дно бы́ло говори́ть по-ру́сски.「当初ロシア語で話すのは私にはむずかしかった」、<u>Ему́</u> удало́сь поступи́ть на юриди́ческий факульте́т.「彼は法学部に入学できた」、Куда́ <u>мне</u> тепе́рь идти́?「では私はどこへ行ったらよいのだ」

(4) **与えられる、捧げられるものの相手**を示す	手紙の宛名「～様（御中）」(Бори́сову Никола́ю Петро́вичу*)、па́мятник Чайко́вскому「チャイコフスキーの銅像」、приве́т друзья́м「皆さんによろしく」、Ве́чная па́мять геро́ям!「英雄たちに不滅の記憶を」、Сла́ва госуда́рю!「皇帝陛下万歳」
(5) **年齢**を示す	Моему́ отцу́ пятьдеся́т три го́да.「父は53歳です」、Ско́ро ей испо́лнится восемна́дцать лет.「彼女はまもなく18歳になる」
(6) **その他**	Его́ расска́зу не́ было конца́.「彼の話にはキリがなかった」、не́сколько лет тому́ наза́д「何年か前」

＊苗字を最初に書き、コンマを打たない。

2．与格要求の動詞

上記1の(1)で示した用法とは別に、直接的な補語として与格を要求する動詞がある。それらは概略次のように分類できる。

(1) **援助、協力、命令、使役など** помога́ть「助ける」、соде́йствовать「協力する」、спосо́бствовать「うながす」、веле́ть「命ずる」、прика́зывать「命令する」、поруча́ть「まかせる」、разреша́ть「許可する」、позволя́ть「～させる」	В тру́дное вре́мя Са́ша помога́л отцу́.「サーシャは困難なときに父を助けた」、Малоподви́жный о́браз жи́зни спосо́бствует увеличе́нию ве́са.「動きの少ない生活習慣は体重を増加させる」、Мари́я Петро́вна веле́ла мне пригласи́ть вас к обе́ду.「マリヤ・ペトローヴナはあなたをディナーにご招待するようにと、私におっしゃいました」、Профе́ссор поручи́л мне сде́лать докла́д на конфере́нции.「教授は私に大会での報告をまかせた」
(2) **加害、妨害、反対など** вреди́ть「害する」、меша́ть「じゃまする」、сопротивля́ться「抵抗する」、запреща́ть「禁じる」、изменя́ть「裏切る」、надоеда́ть「飽き飽きさせる」、мстить「復讐する」	Самоуве́ренность вреди́т ему́ в рабо́те.「自己過信が彼の仕事に災いしている」、Засте́нчивость меша́ет ему́ заводи́ть друзе́й.「内気なので彼には友人ができない」、Оте́ц запрети́л мне брать его́ ружьё.「父は私が父の銃をもつのを禁じた」、Он никогда́ не изменя́л свои́м убежде́ниям.「彼は自分の信念を裏切ったことがない」、Иногда́ однообра́зная рабо́та ей надоеда́ла, и тогда́ хоте́лось всё бро́сить.「彼女はときどき単調な仕事に飽き、何もかも放り出したくなるのだった」

(3) 喜び、驚き、羨望などの感情 ра́доваться「よろこぶ」、удивля́ться「おどろく」、зави́довать「羨望する」、сочу́вствовать「同情する」、льстить「おもねる」	Мать ра́довалась успе́ху сы́на.「母親は息子の成功をよろこんだ」、Никола́й во всём зави́довал Серёже.「ニコライは何につけてもセリョージャをうらやんだ」、Ве́ра сочу́вствовала сестре́, но не зна́ла, чем ей помо́чь.「ヴェーラは妹に同情したが、何をしてあげたらよいのかわからなかった」
(4) 信頼、追随など ве́рить「信じる」、доверя́ть (-ся)「まかせる(信頼する)」、сле́довать「従う」、подража́ть「まねる」	Я бо́льше не мог ему́ ве́рить.「私はこれ以上彼を信じられなかった」、Она́ не хоте́ла сле́по сле́довать прика́зу.「彼女はやみくもに命令に従いたくはなかった」、В де́тстве он во всём хоте́л подража́ть отцу́.「子供のころ彼は何でも父親をまねたがった」
(5) 相手の部分に及ぶ行為 пожима́ть「にぎる」、ма́зать「すりこむ」、крути́ть「ひねる」、смотре́ть *кому́* в глаза́「のぞきこむ」	Он пожа́л мне ру́ку и прошёл в гости́ную.「彼は私と握手し、客間へ進んだ」、Она́ помолча́ла и при́стально посмотре́ла мне в глаза́.「彼女は黙り込み、私の目をじっと見つめた」
(6) その他 нра́виться「気に入る」、учи́ть(ся)「教える(習う)」、принадлежа́ть「所属する」、удовлетворя́ть「かなう」	Учи́ть гра́моте Ва́ню на́чали лет с шести́.「読み書きをヴァーニャには6歳くらいで教え始めた」、Э́ти стихи́ принадлежа́т перу́ вели́кого ру́сского поэ́та А. С. Пу́шкина.「この詩はロシアの偉大な詩人プーシキンの手になるものです」、Его́ отве́т удовлетворя́ет всем на́шим тре́бованиям.「彼の回答は私たちの要求をすべて満たしている」

133⑵．与格要求の前置詞

与格を要求する本源的な前置詞は к と по のふたつしかないが、それらは非常に多様な用法をもち、ひんぱんに用いられる。本書の説明で不十分な場合は辞書を参照。

1．к

⑴ **方向**を示す (132⑶−2「(生格要求の)方向を示す前置詞」参照)	
人に接近する場合	За́втра я пойду́ к врачу́.「明日私は医者に行こう」
物に接近する場合	Авто́бус подхо́дит к теа́тру.「バスは劇場に近づいている」
何かに固定する場合	Он привяза́л верёвку к столбу́.「彼は縄を柱に結んだ」
⑵（時間に関して）**「〜までに」**（時間の境界がはっきりしている場合）、**「〜ころに」**（はっきりしていない場合）	Я зайду́ к трём часа́м.「３時までに寄るよ」、Он прие́дет в Япо́нию к деся́тому январа́.「彼は１月 10 日までに来日する」、К ве́черу пойдёт дождь.「夕方ころには雨になるだろう」
⑶**「合う」「ふさわしい」**などの意味の熟語的表現	к ме́сту「〜にかなった」、*кому́* (не) к лицу́「似合う（わない）」、ни к чему́「わけもなく」、к тому́ же「しかも、ついでに」
⑷ 発話の内容に対する**話し手の感情**を示す挿入語	к сча́стью「ありがたいことに」、к несча́стью「こまったことに」、к сожале́нию「残念ながら」、к моему́ удивле́нию「私がおどろいたことに」
⑸ 対象に対する**感情や心的態度を表す名詞と**ともに （対応する動詞の格要求は к＋与格ではない）	уваже́ние к учёным (уважа́ть учёных)「学者に対する敬意」、любо́вь к литерату́ре (люби́ть литерату́ру)「文学に対する愛」не́нависть к преступле́нию (ненави́деть преступле́ние)「犯罪に対する憎しみ」、интере́с к ру́сскому языку́ (интересова́ться ру́сским языко́м)「ロシア語に対する関心」

⑹ **ある種の動詞の補語**となる （具体的・抽象的に「接近」と解することができる。対応する名詞も к＋与格を要求する）	гото́виться к экза́менам「試験準備をする」(подгото́вка к экза́менам「試験準備」)、обраща́ться к вам с про́сьбой「あなたにお願いする」(обраще́ние к уча́стникам「参加者への呼びかけ」)、хорошо́ относи́ться ко мне「私によくしてくれる」、привыка́ть к усло́виям「環境に慣れる」、призыва́ть к борьбе́「闘争を呼びかける」
⑺ **態度、関係などを表す右の形容詞の補語**となる この形容詞が述語であれば短語尾となる。対応する名詞も к＋与格を要求する	внима́тельный「注意深い」、гото́вый「～にそなえのある」、равноду́шный「～に無関心な」、спосо́бный「～の才能のある」、тре́бовательный「～にやかましい」 Мари́я Па́вловна была́ всегда́ тре́бовательна к ученика́м.「マリア・パーヴロヴナはいつも生徒たちに多くを求めた」、Отря́д гото́в к выступле́нию.「部隊は出撃準備ができている」
⑻ **その他**	приложе́ние к журна́лу「雑誌の付録」、предисло́вие к статье́「論文の前書き」、тенде́нция к улучше́нию「改善の傾向」、к приме́ру「たとえば」

2．по

⑴ **移動がおこなわれる場所**を示す（**「どこを」**）移動の動詞およびそれに準ずる動詞とともに	По э́той у́лице хо́дят авто́бусы.「この通りにはバスが走っている」、Мы до́лго гуля́ли по у́лицам и площадя́м Москвы́.「私たちは長いことモスクワの通りや広場を散歩した」、На́ша ло́дка ме́дленно плыла́ вниз по реке́.「私たちのボートはゆっくり川を下った」、Они́ бежа́ли по бе́регу реки́.「彼らは川に沿って（川岸を）走った」[20]

[20] 日本語の「沿って」は移動の場所をふくむ場合とふくまない場合（たとえば「川に沿って走る」は通常川の中を意味しないが、「広場に沿って歩く」なら広場の端を意味する）があるが、ロシア語の по は移動の場所そのものなので、по реке́ なら「川（の中）を歩く」。「川に沿って」なら、по бе́регу реки́ のように бе́рег をおぎなうか、移動の場所をふくまない вдоль＋生格「～に沿って」を使う：вдоль реки́

(2) **動作が及ぶ範囲**を示す ・単数「全体の範囲に」 ・複数「いろいろな場所に(で)」	Эпиде́мия пти́чьего гри́ппа распространя́ется по всему́ ми́ру.「鳥インフルエンザは世界中に広がっている」Не́которые япо́нцы по́сле рабо́ты лю́бят ходи́ть по ба́рам.「日本人には仕事後のバーめぐりを好む者もいる」、Мы е́здили по чи́стым и ую́тным неме́цким городка́м.「私たちは清潔で快適なドイツの小都市をめぐった」、Бы́ло уже́ по́здно, когда́ все разъе́хались по дома́м.「皆がそれぞれ家路についたときはもう遅かった」
(3)**「たたく」の意味の動詞と**ともに用いる	Набежа́ла ту́ча и по кры́ше застуча́л дождь.「黒雲が広がり、雨が屋根をたたき始めた」、Она́ уда́рила его́ по лицу́ и вы́бежала из ко́мнаты.「彼女は彼の顔をたたくと、部屋から飛び出した」
(4) **時を示す名詞の複数とともに周期**を示す（ただし по дням は「毎日の昼間」の意味にはならず、「日ごとに」）	По вечера́м он сиде́л у пе́чки и смотре́л на ого́нь.「夜毎彼はストーブの前にすわって炎を見るのだった」、Заня́тия ру́сского языка́ быва́ют по вто́рникам и четверга́м.「ロシア語の授業は毎週火曜日と木曜日だ」
(5) **問題の範囲**を示す	Он неда́вно изда́л кни́гу по исто́рии япо́нской культу́ры.「彼は最近日本文化史の本を出版した」、Его́ оте́ц кру́пный специали́ст по поли́тике США.「彼の父はアメリカ政治の大専門家だ」、На сле́дующей неде́ле у нас бу́дет семина́р по эколо́гии.「来週うちでエコロジーのセミナーが開かれる」
(6)**「～に応じて、したがって、基づいて」**	по пла́ну「計画にしたがって」、по расписа́нию「予定表にしたがって」、по про́сьбе「依頼により」、по сове́ту「助言により」、по тре́бованию「要求に応じて」、по жела́нию「希望どおりに」、по зако́ну「法にしたがって」、по ве́тру「風にしたがって」、по тече́нию「流れにしたがって」

⑺ **判断の根拠**を示す	по вне́шности「外見で」、по сигна́лу「合図により」、по счёту「計算では」、по чи́сленности「数では」、по го́лосу「声で」、по похо́дке「歩き方で」、по его́ мне́нию「彼の意見では」、по *чьим* слова́м「～が言うには」、по сообще́нию *чего́*「～の報道によると」
⑻ **手段・方法**を示す	по телефо́ну「電話で」、по по́чте「郵便で」、по телеви́дению「テレビで」、по желе́зной доро́ге「鉄道で」
⑼ **原因**を示す（435「原因・理由を示す主な前置詞」参照）	по оши́бке「誤って」、по рассе́янности「ぼんやりして」、по боле́зни「病気で」、по привы́чке「習慣で」
⑽ **思慕**を示す（前置格も用いられる）	скуча́ть по ма́тери「母を恋しがる」、тоска́ по ро́дине「ホームシック」、пла́кать по поко́йнику「故人をしのんで泣く」
⑾ **範囲・関連部分**を示す	по во́зрасту「年齢では」、по ка́честву「質の上では」、по хара́ктеру「性格により」、по образова́нию「学歴では」、по глубине́「深さでは」、по цене́「価格では」、по значе́нию「意味の上では」、друг по рабо́те「職場の親友」、ро́дственник по отцу́「父方の親戚」
⑿ **その他**	по секре́ту「秘密で」、по поря́дку「順番に」、де́вушка по и́мени Татья́на「タチヤーナという名前の少女」、(не) по си́лам「力の範囲内（外）」、не по карма́ну「（高くて）手が出ない」、рассади́ть *кого́* по места́м「席に着かせる」、по це́лым часа́м (дням)「何時間（日）も」
⒀ **「～ずつ」**	個数詞とともに用いられる場合、与格に変化する数詞と対格（つまり変化しない）数詞がある。次表参照

§「～ずつ」と数詞

(1) 1（数詞のつかない単数名詞も）、5～100未満	与格	по одному́ (одно́й)「ひとつずつ」、по пяти́「5つずつ」、по шести́десяти「60個ずつ」
(2) 2，3，4および100, 200, 300, 400	対格	по́ два「ふたつずつ」、по́ три「3つずつ」、по четы́ре「4つずつ」、по сто「100個ずつ」、по две́сти「200個ずつ」、по три́ста「300個ずつ」
(3) 500～900	前半部分のみ与格	по пятисо́т「500個ずつ」、по шестисо́т「600個ずつ」

この表現の場合、数詞は与格（対格）であっても、名詞は生格である。по три конфе́ты「キャンデー3個ずつ」、по пяти́десяти экземпля́ров「50部ずつ」、по три́ста рубле́й「300ルーブルずつ」

3．その他の前置詞

благодаря́「～のおかげで」 навстре́чу「～に向かって」 согла́сно「～にしたがって」 вопреки́ (＝наперекóр)「～に反して、～に逆らって」	Благодаря́ упо́рству (,) он победи́л проти́вника.「根気のおかげで彼は敵に勝った」、Он бро́сил дом, семью́ и уе́хал навстре́чу неизве́стности.「彼は家と家族をすて、未知に向けて旅立った」、Согла́сно догово́ру, штраф пла́тит производи́тель рабо́т.「契約によれば、罰金は現場監督が払う」

134 (1). 対格の機能、対格要求の動詞

対格（вини́тельный паде́ж）は他動詞の直接的な補語として広く用いられる。それ以外にも対格には下表(2)以下の機能がある。

1. 対格の機能

(1) **他動詞の直接的な補語**となる 日本語の「～を」にほぼ対応する。その例外については次項「対格要求の動詞」	Я получи́л после́дний но́мер журна́ла.「私は雑誌の最新号を受け取った」、Я пишу́ вам письмо́.「あなたに手紙を書く」、Сестра́ слу́шает Шесту́ю симфо́нию Чайко́вского.「姉はチャイコフスキーの交響曲第6番を聞いている」
(2) **時間を表す名詞に用いて、継続する時間**を示す[21] 継続する時間を示すので、動詞は通常不完了体。この用法で用いられる完了体は接頭辞 по- または про- のつくものである	Они́ ме́сяц отдыха́ли на да́че.「彼らは別荘でひと月休んだ」、Всю доро́гу лил холо́дный осе́нний дождь.「道中ずっと冷たい秋の雨が降っていた」、Второ́й день ду́ет се́верный ве́тер.「北風が二日吹いている」、Весь день мы прожда́ли Дми́трия в охо́тничьем до́мике.「一日中私たちはドミートリィを狩小屋で待った」
(3) **移動の動詞とともに用いて、一定の距離**を示す この用法の移動の動詞には接頭辞 про- がつくことが多い	Мы шли всю доро́гу без зонто́в.「私たちは全行程を傘なしで歩いた」、Полови́ну доро́ги мы прое́хали мо́лча.「私たちは車中の半分を黙ってすごした」、Гео́логи прошли́ ещё киломе́тра два и вы́шли к о́зеру.「地質調査隊はさらに2キロほど歩いて湖に出た」
(4) **値段、重量**を示す	Су́мка сто́ит ты́сячу до́лларов, э́то мне не по карма́ну.「ハンドバッグは1000ドルだ。とても手が出ない」、Мой чемода́н ве́сит 20 килогра́ммов.「私のトランクは20キロです」

[21] час「時間」、у́тро「朝」、неде́ля「週間」など、時間を示す名詞に限定代名詞 ка́ждый「毎時（朝、週）」がついて副詞句（時間を示す状況語）になる場合も対格になる。

(5) **ある種の述語副詞の補語** **ви́дно**「見える」、**слы́шно**「聞こえる」、**ну́жно(на́до)**「必要だ」[22]、**жаль**「かわいそうだ」など。否定形なら生格	Отсю́да ви́дно верши́ну горы́.「ここから山の頂上が見える」、Слы́шны де́тские голоса́.「子どもたちの声が聞こえる」、Мне бы́ло жаль его́ сестру́.「私は彼の妹がかわいそうだった」

2．対格要求の動詞

大多数の他動詞の直接的補語は、日本語なら「～を」になるように対格を要求するので、格別意識する必要はない。ただある種の動詞は、ロシア語としては、他動詞が直接的補語として対格を要求しているにすぎないのだが、日本語では間接的補語のようにとらえられ、通常「～に」と表現される（その補語は人である場合が多い）。これらに関しては意識しておかないと、私たちは間違える。

благодари́ть	感謝する	Мы благодари́м вас(за по́мощь).「あなた（のご援助）に感謝します」、Они́ поздра́вили меня́ с Но́вым го́дом.「彼らは私に新年を祝った」、Мне не хоте́лось вас заставля́ть ждать.「私はあなたに待たせたくなかった」、Вы должны́ сра́зу же информи́ровать нас об измене́нии маршру́та экспеди́ции.「行程の変更はただちに私たちに知らせていただきたい」、Мы не смогли́ предупреди́ть студе́нтов об отме́не ле́кций.「私たちは休講を学生たちに予告できなかった」、Э́тим ре́дким вино́м он не хоте́л угоща́ть никого́.「このめずらしいワインを彼は誰にも飲ませたくなかった」、С во́зрастом выи́грывать у сопе́рника ему́ станови́лось трудне́е.「年齢とともに彼はライバルに勝つのがむずかしくなっていった」、В любо́й ситуа́ции необходи́мо стара́ться победи́ть проти́вника.「どんな場合も相手に勝つ努力をせねばならない」、Оте́ц учи́л меня́ рисова́нию.「父は私に絵を教えた」
поздравля́ть	祝う	
вынужда́ть	強いる	
заставля́ть	強いる	
информи́ровать	通報する	
предупрежда́ть	警告する	
угоща́ть	ご馳走する	
корми́ть	食べさせる	
пои́ть	飲ませる	
выи́грывать	勝つ	
прои́грывать	負ける	
побежда́ть	勝つ	
учи́ть	教える	

[22]「見える」「聞こえる」「必要だ」は客体を主語とする形容詞短語尾となることもある。Отсю́да видна́ верши́на горы́.（423「述語副詞」参照）。

従来は、否定された他動詞の補語および希望・期待・要求などを表す動詞の補語は原則として生格であり、具体的な人やものを表す場合のみに対格となる、とされてきたが、その後そういう場合にも対格が使われるようになり、現在ではどちらも許容されている。

134 (2). 対格要求の前置詞

対格を要求する前置詞の数は生格ほど多くないが、それぞれが多岐にわたる意味をもち、広く用いられる。そこで意味の上から、空間関係を示すもの、時間関係を示すもの、その他、および動詞との結合で用いられるものの4つに分類し、その中で前置詞ごとの主要な用法を解説する。多くの前置詞がその4つすべてに関連した用法をもっている。特にв, на, заなどの主要前置詞はきわめて広範囲の用法をもっているので、注意を要する。

1. 空間関係を示す

場所を表す名詞につく前置詞в / из、на / с、у / к / отの関係については433「空間関係を示す前置詞в / из、на / с、у / к / от」を参照。

(1) **в** ①**「～の中へ」** 物に関して ② **移動・方向性**を示す 場所を表す名詞について方向を示す。動作の地点（静止）を示すのならв＋前置格 場所を示す名詞にはв / изをとるものと、на / cをとるものがある。これに関しては433の説明を見よ	Он положи́л испи́санные но́тные листы́ в я́щик стола́.「彼は書き込んだ五線譜を机の引き出しに入れた」 За́втра мы уе́дем в Санкт-Петербу́рг.「明日私たちはサンクト・ペテルブルグへ発つ」
(2) **на** ①**「～の上へ」** 物に関して ② **移動・方向性**を表す 場所を表す名詞について方向を示す。動作の地点（静止）を示すのならна＋前置格	Она́ поста́вила рю́мки на стол.「彼女はグラスをテーブルの上においた」 Сего́дня мы пойдём на со́льный конце́рт одного́ ру́сского скрипача́.「今日私たちはあるロシア人ヴァイオリニストのリサイタルに行く」

(3) **за** **①「～の向こう側へ、外へ、超えて」** **②「(机などに) 向かって」** いずれも方向を示す 地点（静止）を示すのなら за＋造格	за грани́цу「外国へ（国境の向こう側へ）」、за́ реку「川向こうへ」、за дверь「ドアの外へ」、за борт「舷外へ」、за ра́мки *чего́*「～の枠を超えて」 сесть за стол「机（卓）につく」、сесть за руль「ハンドルをにぎる」 за грани́цей「外国で」、за реко́й「川向こうで」
(4) **по「～まで」** 主に身体の部位を示す名詞とともに	по коле́но「ひざまで」、по по́яс「腰まで」、по плечо́「肩まで」、Здесь река́ обмеле́ла, и вода́ была́ мне по по́яс.「ここでは川は浅くなり、水は私の腰までしかなかった」
(5) **под** **①「～の下へ」** **②「～の近くへ」** いずれも方向を示す。地点を示すのなら под＋造格	положи́ть гре́лку под одея́ло「あんかを毛布の下に敷く」、Па́рень снял часы́ и положи́л под поду́шку.「青年は時計を外し、枕の下においた」 перее́хать под Ряза́нь.「リャザン郊外へ引っ越す」、Мне сказа́ли, что он здесь уже́ не живёт, уе́хал куда́-то под Влади́мир.「彼はもうここには住んでおらず、どこかウラジーミルの近くへ越した、と言われた」
(6) **сквозь「中を通って」「浸透して」「むりに貫いて」**	Сквозь замёрзшее стекло́ почти́ ничего́ не́ было ви́дно.「凍ったガラスを通してはほとんど何も見えなかった」、Сквозь густо́й тума́н ро́бко пробива́лось со́лнце.「濃い霧を通して日光がおずおずとさしこんでてきた」
(7) **че́рез** **①「～を横切って、越えて」**	перейти́ че́рез у́лицу「通りを横断する」、пересека́ть че́рез грани́цу「国境を横切る」、перешагну́ть че́рез поро́г「敷居をまたぐ」、Тропи́нка шла че́рез глубо́кий овра́г.「小道は深い谷を横切って通っていた」

пере- のついた移動の動詞とともに用いられることが多いが、それらの動詞は чéрез なしの対格でも同じ意味を表す	Он перешёл ýлицу.「彼は道を横切った」
②「～を通して、貫いて」 上の сквозь と似ており、どちらでもかまわない場合もあるが、意味上どちらかでないとおかしい場合もある	Чéрез трубý дым выходи́л нарýжу.「煙突を通して煙は外へ出ていた」、Чéрез откры́тое окнó в кóмнату ворвáлся весéнний вéтер.「開いた窓から春の風が室内に吹き込んだ」、Нóвое шоссé проложи́ли чéрез (сквозь) рóщу.「新しい街道が林を通って開かれた」、Чéрез (Сквозь) бинты́ просочи́лась кровь.「包帯を通して血がにじみ出た」

2．時間関係を示す

動作の時点「～（いついつ）に)」については、それを扱った 434 を参照。

(1) **в**	
① **動作の時点**（またはその時点をふくむ時間単位[23]）を示す（時を表す名詞の**単数対格**とともに）	в секýнду「秒」、в минýту「分」、в час「時」、во врéмя「とき」、в момéнт「瞬間」、в пóру「～のとき」、в однó ýтро「ある朝」、в пéрвый день рабóты「仕事の最初の日に」、в прóшлое лéто「去年の夏に」、в э́ру「紀元、時代」、в эпóху「時代、時期」、в перúод「時期」、в год начáла пострóйки「建設開始の年に」 В ти́хий вéчер хорошó посидéть в садý.「静かな晩に庭にすわっているのは快適だ」、В послéдний год учёбы в шкóле он реши́л остáться в роднóй дерéвне.「学校の最後の年に、彼は故郷の村に残る決心をした」、В пять лет он потеря́л роди́телей.「彼は5歳で両親をなくした」

[23]「その時点をふくむ時間単位」とは Вчерá я ýжинал в ресторáне.「きのうレストランで夕食をとった」の вчерá のように、動作の時点をふくむもっと長い継続時間を表す場合を指している。

② **同上**（時を表す名詞の、**定語のついた複数対格**とともに）	в э́ти мину́ты「こういうときに」、в своб́одные часы́「自由な時間に」、в после́дние дни「最後の日々に」、в пе́рвые ме́сяцы「初期の月々」 В ближа́йшие неде́ли дождя́ не бу́дет.「ここ何週間かは、雨は降らない」、В про́шлые го́ды мы ча́сто е́здили на рыба́лку.「以前私たちはよく釣りに出かけたものだ」
③ **同上**（時を表さないある種の名詞とともに）	в хоро́шую пого́ду「よい天気のときに」、в проливно́й дождь「どしゃぶりのときに」、в си́льную грозу́「強い雷雨のときに」、в моро́з「厳寒に」、в жару́「酷暑に」、в войну́「戦争中に」、в пе́рвый раз「初めて」
(2) **на** ① **動作の時点**（またはその時点をふくむ時間単位）を示す（限られた語結合で） ② **予定の期間**を示す	 на друго́й (сле́дующий) день「翌日」[24]、на второ́й (тре́тий, …) день「二日目に」、на друго́е у́тро「翌朝」、на друго́й (сле́дующий) год「翌年に」 Нача́льник пое́хал в Нью-Йо́рк на пять дней.「上司は5日の予定でニューヨークへ出かけた」
(3) **за** ① **完了に要する時間**を示す 動詞は通常完了体だが、反復される場合は不完了体が用いられる ② **先立つ時点**を示す（しばしば до *чего́*, пе́ред *чем* と対になって「～のどれだけ以前」を意味する）	 Он перевёл статью́ за неде́лю.「彼は論文を1週間で訳し終えた」、Вертолёт пролете́л сто киломе́тров за полчаса́.「ヘリコプターは100キロを30分で飛んだ」 За полчаса́ я просма́триваю газе́ты и иду́ на рабо́ту.「30分で新聞を見てから私は仕事に出かける」 Биле́ты начина́ют продава́ть за ме́сяц.「切符はひと月前に売り出される。」、Он верну́лся домо́й за пять часо́в до рожде́ния ребёнка.「彼は赤ん坊誕生の5時間前に帰宅した」、Приезжа́йте в аэропо́рт за час до прилёта самолёта.「空港には飛行機到着の1時間前に来てください」

24 в друго́й день は「別の日に」

(4) **по** **「〜まで」** そこに示された時間単位がふくまれる（до の場合はふくまれない）	Она́ бу́дет здесь по деся́тое сентября́.「彼女はここに9月10日まで滞在する」、Никола́й бу́дет рабо́тать у нас по пя́тое ма́рта.「ニコライはうちで3月5日まで働く」
(5) **под** **「前日（前夜）に、近く」** この用法は一定の語結合のみで見られる	под Но́вый год「おおみそかに」、под пра́здник「祭日前夜に」、под у́тро「明け方に」、под о́сень「秋口に」
(6) **че́рез** ① **「〜後」「〜をへて」**[25] しばしば по́сле *чего́* と対になって、「…の〜あとで」を意味する。通常は完了体とともに用いられる	Че́рез не́сколько дней откро́ется вы́ставка.「数日後に展覧会が始まる」 Че́рез год по́сле оконча́ния шко́лы он уе́хал в Москву́.「学校卒業後1年で彼はモスクワへ去った」、Прочита́йте письмо́ че́рез день по́сле моего́ отъе́зда.「私の出発後1日たってからこの手紙を読んでください」
② **周期**を示す**「〜おきに」** しばしば ка́ждый とともに用いられる	Я хожу́ к врачу́ че́рез день.「私は1日おきに医者に通っている」、 Э́тот теа́тр приезжа́ет к нам че́рез ка́ждые два го́да.「この劇団は2年おきにやって来る」、Авто́бус хо́дит че́рез ка́ждые пятна́дцать мину́т.「バスは15分おきに来る」

[25]「一定の時間がすぎたあと」を意味するので、по́сле とは違う。че́рез час「1時間後に」、по́сле ча́са「1時すぎに」

3．その他

(1) **в**	
① **長さ、重さ、面積、倍数**などを示す	автомобиль длиной в пять метров「長さ 5 メートルの自動車」、камень весом в тонну「重さ 1 トンの石」、комната площадью в пятнадцать квадратных метров「広さ 15 平米の部屋」、в два раза быстрее「2 倍速い（く）」、в шесть раз больше「6 倍多い（く）」、мороз в 10 градусов「零下 10 度の厳寒」、расстояние в четыре километра「4 キロの距離」
② **状態の変化**を示す	прийти в отчаяние「絶望する」、превратиться в жидкость「液体に変わる」、ставить в пример「模範にする」、идти в гости「客に行く」
③ **「～として」**	в шутку「冗談に」、в наказание「罰として」、в знак благодарности「感謝の印に」、в честь юбилея「記念祭を祝して」
④ **その他** なお、в は前置格とも用いられるので、用法の違いに注意	Он весь в отца.「彼は父親そっくりだ」、смотреть в зеркало (окно)「鏡（窓）をのぞき込む」、стучать в дверь「ドアをたたく」、окно в сад「庭に面した窓」、минута в минуту「時間どおりに」（熟語）
(2) **на**	
① **動作の向かう先**を示す（**抽象的なこともふくめて**）	опираться на палку「杖に寄りかかる」、наехать на собаку「犬をひく」、напасть на врага「敵を攻撃する」、реагировать на звук「音に反応する」、одеть на дочку кофту「娘にジャンパーを着せる」、сердиться на сына「息子に怒る」、влиять на студентов「学生たちに影響する」、взять ответственность на себя「責任を自分で負う」、ответить на вопрос「質問に答える」
② **目的、用途**を示す	деньги на поездку「旅行のための金」、номер на двоих「ふたり部屋」、обед на восемь человек「8 人分の食事」、Магазин закрыт на ремонт.「修理のため休業」、На что это нужно?「これは何のために必要か」

③ **差**を示す	Они́ прие́хали на неде́лю ра́ньше нас.「彼らは私たちよりも 1 週間早く到着した」、Он ста́рше меня́ на три го́да.「彼は私より 3 歳年上だ」、По́езд опозда́л на пятна́дцать мину́т.「列車は 15 分遅れた」
④ **その他**	на мой взгля́д「私の見解では」、Сын похо́ж на мать.「息子は母親に似ている」、разби́ть на два куска́「2 つに割る」、ковёр разме́ром два на два ме́тра「縦横 2 メートルのじゅうたん」
(3) **за**	
①「**〜の代わりに**」	рабо́тать за нача́льника「上役の代わりに働く」、плати́ть за него́「彼の代わりに支払う」、расписа́ться за му́жа「夫の代わりに署名する」
② **交換・代償**を示す	получи́ть де́ньги за рабо́ту「仕事に対して金を受け取る」、плати́ть за биле́т 500 рубле́й「切符に 500 ルーブル支払う」、купи́ть брю́ки за сто до́лларов「ズボンを 100 ドルで買う」、прода́ть кольцо́ за сто ты́сяч ие́н「指輪を 10 万円で売る」
③ **評価・賞罰などの根拠・理由**を示す	Спаси́бо за гостеприи́мство.「おもてなしありがとう」、пре́мия за нау́чное откры́тие「学問的発見に対する賞」、хвали́ть *кого́* за по́мощь「援助をほめる」、критикова́ть *кого́* за оши́бки「誤りを批判する」、наказа́ть *кого́* за небре́жность「怠慢を罰する」
④「**〜のため**」	За ва́ше здоро́вье!「あなたのご健康のために（乾杯の辞）」、боро́ться за свобо́ду「自由のためにたたかう」、поги́бнуть за ро́дину「祖国のために死ぬ」、выступа́ть за мир「平和のために発言（行動）する」
⑤ **その他**	за шестьдеся́т лет「60 歳を越えて」、счита́ть *что* за честь「〜を名誉と思う」、приня́ть *кого́* за дире́ктора「〜を所長だと勘違いする」

(4) **по「～ずつ」** 1個ずつ（ふつうは数詞なしの単数）およびいくつかの数詞に関しては与格だが、対格となる数詞もある。133(2)「与格要求の前置詞」2参照	по две шту́ки「2個ずつ」、по три́ста ие́н「300円ずつ」、Конфе́т бы́ло мно́го, все получи́ли по две шту́ки.「キャンディはたくさんあり、皆2つずつもらった」、Де́ти получи́ли по три́ста ие́н на сла́дости.「子どもたちは甘いものを買うために300円ずつもらった」、два биле́та по де́сять до́лларов「10ドルの切符を2枚」（この表現は日本語の感覚とややずれる）
(5) **その他**	
под「（音楽など）**に合わせて**」	Они́ танцева́ли и пе́ли под гита́ру.「彼らはギターに合わせておどり、うたった」
про「～について」（о＋前置格と同じ意味）	Он запо́мнил э́тот расска́з про любо́вь.「彼はこの愛に関する話を記憶した」、про себя́「自分のことを」、Про себя́ он ничего́ не расска́зывал.「彼は自分のことは何も言わなかった」
с「大体」（単数名詞のみ）	Отсю́да до мо́ря с киломе́тр.「ここから海まで約1キロだ」
че́рез「～を通じて（媒介）」	Они́ обща́лись че́рез перево́дчика.「彼らは通訳者を介して交流した」

4. 動詞との結合で

(1) 右の**動詞と в**	ве́рить「信じる」、игра́ть「ゲームする」、оде́ться（оде́тый）「着る」、попа́сть「あたる」、стреля́ть「射る、撃つ」 А́ннушка привы́кла ве́рить в судьбу́ и всё принима́ла её со смире́нием.「アンナは運命を信じることに慣れてしまったので、いつもそれをおだやかに受け入れた」、Люби́мым её заня́тием бы́ло игра́ть в ка́рты.「彼女が好きなのはトランプだった」

⑵ 右の**動詞**と **на**	дели́ть *что* 「（部分に）分ける」、жа́ловаться *кому́* 「訴える」、обижа́ться「気を悪くする」、возлага́ть *что*「（力などを）注ぐ」、соглаша́ться「賛成する」 Оста́ток хле́ба мы всегда́ дели́ли на всех.「パンの残りを私たちはいつも皆で分けた」Мы возлага́ли огро́мные наде́жды на побе́ду фигури́стов.「私たちはフィギュア選手の勝利に大きな期待をかけた」
⑶ 右の**動詞・述語副詞**と **за** 感情の対象（人間）を示す	боя́ться「おそれる」、беспоко́иться「心配する」、волнова́ться「興奮する」、ра́доваться「喜ぶ」、сты́дно「はずかしい」、оби́дно「くやしい」 Она́ волнова́лась за сы́на ка́ждую мину́ту.「彼女は絶え間なく息子の心配をしていた」Бы́ло оби́дно за кома́нду.「チームのためにくやしかった」
⑷ 右の**動詞**と **за** 「つかむ」意味	взять *кого́* за́ руку「～の（手を）とる」、хвата́ть *кого́* за полу́「～の（すそを）つかむ」、тро́гать *кого́* за ло́коть「～の（ひじに）さわる」、держа́ть *кого́* за́ ногу「～の（足を）つかむ」 Он не́жно взял её за́ руку.「彼はやさしく彼女の手をとった」、Кто́-то тро́нул меня́ за ло́коть.「誰かが私のひじにさわった」

135（1）. 造格の機能

造格（твори́тельный паде́ж）は性質の異なるさまざまな機能をもつ。

1. 手段・用具を表す 交通手段もふくまれる[26]	Мать ре́жет мя́со ножо́м.「母は肉を包丁で切る」、Карти́на была́ нарисо́вана ма́слом.「その絵は油絵具で描かれた」 Мы е́здили в го́род авто́бусом.「私たちは町へバスで行ってきた」
2. 様々な副詞となる 名詞の意味により、時、場所、動作様態などを表す状況語となる	Ра́но у́тром они́ пошли́ в лес за гриба́ми.「彼らは朝早く森へきのこ狩りに行った」、Гру́ппа гео́логов шла густы́м ле́сом.「地質学者の一団は深い森を進んだ」、Хиру́рг де́лал опера́цию то́чными движе́ниями ска́льпеля.「その外科医は正確なメスの動きで手術をおこなった」、Свой расска́зы он писа́л просты́м и дохо́дчивым языко́м.「彼は短編小説を簡単明瞭なことばで書いた」、Она́ рабо́тает администра́тором в гости́нице[27].「彼女はホテルのマネージャーをしている」
3.「〜によって（よる）」 受動文の動作の主体、動作名詞の動作の主体を示す	Э́то зда́ние бы́ло спроекти́ровано изве́стным архите́ктором.「この建物は有名な建築家によって設計された」、Трудо́м мно́гих люде́й был со́здан э́тот удиви́тельный парк.「おおぜいの人の努力によって生まれたのがこのすばらしい公園であった」、Примене́ние на́шими инжене́рами но́вой вычисли́тельной те́хники позволя́ет сде́лать расчёты бо́лее то́чными.「わが技術陣が新しいコンピュータ技術を応用したので、計算がより正確になった」

[26] 造格で示せるのは、по́езд「列車」、самолёт「飛行機」、парохо́д「船」などの公共交通手段に限られる。на＋前置格なら велосипе́д「自転車」、ло́дка「(小型) ボート」などをふくむすべてに用いられる。
[27] この例は状況語ではなく、述語の名辞部分ともいえる。

4．述語の名辞部となる быть その他の連辞動詞とともに用いられる。быть の現在形は省略され、名辞部は主格となる。быть が現在以外のときにも主格が用いられることがある。Ⅲ-324「合成名辞述語」参照	Тогда́ э́тот врач был ещё студе́нтом.「そのときこの医者はまだ学生だった」、Э́то нау́чное откры́тие явля́ется я́рким свиде́тельством труда́ учёных.「この学問上の発見は学者たちの努力を物語るものである」、Он оказа́лся моше́нником.「彼はペテン師だったのだ」、Серге́й так и оста́лся лентя́ем.「結局セルゲイは怠け者のままだった」、В семье́ он счита́лся молчуно́м.「家族の中で彼は無口だと思われていた」、Моего́ бра́та зову́т Влади́миром (Влади́мир).「兄の名前はヴラジーミルです」、Э́тот напи́ток называ́ется верму́том (верму́т).「この飲み物はヴェルモットと呼ばれます」
5．形容詞の補語となる 形容詞が述語である場合は短語尾となる	бе́дный「乏しい」、бога́тый「豊かな」、больно́й「病んでいる」、ва́жный「重要な」、дово́льный「満足した」、изве́стный「有名な」、плохо́й「悪い」、поле́зный「有益な」、прекра́сный「すばらしい」、хоро́ший「よい」など бога́тый ди́чью о́стров「野鳥の豊かな島」、больно́й гри́ппом ма́льчик「流感にかかった少年」、Студе́нты дово́льны но́вой библиоте́кой.「学生たちは新しい図書館に満足している」、Э́тот рестора́н изве́стен свои́м фи́рменным блю́дом.「このレストランは看板料理で有名だ」
6．長さ・重さなどを示す 134(2)「対格要求の前置詞」3 参照	у́лица длино́й в три киломе́тра「長さ 3 キロの通り」、я́щик ве́сом в 500 гра́ммов「重量 500 グラムの箱」、ка́мень величино́й с кури́ное яйцо́「鶏卵ほどの大きさの石」、мост ширино́й в 10 ме́тров「幅 10 メートルの橋」[28]

[28] 長さ、重さなどの表現では、ここにあるように [造格＋в＋数字（対格）] が標準だが、最近では簡素化して в を省いた用法が普及している。глубино́й 15 ме́тров「15 メートルの深さ」、ро́стом 170 сантиме́тров「170 センチの身長」、цено́й четы́ре до́ллара「4 ドルの価格」、на высоте́ 1500 ме́тров「1500 メートルの高さで」

7．その他	Петро́вы живу́т с на́ми в одно́м до́ме двумя́ этажа́ми（＝на два этажа́）вы́ше.「ペトロフ一家は私たちと同じ家の 2 階上に住んでいる」（比較の差）、Ве́тром повали́ло забо́р.「風で塀がこわされた」（無人称文の主体）、В коридо́ре па́хло табако́м.「廊下はタバコのにおいがした」（無人称文の主体）

135 (2). 造格要求の動詞

日本語にすると通常の他動詞のように思える動詞でも、造格を要求するものがある。ся 動詞が要求する造格補語の中には、本来受動の動詞の動作主体を示すものもある（下の 2 など）。

1. **指導・命令・支配**を表す	руководи́ть「指導する」、заве́довать「管理する」、распоряжа́ться「指図する」、кома́ндовать「命令する」、пра́вить「支配する」、управля́ть「運営する」 В три́дцать лет он уже́ управля́л фи́рмой.「30 歳で彼はすでに会社を動かしていた」、Руководи́ть но́вым коллекти́вом бы́ло тру́дно.「新しいグループを指導するのはむずかしかった」
2. **「惹かれる」**	восхища́ться「魅了される」、наслажда́ться「満喫する」、увлека́ться「ひかれる」、любова́ться「見とれる」、интересова́ться「関心をもつ」 Мы наслажда́лись ре́дкими мину́тами о́тдыха.「私たちはめったにない休息時間を満喫した」、Лю́ди весели́лись и любова́лись цвету́щей сакурой.「人々は咲いている桜に見ほれ、楽しんだ」
3. **所有**	владе́ть「所有する、ものにする（マスターする）」、облада́ть「（性質・能力などを）もつ」、овладева́ть「獲得する、支配する」、располага́ть「所有する」 Граф прекра́сно владе́л шпа́гой.「伯爵は剣術がじょうずだった」、Дед облада́л суро́вым хара́ктером.「祖父は激しい性格だった」
4. 広義で**「使う、利用する」**	по́льзоваться「利用する」、торгова́ть「商う」、пита́ться「常食とする」、же́ртвовать「犠牲にする」、рискова́ть「危険にさらす」、дорожи́ть「大事にする」、занима́ться「従事する」 Ра́ди дете́й она́ же́ртвовала всем.「子どもたちのために彼女はすべてを犠牲にした」、Мы дорожи́ли на́шей многоле́тней дру́жбой.「私たちは長年の友好関係を大事にした」

5. その他造格を直接的な補語とするもの	боле́ть「病む」、дыша́ть「呼吸する」、горди́ться「誇る」、страда́ть「苦しむ」、меня́ться「交換する」 От ды́ма бы́ло не́чем дыша́ть.「煙のせいで息ができなかった」、Андре́й горди́лся свои́м дре́вним ро́дом.「アンドレイは自分の古い家柄に誇りをもっていた」
6. 間接的な補語として**手段・方法・原因など**を表すもの この種の動詞は多い	угоща́ть「ご馳走する」、корми́ть「養う」、выбира́ть「選ぶ」、назнача́ть「任命する」、заменя́ть「〜を〜に換える」、возмуща́ть「憤慨させる」、снабжа́ть「装備する」、отлича́ть(ся)「区別する」 Мне пришло́сь замени́ть разби́тую маши́ну но́вой.「私はこわれた車を新しいものに換えなければならなかった」、Мне на́до бы́ло угости́ть её у́жином.「私は彼女に夕飯をごちそうしなければならなかった」

135（3）．造格要求の前置詞

1．空間関係	
за「向こう側、外側に」[29]	Го́сти сиде́ли за столо́м.「客たちはテーブルについていた」
ме́жду「間に、中間に」	Сохрани́лись хоро́шие отноше́ния ме́жду на́шими организа́циями.「私たちの組織の間にはよい関係が維持された」
над「上に（接触していない）」	Пря́мо над на́ми висе́ла огро́мная ту́ча.「私たちのまさに真上に大きな黒雲がかぶさっていた」
пе́ред「前に」	Пе́ред окно́м рос куст жасми́на.「窓の前にジャスミンの潅木があった」
под「下に」[30]	Под столо́м ми́рно спал кот.「机の下では雄猫が静かに眠っていた」
2．時間関係	
ме́жду「間に」	Врач бу́дет ме́жду двумя́ и тремя́ часа́ми.「医者は2時と3時の間に来る」
пе́ред「前に」	Он верну́лся домо́й пе́ред десятью́ ве́чера.「彼は夜10時前に帰宅した」
с　一定の名詞とともに**「～と同時に」**	с прихо́дом по́езда「列車が到着すると」、с рассве́том「夜明けとともに」、с зака́том со́лнца「日没とともに」、с во́зрастом「歳をとるにつれて」、с года́ми「年々」、с ка́ждым го́дом「毎年（徐々に）」、С наступле́нием весны́ больно́й на́чал выздора́вливать.「春の到来とともに病人は回復し始めた」
3．за	
⑴ **目的**を示す（移動を表す動詞とともに）	Со́ня пошла́ в теа́тр за биле́тами.「ソーニャは劇場に切符を買いに行った」
⑵ **「あとから、うしろを」**（移動を表す動詞とともに）	Ребёнок всё следи́л глаза́ми за ма́терью.「子どもは母親のあとを眼で追った」

[29] за столо́м と同じ感覚で、стол の代わりに обе́д「昼食」、чай「お茶」、еда́「食事」、рабо́та「仕事」などが за とともに用いられるが、その場合は「～のとき」の意味になる。
[30] за と под に関し、対格と一緒なら位置ではなく、方向を示す。над と пе́ред には対格要求の用法はない。方向性を表現するときには、それぞれ вверх, вперёд などを使う。

⑶ **原因**を示す（一定の名詞とともに（文語的））	За отсу́тствием свобо́дного вре́мени я не мог занима́ться свои́м люби́мым де́лом.「ひまがなかったので私は好きなことができなかった」
4．с ⑴ **「～と一緒に」**	Профе́ссор обе́дал со свои́ми колле́гами.「教授は同僚と一緒に昼食をとった」
с は **мы** とともに **я и**～の意味で用いられる（231「人称代名詞」参照）。この用法は **вы** や、対をなす名詞の場合にも見られる	мы с ним「私と彼」、мы с сестро́й「私と妹」。вы с ней「あなたと彼女」、оте́ц с ма́терью「父と母」
⑵ **「～と」**（一定の動詞とともに。「一緒に」ではない）	разгова́ривать *с кем*（以下同）「話をする」、здоро́ваться「あいさつする」、расста́ться「わかれる」、дели́ться「分かち合う」、дружи́ться「仲よくする」、обща́ться「つき合う」、боро́ться（名詞 борьба́ も）「たたかう」、воева́ть（война́）「戦争する」、соревнова́ться（соревнова́ние）「競争する」
⑶ **「～をもって」**	Де́ти стоя́ли с буке́тами.「子どもたちは花束をもって立っていた」、На́ши отцы́ с ору́жием в рука́х защища́ли ро́дину.「わが父親たちは手に武器をもって祖国を守った」
⑷ **「～をもった」**（名詞の定語となる）。反対語句（あれば）は **без**＋生格	дом с балко́ном「バルコニーのある家」、де́вушка с си́ними глаза́ми「青い目の少女」、да́ма с соба́чкой「犬をつれた婦人」、чай с лимо́ном「レモンティー」
⑸ **動作様態**を示す 抽象的な意味の名詞とともに動作主体の状態を表す	слу́шать с внима́нием「注意深く聞く」、смотре́ть с интере́сом「興味をもって見る」、принима́ть с ра́достью「喜んで受け入れる」、относи́ться с недове́рием「不信をもって接する」、говори́ть с акце́нтом「話し方になまりがある」
с のない造格も動作様態を表すが（135⑴「造格の機能」参照）、それは動作の特徴を表し、動作に直結した名詞によって示される	писа́ть краси́вым по́черком「きれいな筆跡で書く」、расска́зывать свои́ми слова́ми「自分のことばで物語る」、идти́ бы́стрыми шага́ми「急ぎ足で歩く」

(6) その他	поздравля́ть *кого́* с днём рожде́ния「〜の誕生日を祝う」、Я согла́сен с ва́ми.「私はあなたに賛成だ」、найти́ о́бщий язы́к с *кем*「〜と共通の理解に達する」、ря́дом с *кем-чем*「〜とならんで」、вме́сте с *кем-чем*「〜と一緒に」
5．その他	
ме́жду「間の（で）」	отноше́ния ме́жду на́ми「私たちの間の関係」、догово́р ме́жду Япо́нией и Росси́ей「日本・ロシアの条約」、ра́зница ме́жду са́харом и мёдом「砂糖と蜜の違い」、схо́дство ме́жду студе́нтами「学生間の類似点」
над（一定の動詞とともに）	рабо́тать над прое́ктом「計画を練る」、смея́ться над *кем*「嘲笑する」、ду́мать над вопро́сом「問題を考える」
пе́ред「〜に対する」	обя́занность「義務」、отве́тственность「責任」、У нас должна́ быть отве́тственность пе́ред бу́дущими поколе́ниями.「私たちには未来の世代に対する責任があるはずだ」

136. 前置格要求の前置詞

前置格（**предло́жный паде́ж**）は、前置詞なしに単独で用いられることはない。

1. в	
(1) **場所・位置**を示す	
「**中で**」(物に関して)	в ча́шке「カップの中に」、в столе́「引き出しの中に」、в самолёте「機中で」、в шкафу́「戸棚の中に」
物理的内部ではなく、抽象的な場合も	в газе́те「新聞で」、в э́том отноше́нии「この点で」、специали́ст в о́бласти метеороло́гии「気象分野の専門家」、в э́том вопро́се「この問題で」
「(**どこ**)**で**」	場所を示す名詞は方向を示す対格の場合同様、в または на をとる（134(2)「対格要求の前置詞」参照） в па́рке「公園で」、в магази́не「店で」、в Япо́нии「日本で」
(2) **時**を示す 動作の時点、またはそれをふくむ時間単位	в тре́тьем часу́「2時過ぎに」、в э́том ме́сяце(году́, ве́ке)「今月（年、世紀）」、в декабре́「十二月に」、в де́тстве「子ども時代に」、в мо́лодости「若い頃」、в конце́ го́да「年末に」
(3) **状態**を示す	в ра́дости「喜んで」、во гне́ве「怒って」、в печа́ли「悲しみで」、в восто́рге「有頂天で」、в волне́нии「興奮して」、в беспоко́йстве「心配して」、жить в бе́дности「貧乏暮らしをする」、в действи́тельности「現実には」
(4) **身につけるもの**を示す[31]	в ша́пке「帽子をかぶって」、в пиджаке́「背広で」、в ю́бке「スカートで」、в перча́тках「手袋をはめて」、в очка́х「めがねをかけて」、в боти́нках「靴で」、в краси́вой упако́вке「きれいな包装で」

31 この場合動詞は быть または ходи́ть などである。одева́ться(оде́тый) だったら в＋対格となる。Она́ была́ оде́та в чёрное пла́тье.「彼女は黒いドレスを着ていた」身につけるものが主語だと次のようになる。На нём была́ ша́пка.「彼は帽子をかぶっていた」

⑸ **一定の動詞とともに**（その動詞の名詞形も）	Мáма помогáет нам в воспитáнии детéй.「ママは子どもの養育を手伝ってくれる」、Пóсле тренирóвки спортсмéны нуждáлись в óтдыхе.「練習のあと選手には休息が必要だった」、Егó обвинúли в опромéтчивости.「彼は向こう見ずをとがめられた」、Мы не сомневáлись в успéхе эксперимéнта.「私たちは実験の成功を疑わなかった」、Онá так и не признáлась в ошúбке.「彼女はとうとう誤りを認めなかった」、Результáты óпыта убедúли нас в ошúбочности егó идéи.「実験結果で私たちは彼の考えが間違っていることを確信した」
⑹ **その他**	словáрь в четырёх томáх「４巻ものの辞書」、в сушёном вúде「干した」、в двух шагáх「目と鼻の先に」
２．на	
⑴ **場所・位置**を示す **「（ものの）上・表面で」**	на столé「卓上で」、на стенé「壁に」、прыгать на однóй ногé「片足ではねる」、тýфли на высóких каблукáх「ハイヒール」、на Лунé「月で」
「（どこ）で」（**в** をとらないもの）	на концéрте「音楽会で」、на зáпаде「西で」、на ýлице「通りで」、на пóчте「郵便局で」、на Кавкáзе「カフカスで」、на рекé「川岸で」、на кýрсе「（大学の）学年で」、на рóдине「祖国で」
比喩や抽象的な場合も	на словáх「口先で」、на дéле「実際に」、на э́том ýровне「この水準で」、на высотé「高所で」、на э́той оснóве「これに基づいて」、Отвéтственность за детéй лежúт на родúтелях.「子どもへの責任は親にある」
⑵ **交通手段**を示す	на автóбусе「バスで」、на мотоцúкле「オートバイで」、на таксú「タクシーで」
⑶ **動作の時点、**またはそれをふくむ**時間単位**を示す	на э́той недéле「今週に」、на днях「先日、近々」、на склóне лет「歳をとって」、на рассвéте「夜明けに」 На склóне лет он полюбúл игрáть в шáхматы.「老齢に達して彼はチェスをするのが好きになった」

⑷ **一定の動詞とともに**	игра́ть на скри́пке「ヴァイオリンを演奏する」、жени́ться на Тама́ре「タマーラと結婚する」、наста́ивать на своём「自説に固執する」、осно́вываться на *чём*「～に基づく」
⑸ **その他**	на ру́сском языке́「ロシア語で」、на во́здухе「戸外で」、мото́р на бензи́не「ガソリン・エンジン」、на ходу́「歩きながら」、на глаза́х「目の前で」
3．о **「～について」**	рассказа́ть「物語る」、спроси́ть「たずねる」、сообщи́ть「知らせる」、ду́мать「考える」、по́мнить「覚えている」、мечта́ть「夢見る」、беспоко́иться「心配する」、спо́рить「議論する」、предупреди́ть「警告する」
4．при	
⑴ **近接・付属**を示す	при вхо́де「入り口で」、апте́ка при больни́це「病院付属の薬局」、мастерска́я при университе́те「大学付属の作業所」、При доро́ге стоя́ла ма́ленькая часо́вня.「道の脇に小さな礼拝堂があった」、При впаде́нии Оки́ в Во́лгу стои́т Ни́жний Но́вгород.「オカ川がヴォルガ川に合流するところにニジニィ・ノヴゴロドがある」
⑵ **所属・所持**を示す	медсестра́ при больно́м「患者付き添いの看護婦」、вое́нный атташе́ при посо́льстве「大使館付き武官」、У вас есть при себе́ креди́тная ка́рточка?「クレジットカードを今お持ち合わせですか」
⑶ **状況・条件**を示す	при Екатери́не II「エカテリーナ二世の治世に」、При вас здесь всё бы́ло в поря́дке.「あなたがいらしたときは万事順調でした」、при встре́че「会ったとき」、при вхо́де「入場の際」、при *како́м* усло́вии「～の条件で」、при нали́чии *чего́*「～があれば」
⑷ **その他**	при э́том「その際、それにもかかわらず」、при всём том「それにもかかわらず」

200. 他の名辞類（形容詞、代名詞、数詞）

210. 概　説

本章では名詞以外の名辞類を扱う。基本的に名詞と同じアプローチをするが、格の機能に関しては名詞のそれと同じなのでふれない。名詞以外の名辞類は、なんらかの意味で名詞に従属・奉仕し、場合によっては代行する。

定語としての形容詞（長語尾）は、名詞を修飾・限定する、まさに名詞の付属物である。そこで形容詞長語尾は性・数・格のすべてにわたって、どの名詞にも合わせられる形をもっている。形容詞は名詞を修飾・限定するだけでなく、述語にもなる（長語尾および短語尾）。短語尾の場合には格はないが、性と数に関しては、主語である名詞に合わせる。

代名詞には、名詞の機能をもつもの（人称代名詞、疑問・不定・否定代名詞の一部、関係代名詞）と形容詞の機能をもつもの（所有代名詞、指示代名詞、疑問・不定・否定代名詞の一部、関係代名詞、限定代名詞、数量代名詞）がある。名詞の機能をもつものは名詞の代用物となり、形容詞の機能をもつものは形容詞同様定語および述語になる。

数詞は独立して用いられれば名詞に準じる機能を果たすが、多くの場合名詞を限定する役を果たす。ただし個数詞は文法上名詞の定語とは扱われず、統語論上はそれ以上分解しない語結合として扱われる（Ⅲ-321「主語」参照）。

基本的に類似の属性を共有する、名詞を中心とするこれらの品詞は、名辞類と呼ばれて、動詞、副詞、補助的機能を果たす品詞（前置詞、接続詞、助詞）および間投詞から区別される。

形容詞と、形容詞の機能をもつ代名詞（所有、指示代名詞など）は名詞を修飾するので、名詞の数、性、格に合わせて形を変えることになる。ここでは主格のみ（性と数のみ）を示す。

		「新しい」	「私の」	「この」	「２つ目の」
男性	журна́л「雑誌」	но́в**ый** журна́л	мо**й** журна́л	э́т**от** журна́л	втор**о́й** журна́л
女性	газе́та「新聞」	но́в**ая** газе́та	мо**я́** газе́та	э́т**а** газе́та	втор**а́я** газе́та
中性	письмо́「手紙」	но́в**ое** письмо́	мо**ё** письмо́	э́т**о** письмо́	втор**о́е** письмо́
複数	журна́лы	но́в**ые** журна́лы	мо**и́** газе́ты	э́т**и** пи́сьма	втор**ы́е** пи́сьма

名詞の機能をもつ代名詞は人称代名詞と疑問代名詞 кто, что（およびこれらから作られる不定・否定代名詞）、そして関係代名詞である。

	単数	複数
一人称	я	мы
二人称	ты	вы
三人称	он, она́, оно́	они́
疑問	кто? что?	

一・二人称には性の区別がなく（男女ともに同じ語を使う）、三人称単数には性の区別がある。疑問代名詞 кто「誰」は男性単数扱い、что「何」は中性単数扱いである。関係代名詞については、後続 234 で解説する。

220. 形容詞（и́мя прилага́тельное）

221. 形容詞の性質

1．形容詞の種類

形容詞は意味のうえから**性質形容詞**（**и́мя прилага́тельное ка́чественное**）、**関係形容詞**（**и́мя прилага́тельное относи́тельное**）、さらにそれらとは差の大きい**所有形容詞**（**и́мя прилага́тельное притяжа́тельное**）に分けられる。所有形容詞（後続226）は形態と用法が異なるので、それ以外の形容詞（一般形容詞）とは区別して扱う。

性質形容詞は物の性質を表す。たとえば、све́тлый「明るい」、гро́мкий「大声の」、твёрдый「硬い」、солёный「塩辛い」、горя́чий「熱い」などがそれにあたる。

関係形容詞は名詞などから派生し、その名詞などに関わる意味を表す。たとえば、зи́мний「冬の（зима́から）」、металли́ческий「金属の（мета́ллから）」、торго́вый「商業の（торго́вляから）」、за́втрашний「明日の（за́втраから）」などがそれにあたる。ロシア語に多くある -ский または -ской の接尾辞をもつ形容詞はすべて関係形容詞である。ру́сский「ロシアの（Русьから）」、университе́тский「大学の（университе́тから）」、городско́й「町の（го́родから）」、морско́й「海の（мо́реから）」

所有形容詞は人の名前あるいは人および動物を指す名詞から派生する、一般形容詞とはまったく違う接尾辞をもつ特殊な形容詞である。Ива́нов「イワンの（Ива́нから）」、Га́лин「ガーリャの（Га́ляから）」、ли́сий「狐の（лиса́から）」など

2．長語尾と短語尾、定語と述語

性質形容詞には、語尾が2または3文字からなる**長語尾**（**по́лное прилага́тельное**）と、1文字（または語尾なし）の**短語尾**（**кра́ткое прилага́тельное**）がある。関係形容詞には長語尾形しかない。所有形容詞には、定語の機能をもつひとつの形しかない。

形容詞には、名詞を形容・修飾する**定語**（**определе́ние**）としての機能と、文章をつくる**述語**（**сказу́емое**）としての機能がある。長語尾はそのどちらの機能も果たすことができるが、短語尾は述語にしかならない。長語尾の述語と短語尾の述語のどこが違うかは後述する。

краси́вая де́вушка.	「美しい少女」	長語尾の定語用法
Де́вушка краси́вая.	「(その) 少女は美しい」	長語尾の述語用法
Де́вушка краси́ва.	「(その) 少女は美しい」	短語尾の述語用法

3．比較級 (сравни́тельная сте́пень)、最上級 (превосхо́дная сте́пень)

性質形容詞は比較級・最上級をもつ。ここにも長語尾・短語尾両方の形があり、定語・述語の両方がある。関係形容詞はその性格上比較級、最上級をもたない。

ロシア語で比較級は、ふたつの事物の比較以外の場面でも用いられる。日本語には比較級という形がないので(あるのはロシア語の чем、英語の than にあたる対比のことば「〜より」のみ)、そういう用法には注意しなければならない。たとえば、Дни станови́лись всё коро́че.「日はますます短くなっていった」(коро́че は коро́ткий「短い」の短語尾比較級。この意味の всё のあとでは形容詞は比較級でなければならない)(後述 225 - 3 「短語尾比較級の用法若干」参照)。

222. 長語尾の変化と性質

1．長語尾変化

形容詞は名詞についてそれを修飾するわけだから、その名詞の性・数・格に合わせた変化をしなければならない。つまり形容詞一語は何とおりにも変化する。その変化には名詞同様硬変化と軟変化がある。

	но́вый「新しい」**単数硬変化**		си́ний「青い」**単数軟変化**	
	男性・中性	女性	男性・中性	女性
主格	но́в-**ый**, но́в-**ое**	но́в-**ая**	си́н-**ий**, си́н-**ее**	си́н-**яя**
生格	но́в-**ого**	но́в-**ой**	си́н-**его**	си́н-**ей**
与格	но́в-**ому**	но́в-**ой**	си́н-**ему**	си́н-**ей**
対格	＝主／＝生、но́в-**ое**	но́в-**ую**	＝主／＝生、си́н-**ее**	си́н-**юю**
造格	но́в-**ым**	но́в-**ой**	си́н-**им**	си́н-**ей**
前置格	о но́в-**ом**	о но́в-**ой**	о си́н-**ем**	о си́н-**ей**
	複数硬変化（三性共通）		**複数軟変化**（三性共通）	
主格	но́в-**ые**		си́н-**ие**	
生格	но́в-**ых**		си́н-**их**	
与格	но́в-**ым**		си́н-**им**	
対格	＝主／＝生		＝主／＝生	
造格	но́в-**ыми**		си́н-**ими**	
前置格	о но́в-**ых**		о си́н-**их**	

変化語尾の最初の文字が硬母音ы, оおよびа, уのものを硬変化、それに対応する軟母音字и, е および я, ю のものを軟変化という。

単数男性・中性の形が異なるのは主格（およびそれに等しい対格）だけで、あとは同形。

単数男・中性生格語尾 -ого, -его の г は [v] と発音する（Ⅰ-122「特殊な発音」参照）。

男性および各性複数の対格は、非動物名詞（事物）につく場合は主格に等しく、動物名詞につく場合は生格に等しい。単数女性の対格はそれに関わりなくひとつの形しかもたない。つまり、名詞の変化形式に対応している。

2. 長語尾変化の問題点

(1) 力点

長語尾変化では、力点の位置は移動しない。語尾に力点があるものの単数男性主格は -ой という語尾をもつが、それ以外には差はない。молодóй「若い」、молодóе, молодáя, молоды́е

(2) つづり字の規則

語幹がг, к, хで終わる形容詞は、つづり字の規則上あとにыを書くことができないため、たとえば男性単数主格、造格および複数の語尾部分が -кий, -ким; -кие, -ких ... となり、一見軟変化のように見えるが、硬変化である(下表①)。ほかに друг-**óй**「別の」、сух-**óй**「かわいた」など

語幹が ж, ш, щ で終わる形容詞で、力点が語尾にあるものは硬変化だが、同じくつづり字の規則上、ы の代わりに и が現れる。下表②、ほかに чуж-**óй**「他人の」など

語幹が ш, щ, ч で終わる形容詞で、力点が語幹にあるものは軟変化だが、同じくつづり字の規則上あとに я, ю を書くことができないため、女性単数主格と対格は -ая, -ую となる。下表 ③、ほかに могу́ч-**ий**「力強い」など

	① высóк-**ий**「高い」		② больш-**óй**「大きい」	
	単数(男・中)	女性	単数(男・中)	女性
主	высóк-**ий** (**-ое**)	высóк-**ая**	больш-**óй** (**-óе**)	больш-**áя**
生	высóк-**ого**	высóк-**ой**	больш-**óго**	больш-**óй**
与	высóк-**ому**	высóк-**ой**	больш-**óму**	больш-**óй**
対	=主 / =生 (**-ое**)	высóк-**ую**	=主 / =生 (**-óе**)	больш-**у́ю**
造	высóк-**им**	высóк-**ой**	больш-**и́м**	больш-**óй**
前置	о высóк-**ом**	о высóк-**ой**	о больш-**óм**	о больш-**óй**
	複数		複数	
主	высóк-**ие**		больш-**и́е**	
生	высóк-**их**		больш-**и́х**	
与	высóк-**им**		больш-**и́м**	
対	=主 / =生		=主 / =生	
造	высóк-**ими**		больш-**и́ми**	
前置	о высóк-**их**		о больш-**и́х**	

	③ хорóш-**ий**「よい」	
	単数（男・中）	女性
主	хорóш-**ий**（**-ее**）	хорóш-**ая**
生	хорóш-**его**	хорóш-**ей**
与	хорóш-**ему**	хорóш-**ей**
対	＝主 / ＝生（**-ее**）	хорóш-**ую**
造	хорóш-**им**	хорóш-**ей**
前置	о хорóш-**ем**	о хорóш-**ей**
	複数	
主	хорóш-**ие**	
生	хорóш-**их**	
与	хорóш-**им**	
対	＝主 / ＝生	
造	хорóш-**ими**	
前置	о хорóш-**их**	

(3) 軟変化

軟変化形容詞の多くは語幹が н で終わり、ほとんどが名詞、副詞、前置詞から派生した関係形容詞である。ýтренний「朝の（ýтро から）」、весéнний「春の（веснá から）」、вчерáшний「きのうの（вчерá から）」、перéдний「前の（перёд から）」。また上述のように、語幹が ш, щ, ч で終わり、力点が語幹にあるものは軟変化である。軟変化の形容詞の数は、硬変化に比べるとはるかに少ない。-ий 型の所有形容詞については 226「所有形容詞、苗字、その他の問題」を参照。

223. 短語尾の変化と性質

1．短語尾変化

短語尾は述語にしかならないので格変化しない。短語尾も性・数による変化をする。下の表のように語尾は一文字である（男性形は無語尾）。

軟変化形容詞のほとんどは関係形容詞なので、短語尾には軟変化はほとんどない。例外的なものには個別に対処すればよい[1]。

短語尾中性形は副詞としても用いられる。

	краси́в-**ый**「美しい」	за́нят-**ый**「忙しい」	своб́одн-**ый**「自由な」	здоро́в-**ый**「健康な」	больн-**о́й**「病気の」	гото́в-**ый**「準備できた」
он	краси́в	за́нят	свобо́д**ен** *	здоро́в	бо́л**ен** *	гото́в
она́	краси́в-**а**	занят-**а́**	свобо́дн-**а**	здоро́в-**а**	больн-**а́**	гото́в-**а**
оно́	краси́в-**о**	за́нят-**о**	свобо́дн-**о**	здоро́в-**о**	больн-**о́**	гото́в-**о**
они́	краси́в-**ы**	за́нят-**ы**	свобо́дн-**ы**	здоро́в-**ы**	больн-**ы́**	гото́в-**ы**

太線枠内が短語尾変化の規準形。
* 出没母音は語尾ではないが、目立たせるために太字にした。

2．短語尾変化の問題点

(1) 出没母音

単数男性形は、長語尾の語尾を取り去るが語尾をつけないので、語末が子音の連続になることが多い。そこで多くの場合出没母音 o, e が現れる（上の表では свобо́ден, бо́лен）。

多くの場合それは e である。上 2 例の他に интере́сный → интере́сен「おもしろい」、бе́дный → бе́ден「貧しい」、удо́бный → удо́бен「便利な」、у́мный → умён「賢い」など。上の больно́й のように ь または й があったら必ず e になる。дово́льный → дово́лен「満足な」、споко́йный → споко́ен「平穏な」

o になるものもある。たとえば по́лный → по́лон「いっぱいの」、смешно́й → смешо́н「こっけいな」。к の前では通常 o になる。сла́дкий → сла́док「甘い」、кре́пкий → кре́пок「固い」

子音がふたつ重なっても o, e が入らないものもある。жёлтый → жёлт「黄色の」、мёртвый → мёртв「死んだ」、пусто́й → пуст「からっぽの」、чи́стый → чист「純粋な」

---

[1] たとえば си́ний「青い」の短語尾形は синь, синя́, синё（си́не もある）、сини́, хоро́ший「よい」の短語尾形は хоро́ш, хороша́, хорошо́, хороши́。

-нный の形をした形容詞では、е が入るものと、受動形動詞過去短語尾のように、н がひとつになるものとがある。стра́нный → стра́нен「奇妙な」、гума́нный → гума́нен「人道的な」、ме́дленный → ме́длен（ме́дленен もある）「ゆっくりした」、суще́ственный → суще́ствен「本質的な」

短語尾は限られた語以外には比較的使うことが少なく、出没母音に関してはこのように規則性も強くないので、辞書で確認するのがよい。

(2) 力点

長語尾変化では力点は移動しないが、短語尾変化では移動が少なくない。まず、短語尾男性の力点が長語尾と異なるものがあり、短語尾形の中でも移動する。長い形容詞（4音節以上）では、ほとんど移動しないが、短い形容詞（2音節）では移動が激しい。3音節の形容詞は大半が移動しないが、移動するものも少なくない。

	①移動しない здоро́в-ый「健康な」	②女性以下すべてで移動する хоро́ш-ий「よい」	③女性のみで移動する дорог-о́й「大切な」
男性	здоро́в	хоро́ш	до́рог
女性	здоро́в-а	хорош-а́	дорог-а́
中性	здоро́в-о	хоро́ш-о	до́рог-о
複数	здоро́в-ы	хоро́ш-и	до́рог-и

① の例
ве́ский「重い」ве́сок, ве́ска [2], ве́ско, ве́ски、поня́тный「わかる」поня́тен, поня́тна, поня́тно, поня́тны、ве́чный「永遠の」ве́чен, ве́чна, ве́чно, ве́чны、краси́вый「美しい」краси́в, краси́ва, краси́во, краси́вы

② の例
све́тлый「明るい」све́тел, светла́, светло́, светлы́、широ́кий「（幅の）広い」широ́к, широка́, широко́, широки́、ма́лый「小さい」мал, мала́, мало́, малы́、лёгкий「軽い」лёгок, легка́, легко́, легки́

③ の例　2音節の形容詞の大半がこの型である。
ску́чный「退屈な」ску́чен, скучна́, ску́чно, ску́чны、до́брый「善良な」добр, добра́, до́бро, до́бры、гря́зный「汚い」гря́зен, грязна́, гря́зно, гря́зны、че́стный「誠実な」че́стен, честна́, че́стно, честны́

---

[2] веска́ という力点もある。形容詞短語尾の力点は二通りある例が多い。

(3) 特例

большо́й「大きい」と ма́ленький「小さい」には短語尾形がないので、それぞれ вели́кий「偉大な」(вели́к, велика́, велико́, велики́) と ма́лый「小さい」(мал, мала́, мало́, малы́) の短語尾形で代用する。Пиджа́к был вели́к ему́.「（その）背広は彼には大きすぎた」

рад, ра́да, ра́до, ра́ды「うれしい、喜んでいる」は長語尾のない形容詞である（唯一の例）。Дочь бу́дет ра́да ви́деть вас.「娘はあなたにお目にかかれてうれしいでしょう」

短語尾形は述語にしか用いられないため、長語尾形と意味が違ってしまうものもある。ви́дный の主な意味は「目につく、重要な」だが、その短語尾形の意味は「(～が) 見える」である。ви́дный специали́ст「有名な専門家」、Отсю́да видна́ высо́кая гора́.「ここから高い山が見える」、спосо́бный ма́льчик「有能な少年」、Он спосо́бен э́то сде́лать.「彼はこれができる」、посту́пок, согла́сный с тре́бованиями до́лга「義務の要求に合致した行為」、Я согла́сен с ва́ми.「私はあなたに賛成です」

3. 長語尾述語と短語尾述語の使い分け

形容詞述語は、形式的には長語尾でも短語尾でもよいが、意味と用法には当然差がある。一般的に長語尾は名詞の長期的・絶対的な性質を表し、短語尾は一時的・相対的な性質を表す。また、文体的には、長語尾は口語的であり、短語尾は文語的である。

ただ、そのような説明では、実際の場面でどちらを使うのが適当かを判断することはむずかしい。使い分けに関して全般的な規則を示そうとすると上のような抽象的な説明にならざるを得ないが、問題を限定すればある程度のことはいえる。

(1) そもそも一時的・相対的なことを表す意味の形容詞は、通常短語尾が用いられる。

здоро́в, бо́лен[3]	「健康だ、病気だ」
за́нят, свобо́ден	「忙しい（ふさがっている）、暇だ（あいている）」
до́рог, дёшев	「高い、安い」
гото́в	「準備ができている」

---

[3] 長語尾 больно́й は述語としてはほとんど用いられない。

дово́лен	「満足している」
по́лон	「いっぱいだ」
ви́ден	「見える」
слы́шен	「聞こえる」
ну́жен	「必要だ」
до́лжен	「〜しなければならない」

Вы бу́дете свобо́дны за́втра ве́чером?　明晩お時間はありますか。

Он в любо́е вре́мя гото́в помога́ть вам.　彼はいつでもお手伝いできます。

Буты́лка полна́ жи́дкости прия́тного арома́та.　びんはいいにおいの液体でいっぱいだ。

(2) 文中に一時的・相対的であることが明示されている場合は短語尾が用いられる。

Ста́рый дом был для нас те́сен.　古い家は私たちにはせまかった。

Для мастерско́й худо́жника э́та ко́мната темна́.　画家のアトリエとしてはこの部屋は暗すぎる。

Пла́тье бы́ло чуде́сное, но чуть у́зко ей в та́лии.　ドレスはすばらしかったが、彼女にはウエストがちょっときつかった。

Э́та шкату́лка дорога́ мне как семе́йная рели́квия.　この小箱は家族の記念品として私には大切だ。

(3) 上記（1）には当たらないが、短語尾形が比較的よく用いられる形容詞と、あまり用いられない形容詞があると思われる。あまり使われない形容詞短語尾が出てくるときは、かなり文体上の要請（そのときの口調や話し手や書き手の好み）によるようである。また、名詞との相性 сочета́емость слов も関連する。たとえば、Ночь темна́.「夜は暗い」はやや詩的だがよく使われるのに対し、Зал тёмен.「ホールは暗い」とはあまりいわない。

224. 長語尾の比較級、最上級

1. 比較級

比較が可能な意味の形容詞長語尾（ほとんどは性質形容詞）の前に бо́лее（副詞「より多く」）がつくと比較の意味になる。бо́лее краси́вый сад「よりきれいな庭園」、бо́лее у́мная де́вочка「より賢い少女」、бо́лее станда́ртное оснаще́ние「より標準的な装備」

反対の意味のときは ме́нее「より少ない」をつける。ме́нее краси́вый сад「より少なくきれいな庭園」。ただし日本語ではこういう言い方をしないので、形容詞を反対語にしたり、否定形にしたりすることになる（「それよりはきれいでない庭園」）。Э́то был ме́нее прия́тный разгово́р.「これはそれより愉快ではない会話だった」

ロシア語には比較級という表現形式があるから、比較の対象を示さなくてもよいが（長語尾の場合、示されないことも多い）、示す必要がある場合は чем「～よりも」をつける。日本語には比較級がないので、上述の例にあるとおり、「～よりも」のように比較対象を示さないと意味をなさない場合もある。

За́втра бу́дет бо́лее интере́сная переда́ча. 明日はもっとおもしろい番組がある。

Я не зна́ю бо́лее у́много челове́ка. 私はこれより頭のよい人を知らない。

Экза́мен был бо́лее тру́дный, чем я ду́мал. 試験は私が予期したよりもむずかしかった。

Она́ была́ да́же бо́лее краси́вой, чем мне опи́сывали. 私が説明を受けたよりも、彼女はさらに美しかった。

§ -ший

次の 4 対の形容詞には、語尾 -ший がついた比較級がある。

	比較級		比較級
хоро́ший「よい」	**лу́чший**	плохо́й (худо́й)「悪い」	**ху́дший**
большо́й (вели́кий)「大きい（偉大な）」	**бо́льший**	ма́лый (ма́ленький)「小さい」	**ме́ньший**
высо́кий「高い」	**вы́сший**	ни́зкий「低い」	**ни́зший**
ста́рый「老いた」	**ста́рший**	молодо́й「若い」	**мла́дший**

бо́льший と ме́ньший 以外のものは最上級の意味ももっている。лу́чший приме́р「最善の例」、мла́дший сын「末の息子」

вы́сший と ни́зший は、比較級の意味ではほとんど用いられず、事実上最上級である。вы́сший сорт「最高品質」、вы́сшее образова́ние「高等教育（大学卒のこと）」、вы́сшая власть「最高権力」、ни́зший у́ровень「最低水準」、ни́зшее зва́ние「最下級官位」

ста́рший と мла́дший は、「年上の、年下の」または「上級の、下級の」などの意味で用いる。ста́ршая сестра́「姉」、мла́дший класс「低学年」、ста́рший нау́чный сотру́дник「上級研究員」、мла́дший лейтена́нт「少尉」。「より年上の、より若い」は бо́лее ста́рый, бо́лее молодо́й

2．最上級

長語尾最上級は次のようにしてつくられる。

⑴ 原形の前に、形容詞変化をする **са́мый** をおく	са́мый глубо́кий「最も深い」、са́мый то́лстый「最も厚い」、са́мый кра́йний「一番端の」
⑵ 原形の前に、無変化の **наибо́лее** をおく	наибо́лее глубо́кий「最も深い」、наибо́лее то́лстый「最も太った」、наибо́лее серьёзный「最も深刻な」
⑶ 原形の語幹に、接尾辞 **-ейш-**（-ший, -шая, -шее, -шие）をつける	интере́сный「おもしろい」→ интере́снейший、но́вый「新しい」→ нове́йший
⑷ 子音交替をするもの 上記⑶で語幹が г, к, х で終わるときは、子音交替（г → ж, к → ч, х → ш）が起こり、接尾辞は **-айш-** となる	высо́кий「高い」→ высоча́йший、стро́гий「きびしい」→ строжа́йший、большо́й（вели́кий）「大きい（偉大な）」→ велича́йший、коро́ткий（кра́ткий）「短い（短い）」→ кратча́йший、бли́зкий「近い」→ ближа́йший、ни́зкий「低い」→ нижа́йший、ме́лкий「細かい」→ мельча́йший

§強意の最上級

-ейший, -айший 型の最上級はしばしば、比較して「最も」ということではなく、程度が高い（「非常に」）ことを表す。もっとも同様なことは日本語に関してもいえる（次ページの２つめの例文）。

Его́ произведе́ния – плод <u>тонча́йшего</u> воображе́ния.	彼の作品はきわめて精妙な想像力のたまものだ。
<u>Ху́дших</u> усло́вий не мог бы приду́мать и <u>зле́йший</u> враг.	これより悪い条件は最も凶悪な敵でも考えつかないだろう。

前節の -ший 型比較級の前に са́мый をおくか、接頭辞 наи- をつけると、強い感じの最上級となる。са́мый лу́чший「最善の」、наибо́льший「最大の」

形容詞原形につく接頭辞 пре-, все- は、最上級に似た強めとなる。прехи́трый「非常にずるい」、всевозмо́жный「ありとあらゆる」。またこの接頭辞が -ейший, -айший 型最上級につくと大変おおげさな感じとなる。премиле́йший「とてもかわいい」

225. 短語尾の比較級、最上級

1. 比較級の形

現実に使われる比較級は圧倒的に短語尾が多い。比較級が使われるのは大半が述語または副詞だからである。短語尾比較級は次のようにしてつくられる。短語尾比較級の接尾辞（語尾）は変化せず、どの性・数でも共通である。

(1) 大多数の形容詞には **-ее がつく** 短語尾女性形で語尾 -а に力点が移るものは、力点が -ее に移る	краси́вый「美しい」→ краси́вее、си́льный「強い」→ сильне́е、све́тлый「明るい」→ светле́е、жёлтый「黄色い」→ желте́е
(2) 語幹が後舌音 г, к, х、歯音 д, т, ст で終わるものには **-е がつく**。その際子音交替が起こる	
г → ж	стро́гий「きびしい」→ стро́же、туго́й「きつく締めた」→ ту́же
к → ч	жа́ркий「暑い」→ жа́рче、гро́мкий「大声の」→ гро́мче
х → ш	ти́хий「静かな」→ ти́ше、сухо́й「かわいた」→ су́ше
т → ч	бога́тый「金持ちの」→ бога́че、круто́й「急峻な」→ кру́че
ст → щ	просто́й「単純な」→ про́ще、ча́стый「ひんぱんな」→ ча́ще
(3) その**例外、特別形**	глубо́кий「深い」→ глу́бже、сла́дкий「甘い」→ сла́ще、ре́дкий「まれな」→ ре́же、по́здний「遅い」→ по́зже
(4) **-ше がつく**。中には語幹が変わるものがあり、また -ее が併用されるものが多い	ста́рый「老いた」→ ста́рше/старе́е、ра́нний「早い」→ ра́ньше/ра́нее、далёкий「遠い」→ да́льше/да́лее、хоро́ший「よい」→ лу́чше

長語尾の場合と同じように、短語尾原形の前に бо́лее をつけて比較級とする場合もある。Э́тот арти́ст бо́лее популя́рен, чем тот.「この俳優はあちらよりも人気がある」

2．比較対象の示し方

比較の対象（「ＡはＢより大きい」のＢ）は、

① 接続詞 чем により（не́жели という形もあるが、頻度はあまり高くない）

② 対象の名詞、代名詞を生格にすることにより

示される。ただし、比較されるものが変化しない品詞（たとえば副詞）、語結合、文である場合は①の方法しか使えない。両方が可能な場合は、②のほうがよく使われる。比較級が述語副詞または副詞の場合でも同様である。

Та́ня ста́рше, чем Га́ля.（Та́ня ста́рше Га́ли.） ターニャはガーリャより年長だ。

Сего́дня холодне́е, чем вчера́. 今日はきのうより寒い。

В за́ле бы́ло шумне́е, чем в рестора́не. ホールはレストランよりうるさかった。

Никола́й встал ра́ньше Ви́ктора. ニコライはヴィクトルより早く起きた。

Фильм был интере́снее, чем я ду́мал. 映画は思ったよりおもしろかった。

3．短語尾比較級の用法若干

⑴ 無対象

短語尾比較級に「もう少し」「なるべく」の意味の接頭辞 по- がつく場合、通常は比較の対象は示されない。

Приходи́те за́втра у́тром пора́ньше. 明日はもう少し早く来てください。

Говори́те, пожа́луйста, погро́мче. もう少し大きな声で話してください。

⑵ 定語用法

短語尾比較級は名詞の後におかれて定語になる場合がある。

Покажи́те пиджа́к побо́льше. もう少し大きい背広を見せてください。

Я не ви́дел де́рева вы́ше э́того. これより高い木を見たことはない。

Я не по́мню у́тра бо́лее прозра́чного и све́жего. こんなに青く、すがすがしい朝は記憶にない。

最後の例のように、この用法は長語尾に現れることもある。

⑶ 比較の程度

比較級とともに用いて「はるかに、ずっと」と違いを強調することばは гора́здо, мно́го（намно́го）である。類似のことばに куда́「はるかに」、ещё「もっと」、значи́тельно「著しく」、немно́го「いくらか」などがある。差を示すのは на＋対格であるが、造格が用いられることもある。

Сегóдня егó гóлос звучáл мнóго увéреннее, чем прéжде.	今日彼の声は前よりもずっと自信にあふれていた。
С годáми отéц стал кудá добрée.	年とともに父はずっと善良になった。
К стáрости я стал ещё сильнée чýвствовать одинóчество.	老齢に近づくと、私は孤独をより強く感じるようになった。
Он пришёл на час пóзже.	彼は１時間遅れてきた。

(4) 比較級が用いられる表現

日本語には比較級がないので、注意しなければならないのは、比較級を用いないと不可能な表現があることである。程度の変化、時間の推移を示す副詞 всё, с＋造格など「ますます」「徐々に」、как мóжно「できるだけ」、как нельзя́「この上なく」、чем＋比較級、тем＋比較級「～であればあるほど（すればするほど）、～である（する）」など。

Кругóм становúлось всё темнée и темнée.	あたりはますます暗くなっていった。
С утрá нáдо бы́ло, как мóжно рáньше, начáть рабóту.	朝から、なるべく早くに、仕事を始めなければならなかった。
Всё закóнчилось, как нельзя́ лýчше.	すべてがこの上なくうまくいった。
Чем сильнée он хотéл сблúзиться с сы́ном, тем острée чýвствовал, что врéмя упýщено.	息子に近づきたいと思えば思うほど、そのタイミングを逸してしまったという思いが強まるのだった。

4．最上級

短語尾には最上級の形はない。しかし、うしろに比較対象として всегó「何よりも」（物および漠然とした事柄の場合）、всех「誰よりも、何よりも」（人の場合および同種のものの場合）をつければ意味上は最上級になる。これは限定代名詞 всё（中性形）と все（複数形）の生格である。

Бóлее всегó на свéте емý хотéлось сейчáс увúдеть женý и детéй.	彼は今、この世で何よりも妻と子どもたちに会いたかった。
Егó самоувéренный тон не нрáвился мне бóлее всегó.	彼の自信過剰な調子がいちばん気にくわなかった。
Бóлее всех емý понрáвилась дéвушка с длúнной косóй.	彼は誰よりも長いお下げ髪の少女が気に入った。

226. 所有形容詞、苗字、その他の問題

1．所有形容詞

　人または動物を示す名詞に -ий または -ов（硬変化男性名詞）、-ев（軟変化男性名詞）、-ин（a, я で終わる女性および男性名詞）がついて、その名詞の所有を表すものを所有形容詞という。所有形容詞は比較的限られており、定語としてのみ用いられる。固有名詞からつくられる所有形容詞は大文字で書かれる。

　соба́ка「犬」→ соба́чий лай「犬の咆え」、пти́ца「鳥」→ пти́чье гнездо́「鳥の巣」、Бог「神」→ Бо́жья во́ля「神の御心」

　оте́ц「父」→ отцо́в сове́т「父の忠告」、Ива́н → Ива́нова ко́мната「イヴァンの部屋」

　учи́тель「先生」→ учи́телевы слова́「（その）先生のことば」、Никола́й → Никола́ева руба́шка「ニコライのシャツ」、пе́карь「パン屋」→ пе́карев сын「（その）パン屋の息子」

-ов, -ев 形の所有形容詞は文章語ではほとんど用いられず、会話（特に児童、あるいは農村）で使われる。最近、使用例はかなり限られている。

　特定の表現にこの形が現れることもある。この場合は固有名詞起源でも大文字ではない。ада́мово я́блоко「のどぼとけ」、ахилле́сова пята́「アキレス腱」、крокоди́ловы слёзы「そらなみだ」

-ин 形も会話体だが、文学作品でも使われる。ма́ма → ма́мин пода́рок「ママのプレゼント」、Ната́ша → Ната́шина тетра́дь「ナターシャのノート」、дя́дя「おじさん」→ дя́дин га́лстук「おじさんのネクタイ」、сестра́「姉妹」→ се́стрина ко́фта「妹のジャンパー」、ба́бушка「おばあさん」→ ба́бушкина крова́ть「おばあさんの寝台」。ц のあとでは ы となる цари́ца「女帝、皇后」→ цари́цын。また所有形容詞の例外形には брат「兄弟」→ бра́тнин、муж「夫」→ му́жнин などがある。

　現代ロシア語の一般的な所有表現は、後から添付する生格であり、ものによっては -ский である。所有形容詞は、指している名詞の所有を表すだけなので意味がせまく、今日ではあまり使用されない。生格は意味することが場合によって変わり得るという点で意味が広い。-ский はその名詞の所有を表すのではなく、一般的形容詞である。бескозы́рка матро́са（文脈により「その水夫の帽子」にもなるし、「セーラーハット」にもなり得る）、матро́сская бескозы́рка「セーラーハット」

2．所有形容詞の変化

(1) **-ий** 型

	男性・中性「狐の」	女性	複数
主格	ли́с-**ий**, ли́с-**ье**	ли́с-**ья**	ли́с-**ьи**
生格	ли́с-**ьего**	ли́с-**ьей**	ли́с-**ьих**
与格	ли́с-**ьему**	ли́с-**ьей**	ли́с-**ьим**
対格	＝主 / ＝生、ли́с-**ье**	ли́с-**ью**	＝主 / ＝生
造格	ли́с-**ьим**	ли́с-**ьей**	ли́с-**ьими**
前置格	о ли́с-**ьем**	о ли́с-**ьей**	о ли́с-**ьих**

この変化形式は基本的には軟変化であり、単数男性主格以外の語尾の先頭に軟音記号ь がついただけである。中性・女性・複数の主格形と女性対格だけは語尾が一音の特殊形になっている（-ье, -ья, -ьи, -ью)。

これらはときに所有ではなく、性質を現す性質形容詞として用いられる。пти́чье молоко́「鳥のミルク（あり得ないものを指す比喩)」、медве́жья услу́га「熊の親切（ありがためいわく)」、во́лчий аппети́т「狼の食欲（おおせいな食欲)」

なお、所有代名詞 чей「誰の」（男性主格だけが変則の形をしているが、それ以外はこの形式どおり。чьё, чьего́ …, чья, чьей …)、順序数詞 тре́тий「３番目の」も同じ変化形式をとる。

(2) **-ов, -ев, -ин** 型

下の表のように、所有形容詞は、主格と女性対格のみが短語尾であり、あとはふつうの形容詞の長語尾と同じ変化をする[4]。変化形式は、-ов, -ев 型も -ин 型も同じ。

	男性・中性	女性	複数
主格	Ива́нов, Ива́нов-**о**	Ива́нов-**а**	Ива́нов-**ы**
生格	Ива́нов-**ого**	Ива́нов-**ой**	Ива́нов-**ых**
与格	Ива́нов-**ому**	Ива́нов-**ой**	Ива́нов-**ым**
対格	＝主 / ＝生、Ива́нов-**о**	Ива́нов-**у**	＝主 / ＝生
造格	Ива́нов-**ым**	Ива́нов-**ой**	Ива́нов-**ыми**
前置格	об Ива́нов-**ом**	об Ива́нов-**ой**	об Ива́нов-**ых**

[4] 以前は男・中性の生格、与格は短語尾形 -а, -у だった。

3．苗字と地名

⑴ 苗字

ロシア人の苗字には -ов, -ев, -ин で終わる所有形容詞が非常に多い[5]。Бори́сов ← Бори́с、Рома́нов ← Рома́н、Алексе́ев ← Алексе́й、Жу́ков ← жук「コガネムシ」、Кузнецо́в ← кузне́ц「鍛冶屋」、Ники́тин ← Ники́та、Пу́шкин ← пу́шка「大砲」、Соро́кин ← соро́ка「カササギ」

変化形式はどちらの場合も以下のとおり名詞・形容詞混交型である。つまり男性生格、与格、前置格、女性対格が短語尾のようになっている。男性造格形に注意。

	男性	女性	複数
主格	Ивано́в	Ивано́в-**а**	Ивано́в-**ы**
生格	Ивано́в-**а**	Ивано́в-**ой**	Ивано́в-**ых**
与格	Ивано́в-**у**	Ивано́в-**ой**	Ивано́в-**ым**
対格	Ивано́в-**а**	Ивано́в-**у**	Ивано́в-**ых**
造格	Ивано́в-**ым**	Ивано́в-**ой**	Ивано́в-**ыми**
前置格	об Ивано́в-**е**	об Ивано́в-**ой**	об Ивано́в-**ых**

⑵ 都市名、村落名

所有形容詞の形の都市名、村落名は名詞の変化をする。ただし、-о で終わるものは変化させない傾向が強い。Медве́дково → в Медве́дкове （в Медве́дково）

4．名詞への転用

形容詞（形動詞）は名詞として用いられる場合がある。形態は形容詞のままなので、形容詞としての変化をする。意味に従い、次のように分類できる。

---

[5] 苗字の接尾辞は他に、Чайко́в-ский, Полев-о́й などのふつうの形容詞や、Дурно-во́, Черн-ы́х などの形容詞の変化形もある。さらに名詞形（名詞の接尾辞のついたもの）や変わった形のものもあるが、その多くは非ロシア民族起源だろうと思われる。ロシア国民の苗字はロシア起源のものだけでも種類と数が多く、さらに多民族国家であることを反映して、きわめて多種多様である。

たとえばエリツィン大統領時代に活躍した政治家の中には、Гайда́р, Бу́рбулис, Собча́к, Станке́вич, Чуба́йс, Ле́бедь, Шо́йгу, Ва́вра, Руша́йло などの非ロシア系苗字が見られる。

⑴ 一定の範疇の人を表す。対象によって性、数が変わる	ру́сский（-ая, -ие）「ロシア人」[6]、знако́мый（-ая, -ые 以下同）「知人」、больно́й「病人」、рабо́чий「労働者」（「女性労働者」は рабо́тница）、учёный「学者」、уча́щийся「学生」、обвиня́емый「被告」
⑵ かなり広範囲の形容詞が、文脈によって人を表す名詞となる	Дал он хлеб голо́дным, дал он си́лу сла́бым.「彼は飢えた者にはパンを、弱い者には力を与えた」
⑶ 動物の種類（複数）	копы́тные「有蹄類」、млекопита́ющие「哺乳類」、членистоно́гие「節足動物」、лососёвые「サケ類」
⑷ 生物の種類（中性）	живо́тное「動物」、расте́ние「植物」、насеко́мое「昆虫」
⑸ 特定の名詞が省略されるもの	пряма́я（ли́ния）「直線」、крива́я「曲線」、пристяжна́я（ло́шадь）「副馬」、борза́я「ボルゾイ犬」
⑹ 部屋や場所を示すもの（女性形が多い）	столо́вая「食堂」、гости́ная「客間」、операцио́нная「手術室」、заку́сочная「軽食堂」、пивна́я「ビヤホール」、на́бережная「川岸通り」、мостова́я「舗装道路」
⑺ 総括する語（主として中性）	сле́дующее「以下のこと」、вы̀шеука́занное「既述のこと」、бу́дущее「未来」、да́нные「資料」
⑻ その形容詞の性質をもつ事物。どの形容詞もなりうるわけだが、よく使われるものがある（中性）	но́вое「新しいこと、新しいもの」、гла́вное「主要点」、интере́сное「おもしろいこと」、ве́чное「永遠のもの」

[6] 国名の形容詞と住民名称が同じ語であるのはむしろ少数で、通常は別単語である。「日本」япо́нский - япо́нец、「アメリカ」америка́нский - америка́нец、「イギリス」англи́йский - англича́нин、「フランス」францу́зский - францу́з、「ドイツ」неме́цкий - не́мец、「中国」кита́йский - кита́ец

230. 代名詞（местоимéние）

代名詞には、名詞と同じ機能をもつもの（主語、補語になる）、形容詞と同じ機能をもつもの（定語、述語になる）、両方の機能をあわせもつものがある。形容詞的代名詞は形容詞変化と同じか、またはよく似た変化をする。

代名詞は意味のうえからいくつかに分類・整理することができる。本書では1960年版のソ連科学アカデミー文法書の7区分を用い、そこでは疑問代名詞にまとめられている関係代名詞を独立区分とするとともに、数量代名詞を加えて9区分とした。この区分は学習者が代名詞というものをできるだけ構造的に把握するために有効だと思われる。

人称代名詞	я「私」、онá「彼女」、себя́（再帰代名詞）など
所有代名詞	мой「私の」、ваш「あなたの」など
指示代名詞	э́тот「この」、такóй「そんな」など
限定代名詞	сам「自身」、весь「〜全体、すべての」など
数量代名詞	мнóго「たくさんの」、мáло「わずかの」など
疑問代名詞	кто「誰」、что「何」、какóй「どんな」など
不定代名詞	ктó-нибудь「誰か」、какóй- то「なんらかの」など
否定代名詞	никтó「誰も（〜しない）」、нéчего「すべき何もない」など
関係代名詞	котóрый、что など

231. 人称代名詞（ли́чное местоимéние）

1．人称代名詞の変化

一、二人称単数 я, ты と себя́、およびその複数 мы, вы は他の品詞にはない独自の変化をするが、相互によく似ている。三人称は単数、複数ともほぼ形容詞軟変化語尾と同じであるが、それぞれの主格および男・中性の前置格と女性の生格・対格は独特の形をしている。

三人称代名詞は、先行の名詞を指して用いられる。その名詞が男性名詞なら он、中性、女性、複数なら、それぞれ онó, онá, они́ である。он (онó), они́ の対格の形は егó, их と決まっており、指している名詞が動物名詞か非動物名詞か、ということには関係がない。

	単数				複数			再帰
	一人称	二人称	三人称（男・中）	（女）	一人称	二人称	三人称	
主格	я	ты	он / оно́	она́	мы	вы	они́	なし
生格	меня́	тебя́	его́	её	нас	вас	их	себя́
与格	мне	тебе́	ему́	ей	нам	вам	им	себе́
対格	меня́	тебя́	его́	её	нас	вас	их	себя́
造格	мной	тобо́й	им	ей	на́ми	ва́ми	и́ми	собо́й
前置格	обо мне	о тебе́	о нём	о ней	о нас	о вас	о них	о себе́

2．人称代名詞の問題点

⑴ н の添加

三人称代名詞斜格（е, ё, и で始まる）が前置詞とともに用いられるときは、н が加わる。したがって前置格にはすべて н がつく。у него́「彼のところで」、к ней「彼女のほうへ」、с ни́ми「彼らとともに」、о нём「彼について」。それが所有代名詞として用いられているときは、そうはならない。в его́ ко́мнате「彼の部屋で」、к её отцу́「彼女の父親に」

⑵ мы の用法

会話では мы с ва́ми「私とあなた」、мы с ней「私と彼女」のような形が多用される。これはふつう「私たちとあなた」「私たちと彼女」の意味ではない。с のあとには名詞も用い得る。мы с жено́й「私と妻」、мы с Ви́ктором「私とヴィクトル」

⑶ ты の用法

ты は文法上つねに単数なので、相手の性によって定語や述語の性が変わる以外、文法的な問題はない。しかし、相手によって ты と вы をどのように使い分けるか、という用法上の問題がある。一般的に親しい間柄では ты、ていねいな対応には вы を使うといえるが、その実際の用法は時代により、状況によってさまざまだし、個人差やそのときの心理も関係するので、ここではふれない。

⑷ вы の用法

вы（二人称複数）はひとりの相手に対しても敬語として使う。その場合で

も動詞は вы の形（複数）である。Вы зна́ете его́?「彼をご存知ですか」、Вы чита́ли э́ту кни́гу?「この本を読みましたか」。定語もふつうは複数である。Вы са́ми сказа́ли так.「あなたご自身でそうおっしゃった」、Вы одни́ про́тив.「あなただけが反対なのです」。述語の名詞、形容詞長語尾は単数だが、短語尾は複数となる。Вы до́брый челове́к.「あなたはよい方だ」、Вы до́брый(до́брая).「同」、Вы здоро́вы?「お元気ですか」、Вы гото́вы?「ご用意はよいですか」

3．себя́ の用法

себя́ は各性・数共通で通常、主語自身を指す（だから主格形はない）。Он рассказа́л о себе́.「彼は自分について話した」。しかし、使役の文のように主体が異なる動詞が重なる場合は、直前の動詞の主体を指し、文全体の主語を指すのではない。Он проси́л меня́ писа́ть о себе́.「私は彼から、自分（私）のことを書くようにたのまれた」

себя́ には熟語的用法が多いので、疑問が生じたら辞書を参照する必要がある。与格 себе́ には助詞として、自分の思い通りの行為を表す用法がある。Иди́ себе́, куда́ хо́чешь.「行きたいのならどこへでも勝手に行け」。多くの辞書では себе́ という独立項目として扱われている。

232. 形容詞的代名詞（所有・指示・限定・数量代名詞）

1．所有代名詞（**притяжáтельное местоимéние**）

	мой (твой, свой)			**наш (ваш)**		
	男・中性	女性	複数	男・中性	女性	複数
主格	мой / моё	моя́	мои́	наш / на́ше	на́ша	на́ши
生格	моего́	мое́й	мои́х	на́шего	на́шей	на́ших
与格	моему́	мое́й	мои́м	на́шему	на́шей	на́шим
対格	＝主 / ＝生	мою́	＝主 / ＝生	＝主 / ＝生	на́шу	＝主 / ＝生
造格	мои́м	мое́й	мои́ми	на́шим	на́шей	на́шими
前置格	о моём	о мое́й	о мои́х	о на́шем	о на́шей	о на́ших

表に示されたように、мой, твой, свой そして наш と ваш は同じ変化をする。これらの変化形式は基本的に形容詞軟変化であるが、наш、ваш の主格およびそれと同形の対格（女性は独自の対格）は形容詞の形をしていない。

三人称の所有代名詞は存在せず、人称代名詞の生格（его́, её, их）で代用される。これらのことばはこれ以上、性・数・格の変化をしない。所有代名詞として用いられるときには、通常名詞の前におく。また、前に前置詞があっても н はつかない。смотре́ть на его́ лицо́「彼の顔を見る」、смотре́ть на него́「彼のほうを見る」

一方、一・二人称の人称代名詞の生格（меня́, тебя́, нас, вас）は所有を表さない。

所有代名詞は単独で述語になり得る。Э́та тетра́дь моя́, а та － её.「このノートは私ので、あちらのは彼女のだ」

свой は主語（無人称文の場合は動作主体）自身の所有を表す。Она́ живёт в свое́й кварти́ре.「彼女は自分の住居に住んでいる」。Вам необходи́мо испра́вить свои́ оши́бки.「あなたは自分の誤りを正さなければならない」

2．指示代名詞（**указа́тельное местоиме́ние**）

指示代名詞の э́тот と тот はよく似ているだけに、その変化形（複数）の違いや、意味の違いには注意を要する。

	э́тот			тот		
	男・中性	女性	複数	男・中性	女性	複数
主格	э́тот / э́то	э́та	э́ти	тот / то	та	те
生格	э́того	э́той	э́тих	того́	той	тех
与格	э́тому	э́той	э́тим	тому́	той	тем
対格	=主 / =生	э́ту	=主 / =生	=主 / =生	ту	=主 / =生
造格	э́тим	э́той	э́тими	тем	той	те́ми
前置格	об э́том	об э́той	об э́тих	о том	о той	о тех

(1) 主語になる э́то

「これは〜だ」という文章では、名詞の性・数に関わりなく э́то が用いられ、主語となる。現在時制では動詞 быть は省略されるが、過去、未来の場合、その形は述語名辞部分に従う。この э́то も指示代名詞とされるが、形容詞的代名詞の э́тот, э́та, э́то, э́ти とは用法が異なっている。

Э́то студе́нт (студе́нтка, студе́нты).	これは学生（女学生、学生たち）だ。
Э́то была́ студе́нтка.	それは女学生だった。
Э́то бу́дут студе́нты.	それは学生たちだろう。

名辞部分が抽象的なことがらを示す名詞（оши́бка「誤り」、сча́стье「幸せ」、ра́дость「喜び」、го́ре「悲しみ」、неожи́данность「突然のこと」など）の場合は、造格も使われる。その場合、быть の形は主語の э́то と一致する（すなわち単数中性）。

Э́то была́ больша́я ра́дость.	それは大きな喜びだった。
Э́то бы́ло большо́й ра́достью.	（同上）

(2) э́тот と тот

тот はまず э́тот があり（実際に出現していなくても想定されていて）、それに対応して（それを意識して）初めて用いられるので、日本語のいわゆる「こそあど」に対応するとはかぎらない。

э́тот と тот は概略次のように使い分けられる。①対照の際、最初に指すものが э́тот、次に指すものが тот、②同じく近いものが э́тот、遠いものが тот、③時間関係では現在（今日）が э́тот、それに対して過去または未来が тот、④川や通りなどでは「こちら側」が э́тот、「あちら側」が тот。

Дай мне э́ту кни́гу, а ту оста́вь у себя́.	この本をくれ、そっちのは自分にとっておけ。
Покажи́те ту фотогра́фию. — Э́ту?	「その写真を見せてください」「これですか？」
Обы́чно в э́то вре́мя я сплю.	ふだんこの時間に私はねている。
Все спа́ли в то вре́мя.	そのときは皆ねていた。
Парк нахо́дится на той стороне́ реки́.	公園は川の向こう側にある。

⑶ э́то と то の名詞的用法

中性形 э́то と то は、うしろに名詞をともなわず、名詞のように用いられる（「そのこと」）。多くの場合、э́то は先行の文または状況全体を指し、то は文の必要に応じてまず形式的に示され、「そのこと」が何を指しているかは直後の関係代名詞 что またはその他の接続語に導かれる文で説明される。しかし то が э́то のように用いられることもある（下の3番目の例文）。

тот（та）も名詞のように用いられることがあるが（人間を指す）、内容は関係代名詞などで説明される。

Весь день шёл дождь. Из-за э́того пришло́сь отложи́ть экску́рсию.	一日中雨だったので、遠足を延期しなければならなかった。
Двули́чие — то, что я ненави́жу.	猫かぶりは私が憎むものだ。
Вдруг послы́шался стра́нный звук. То был крик ночно́й пти́цы.	突如奇妙な音がした。それは夜の鳥の叫び声だった。
Кто не рабо́тает, тот не ест.	働かざるもの、食うべからず（諺）。

⑷ тот の用法

тот（та, то, те）は強めの語として用いられる。たとえば、関係代名詞によって説明される語の指示を強調する。

Пришёл тот шофёр, кото́рый встре́тил нас вчера́ на вокза́ле.	きのう駅で私たちを出迎えてくれた運転手がやって来た。

⑸「同じ」という意味の э́тот と тот

э́тот と тот は са́мый または助詞 же をともなって強めとなり、「同じ」を意味する。

Она́ повтори́ла те же (са́мые) слова́, что и вчера́.	彼女はきのうと同じことばを繰り返した。

⑹ 助詞の э́то

上記⑴の主語になる用法とはべつに、主語も述語もそろった文の冒頭におかれる場合は、確認・強調の助詞である。

Э́то Татья́на поёт ста́рую пе́сню.	あれはタチヤナが古い歌をうたっているのです。
Что э́то вас так огорча́ет?	あなたはいったい何をそんなに悲しんでいるのですか。

⑺ その他の主な指示代名詞

тако́й「そのような」

Я не зна́ю тако́го челове́ка.	そんな人は存じません。
Доста́ньте мне таку́ю мате́рию, кото́рую не на́до гла́дить.	アイロンをかける必要のない生地を手に入れてください。
Дождь был тако́й, что мы промо́кли до ни́тки.	下着までずぶぬれになるような雨だった。

2番目の例は、関係代名詞がかかる語（先行詞）の強め（確認）だが、3番目の例は、内容が что 以下で説明される述語である。

その他、сей, сия́, сиё,（э́тот と同義の古語）、о́ный, о́ная, о́ное（тот と同義の古語）、таково́й, такова́я, таково́е（тако́й と同義）、э́такий, э́такая, э́такое（тако́й と同義の俗語）などがあるが、慣用句、雅語など、用法が限られている。たとえば、сейча́с「すぐに」、сего́дня「今日」

3．限定代名詞（**определи́тельное местоиме́ние**）

⑴ сам「自身」と са́мый「まさにその」

	男・中性	女性	複数	男・中性	女性	複数
主格	сам / сам-**о́**	сам-**а́**	са́м-**и**	са́м-**ый** / **-ое**	са́м-**ая**	са́м-**ые**
生格	сам-**ого́**	сам-**о́й**	сам-**и́х**	са́м-**ого**	са́м-**ой**	са́м-**ых**
与格	сам-**ому́**	сам-**о́й**	сам-**и́м**	са́м-**ому**	са́м-**ой**	са́м-**ым**
対格	＝主 / ＝生	сам-**у́***	＝主 / ＝生	＝主 / ＝生	са́м-**ую**	＝主 / ＝生
造格	сам-**и́м**	сам-**о́й**	сам-**и́ми**	са́м-**ым**	са́м-**ой**	са́м-**ыми**
前置格	о сам-**о́м**	о сам-**о́й**	о сам-**и́х**	о са́м-**ом**	о са́м-**ой**	о са́м-**ых**

* かつては самоё という形があったが、今ではほとんど用いられない。

このふたつの代名詞は形が似ているばかりでなく、用法も混同しやすいので注意する必要がある。男・中性で形が異なるのは主格と造格だけで、あとは力点の差だけである。女性でも主格と対格以外は力点の差だけである。複数形には硬軟の違いがある。cáмый は完全に形容詞の変化をする。

⑵ **сам と cáмый の用法**

① **сам** は日本語の「その人（物）自身、自分で、独立して」にあたる。しばしば себя́ とともに用いられる。

Покá он сам не знал, чтó дéлать.	彼自身が今のところどうしたらよいのかわからなかった。
Сам дом был ещё крéпок, но крыша кòе-гдé прохуди́лась.	建物自体はまだしっかりしていたが、屋根がところどころ傷んでいた。
Мы сáми не хотéли брать у негó дéньги.	私たち自身、彼からお金を借りたくなかった。
Он лю́бит говори́ть о самóм себé.	彼は自分のことを話したがる。

② **cáмый** は境界（限界）を表す時間・場所の名詞とともに用いられ、その境界線上にあることを示す。до сáмого начáла「開始ぎりぎりまで」、на сáмом краю́「最もはじっこで」、с сáмого дéтства「まったくの子どものときから」

また、э́тот, тот とともに「まさにそのこと」を強調する場合がある。形容詞長語尾につくと最上級となる。

В сáмом цéнтре дерéвни стоя́ла стáрая цéрковь.	村のど真ん中に古い教会があった。
У сáмого въéзда в усáдьбу вéтром вы́рвало векову́ю ли́пу.	屋敷への入り口まぎわにあった古い菩提樹が風で倒された。
Он уви́дел её в том же сáмом пáрке, что и в пéрвый раз.	彼は最初のときと同じ公園で彼女を見かけた。

⑶ **весь「～全体、すべての」**

単数の名詞とともに用いられるときはそのもの「全体」を表し、複数の名詞とともに用いられるときには、その「すべて」を表す。名詞なしに独立に用いられる場合、人を指すのならば複数を用い、それ以外の事物や抽象的な事柄ならば単数中性を用いる。

	男・中性	女性	複数
主格	весь / всё	вся	все
生格	всего́	всей	всех
与格	всему́	всей	всем
対格	＝主 / ＝生	всю	＝主 / ＝生
造格	всем	всей	все́ми
前置格	обо всём	обо всей	обо всех

И́мя Ю́рия Гага́рина зна́ет весь мир.　ユーリー・ガガーリンの名前は世界中が知っている。

Она́ пе́ла на всех са́мых изве́стных о́перных сце́нах ми́ра.　彼女は世界のあらゆる有名なオペラ劇場でうたった。

А́нна Па́вловна расспроси́ла меня́ обо всём.　アンナ・パヴロヴナは私に何から何まで問いただした。

Все собрали́сь в а́ктовом за́ле.　全員が講堂に集まった。

Я дово́лен всем (все́ми).　私はすべてに（皆に）満足だ。

(4) その他の主な限定代名詞

ка́ждый「おのおのの、毎（日、週など）」、**вся́кий**「それぞれが、ありとあらゆる」、**любо́й**「どの〜も、任意の」は意味に共通点があるので、置き換え可能な場合がある。いずれも形容詞の変化をし、また単独で名詞のように用い得る。

Э́то зна́ет ка́ждый (вся́кий, любо́й) шко́льник.　こんなことはどんな生徒でも知っている。

Попро́бовать свои́ си́лы в кулина́рии мо́жет вся́кий (ка́ждый, любо́й).　料理の腕を試すことは誰でもできる。

ка́ждый は通常名詞単数とともに用いられるが、複数しかない名詞のときと、「〜おきに、〜に一回」（数詞の前に複数主格で）の意味のときは複数とともに用いられる。

Ка́ждые два дня приходи́ли пи́сьма из до́ма.　1日おきに家から手紙が来た。

Ка́ждые четы́ре шко́льника должны́ бы́ли посади́ть де́рево в па́рке.　学童の4人にひとりが公園に木を植えなければならない。

4．数量代名詞（коли́чественное местоиме́ние）

ここでは мно́го（мно́гое, мно́гие）「たくさんの」、ма́ло（ма́лое, ма́лые）「わずかの」および сто́лько「それだけ」（не́сколько「若干の」）を数量代名詞という区分で扱う。

⑴ мно́го など

	数量代名詞	形容詞中性形の名詞「多くのもの」
主格	мно́го (мно́г-ие)	мно́г-ое
生格	мно́г-их	мно́г-ого
与格	мно́г-им	мно́г-ому
対格	＝主／＝生	мно́г-ое
造格	мно́г-ими	мно́г-им
前置格	о мно́г-их	о мно́г-ом

程度の副詞としての мно́го はここでは扱わない。

一般的に、絶対的多数を示すときには мно́го を、相対的多数「大部分の」を示すときは мно́гие を使う。

中性形名詞の мно́гое が人を指すときは мно́гие となる。

Мно́го друзе́й пришло́ поздра́вить юбиля́ра.　おおぜいの友人が当事者にお祝いを言いに来た。

Мно́гие из нас не согласи́лись с ней.　私たちの多くは彼女に賛成しなかった。

⑵ сто́лько など

一定の数量を指すが、その内容は文の後続部分で説明される。主格（およびそれにひとしい対格）以外は形容詞軟変化複数と同じ変化をする。сто́льких, сто́льким …

ско́лько「どれだけ」はその疑問詞、не́сколько「ある数量の」は不定代名詞。

Мы бы́ли сто́льким обя́заны на́шим учителя́м.　私たちはそれだけ、先生方に借りがあった。

Ско́лько я ни угова́ривал её не уезжа́ть — она́ не послу́шала.　私がどんなに彼女に行かないように説得しても、彼女は聞こうとしなかった。

Из кни́ги бы́ло вы́рвано не́сколько страни́ц.　本からは何ページかが破り取られていた。

233. 疑問代名詞、不定代名詞、否定代名詞

1. 疑問代名詞（вопроси́тельное местоиме́ние）

	「誰」	「何」	「誰の」（男・中性）	同（女性）	同（複数）
主格	кто	что	чей (чьё) *	чья	чьи
生格	кого́	чего́	чьего́	чьей	чьих
与格	кому́	чему́	чьему́	чьей	чьим
対格	кого́	что	＝主 / ＝生	чью	＝主 / ＝生
造格	кем	чем	чьим	чьей	чьи́ми
前置格	о ком	о чём	о чьём	о чьей	о чьих

＊所有形容詞 -ий 型と同じ。226「所有形容詞、苗字、その他の問題」を参照。

疑問代名詞には他に како́й, кака́я, како́е, каки́е「どのような」、кото́рый, кото́рая, кото́рое, кото́рые「いずれの」があるが、変化は形容詞と同じである。また数量をたずねる ско́лько は主格、対格以外は形容詞軟変化複数と同じ変化をする。како́й と同義の како́в, какова́, каково́, каковы́（形容詞短語尾変化）という形もある。また慣用句のみに用法が残る нико́й（たとえば ни в ко́ем слу́чае「いかなる場合にも～ない」）がある。

(1) **кто**

動物名詞に対する疑問詞だが、非動物名詞が人間のように扱われる場合にも用いられる。単語としては男性単数とされるので、文脈上明白に女性や複数を指していても述語は男性単数形。強めとしてともに用いられる тако́й は、主語が示されればそれに従う。Кто она́ така́я?「彼女はいったい誰だろう」

(2) **что**

非動物名詞に使われる疑問詞だが、人間に関して職業や属性を問うときにも用いられる。単語としては中性単数とされる。

強め表現の что за は主格・対格でのみ用いられ、驚き、不審を表す。さらに э́то や тако́е をともなうこともある。

俗語では生格 чего́ が主格 что と同じ意味で使われる。また、что, чего́ は「なぜ」の意味でも用いられる。

Что за де́вушка была́ с тобо́й в теа́тре?　君と劇場にいた女の子はいったい誰だ。

Что ты се́рдишься?	なにを（なぜ）怒ってるんだ。
Что э́то Са́ша переста́л приходи́ть к тебе́?	サーシャはなんだって君のところに来なくなったのだ。

(3) како́й と кото́рый

како́й は一般的疑問「どんな」、кото́рый は「（～のうちの）どの」を表すが、кото́рый を使うべきとき（たとえば順序数詞をたずねるとき）に како́й が使われることもある。Како́е сего́дня число́?「今日は何日？」

疑問詞はいずれも感嘆文をつくり得るが、特に како́й はその頻度が高い。

Кото́рый тепе́рь час?	今何時？
Како́й сюрпри́з!	これは驚いた。
Кака́я встре́ча!	誰かと思ったら！

疑問詞にはこれらの代名詞の他に когда́「いつ」、где「どこで」などの疑問副詞があるが、用法上共通点が多いので、疑問詞としてまとめて考えるとよい。以下の不定代名詞、否定代名詞の要項はほとんど疑問副詞にもあてはまる。421「副詞の種類」参照。

2．不定代名詞（неопределённое местоиме́ние）

接頭（尾）辞	不定代名詞
-то	кто́-то「誰か、ある人」、что́-то「何か、ある物」、како́й-то「ある（性質をもった）」、че́й-то「誰かの、ある人の」
-нибудь	кто́-нибудь「誰か」、что́-нибудь「何か」、како́й-нибудь「なんらかの」、че́й-нибудь「誰かの」
-либо	кто́-либо「誰か」、что́-либо「何か」、како́й-либо「なんらかの」、че́й-либо「だれかの」
не ＊否定ではない	не́который「ある」、не́сколько「ある数量の、若干の」、не́кто「ある人」（主格のみ）、не́что「ある物」（主格、対格のみ）
кое-	кòе-кто́「二、三の人」、кòе-что́「いくらかのもの」、кòе-како́й「なんらかの」

(1) 不定代名詞の形

疑問代名詞（疑問副詞の場合も同じ）に接尾辞 -то, -нибудь, -либо、接頭辞

не, кое-（кой-）が、не 以外はハイフンを介してつき、疑問ではなく、指す対象が不定の（はっきりしない）ことを表すものが不定代名詞（不定副詞も同様）である。

接尾辞 -то, -нибудь, -либо は котóрый を除くどの疑問代名詞にもつくが、接頭辞 кое- は кто, что, какóй にしかつかない。接頭辞 не には必ず力点があり、ハイフンをともなわない。接頭辞 не には否定代名詞をつくる機能もあるので、不定代名詞としての用法は通常 нéкоторый, нéсколько および нéкто（主格のみ）、нéчто（主格および対格のみ）に限られている。

不定代名詞はもとの疑問代名詞と同じ変化をし、接尾辞、接頭辞は変化に関係しない。

接頭辞 кое- がついたものが前置詞とともに用いられる場合、前置詞は кое- と疑問詞の間に入り、ハイフンは書かれない。

この他に нéкоторый, какóй-то と同義の нéкий があるが、文語的であり、あまり広くは用いられない。 нéкий / нéкое（нéкоего, нéкоему, …）, нéкая（нéкой, нéкой, нéкую, …）, нéкие（нéких, нéким, …）

⑵ 不定代名詞の意味

① 接尾辞 -то

不定とは呼ばれるが、じつは特定なもの（人、性質、状況など）を指しており、ただ話し手がそれを明言しない（できない、または意図的にしない）場合に用いられる。

② 接尾辞 -нибудь, -либо

実際に不特定なもの（人、性質、状況など）を指しており、話し手にそれがわかっていない場合に用いられる。そこで動詞が未来・命令の文、あるいは疑問文・条件文に用いられることが多くなる。-либо は -нибудь と同義だが、任意性を示唆することが多く、文語的である。

③ 接頭辞 не、кое-

нéкоторый は性質、程度が不定（不明、表現回避）であることを、нéсколько は数量が不定（不明、表現回避）であることを表す。нéкто, нéчто は特定の人・ものを指すので、接尾辞 -то がついたものと同じである。нéкто は固有名詞をぼかす（多くは軽蔑）ときにも用いられる。Звонúл нéкто Петрóв.「ペトロフなるやつが電話してきた」。нéчто は定語（うしろにおかれる）をともなうことが多い。нéчто стрáнное「何か妙なもの」

кое- は話し手にはわかっているが、聞き手にはわかっていないことがらに関して用いられる。また、ふつうは数があまり多くないときにぼやかす会話的表現である。нéкоторый に意味が近い。

Тебé кто́-то звони́л.	誰かが電話してきたよ。
Брат обещáл дать емý какýю-нибудь кни́гу.	兄は彼に何か本を貸してやると約束した。
Когдá кто́-нибудь входи́л в кóмнату, дверь проти́вно скрипéла.	誰かが（誰にせよ）部屋に入るときに、ドアはいやなきしみ音をたてるのだった。
Когдá кто́-либо из нас возражáл, он выходи́л из себя́.	私たちの誰かが反対すると、彼はたけり狂うのだった。
Нéкоторые учёные не соглáсны с э́той гипóтезой.	ある学者たちはこの仮説に賛成ではない。
Нам пришлóсь ждать егó нéсколько минýт.	私たちは数分彼を待たなければならなかった。
Мне нýжно посовéтоваться с вáми кóе о чём.	あなたと少々相談したいことがある。（前置詞は кóе の後に割り込む）

3．否定代名詞（**отрицáтельное местоимéние**）

否定代名詞には、用法上大きく異なるふたつの種類がある。

(1) 接頭辞 ни- のつくもの

疑問代名詞 кто, что, чей, какóй に接頭辞 ни- がつき（котóрый, кой につくものは熟語でしか用いられない）、述語にも否定語 не がついて「〜も〜しない」の意味になる。前置詞が必要なときは ни と疑問詞の間に入る（ハイフンは書かれない）。

ничтó の生格 ничегó はしばしば ничтó の代わりに用いられる。また、ничегó は副詞として「何でもない、どうでもよい、かなりよい」の意味でよく用いられ、文の述語となることもある。

Никтó не хóчет рабóтать с ним.	誰も彼といっしょに働きたがらない。
Никогó нé было в зáле.	ホールには誰もいなかった。
Я ни с кем не хочý рабóтать.	私は誰とも働きたくない。
Ничтó не мешáло емý продолжáть свою́ рабóту.	彼が自分の作業を続けるのを妨げるものは何もなかった。
Онá не былá довóльна никаки́м предложéнием.	彼女はいかなる提案にも満足しなかった。

Ничéй э́то не прикáз, а прóсто прóсьба.　　これは誰の命令でもなく、単なるお願いです。

(2) 接頭辞 не- のつくもの

кто および что の斜格に力点のある接頭辞 не- がつき、動詞の不定形とともに、「～すべき～はない」の意味の無人称文の述語を形成する。無人称文であるから、動作主体は与格で示され、過去なら бы́ло、未来なら бу́дет が補われる。

Ей нéкого уважáть.　　彼女には尊敬すべき人はいない。

Нам нé с кем бы́ло посовéтоваться.　　私たちには相談相手がいなかった。

Емý нéчего бу́дет боя́ться.　　彼はもうこわいものなしだ。

力点のある есть (бы́ло, бу́дет) を疑問代名詞につけると、これによく似た肯定表現「～すべき～がある」となる。

Ей éсть когó уважáть.　　彼女には尊敬する（すべき）人がいる。

Нам бы́ло с кем посовéтоваться.　　私たちには話し相手があった。

Емý бу́дет чегó боя́ться.　　彼にはこわいものができるだろう。

234. 関係代名詞（относи́тельное местоиме́ние）

関係代名詞は単語としては疑問代名詞と同じものであり、科学アカデミー文法書 60 年版では同じ範疇に分類しているが、日本語には関係代名詞はないので、特別な用法をもつ独立した単語群として扱うのがよいと思われる。どの疑問代名詞も関係代名詞として用いられるが、使用頻度には差がある。

1．кото́рый

最も代表的で広く用いられる関係代名詞である。

Ко мне пришёл друг,	кото́рый живёт со мной в одно́м до́ме.	同じマンションに住む友人が、（私のところに来た）
	кото́рого я не пригласи́л в го́сти.	客に呼ばなかった友人が
	кото́рому я подари́л маши́ну.	私が車をあげた友人が
	кото́рого вы хорошо́ зна́ете.	よくご存知の友人が
	с кото́рым я учи́лся вме́сте.	いっしょに学んだ友人が
	о кото́ром я рассказа́л ра́ньше.	私が以前お話した友人が

＊先行する文章（訳では下線部）は、ここに示されたどの関係節とも結びつく主文。先行詞にはどの格の関係代名詞でもつけることができる。

У него́ была́ сестра́,	с кото́рой я вме́сте учи́лся в университе́те.	彼には私が大学でともに学んだ妹がいた。
Не пришла́ его́ сестра́,		～彼の妹は来なかった。
Он купи́л цветы́ свое́й сестре́,		彼は～妹に花を買った。
Друг лю́бит свою́ сестру́,		友人は～妹を愛している。
До́ктор дово́лен его́ сестро́й,		医師は～妹に満足だ。
Он рассказа́л о свое́й сестре́,		彼は～妹のことを語った。

＊下線の関係節は左に示されたどの主文とも結びつく。先行詞がどの格であっても関係代名詞をつけることができる。

関係代名詞に導かれる関係節は、主文のいずれかの名詞（先行詞）の定語になっているので、кото́рый は形容詞の役を果たしており、その本質的な性格を表す性と数は先行詞のそれと一致する。しかし кото́рый は関係節の中で名詞としての役割を果たすので（主語であったり、補語であったり）、格はその役割に応じたものになる。

2．кто

кто は関係代名詞としてどの性・数の先行詞に対しても用い得る。格は関係節内の必要に応じて変わる。котóрый 同様広く用いられ得るが、当然ながら動物名詞に関してのみである。代名詞 тот（та, те）「その人(たち)」および все「皆」とともには котóрый 以上によく用いられる。кто につく動詞は形式上単数男性となるが、意味にひかれて女性・複数になることもある。また、慣用句や諺などで語順を変えて用いられることも多い。

Молодóй скрипáч, кого́ вы ви́дели в гостя́х, лауреáт кóнкурса скрипачéй.	あなたが招待客の中で会った若いヴァイオリニストは、ヴァイオリン・コンクールの受賞者です。
Все рáненые, кто мог（могли́）ходи́ть, вы́шли встречáть арти́стов.	歩ける負傷者は全員俳優たちを迎えに出た。
Кто другóму я́му рóет, тот сам в неё попадёт.	他人に穴を掘る者は、自分で穴に落ちる（諺）。
Отдáйте пáспорт（томý）, комý он принадлежи́т.	パスポートを持ち主に返しなさい。

以上の кто（および что）の先行詞 тот, то はしばしば省略される（上の最後の例文）。

3．что

что も кто 同様、性・数の関係なしに用いられるが、主・対格のみに限られる。代名詞 то「それ」および всё「どれも」とともによく用いられる（この場合 котóрый は用いられない）。что につく動詞は形式にしたがい、単数中性。

Что посéешь, то пожнёшь.	まいた種は刈らねばならない（諺）。
Что пóдано к обéду, то и ешь.	食事に出されたものは食べなさい。
Егó не удовлетвори́ло всё, что я дéлаю.	私のすることすべてに彼は満足しなかった。

что には、先行する主文全体を先行詞とする用法がある。これは э́то「このこと」と似た用法である（232－2「指示代名詞」参照）。

Онá былá хорошá собóй, что позвóлило ей окружи́ть себя́ поклóнниками.	彼女は美人だったので、崇拝者に取り巻かれるのだった。

4．како́й

形容詞の形をしている како́й は形式上 кото́рый と同じ用いられ方をする。ただし кото́рый が先行詞そのものを指すのに対し、како́й は類似の存在を示す。したがって先行詞が単数であっても、複数形をとりうる。また、しばしば тако́й「そのような」とともに用いられるが、тако́й が省略されることも多い。

Э́то был сон, како́й я ви́дел уже́ деся́тки раз.
これは私が何十回も見た類の夢だった。

Я ви́дел там мно́го краси́вых же́нщин, таки́х, каки́х в друго́м о́бществе ре́дко встре́тишь.
あそこで私はよそではめったに会えないような美人をおおぜい見かけた。

5．その他

関係代名詞 чей は、その意味上、性・数・格のすべてが先行詞と一致する。同じ意味が чей でなく、кото́рый の生格で表現されることも多い。

Э́то был вели́кий учёный, чьих откры́тий（откры́тий кото́рого）хвати́ло бы на две жи́зни.
それは成し遂げた発見が2度の人生に足るほどの偉大な学者だった。

каково́й, како́в, кой などの疑問詞も関係代名詞として用いられ得るが、比較的まれである。

240. 数詞（**и́мя числи́тельное**）

数詞には個数詞、順序数詞の他にやや特殊な集合数詞がある。ロシア語において、数詞をふくめた数量表現は、文法的形式（名詞、形容詞、動詞などとの結合）に複雑に影響するので、注意しなければならない。また数量代名詞も数詞に似た意味をもつ。

241. 個数詞（**коли́чественное числи́тельное**）

1．個数詞の形

(1) 0 ～ 10

0 ноль（нуль）
1 оди́н（男）、одно́（中）、одна́（女）、одни́（複数）[7]
2 два（男）、две（女）[8]
3 три
4 четы́ре
5 пять
6 шесть
7 семь
8 во́семь
9 де́вять
10 де́сять

(2) 11 ～ 19

11 оди́ннадцать
12 двена́дцать
13 трина́дцать
14 четы́рнадцать
15 пятна́дцать
16 шестна́дцать

11 ～ 19 の数詞を分解すると、一桁の数詞＋на「上」＋дцать（де́сять の変形）であり、「10 に乗った～」の形をしている。ただし細部に違いがある（два ではなく две、четы́ре ではなく четыр、15 以下では一桁数字末尾の ь が落ちる）。また力点に注意。

---

[7] 数詞 оди́н は「１」という意味でなく、「ある～」「～だけ」の意味でも用いられるので、その複数形 одни́ がある。
[8] 数詞 1 には男・中・女・複、2 には男・女の区別があるが、その他の数詞にはひとつの形しかない。

17　семна́дцать
18　восемна́дцать
19　девятна́дцать

(3) 20 ～ 90

20　два́дцать
30　три́дцать
40　со́рок
50　пятьдеся́т
60　шестьдеся́т
70　се́мьдесят
80　во́семьдесят
90　девяно́сто

20 と 30 は一桁の数字に дцать が、50 ～ 80 は一桁の数字に десят（ь はない）がついたもので、いずれも「10 がいくつ」を意味する。40 と 90 の起源は必ずしも明確ではない[9]。同じく力点に注意。

中間の数は、左の数詞に 1 ～ 9 までの数詞をつける。たとえば 21 は два́дцать оди́н、56 は пятьдеся́т шесть。

(4) 100 ～ 900

100　сто
200　две́сти
300　три́ста
400　четы́реста
500　пятьсо́т
600　шестьсо́т
700　семьсо́т
800　восемьсо́т
900　девятьсо́т

200 はやや例外的な形をしているが、それ以外は сто（100）の生格形（3、4 は単数 ста、5 以上は複数 сот）がついたもの。つまり「100 がいくつ」であるが、ひとつの単語として続けて書かれる。

中間の数は、左の数詞に、上記の数詞をつける。たとえば 123 は сто два́дцать три、674 は шестьсо́т се́мьдесят четы́ре。

(5) 1000、100 万、10 億

ロシア語では他のヨーロッパ語同様、3 桁ずつ呼称が変わる。これらの 3 つはほぼ名詞として扱われ、名詞の変化をする。

1000　ты́сяча　　100 万　миллио́н　　10 億　миллиа́рд

1 兆以下の数字は、以上の組み合わせによって表現される。

---

[9] со́рок は昔、クロテンを売買する際に 1 着分（40 枚）を指したチュルク系の単語に、また девяно́сто は де́вять до ста に由来するといわれる。

1985　（однá）ты́сяча девятьсóт вóсемьдесят пять
2500万　двáдцать пять миллиóнов
1、2、3…と数えるときや、掛け声をかけるときは раз, два, три という。

2. 個数詞の変化

(1) 1の変化

	男性・中性	女性	複数
主格	оди́н / одн-**ó**	одн-**á**	одн-**и́**
生格	одн-**огó**	одн-**óй**	одн-**и́х**
与格	одн-**омý**	одн-**óй**	одн-**и́м**
対格	＝主 / ＝生　одн-**ó**	одн-**ý**	＝主 / ＝生
造格	одн-**и́м**	одн-**óй**	одн-**и́ми**
前置格	об одн-**óм**	об одн-**óй**	об одн-**и́х**

(2) 2、3、4の変化

これらは相互によく似た変化形をもっている。2の主格とそれにひとしい対格にのみ男（中）性と女性の差があるが、あとは区別しない。

主格	два / две	три	четы́ре
生格	дв-**ух**	тр-**ёх**	четыр-**ёх**
与格	дв-**ум**	тр-**ём**	четыр-**ём**
対格	＝主 / ＝生	＝主 / ＝生	＝主 / ＝生
造格	дв-**умя́**	тр-**емя́**	четырь-**мя́**
前置格	о дв-**ух**	о тр-**ёх**	о четыр-**ёх**

(3) その他の数詞の変化

5～10は名詞第3変化（-ь に終わる女性名詞）と同じ変化をする。対格はつねに主格にひとしい。ただし力点はつねに語尾にある。また вóсемь は斜格で一部形が変わる。

11～19も同じ変化をするが、力点は語幹にある。20、30も同じ変化をするが、斜格の力点は語尾にある。

40、90、100では、主格とひとしい対格を除く斜格語尾はすべて -а である。40の力点は語尾に移る。

	5	8	11	20	40
主格	пять	во́семь	оди́ннадцать	два́дцать	со́рок
生格	пят-**и́**	восьм-**и́**	оди́ннадцат-**и**	двадцат-**и́**	сорок-**а́**
与格	пят-**и́**	восьм-**и́**	оди́ннадцат-**и**	двадцат-**и́**	сорок-**а́**
対格	пять	во́семь	оди́ннадцать	два́дцать	со́рок
造格	пят-**ью́**	восьм-**ью́***	оди́ннадцат-**ью**	двадцат-**ью́**	сорок-**а́**
前置格	о пят-**и́**	о восьм-**и́**	об оди́ннадцат-**и**	о двадцат-**и́**	о сорок-**а́**

* восемью́ も用いられる。

50 ～ 80 および 200 ～ 900 は、その数詞を構成する 2 つの要素がそれぞれ変化する。

すなわち 50 пятьдеся́т なら пяти́десяти（造格は пятью́десятью）となる。斜格の力点はひとつめの要素の語尾となる。

3 桁の場合は、最初の 2 ～ 9 の変化形と、сто を中性名詞と見た場合の複数斜格形からなる（下表参照）。対格はつねに主格とひとしく、力点は сто の変化形にある。

1000 ты́сяча は名詞のように扱われ、第 2 変化をする [10]。数がふえると、前に数詞がつくわけだが、その場合も名詞のように扱われる。たとえば 2000 は две ты́сячи で、生格以下は два の変化と ты́сяча の複数変化となる [11]。две ты́сячи, двух ты́сяч, двум ты́сячам, …

100万 миллио́н、10億 миллиа́рд の場合も同様である。

	50	80	200	600
主格	пятьдеся́т	во́семьдесят	две́сти	шестьсо́т
生格	пяти́десяти	восьми́десяти	двухсо́т	шестисо́т
与格	пяти́десяти	восьми́десяти	двумста́м	шестиста́м
対格	пятьдеся́т	во́семьдесят	две́сти	шестьсо́т
造格	пятью́десятью	восьмью́десятью*	двумяста́ми	шестьюста́ми
前置格	о пяти́десяти	о восьми́десяти	о двухста́х	о шестиста́х

* восемью́десятью も用いられる。

10 単数造格では ты́сячей 以外に ты́сячью、複数生格では ты́сяч 以外に ты́сячей もある。
11 ただし ты́сяча につく数詞が 2 桁 3 桁となる場合、与格以下の斜格ではその形がつねに ты́сяч（複数生格）となることもある。ты́сяча を名詞扱いにするからである。миллио́н, миллиа́рд は完全に名詞とされるので、つねに複数生格である。

3．個数詞と名詞・形容詞の結合

個数詞が名詞や形容詞とともに用いられる場合は、次のような規則に従う。

⑴ 主格（同形の対格）の場合

	名詞	形容詞
1	性、数（単数）、格とも**一致** оди́н стол「机一卓」、одно́ окно́「窓ひとつ」、одна́ соба́ка「犬一匹」	性、数（単数）、格とも**一致** оди́н пи́сьменный стол「事務机一卓」、одно́ большо́е окно́「大きな窓ひとつ」、одна́ чёрная соба́ка「黒い犬一匹」
2、3、4	**単数生格** два журна́ла「2冊の雑誌」、три я́блока「3つのりんご」、четы́ре кни́ги「4冊の本」	**複数生格** два но́вых журна́ла「2冊の新しい雑誌」、три кра́сных я́блока「3つの赤いりんご」、четы́ре дороги́е кни́ги「4冊の高価な本」（ただし女性名詞の場合は複数主格でもよい）
5以上	**複数生格** пять студе́нтов「5名の学生」、двена́дцать пи́сем「12通の手紙」、де́сять маши́н「10台の自動車」	**複数生格** пять спосо́бных студе́нтов「5名の優秀な学生」、двена́дцать ста́рых пи́сем「12通の古い手紙」、де́сять хоро́ших маши́н「10台のすばらしい自動車」
20以上	**最後の数詞に従う**（たとえば14はひとつの数詞だが、24はふたつの数詞なので、最後の数詞 четы́ре に従って単数生格）три́дцать два дня「32日」、со́рок одно́ зда́ние「41の建物」、пятьдеся́т две ко́мнаты「52の部屋」	同左 три́дцать два жа́рких дня「32日の暑い日」、со́рок одно́ прекра́сное зда́ние「41のすばらしい建物」、пятьдеся́т две но́вых ко́мнаты「52の新しい部屋」

⑵ 斜格の場合

個数詞＋名詞・形容詞の格変化は次の表のようになる。これでわかるとおり、数詞と名詞・形容詞の複雑な関係は、主格（およびそれにひとしい対格）のみに現れるのであり、それ以外は格別のことはない複数変化である。

	「2冊の美しい本」	「5台の新しい車」
主格	две краси́вые кни́ги	пять но́вых маши́н
生格	двух краси́вых книг	пяти́ но́вых маши́н
与格	двум краси́вым кни́гам	пяти́ но́вым маши́нам
対格	две краси́вые кни́ги	пять но́вых маши́н
造格	двумя́ краси́выми кни́гами	пятью́ но́выми маши́нами
前置格	о двух краси́вых кни́гах	о пяти́ но́вых маши́нах

4．その他の問題点

⑴ 数詞 оди́н

数詞 оди́н は単数であることを強調しない場合は通常省略される。в час но́чи「夜中の1時」。そこで оди́н が出てきた場合は「ある～」「～だけ（複数の場合）」の意味であることが多い。Оди́н мой ста́рый знако́мый рассказа́л э́ту исто́рию.「ある昔からの知り合いがこの話をしてくれた」

⑵ 限定語

「この」、「その」、「すべての」、「それぞれの」 などの限定語が数詞の前にくる場合は、 複数で数詞と同じ格になる。э́ти три дня「この3日間」、все де́сять студе́нтов「10人の学生全部」、ка́ждые пять часо́в「5時間ごとに」

⑶ 個数詞＋名詞と動詞の関係

主語が個数詞＋名詞の場合、 動詞の形は単数中性になるのがふつうだが、複数になることもある。述語となる形容詞はつねに複数である（Ⅲ-325「主語と述語の関係」参照）。

Четы́ре маши́ны мча́лось (мча́лись) по шоссе́.　4台の自動車が街道を疾走していった。

Не́сколько книг лежа́ло (лежа́ли) на столе́.　何冊かの本が机の上にあった。

⑷ год と ле́то

個数詞および数量代名詞 мно́го, ма́ло, сто́лько（ско́лько, не́сколько）などとともに用いられる場合、год「年」の複数生格には лет が使われる。これは現在では通常「夏」を意味する ле́то の複数生格である。現在でも複数 лета́ は「年」の意味で使われることがある。

(5) 名詞と数詞の位置の入れ換え

数詞は通常名詞の前におかれる。その位置が逆転すると、概数を表す。два го́да「２年」、го́да два「約２年」

242. 順序数詞、集合数詞、その他の問題

1．順序数詞（**поря́дковые числи́тельные**）

1	пе́рвый（-вое, -вая, -вые）		
2	второ́й	20	двадца́тый
3	тре́тий（-тье, -тья, -тьи）	30	тридца́тый
4	четвёртый	40	сороково́й
5	пя́тый	50	пятидеся́тый
6	шесто́й	60	шестидеся́тый
7	седьмо́й	70	семидеся́тый
8	восьмо́й	80	восьмидеся́тый
9	девя́тый	90	девяно́стый
10	деся́тый		
11	оди́ннадцатый	100	со́тый
12	двена́дцатый	200	двухсо́тый
13	трина́дцатый	300	трёхсо́тый
14	четы́рнадцатый	400	четырёхсо́тый
15	пятна́дцатый	500	пятисо́тый
16	шестна́дцатый	600	шестисо́тый
17	семнадца́тый	700	семисо́тый
18	восемна́дцатый	800	восьмисо́тый
19	девятна́дцатый	900	девятисо́тый
		1000	ты́сячный
		1 000 000	миллио́нный
		1 000 000 000	миллиа́рдный

この表から明らかなとおり、順序数詞はかなりの規則性をもって個数詞からつくられる形容詞である。ただし、気をつけるべき点がいくつかある。

まず пе́рвый と второ́й は個数詞とは関係のない、独自の形をしている。тре́тий、четвёртый、седьмо́й では語形が変化し、тре́тий は -ий 型所有形容詞と同じ変化（226-2「所有形容詞の変化」参照）をする。пятидеся́тый「第 50 の」以上では 90 と 100 を除いて数詞の前半部分が生格形となっている。

ふたつ以上の数詞からつくられるものでは、最後の数詞部分だけが順序数詞となる。ты́сяча девятьсо́т со́рок пе́рвый год「1941 年」。順序数詞部分以外

の数詞は変化しない。в ты́сяча девятьсо́т со́рок пе́рвом году́「1941 年に」

1000、100 万、10 億単位の順序数詞では、ты́сяча, миллио́н, миллиа́рд の前の数詞を生格にした合成語（ふつうの形容詞の形）となる。трёхты́сячный「第 3000 番めの」、пятѝмиллио́нный「第 500 万番めの」

1000 以上の大きな順序数詞は、単に数を表す形容詞として使われる場合もある。двỳхмиллио́нные убы́тки「200 万の損害」

2．集合数詞（**собира́тельные числи́тельные**）

複数形しか存在しない名詞には単数生格がないので、два, три, четы́ре といっしょには用いることができない。その場合に使われる数詞として、またいくつかの用法をもつ特殊な数詞として集合数詞がある。

2	дво́е	5	пя́теро	8	во́сьмеро
3	тро́е	6	ше́стеро	9	де́вятеро
4	че́тверо	7	се́меро	10	де́сятеро

これらの数詞は、まず単数形のない名詞とともに用いられる。тро́е су́ток「3 昼夜」、че́тверо дете́й「4 人の子ども」。名詞との関係は 5 以上の個数詞の場合と同じ。ただしこれらも斜格の場合には多く個数詞が用いられる（2、3、4 といっしょでも名詞の斜格は複数変化をするので）。трёх су́ток, трём су́ткам, …

またこれらの数詞は、男性の人間を示す名詞、人間を示す名詞として用いられる形容詞とともに、またそれらの名詞が省略された場合などに用いられる（女性名詞とは用いられない）。тро́е сынове́й（＝три сы́на）「3 人息子」、дво́е на́ших знако́мых「私たちのふたりの知り合い」、Ско́лько вас? Нас пя́теро.「何人様ですか。 5 人です」、В ко́мнате оста́лось то́лько че́тверо.「部屋に残ったのは 4 人だけだった」

格変化は次のとおり。

дво́е　двои́х　двои́м　＝主 / ＝生　двои́ми　о двои́х

че́тверо　четверы́х　четверы́м　＝主 / ＝生　четверы́ми　о четверы́х

3．その他の問題

⑴ **óба**「両方」

	男性・中性	女性
主格	óба	óбе
生格	обóих	обéих
与格	обóим	обéим
対格	＝主 / ＝生、óба	＝主 / ＝生
造格	обóими	обéими
前置格	об обóих	об обéих

「両方の」（つまり２）を意味する óба（óбе）は名詞との関係に関して、два, две と同じである。

変則だがよく見られる表現として обóего пóла「男女両性の」、обóего рóда「両種類の」がある。

⑵ 数を表す名詞

意味上は数を表すのだが、名詞である単語がある。名詞なので特定の完結した意味を表すことや、複数で使うことが可能である。たとえば двóйка は２個からなるもの、たとえば「（きわだつ）ふたり」（日本語の「双璧」という表現に似ている）」、「２点（日本語の「不可」にあたる成績）」、「２頭立てのそり（馬車）」などを意味し、десяткú は「数十」、сóтни ты́сяч は「数十万」を意味する。ты́сяча, миллиóн, миллиáрд は名詞でもあるので、そのままでそのような用法が可能である。

единúца	1	половúна	半分
двóйка	2	треть	$\frac{1}{3}$
трóйка	3	чéтверть	$\frac{1}{4}$
четвёрка	4	десятóк	10
пятёрка	5	сóтня[12]	100
шестёрка	6	пáра	対
…		дю́жина	ダース

12「数百」нéсколько сот という表現もある。

Деся́тки доброво́льцев иска́ли пропа́вших дете́й.
何十人ものボランティアが行方不明になった子どもたちを捜した。

На пло́щади собрали́сь со́тни люде́й.
広場には数百[12]の人々が集まっていた。

⑶ **接頭辞 пол-「半分」**（Ⅰ-251「複合語」3 参照）

полчаса́「半時間」、полдня́「半日」、полго́да「半年」などのように пол- を接頭辞として「半分」を表す語は次のようにつくられ、変化する。

① 主格・対格では名詞部分は単数生格（上記の例）

② その他の格では пол- のあとに у が入り、名詞部分は自分の変化をする。ただし、女性名詞の場合は у が入らないのがふつう

полчаса́　получа́са　получа́су　полча́са　получа́сом　о получа́се

полкоро́бки　полкоро́бки　полкоро́бке …「ダンボール半分」

③ これにつく定語は、主格・対格では複数主格または生格、その他の格では名詞と一致する。述語は単独なら単数中性、定語がついている場合は複数

ка́ждые（ка́ждых）полчаса́, ка́ждых получа́са, ка́ждому получа́су …「半時間ごとに」

Прошло́ полго́да.「半年たった」、Прошли́ це́лые полго́да.「丸半年たった」

「真ん中」の意味になることもある。その場合は у が入らないことが多い。полжи́зни「半生」、полпути́「道半ば」、по́лдень「正午」на полпути́ к го́роду「町までの道半ばで」

243. 分数、小数[13]

1．分数

分数は до́ля(часть) едини́цы （1単位の部分）という語に順序数詞をつけて表される。たとえば6分の1は、正確には одна́ шеста́я до́ля едини́цы である。これをふつうは、до́ля едини́цы を省略して одна́ шеста́я という。6分の2なら две шесты́х となる。分子が2以上のとき、分母である順序数詞は複数生格になる。順序数詞は形容詞なので、現代ロシア語では複数主格になるはずだが、分数の言い方には慣用句のように古い表現が残っている。

½、⅓、¼に関しては、分数よりも、同じ意味の名詞のほうがよく用いられる。帯分数の整数の部分には це́лая を補う（想定されている名詞が до́ля なので女性形になっている）。したがって整数が1なら одна́ це́лая、2なら две це́лых、それ以上も це́лых。以上をまとめると

	分数の読み方	通常使用される名詞
$\frac{1}{2}$	одна́ втора́я	полови́на
$\frac{1}{3}$	одна́ тре́тья[14]	（одна́）треть
$\frac{2}{3}$	две тре́тьих	две тре́ти
$\frac{1}{4}$	одна́ четвёртая	（одна́）че́тверть
$\frac{3}{4}$	три четвёртых	три че́тверти
$\frac{1}{5}$	одна́ пя́тая	
$\frac{5}{8}$	пять восьмы́х	
$\frac{7}{12}$	семь двена́дцатых	
$1\frac{4}{7}$	одна́ це́лая（и）четы́ре седьмы́х	（одна́ и четы́ре седьмы́х）[15]
$4\frac{5}{9}$	четы́ре це́лых（и）пять девя́тых	（четы́ре и пять девя́тых）

13 この項目では、例文以外の説明はべつの本に掲載された旧稿を使用した。宇多文雄・原ダリア著『ロシア語通訳教本』（東洋書店、2007年、104～107ページ）。

14 分子が1の分数では、одна́ を省いて、часть または до́ля を入れた形を用いることが多い。⅓ тре́тья часть（до́ля）, ⅙ шеста́я часть, ⅒ деся́тая часть.

15 це́лая という語を出さず、整数と分数の間に и が入ると、整数1と2は女性形とは限らず、うしろにくる名詞にしたがって男性・中性にもなり得る。

2. 小数

口頭での言い方に関する限り、ロシア語には小数というものは存在しない。小数も、0.1 は1⁄10、0.2 は2⁄10、0.03 は3⁄100のように、分数として扱うから、分数と同じ言い方になるのである。小数点前の 0 を省略しない場合、ноль(нуль) は це́лая(едини́ца) の複数生格 це́лых(едини́ц は省略) とともに用いられる。ロシア語では、小数点はコンマで表記し、ピリオドは大きな数を 3 桁ずつに区切るときに用いる。以上をまとめると

	小数の読み方
0,1	(ноль це́лых) (и) одна́ деся́тая
0,2	две деся́тых
0,01	одна́ со́тая
0,04	четы́ре со́тых
0,37	три́дцать семь со́тых
2,4	две це́лых (и) четы́ре деся́тых
5,0	пять и ноль деся́тых
17,69	семна́дцать и шестьдеся́т де́вять со́тых

3. 分数、小数の格変化と名詞、形容詞との関係

分子に当たる数詞も分母に当たる数詞も格変化をする。ともに用いられる名詞・形容詞は格変化に関係ない（どちらもつねに生格)。

名詞・形容詞（どちらも生格）が単数になるか、複数になるかは、その名詞の意味次第である。

単数生格となるのは、

1 個の部分をいう場合　　две пя́тых дохо́да「収入の2⁄5」
物質名詞、集合名詞など　　три восьмы́х по́рции вина́「ワイン3⁄8」
メートル、グラムなどの単位　　шесть деся́тых ме́тра「0.6 メートル」

複数生格となるのは、

全体が複数で表されるものの部分をいう場合　две пя́тых жи́телей「2⁄5の住民」である。

帯分数（整数をともなう小数）では整数部分が切り離されるから、ほとんどが単数のはずである（まれに単数のない名詞もあるが、その場合は複数生格を用いるしかない。три че́тверти су́ток「3⁄4昼夜」)

述語は通常の数詞の場合と同じである。主語を構成する分数の分子が 1 な

らば、однá だから当然述語も女性単数となり、それ以外なら中性単数が原則である。複数になることがある点も通常の数詞と同じである。

Из-за эпидéмии грúппа в клáссе отсýтствовала треть ученикóв.
流行性感冒のために、学年の 3 分の 1 の生徒が欠席した。

Половúну из мéсячного óтпуска я занимáлась ремóнтом квартúры.
1 か月の休暇のうち半分は住居の修理をしていた。

Почтú однá пя́тая сéльского населéния лишенá регуля́рной медицúнской пóмощи.
農村人口のほとんど 5 分の 1 が定期的な医療を受けられない。

На дéсять ты́сяч жúтелей здесь прихóдится 4,3（четы́ре цéлых и три деся́тых）шкóлы.
ここでは 1 万人の住民あたり学校は 4.3 校である。

В прóшлом годý дóля инвестúций в промы́шленной сфéре состáвила 5,7 %（пять и семь деся́тых процéнта）.
昨年工業部門の投資額は 5.7%だった。

300. 動　詞

310. 概説　動詞の諸様相

文章の根幹をなすのは主語、述語であり、さらには補語である。主語と補語は名辞類で構成され、述語は動詞で構成される（形容詞による述語にも、じつは動詞 быть がついている）。

このように動詞は言語表現の中心をなすので、さまざまな様相（姿、形）をもつ。動詞がもつ時制（過去、現在、未来）、体（完了、不完了）、法（直説、仮定、命令）、相（能動、受動）などの属性について、ここでは順に、形態と用法の面から解説する。

動詞の変化では、名辞類の格変化と同様に能率的な習得法が求められる。それを助けるのは変化形式の違いの構造的把握と、それにしたがった分類である。これについては、ロシアの専門家の手になる精密なものが存在しており[1]、そこにはわずかな違いや、数少ない、そして使用頻度の低い動詞ももれなく織り込まれている。しかし、そのように詳細な分類表は日本人が動詞の変化を正確に覚えるためにどこまで有効だろうか。むしろおおざっぱに分類して把握し、細かい差には個別に対応するほうが実用的、能率的であろう。本章の動詞変化形式分類は、そのような見地からなされている。

もちろん、動詞の問題は変化形式で尽きるものではない。ロシア語動詞の属性のうちには、スラブ語に特有の体がある。さらにロシア語には ся 動詞、無人称動詞、移動の動詞などの特有の現象があり、分詞にあたる形動詞や、副詞の機能をもつ副動詞などもあって多様である。以下に動詞の諸様相を概説する。

1．動詞の法（**наклоне́ние**）、相（**зало́г**）、時制（**вре́мя**）

動詞がもつ意味と形は下の表のとおりである。

法	相	時制（直説法のみに関わる）
直説法	**能動**	**現在**
仮定法	**受動**	**未来**
命令法		**過去**

[1] たとえば А. А. Зализня́к, *Граммати́ческий слова́рь ру́сского языка́*, Изд. «Ру́сский язы́к», 1977.

動詞不定形はこのような秩序にしたがって形を変える。ロシア語の仮定法では時制の違いを表さないので、文脈によってそれを理解しなければならない。形の違いをごく単純な例で示すと次のようになる。

Он стро́ит дом.	**直説法能動現在**「彼は家を建てている」
Он бу́дет стро́ить дом.	**直説法能動未来**「彼は家を建てるだろう」
Он стро́ил дом.	**直説法能動過去**「彼は家を建てた」
Дом стро́ится им.	**直説法受動現在**「家は彼によって建てられている」
Дом бу́дет стро́иться им.	**直説法受動未来**「家は彼によって建てられるだろう」
Дом стро́ился им.	**直説法受動過去**「家は彼によって建てられていた」
Он стро́ил бы дом.	**仮定法能動**「彼が家を建てたらなぁ」（正確な意味と時制は、文脈がなければ不明）
Дом стро́ился бы им.	**仮定法受動**「家が彼によって建てられたのだったら」（正確な意味と時制は、文脈がなければ不明）
Строй дом.	**命令法**「家を建てろ」

2．動詞の体（**ви́ды глаго́ла**）

ロシア語の動詞は体という概念により、完了体と不完了体に二分される。大部分の動詞は、ほぼ同じ意味をもつ完了体・不完了体の対の状態で存在している、とされる。体は上の表に示されたすべての様相にわたって、意味上重要な役割を果たす。上の例文ではすべて不完了体が使用されている。体の諸問題については後続の350「動詞の体」で扱う。

3．他動詞、非他動詞、自動詞

前置詞なしの対格補語（直接補語（прямо́е дополне́ние）と呼ばれる）をとる動詞を**他動詞**（**перехо́дные глаго́лы**）、それ以外の動詞を**非他動詞**（**неперехо́дные глаго́лы**）という。ただし、否定および数量（部分）表現のために補語が生格になる場合も、その動詞は他動詞とされる（Ⅱ-132(1)「生格の機能」参照）。

非他動詞の中には補語（対格以外の斜格または前置詞＋斜格）をとるものも多数ある（準他動詞）。これらの補語は、他動詞の直接補語ではない補語（対格以外で表される）同様、間接補語（ко́свенное дополне́ние）という。ものを表す直接補語の他に、人を表す与格の間接補語をとる動詞がある。Я дал ему́ кни́гу.「私は彼に本をあげた」など。これらを二重支配の動詞と呼ぶ。

補語をとる非他動詞の中には、日本語で考えると他動詞と思えるかなりの数の動詞（たとえば помога́ть *кому́*「助ける」、боя́ться *кого́-чего́*「恐れる」など）もふくまれるが、他動詞ではないので、通常は受動相をもたない。人を表す与格補語を主語とする受動文もつくれない。

ся 動詞はすべて非他動詞である。

動作が主語のみに関わるものが**自動詞**（**бездополни́тельные неперехо́дные глаго́лы**）である。

4．動詞不定形の形

動詞不定形（**неопределённая фо́рма глаго́ла**（инфинити́в））には3種の語尾がある。

母音＋ть	-ать, -еть, -ить, -уть, -ыть, -ять	圧倒的大多数の動詞
с, з＋ть(ти)	本来の形　-с(з)ть(-сти) -дть(-дти) -тть(-тти)	лезть, нести́, везти́… вести́＊, класть, идти́＊＊… грести́, мести́…
母音＋чь	本来の形　母音＋гть 母音＋кть	мочь, жечь… печь, влечь…

＊ 表面的には -дть(-дти) の形をしていないように見えるが、現在変化形（веду́, ведёшь …）に本来の不定形が現れている。

＊＊ 表面的には с, з＋ть(ти) 型ではないように見えるが、これは本来の形が残っている唯一の例として、ここに分類される。

不定形の語尾の違いや本来の形は時制変化の際に現れるが、くわしくは後続の 320「動詞の変化」で扱う。

5．ся 動詞

上で示した動詞語尾にさらに接尾辞 -ся（母音のあとでは -сь）のついたものがある。これは ся 動詞と呼ばれる[2]。ся 動詞の多くは、他動詞について意味が自動詞化（受動、再帰、相互など）したものだが、それ以外にもさまざまな意味を表す。ся のつかない形が存在しないものもある。ся 動詞については 330「ся 動詞、無人称動詞」でまとめて扱う。

стро́ить「建てる」→ стро́ить**ся**「建てられる、建つ」

ви́деть「見る」→ ви́деть**ся**「会う」

---

[2] ロシア語文法には глаго́лы с части́цей «ся» という以外に格別の名称はない。正確ではないが便宜的に возвра́тные глаго́лы「再帰動詞」ということもある。

6．移動の動詞（**глаго́лы движе́ния**）

ロシア語には、移動の動詞と呼ばれる特殊カテゴリーがある。これは移動を表す、通常15組とされる動詞群である。それぞれが**定動詞**（**однонапра́вленные глаго́лы**）、**不定動詞**（**неоднонапра́вленные глаго́лы**）と呼ばれる対となっている。例を示すと

	定動詞	**不定動詞**
（歩いて）行く	идти́	ходи́ть
（乗り物で）行く	е́хать	е́здить
飛ぶ	лете́ть	лета́ть
（持って）運ぶ	нести́	носи́ть

「歩いて行く、乗り物で行く、飛ぶ…」限りにおいて両者は同じ意味なのだが、実際の意味と用法に関して定動詞と不定動詞の間にはかなりの違いがある。その違いは原則的にどの動詞についても共通である。たとえば一定方向に進むなら、どの動詞でも定動詞が用いられ、往復や繰り返しなら不定動詞が用いられる。接頭辞による意味の限定に関しても規則性と共通性が強い。

このような現象は他の外国語にはあまり見られないので、外国人学習者はこれらの諸問題に意識的に取り組む必要がある。

また、ロシア語は場所を示す副詞（句）（場所の状況語）に関し、一箇所にとどまっているのか、移動するのか（あるいは動作が方向性をもつのか）を峻別するので、当然移動の動詞がこれに関与する。さらに、この15組の他に、意味上移動（または方向性）を表す動詞は多数あり、いくつかの問題に関しては、移動の動詞に準ずるといってよい。

そこで、実用文法としては、移動の動詞とそれに関わる諸問題をまとめて扱う必要が生じる。くわしくは後続340「移動の動詞」を参照。

7．接頭辞（**пре́фикс**）

動詞にはさまざまな接頭辞がついて意味が変わる（具体化、精密化する）場合が多い。たとえば、при- は到着、у- は去ることを意味する。

идти́「行く」→ прийти́[3]「来る」　нести́「運ぶ」→ принести́「もって来る」
→ уйти́「去る」→ унести́「もち去る」

---

[3] при＋идти́ なのだが、スペリングが若干変化した。

動詞につく接頭辞の多くは名詞、形容詞にもついて、同様の働きをする。接頭辞についてはⅠ-242「動詞の接頭辞」を参照。

8. 接尾辞（су́ффикс）

不定形語幹が、接頭辞や接尾辞なしの語根だけからなる動詞を単純動詞と呼ぶ。単純動詞につく接尾辞は、対応の体を構成したり、名詞や形容詞から動詞を派生させる働きをする。たとえば、дать「与える」（完了体）→ дава́ть（不完了体）、о́браз「形」→ образова́ть「形成する」、кра́сный「赤い」→ красне́ть「赤くなる」

動詞につく接尾辞については、Ⅰ-240「動詞の構成」を参照。

9. 形動詞（分詞）（прича́стие）、副動詞（дееприча́стие）

動詞からは、形容詞の機能をあわせもつ形動詞、副詞の機能をあわせもつ副動詞が派生する。

形動詞は半ば動詞なので、能動・受動の両相と、現在、過去の2時制をもつ。一方で形容詞の機能を果たすので、性・数・格に応じて変化する。

де́лать「～する」

	能動	受動
現在	де́лающий「～している」	де́лаемый「～される」
過去	(с)де́лавший「～していた（した）」	сде́ланный「～された」

副動詞は、完了体からつくられるものと、不完了体からつくられるものとがあり、意味が異なる。副詞的機能をもつので変化はしない。

不完了体　де́лая「～しながら」
完了体　сде́лав「～してから」

形動詞・副動詞については後続370「形動詞と副動詞」で扱う。

320. 動詞の変化

321. 現在型第１正則変化、第２変化

時制による動詞の変化形式には**現在型**と**過去型**がある。不完了体動詞が現在型変化をした場合の意味は現在であるが、完了体動詞のこの変化形は意味が未来になるので（後続 350「動詞の体」参照)、ここでは現在型変化と呼ぶ。過去型変化形はどちらの体でも過去の意味（および仮定法の場合）に使う。現在型は人称と数により、過去型は形容詞のように性と数により変化する。

現在型変化の形式を本書では**第１正則、第１変則、第２、不規則**の４種に大別する。第１正則変化、第２変化は下の表のとおりである（三人称単数は он に代表させる)。

	(1)「読む」	(2)「話す」	(3)「呼吸する」	(4)「すわっている」	(5)「眠る」
不定形	чита́-**ть**	говори́-**ть**	дыша́-**ть**	сиде́-**ть**	спа-**ть**
я	чита́-**ю**	говор-**ю́**	дыш-**у́**	сиж-**у́**	спл-**ю**
ты	чита́-**ешь**	говор-**и́шь**	ды́ш-**ишь**	сид-**и́шь**	сп-**ишь**
он	чита́-**ет**	говор-**и́т**	ды́ш-**ит**	сид-**и́т**	сп-**ит**
мы	чита́-**ем**	говор-**и́м**	ды́ш-**им**	сид-**и́м**	сп-**им**
вы	чита́-**ете**	говор-**и́те**	ды́ш-**ите**	сид-**и́те**	сп-**и́те**
они́	чита́-**ют**	говор-**я́т**	ды́ш-**ат**	сид-**я́т**	сп-**ят**
命令形	чита́-**й**	говор-**и́**	дыш-**и́**	сид-**и́**	сп-**и**
過去 он	чита́-**л**	говори́-**л**	дыша́-**л**	сиде́-**л**	спа-**л**
она́	чита́-**ла**	говори́-**ла**	дыша́-**ла**	сиде́-**ла**	спа-**ла́**
оно́	чита́-**ло**	говори́-**ло**	дыша́-**ло**	сиде́-**ло**	спа́-**ло**
они́	чита́-**ли**	говори́-**ли**	дыша́-**ли**	сиде́-**ли**	спа́-**ли**

太線枠内の (1) が第１正則変化、(2) が第２変化の規準型。

本項で取り扱うのは現在型変化のみであるが、動詞変化形のすべてを一箇所に表示しておくほうが実用上役立つと考えたので、命令形と過去形も表示する（それらの説明は後続 324「過去形、未来形」、325「命令形」)。以下同。

1．第1正則変化
　表の (1) に示されている第1正則変化は、きわめて規則性が高い。不定形から語尾 -ть を取り去ったもの（不定形語幹）に、上に示された人称・数の順に -ю, -ешь, -ет, -ем, -ете, -ют の語尾がつく。つまり、**現在形語幹と不定形語幹は同一**である。力点の位置は不定形と同じで、終始変わらない。

　-ать に終わる不完了体動詞（およびそれに接頭辞がついた完了体動詞）の大半、-ять に終わる動詞の多くがこの変化形式に従う。もちろんこれら以外の形もある。

　第1変化動詞の例。рабо́тать「働く」、отдыха́ть「休む」、слу́шать「聴く」、теря́ть「なくす」、гуля́ть「散歩する」、уме́ть「〜できる」、жале́ть「あわれむ」、обу́ть「（履物を）はかせる」、дуть「吹く」

2．第2変化
　表の (2)〜(5) は第2変化であり、(2)がその規準型である。第2変化は第1正則変化と次の点で異なっている。

　① **現在形語幹**は不定形語幹と同じではなく、**不定形語幹の最後の母音が脱落**したものである。ここでは говори- と говор-。変化形に現れている и は、不定形語幹の и ではなく、語尾の一部である ((3)以下を見よ)。

　② ты 以下の語尾の母音が **-е ではなく -и** であり、они́ のところでは -ют ではなく -ят となる。

3．第2変化の変則
　第2変化をする動詞には、若干の変則的な形が現れるものが少なくない。
　① **つづり字の規則**が作動するものがある ((3)の я と они́、(4)の я)
　② (3)のように **ты 以下で力点が語幹に移動**するものがある
　③ я のところで**子音交代**（Ⅰ-123「発音と文法」2）が現れるものがある ((4)と(5))。第2変化で現れる子音変化は次のとおりである。

歯音、後舌音 → ж, ч, ш, щ	ви́деть → ви́жу「見る」、вози́ть → вожу́「運ぶ」、лете́ть → лечу́「飛ぶ」、запрети́ть → запрещу́「禁止する」、проси́ть → прошу́「たのむ」、прости́ть → прощу́「ゆるす」
д, з → ж, т → ч(щ), с → ш, ст → щ	

唇音→ л が加わる **б → бл, п → пл, в → вл,** **ф → фл, м → мл**	люби́ть → люблю́「愛する」、ступи́ть → ступлю́「踏み出す」、ста́вить → ста́влю「（立てて）置く」、графи́ть → графлю́「罫線を引く」、знако́мить → знако́млю「紹介する」

-ить に終わる不完了体動詞（およびそれに接頭辞がついた完了体動詞）のほとんど、-еть に終わるものの相当数はこの変化形式に従う。もちろん、これら以外の形もある。

不定形の前の母音にある力点は、現在変化でも移動しないが、最後の母音にある場合は ты 以降（я はつねに不定形と同じ位置）語幹に移動するものが多い。бро́сить「投げる」(бро́шу, бро́сишь, …)、ходи́ть「歩き回る」(хожу́, хо́дишь, …)、ただし、реши́ть「決める」(решу́, реши́шь, …)

第 2 変化動詞の例。изучи́ть（изучу́, изу́чишь, …）「学ぶ」、лежа́ть（лежу́, лежи́шь, …）「横たわる」、плати́ть（плачу́, пла́тишь, …）「支払う」、купи́ть（куплю́, ку́пишь, …）「買う」、оби́деть（оби́жу, оби́дешь, …）「侮辱する」、смотре́ть（смотрю́, смо́тришь, …）「見る」、держа́ть（держу́, де́ржишь, …）「かかえる」、боя́ться（бою́сь, бои́шься, …）「恐れる」

гнать「追う」は現在語幹に母音 о が加わる（唯一の例）。**гоню́, го́нишь, …**

322. 現在型第1変則変化 (1)

1. 第1変則変化の共通点（型）

下の表のように、かなりの数の動詞が変則的な変化をする。

	(1)「切る」	(2)「売る」	(3)「試す」	(4)「開く」(完)
不定形	ре́за-ть	продава́-ть	про́бова-ть	откры́-ть
я	ре́ж-у	прода-ю́	про́бу-ю	откро́-ю
ты	ре́ж-ешь	прода-ёшь	про́бу-ешь	откро́-ешь
он	ре́ж-ет	прода-ёт	про́бу-ет	откро́-ет
мы	ре́ж-ем	прода-ём	про́бу-ем	откро́-ем
вы	ре́ж-ете	прода-ёте	про́бу-ете	откро́-ете
они	ре́ж-ут	прода-ю́т	про́бу-ют	откро́-ют
命令形	реж-ь	продава́-й	про́бу-й	откро́-й
過去 он	ре́за-л	продава́-л	про́бова-л	откры́-л
она́	ре́за-ла	продава́-ла	про́бова-ла	откры́-ла
оно́	ре́за-ло	продава́-ло	про́бова-ло	откры́-ло
они́	ре́за-ли	продава́-ли	про́бова-ли	откры́-ли

* 変化語尾および正則変化とは異なる部分を太字にした。

　しかし、注意深く見ると、これは一定の法則に従った第1変化であることがわかる。正則変化との目を引く違いは、**不定形語幹と現在形語幹に差がある**ことで、変化形式自体（変化語尾）は第1変化である。だから第1正則変化、第2変化同様、я と ты の形がわかれば、力点の位置もふくめてすべての形がわかる規則性をもっている。

　第1変則変化全体にわたって共通しているのは、

① 現在語幹の末尾が子音の場合は я と они́ の語尾が -ю, -ют ではなく、対応硬母音の **-у, -ут** になること（бить 型、唇音変化で л が加わる дрема́ть、その他若干の例外を除く）

② 力点が語尾にある場合は -e ではなく、-ё になることである。また力点の位置が語幹に移動するものもある

　第1変則変化の語幹変形のパターンを細かく分類すると、相当な数になる。しかし、あまり詳細に分類することは、ロシア語の動詞を正しく使いこなすという実用目的には合わない。語幹変形のパターンの要点を理解することが、動詞変化の習得のためにはきわめて有効だと思われる。

そこで本書では、不定形語幹と現在形語幹の間に生じる差異の性質に応じて4種類に分類する。それ以外のもの（「その他」）も、不定形語幹の一部が変形して現在語幹になるのだが、その型がひとつまたはごく少数の動詞にしか現れないのでパターン化（種別化）する意味がない。これらのうち、使用頻度の高いものは「その他」として記憶するしかないが、覚えるべきことは語幹の変形であり、それにはある程度の規則性があるので、慣れればそれほど例外的とは感じなくなる。

2. 第1変則変化の種類

本書で採用する分類は、以下の4種類および「その他」である。名称は本書かぎりのものである。

	⑴ **正則型**	⑵ **プラス型**	⑶ **マイナス型**	⑷ **交代型**	⑸ **その他**
	「歩いて行く」 ид-ти́	「起きる」(完) вста-ть	「与える」 да**ва́**-ть	「描く」 рис**ова́**-ть	「取る」(完) взя-ть
я	ид-у́	вста́**н**-у	да-ю́	рис**у́**-ю	**возьм**-у́
ты	ид-ёшь	вста́**н**-ешь	да-ёшь	рис**у́**-ешь	**возьм**-ёшь
он	ид-ёт	вста́**н**-ет	да-ёт	рис**у́**-ет	**возьм**-ёт
мы	ид-ём	вста́**н**-ем	да-ём	рис**у́**-ем	**возьм**-ём
вы	ид-ёте	вста́**н**-ете	да-ёте	рис**у́**-ете	**возьм**-ёте
они́	ид-у́т	вста́**н**-ут	да-ю́т	рис**у́**-ют	**возьм**-у́т
命令形	ид-и́	вста**нь**	да**ва́**-й	рис**у́**-й	**возьм**-и́
過去 он	шёл	вста-л	дава́-л	рисова́-л	взя-л
она́	шла	вста́-ла	дава́-ла	рисова́-ла	взя-ла́
оно́	шло	вста́-ло	дава́-ло	рисова́-ло	взя́-ло
они́	шли	вста́-ли	дава́-ли	рисова́-ли	взя́-ли

ここでは不定形語幹と現在形語幹の違いが問題なので、その部分を太字にした。

⑴ 正則型

正則変化ではないが、それに準じるもの。上の идти́ は、不定形語幹 ид- がそのまま現在語幹となっているので、ほとんど正則変化と同じだが、変則変化の共通点に従って -ю ではなく -у となるし、同じく -е ではなく -ё となる。

⑵ プラス型

不定形語幹に何かが加わったものが現在形語幹となるもの。

⑶ マイナス型

不定形語幹から何かが脱落したものが現在形語幹となるもの。

⑷ 交代型

不定形語幹の一部が一定の規則に従って別のものに交代し、現在形語幹になるもの。

⑸ その他

いずれも、不定形語幹の一部が変形して現在形語幹になるので、交代型と呼べなくはないのだが、そのパターンの現れるのがその動詞のみ（またはあまり頻度の高くない少数の動詞）なので、新規分類をするよりも個別に対処したほうがよいもの。

3. 正則型

正則型はさらに3種に分類できる。

	① **идти́** 型 正則変化に近い нес-ти́「手で運ぶ」	② **г/ж** 型 мо-**чь**「～できる」	③ **к/ч** 型 пе-**чь**「(天火で) 焼く」
я	нес-у́	мо**г**-у́	пе**к**-у́
ты	нес-ёшь	мо́**ж**-ешь	пе**ч**-ёшь
он	нес-ёт	мо́**ж**-ет	пе**ч**-ёт
мы	нес-ём	мо́**ж**-ем	пе**ч**-ём
вы	нес-ёте	мо́**ж**-ете	пе**ч**-ёте
они́	нес-у́т	мо́**г**-ут	пе**к**-у́т
命令形	нес-и́	なし	пе**к**-и́
過去 он	нёс	мог	пёк
она́	нес-ла́	мог-ла́	пек-ла́
оно́	нес-ло́	мог-ло́	пек-ло́
они́	нес-ли́	мог-ли́	пек-ли́

ここでは不定形語幹と現在形語幹の違いが問題なので、その部分のみを太字にした。

該当動詞例	везти́「(乗せて) 運ぶ」、лезть「よじ登る」、ползти́「這う」трясти́「ゆさぶる」、спасти́「救う」	берéчь「守る」、жечь「燃やす」、стричь「(髪を) 刈る」[4]	течь「流れる」、влечь「引く」、сечь「切る」

不定形語尾が-чьであるものには、現在語幹にг/жが現れるものとк/чが現れるものがあり、力点が移動するものもあるので変則性が強いが、それでも第１変化である。-чьはもともと-гтьおよび-ктьが変形したものなので、現在変化に（過去変化にも）それが現れる。したがってг/ж（к/ч）が加わったプラス型というより、正則型と考えるべきなのである。

４．プラス型

該当する動詞の数は少ない。

	①＋**н** 型 ста-ть「～になる」(完)	②＋**в** 型 жи-ть「住む」
я	ста́**н**-у	жи**в**-у́
ты	ста́**н**-ешь	жи**в**-ёшь
он	ста́**н**-ет	жи**в**-ёт
мы	ста́**н**-ем	жи**в**-ём
вы	ста́**н**-ете	жи**в**-ёте
они́	ста́**н**-ут	жи**в**-у́т
命令形	ста**нь**	жи**в**-и́
過去 он	ста-л	жи-л
она́	ста́-ла	жи-ла́
оно́	ста́-ло	жи́-ло
они́	ста́-ли	жи́-ли
例	встать（完）「起きる」、деть「しまう」[5]	плыть「泳ぐ、航行する」

ここでは不定形語幹と現在形語幹の違いが問題なので、その部分を太字にした。

---

[4] лечь「横になる」ля́гу, ля́жешь, … は母音も交代しているが、ここに分類することができる。
[5] нача́ть「始める」начну́, начнёшь, … は母音が欠落するが、ここに分類することができる。

5．マイナス型

	①－ва 型 да**ва́**-ть「与える」	②－а(я)型 жд**а**-ть「待つ」	③－у 型 кри́кн**у**-ть「叫ぶ」(完)	④－ере 型 умер**е́**-ть 「死ぬ」(完)
я ты он мы вы они	да-ю́ да-ёшь да-ёт да-ём да-ёте да-ю́т	жд-у жд-ёшь жд-ёт жд-ём жд-ёте жд-ут	кри́кн-у кри́кн-ешь кри́кн-ет кри́кн-ем кри́кн-ете кри́кн-ут	умр-у́ умр-ёшь умр-ёт умр-ём умр-ёте умр-у́т
命令形	да**ва́**-й*	жд-и	кри́кн-и	умр-и́
過去 он она оно они	да-ва́л да-ва́ла да-ва́ло да-ва́ли	жда-л жда-ла́ жда́-ло жда́-ли	кри́кну-л кри́кну-ла кри́кну-ло кри́кну-ли	у́мер умер-ла́ у́мер-ло у́мер-ли
例	дава́ть、встава́ть「起きる」、узнава́ть「知る」3系統しかないが、接頭辞の異なる多数の動詞がある	рвать「引き抜く」、лгать「嘘をつく」、се́ять「播く」、ла́ять「ほえる」、смея́ться「笑う」、наде́яться「期待する」	接尾辞-нуть をもつ動詞。привы́кнуть「慣れる」(完)、исче́знуть「消える」(完)、со́хнуть「乾く」、ги́бнуть「滅びる」、тяну́ть「引っ張る」	запере́ть「鍵をかける」(完)、тере́ть「こする」 不定形の ере が р に替る交代型ともいえる

ここでは不定形語幹と現在形語幹の違いが問題なので、その部分を太字にした。
* この命令形は現在形からではなく、例外的に不定形から作られる。

ошиби́-ться「誤る」(ошиб-у́сь, ошиб-ёшься, ...) もマイナス型といえるが、ушиби́ться「けがをする」など、同系統の単語しかない。

323. 現在型第１変則変化 (2)、現在型不規則変化

1．変則変化交代型

	(1) **ь** 型（и → ь） （бить 型） би-ть「打つ」	(2) **о** 型（ы → о） （мыть 型） м**ы**-ть「洗う」	(3) **нять** 型 （母音のあとは ня → йм、子音のあとは ня → ним） по**ня́**-ть「わかる」 （すべて完了体）	(4) **писа́ть** 型 （са → ш）　歯音・後舌音＋а が ж, ч, ш, щ になる。 пис**а́**-ть「書く」
я ты он мы вы они́	**бь**-ю **бь**-ёшь **бь**-ёт **бь**-ём **бь**-ёте **бь**-ют	**мо́**-ю **мо́**-ешь **мо́**-ет **мо́**-ем **мо́**-ете **мо́**-ют	**пойм**-у́ **пойм**-ёшь **пойм**-ёт **пойм**-ём **пойм**-ёте **пойм**-у́т	**пиш**-у́ пи́**ш**-ешь пи́**ш**-ет пи́**ш**-ем пи́**ш**-ете пи́**ш**-ут
命令形	б**е**-й	м**о**-й	**пойм**-и́	**пиш**-и́
過去 он она́ оно́ они́	би-л би́-ла би́-ло би́-ли	мы-л мы́-ла мы́-ло мы́-ли	по́ня-л поня-ла́ по́ня-ло по́ня-ли	писа́-л писа́-ла писа́-ло писа́-ли
例	вить「編む」、лить「注ぐ」、пить「飲む」、шить「縫う」	выть「ほえる」、крыть「覆う」、рыть「掘る」	заня́ть「占める」、наня́ть「雇う」、приня́ть[6]「受け入れる」、отня́ть「取り去る」、подня́ть「もちあげる」、снять[7]「外す」	сказа́ть「言う」（完）、пря́тать「かくす」、пла́кать「泣く」、дви́гать「動かす」、скака́ть「跳ぶ」、иска́ть「さがす」（ищу́, и́щешь, …）

6 приня́ть は приймý となるはずだが、й は省略されて примý となる。прийти́ が придý となるようなもの。
7 меня́ть「取り替える」はこのタイプではなく、第１正則変化をする。

	(5) **дрема́ть 型** (ма → мл) で л 添加の子音交代 дре**ма́**-ть「まどろむ」	(6) **овать 型** (ова → у) 軟音なら ева → ю цел**ова́**-ть「キスする」[8]	(7) **вести́ 型** (с → д) ве**с**-ти́「導く」	(8) **мести́ 型** (с → т) ме**с**-ти́「掃く」
я	дре**мл**-ю́	цел**у́**-ю	ве**д**-у́	ме**т**-у́
ты	дре́**мл**-ешь	цел**у́**-ешь	ве**д**-ёшь	ме**т**-ёшь
он	дре́**мл**-ет	цел**у́**-ет	ве**д**-ёт	ме**т**-ёт
мы	дре́**мл**-ем	цел**у́**-ем	ве**д**-ём	ме**т**-ём
вы	дре́**мл**-ете	цел**у́**-ете	ве**д**-ёте	ме**т**-ёте
они́	дре́**мл**-ют	цел**у́**-ют	ве**д**-у́т	ме**т**-у́т
命令形	дре**мл**-и́	цел**у́**-й	ве**д**-и́	ме**т**-и́
過去 он	дрема́-л	целова́-л	вё-л	мё-л
она́	дрема́-ла	целова́-ла	ве-ла́	ме-ла́
оно́	дрема́-ло	целова́-ло	ве-ло́	ме-ло́
они́	дрема́-ли	целова́-ли	ве-ли́	ме-ли́
例	колеба́ть「ゆらす」、ка́пать「したたる」、сы́пать「ふりまく」	образова́ть「形作る」(完)、организова́ть「組織する」など多数。軟変化は воева́ть「戦争する」(во**ю́**-ю, во**ю́**-ешь, …)、ночева́ть「泊まる」	класть「置く」、упа́сть「落ちる」(完)、красть「盗む」[9]	цвести́「花が咲く」、приобрести́「入手する」(完)、плести́「編む」

[8] здоро́ваться「あいさつする」、намерева́ться「企てる」など少数のものは発生経緯が違うので、-овать 型の変化をせず、正則変化をする (здоро́ва-юсь, здоро́ва-ешься, …)。
[9] сесть「すわる」ся́ду, ся́дешь, … は母音が交代するが、ここに分類することができる。

2．変則変化「その他」

ほぼその動詞かぎりの変化形をもつ「その他」のうち、使用頻度の高い動詞には次のようなものがある。

	бра-ть「取る」	бы-ть（be 動詞）	éха-ть「乗って行く」	зва-ть「呼ぶ」
я	бер-ý	бýд-у	éд-у	зов-ý
ты	бер-ёшь	бýд-ешь	éд-ешь	зов-ёшь
он	бер-ёт	бýд-ет	éд-ет	зов-ёт
мы	бер-ём	бýд-ем	éд-ем	зов-ём
вы	бер-ёте	бýд-ете	éд-ете	зов-ёте
они́	бер-ýт	бýд-ут	éд-ут	зов-ýт
命令形	бер-и́	будь	поезжáй*	зов-и́
過去 он	бра-л	бы-л*	éха-л	зва-л
онá	бра-лá	бы-лá	éха-ла	зва-лá
онó	брá-ло	бы́-ло*	éха-ло	звá-ло
они́	брá-ли	бы́-ли*	éха-ли	звá-ли
例など	драть「破る」дерý, дерёшь, …という同じ変化の動詞がある	*не がつくと力点は не に移る	*便宜的に別の動詞の命令形を使う	брить「剃る」брéю, брéешь も同系統といえる

	колó-ть「刺す」	пе-ть「うたう」	послá-ть「送る」（完）	рас-ти́「育つ」
я	кол-ю́	по-ю́	пошл-ю́	раст-ý
ты	кóл-ешь	по-ёшь	пошл-ёшь	раст-ёшь
он	кóл-ет	по-ёт	пошл-ёт	раст-ёт
мы	кóл-ем	по-ём	пошл-ём	раст-ём
вы	кóл-ете	по-ёте	пошл-ёте	раст-ёте
они́	кóл-ют	по-ю́т	пошл-ю́т	раст-ýт
命令形	кол-и́	по-й	пошл-и́	раст-и́
過去 он	колó-л	пе-л	послá-л	рос
онá	колó-ла	пé-ла	послá-ла	рос-лá
онó	колó-ло	пé-ло	послá-ло	рос-лó
они́	колó-ли	пé-ли	послá-ли	рос-ли́

例				грести́「漕ぐ」гребу́, гребёшь、скрести́「ひっかく」скребу́, скребёшь も同系統といえる

3. 不規則変化

現代ロシア語には4個の不規則変化をする動詞が存在する。不規則変化は、第1・第2変化が混ざるか、どちらでもない形が登場する特殊変化である。その他にかつては、быть の現在変化（現在ではその三人称形 есть だけが使われている）があったが、現在では使われない。

	①「望む」 хоте́-ть	②「走る」 бежа́-ть	③「与える」 да-ть（完）	④「食べる」 есть
я	хоч-**у́**	бег-**у́**	да-**м**	е-**м**
ты	хо́ч-**ешь**	беж-**и́шь**	да-**шь**	е-**шь**
он	хо́ч-**ет**	беж-**и́т**	да-**ст**	е-**ст**
мы	хот-**и́м**	беж-**и́т**	дад-**и́м**	ед-**и́м**
вы	хот-**и́те**	беж-**и́те**	дад-**и́те**	ед-**и́те**
они́	хот-**я́т**	бег-**у́т**	дад-**у́т**	ед-**я́т**
命令形	なし[10]	бег-и́	дай	е-шь
過去 он	хоте́-л	бежа́-л	да-л	е-л
она́	хоте́-ла	бежа́-ла	да-ла́	е́-ла
оно́	хоте́-ло	бежа́-ло	да́-ло	е́-ло
они́	хоте́-ли	бежа́-ли	да́-ли	е́-ли

хоте́ть の前半単数部分は第1変則変化、後半複数部分は第2変化と、あざやかに入れ代わっている。бежа́ть も第1・第2変化の混合であり、г と ж が混在する。дать と есть は同じ系統の特殊変化形式だが、они́ のところが異なる。いずれにせよ、я と ты の形がわかっても、その先の変化をいうことはできないので、第1変則変化とは根本的に違う。

10 命令の意味では使用されないが、形としては存在し、譲歩文などで用いられることはある（たとえば захоти́）。

324. 過去形、未来形

1．過去形の形成

過去形は性・数に応じた変化をする。大多数の動詞の過去形は、**不定形語幹**に男・中・女性および複数の接尾辞（語尾）**-л、-ла、-ло、-ли** をつける。このほか、男性形には -л のつかないものや、例外形もある。

	「読む」 чита́-ть	「話す」 говори́-ть	「描く」 рисова́-ть	「～できる」 мо-чь	「運ぶ」 нес-ти́
он	чита́-л	говори́-л	рисова́-л	мо**г**	нёс
она́	чита́-ла	говори́-ла	рисова́-ла	мо**г**-ла́	нес-ла́
оно́	чита́-ло	говори́-ло	рисова́-ло	мо**г**-ло́	нес-ло́
они́	чита́-ли	говори́-ли	рисова́-ли	мо**г**-ли́	нес-ли́

過去形がどのような形態をとるかは、現在型変化形式と関連する部分が多い。それをまとめると

(1) 男性形に **л** のつくもの	圧倒的多数の動詞	слу́шать「聞く」→ слу́шал、теря́ть「なくす」→ теря́л、обу́ть「履かせる」→ обу́л、ви́деть「見る」→ ви́дел、люби́ть「愛する」→ люби́л、боя́ться「怖がる」→ боя́лся、дава́ть「与える」→ дава́л、дать「与える」→ дал、взять「取る」→ взял、жить「住む」→ жил、кри́кнуть「叫ぶ（１回）」→ кри́кнул、петь「うたう」→ пел、мыть「洗う」→ мыл、поня́ть「わかる」→ по́нял、сказа́ть「言う」→ сказа́л、дрема́ть「まどろむ」→ дрема́л、быть「（be 動詞）」→ был、е́хать「（乗り物で）行く」→ е́хал
	вести́（мести́）型（語幹末の子音が欠落する）	вести́「導く」→ вёл、класть「置く」→ клал、упа́сть「倒れる」→ упа́л、мести́「掃く」→ мёл、цвести́「花咲く」→ цвёл、приобрести́「得る」→ приобрёл
(2) 男性形に **л** のつかないもの	г / ж, к / ч 型	мочь「～できる」→ мог, могла́、бере́чь「守る」→ берёг, берегла́、жечь「燃やす」→ жёг, жгла、печь「（天火で）焼く」→ пёк, пекла́、течь「流れる」→ тёк, текла́、влечь「引く」→ влёк, влекла́、лечь「横になる」→ лёг, легла́

	正則（идти́）型	везти́「(乗せて) 運ぶ」→ вёз, везла́、ползти́「這う」→ полз, ползла́、спасти́「救う」→ спас, спасла́
	-у 型不完了体	ги́бнуть「滅びる」→ гиб (ги́бнул), ги́бла、со́хнуть「乾く」→ сох, со́хла、мёрзнуть「凍える」→ мёрз, мёрзла ただし тяну́ть「引っ張る」→ тяну́л, тяну́ла（例外）
	-у 型完了体（一回動詞でない）*	привы́кнуть「慣れる」→ привы́к, привы́кла、исче́знуть「消える」→ исче́з, исче́зла、дости́гнуть「到達する」→ дости́г, дости́гла
	-ере 型	умере́ть「死ぬ」→ у́мер, умерла́、запере́ть「鍵をかける」→ за́пер, заперла́、тере́ть「こする」→ тёр, тёрла
	その他	ошиби́ться「誤る」→ оши́бся, оши́блась、ушиби́ться「けがをする」→ уши́бся, уши́блась

* ただし、-нул も少なくない。дви́нуть→дви́нул「動かす」、обману́ть→обману́л「だます」。一回動詞は -нул がふつう。

なお、идти́ の過去形は特殊形 шёл, шла, шло, шли である。расти́「育つ」の過去形も語幹母音が変って рос, росла́, росло́, росли́ となる。

2．過去形の力点

過去形内部の力点の位置には次の 3 つのタイプがある。

	(1) 語幹に固定 「読む」 чита́-ть	(2) она́ のみ語尾に移動 「取る」 взя-ть	(3) она́ 以後語尾に移動 「乗せて運ぶ」 вез-ти́
он	чита́-л	взя-л	вёз*
она́	чита́-ла	взя-ла́	вез-ла́
оно́	чита́-ло	взя́-ло	вез-ло́
они́	чита́-ли	взя́-ли	вез-ли́

* 男性形には語尾がない。

圧倒的に数が多いのは (1) のタイプである。次に多いのが (2) で、語幹が単音節の動詞（それに接頭辞のついたものも）に多い。(3) は г/ж 型、к/ч 型、идти́(нести́) 型、вести́ 型、расти́「育つ」などに限られる。

不定形との関係で見ると、このほかに男性形の力点が不定形よりも前に移動してから (2) 型になるものがある。нача́ть「始める」на́чал, начала́, на́чало, на́чали、умере́ть「死ぬ」у́мер, умерла́, у́мерло, у́мерли など。これは特に接頭辞のついたものに多い。поня́ть「わかる」по́нял, поняла́, по́няло, по́няли、прожи́ть「生き抜く」про́жил, прожила́, про́жило, про́жили、отда́ть「返す」о́тдал, отдала́, о́тдало, о́тдали など。なお、прожи́л, отда́л などの力点もある。

3．未来形

⑴ 不完了体未来は、быть の現在型変化（бу́ду, бу́дешь, …）に不定形をつけることによって得られる。

За́втра я бу́ду чита́ть э́ту кни́гу.「明日私はこの本を読むだろう」

⑵ 完了体動詞は、現在型変化をすれば、それが未来形である。

За́втра я прочита́ю(прочту́) э́ту кни́гу.「明日私はこの本を読み終わるだろう」

Я скажу́ ему́ пото́м.「彼にはあとで言おう」

325. 命令形

1. 命令形の形成

動詞の法のひとつに命令法がある。二人称に対する命令法を表すのが命令形である。命令形は**現在形語幹**（子音交代のある第2変化では ты 以降に現れる）に и, ь, й のいずれかをつけてつくる。現在語幹が子音で終わり、力点が語尾にあるときには и、力点が語幹にあるときには ь、現在語幹が母音のときは й がつく。ただし、現在語幹に力点があり、連続子音で終わるものは、力点のない и になる。命令形の力点は現在形 я と同じ。

これをまとめると次のとおり。

(1) **-и**（力点付き） я が子音＋力点付語尾で終わるもの。第2変化の多数、第1変則変化の一部 говорю́ → говори́（говори́ть「話す」） пишу́ → пиши́（писа́ть「書く」） возьму́ → возьми́（взять「取る」） прихожу́（прихо́дишь）→ приходи́（приходи́ть「来る」） беру́ → бери́（брать「取る」） сажу́сь（сади́шься）→ сади́сь（сади́ться「すわる」） сплю（спишь）→ спи（спать「眠る」） ищу́ → ищи́（иска́ть「さがす」）	(2) **-и**（無力点） я が連続子音＋無力点語尾で終わるもの。比較的少数 вспо́мню → вспо́мни（вспо́мнить「思い出す」） ко́нчу → ко́нчи（ко́нчить「終える」） чи́щу（чи́стишь）→ чи́сти（чи́стить「きれいにする」） испо́лню → испо́лни（испо́лнить「実行する」）
(3) **-й** я が母音＋語尾で終わるもの（不定形が -ить で終るものを除く）。第1正則変化のすべて、その他 чита́ю → чита́й（чита́ть「読む」） откро́ю → откро́й（откры́ть「開く」） волну́юсь → волну́йся（волнова́ться「興奮する」）	(4) **-ь** я が子音＋無力点語尾で終わるもの。比較的少数 вста́ну → встань（встать「起きる」） отве́чу（отве́тишь）→ отве́ть（отве́тить「答える」） бро́шу（бро́сишь）→ брось（бро́сить「す

пою́ → пой（петь「うたう」）	てる」）
стою́ → стой[11]（стоя́ть「立っている」）	ся́ду → сядь（сесть「すわる」）
бою́сь → бо́йся（боя́ться「恐れる」）	ве́рю → верь（ве́рить「信じる」）

命令形は通常二人称に向けて主語なしで用いられるが、以上はтыを念頭においた場合に使われる形である。вы に対しては、相手が複数であっても単数であっても、命令形の後に -те がつけられる。говори́ → говори́те

会話では、-те がつかない形でもつけた形でも、助詞 -ка をつけて語調をやわらげる。Ну, иди́-ка сюда́.「さぁ、こちらへおいで」

2．命令形の特例

(1) вы́йди

表の(1)の動詞に接頭辞が вы- ついて完了体となった場合、力点は必ず вы- の上にあるので、命令形語尾は力点のない -и になる。пиши́ → вы́пиши「書き出す」、бери́ → вы́бери「取りだす」、ищи́ → вы́ищи「探しだす」

(2) 例外の дава́й, дай

命令形は現在形語幹からつけられるが、-авать タイプの場合は不定形語幹からつくられる。встава́ть→встаю→встава́й「起きろ」。その完了体の命令形は規則どおり встань だが、дать の場合は、現在形は不規則変化であり、命令形は дай である。

дай と дава́й は用法も違っていて、日常的には дай は「ください」、дава́й は誘いの意味（「～しましょう」）でよく使われる。дать と類似の不規則変化をする есть「食べる」の命令形は ешь

(3) Пей до дна!「底まで飲み干せ」

бить 型の動詞（бить「打つ」、пить「飲む」、лить「注ぐ」など）の現在形語幹は бь-（пь-, …）だが、命令形は -ей。бей, пей, лей

(4) 代用

基本的な意味が命令形となじまないために命令形がない動詞（たとえば слы́шать「聞こえる」）の命令形が必要な場合、類似動詞の命令形を使う。слы́шать → слу́шай「聞く」、хоте́ть「～したい」→ жела́й、ви́деть「見る」→

11 不定形でも現在形でも力点は語尾にあるが、命令形は例外的に стой

смотри́

е́хать「(乗り物で) 行く」は意味上も命令形が必要な語だが、他のことばからの借用形 поезжа́й を使う。

⑸ помоги́「助けて」、その他

г/ж、к/ч型動詞の命令形には、それぞれг、кとなる。同じくг/жが出現する不規則動詞「走る」の命令形も беги́。лечь「横になる」の命令形は ляг (唯一の例)

命令法のその他の問題、すなわち一人称複数に対する命令（誘いの表現)、三人称に対する命令（使役の命令)、譲歩の意味で用いられる命令形については、362「動詞の法」の項で扱う。

326. その他の問題

1．助詞として使われる動詞の特殊形

いくつかの動詞の一定の形が述語につけ加えられて、あるニュアンスがつけ加えられることがある。これらは助詞のような役を果たしているだけなので、単純動詞述語である。

動詞に взял (возьми́) и (да) および пойти́ (пойду́, пойди́ など) がつけ加えられる場合、「急に」というニュアンスが加わる。命令形 (возьми́) でも命令の意味ではない。пойти́ の場合は動作をやり遂げる願望がこめられる。

命令形（通常否定形）につく смотри́ は、助詞のような役に転じて警告の意味を強める。

動詞過去形に添えられる бы́ло は、開始された行為が中断されたり、実現されなかったことを表す。ただし、よく使われる хоте́л (-а, -и) бы́ло は、「望む」こと自体が中断されるのではなく、しようとしたことが中断されることを意味する。挿入語として用いられる быва́ло は、「(過去に) よく～したものだ」という意味をつけ加える。

А что, е́сли я в са́мом де́ле возьму́ да женю́сь на ней?　もしおれが彼女と本当に急に結婚するとしたら、どうする。

Положи́л я его́ на стол, что́бы ему́ опера́цию де́лать, а он возьми́ и умри́ у меня́ под хлорофо́рмом.　手術をするために彼を台にのせたら、彼は私の麻酔薬のせいで急死してしまった。

Я пойду́ доложу́, что произошло́ без него́.　あの人がいないときに何があったか、私は必ず報告する。

Смотри́ не расскажи́ кому́-нибудь о случи́вшемся.　誰かに起こったことを話してはいけないよ。

Она́ начала́ бы́ло игра́ть на фле́йте, но я останови́л её.　彼女はフルートを吹こうとしたが、私がそれを止めた。

Она́ хоте́ла бы́ло останови́ться, но не смогла́.　彼女はやめようとしたが、できなかった。

Я, быва́ло, ходи́л по́ полю и наслажда́лся за́пахом трав.　私は野原を歩き回り、草のにおいに酔ったものだ。

2．動詞に代わる **нет** とその周辺

⑴ 否定形の述語に代わる **нет**

前に示された述語があとから否定される場合、нет 一語で表現されることがある。

Все внима́тельно слу́шали ле́кцию, а он нет.
皆注意深く講義を聞いていたが、彼は違った。

− Прав ли он?
「彼は正しいのか」

− Я ду́маю, что нет.
「違うと思います」

⑵ 存在否定の **нет**

「存在しない」ことを意味する нет は не + [быть の現在形] のはずで、述語であるから、機能上は特殊な動詞であるともいえる。本来一定の意味をもったふつうの動詞でありながら、意味・用法上 быть に準じる動詞（явля́ться, оказа́ться, оста́ться などⅢ-324「合成名辞述語」参照）も、быть と同じように扱われることがある。すなわち、主語であるはずの名詞が生格となり、過去形の場合は中性形となる。

Там не оказа́лось ни рыб, ни ра́ков, ни моллю́сков.
そこには魚もザリガニも貝もいなかった。

Никого́ не оста́лось в за́ле.
ホールには誰も残らなかった。

330. ся 動詞、無人称動詞

ロシア語には形状や意味・用法が通常の動詞とは異なる特別の動詞群がある。ここではそのふたつ、ся 動詞と無人称動詞を扱う。

331. ся 動詞の分類・形

1．ся 動詞の意味上の分類

不定形とすべての変化形の語末に -ся（母音のあとなら -сь）がつく動詞があり、ся 動詞と呼ばれる。この ся はもともと再帰を表す人称代名詞 себя́「自分を」の古い短縮形だったが、他動詞と融合して、再帰を意味する動詞をつくることになった。

しかし現在では再帰を意味するものは限られており、ся 動詞には種々の意味のものが存在している。それらは次のように分類できる。基本的には、他動詞がなんらかの意味の自動詞になるのだが、その意味が異なるのである。日本語で考えると他動詞のように思えるものもあり、-ся のつかない形が使われないものや、自動詞に -ся がつくものもある。

① **再帰**　умыва́ться「（自分の顔、手などを）洗う」、одева́ться「（自分で）服を着る」、причёсываться「（自分の）髪をとかす」など

② **相互**　встреча́ться「会う」、обнима́ться「抱擁する」、целова́ться「キスし合う」など

③ **受動**（原則として不完了体動詞が非動物名詞の主語に使われる場合に限る）стро́иться「建てられる」、испо́льзоваться「利用される」、сохраня́ться「保持される」など

④ **自発の自動詞**　учи́ться「学ぶ」、открыва́ться「開く」、развива́ться「発展する」など

⑤ **自発の無人称動詞**　хоте́ться「～したい」、спа́ться「眠れる」、рабо́таться「働ける」など

⑥ **その他**　находи́ться「存在する」、стара́ться「努力する」、боя́ться「恐れる」など

それぞれの意味と用法については、次項 332「ся 動詞の意味・用法」で扱う。

2．ся 動詞の形

ся 動詞不定形の形は -ться（стро́иться「建てられる」）、-чься（пе́чься「焼きあがる」）または -ись（нести́сь「疾走する」）である。変化形に関しても、その語末が子音である場合は -ся、母音である場合は -сь となるのが原則だが、形動詞は現在・過去とも、さらにその変化形もすべて -ся となる。

	服を着る（不完了） одева́ть-ся	同（完了） оде́ть-ся	抱擁する（不完了） обнима́ть-ся	同（完了） обня́ть-ся
я	одева́ю-сь	оде́ну-сь	обнима́ю-сь	обниму́-сь
ты	одева́ешь-ся	оде́нешь-ся	обнима́ешь-ся	обни́мешь-ся
он	одева́ет-ся	оде́нет-ся	обнима́ет-ся	обни́мет-ся
мы	одева́ем-ся	оде́нем-ся	обнима́ем-ся	обни́мем-ся
вы	одева́ете-сь	оде́нете-сь	обнима́ете-сь	обни́мете-сь
они́	одева́ют-ся	оде́нут-ся	обнима́ют-ся	обни́мут-ся
命令　ты	одева́й-ся	оде́нь-ся	обнима́й-ся	обними́-сь
вы	одева́йте-сь	оде́ньте-сь	обнима́йте-сь	обними́те-сь
過去　он	одева́л-ся	оде́л-ся	обнима́л-ся	обня(́)л-ся́
она́	одева́ла-сь	оде́ла-сь	обнима́ла-сь	обняла́-сь
能動形動詞現在	одева́ющий-ся одева́ющая-ся …		обнима́ющий-ся обнима́ющая-ся …	
能動形動詞過去	одева́вший-ся одева́вшая-ся …	оде́вший-ся оде́вшая-ся …	обнима́вший-ся обнима́вшая-ся …	обня́вший-ся обня́вшая-ся …
副動詞	одева́я-сь	оде́вши-сь	обнима́я-сь	обня́вши-сь

3．ся 動詞の発音

ся、сь ともに軟音として、周辺の文字もふくめて書かれているとおりに発音するが、ться と тся は融合して力点のない ца [t͡sə] と発音される。

ただ、ся を са [sə]、сь を с [s] と、硬音のように発音する人も見られる。

332. ся 動詞の意味・用法

1．再帰

мы́ться「（自分の顔・手・足などを）洗う」、умыва́ться「（同左）」、купа́ться「水浴する」、вытира́ться「（自分の体を）拭く」、одева́ться[12]「着る」、раздева́ться「脱ぐ」、защища́ться「自分を守る」、бри́ться「（自分のひげを）剃る」など、限られている。

動作が他に及ばず、動作者みずからにとどまることを初めから意味しているので、日本語訳としてはカッコなどで補足しなければ意味が十分に伝わらない。このような動詞は限られているので、それ以外の動作を自分に対してするときには себя́ を補わなければならない。

Ка́ждое у́тро он умыва́ется, бре́ется, одева́ется и споко́йно за́втракает.　毎朝彼は顔を洗い、ひげを剃り、身支度をしてゆっくり朝食をとる。

Купа́ться в ледяно́й воде́ го́рной ре́чки, а пото́м тща́тельно растира́ться жёстким полоте́нцем — что мо́жет быть лу́чше.　渓流の氷のような水で体を洗ってから、硬いタオルでごしごしこするのがもっとよいかもしれない。

Она́ упрека́ет себя́ в гру́бой оши́бке.　彼女はひどい誤りをした自分を責めている。

Подсуди́мый счита́л себя́ невино́вным.　被告は自分が無実だと思っていた。

2．相互

他動詞による動作が二者（以上）の間でやりとりされることを意味する。

ви́деться「会う」、встреча́ться「会う」、знако́миться「知り合いになる」、мири́ться「和解する」、обнима́ться「抱擁する」、объединя́ться「団結する」、целова́ться「キスする」など、比較的限られている。

補語がない場合は Они́ встре́тились.「ふたりは会った」のように日本語と対応するが、*с кем* という補語が加わって Он встре́тился с бра́том. になると、日本語では「彼は弟に会った」と言わざるを得ず、Он встре́тил бра́та. との区別がなくなってしまう。しかし後者のような明白な他動詞の場合とは多少違う意味合いである。

動詞の中には разгова́ривать「おしゃべりする」、спо́рить「口論する」、

---

[12] одева́ть, раздева́ть「着せる、脱がせる」は要求が *кого́*「誰に（を）」なので、再帰の ся 動詞になるが、日本語にすると同じ意味になる надева́ть, снять は要求が *что*「何を」なので、ся をつけて自発の意味にすることはできない。

танцева́ть「ダンスする」(いずれも *с кем*) のように、ся なしでも相互の意味をもつものもある。また、多くの他動詞は друг дру́га「お互いを（に…）」をつけて相互性を示すことができる。люби́ть друг дру́га「愛し合う」、помога́ть друг дру́гу「助け合う」、забо́титься друг о дру́ге「心配し合う」

друг дру́га は一種の代名詞で、性・数の区別はなく、最初の друг は必ず主格、次の друг は動詞の要求に従った格となる。оди́н(одна́) друго́го(другу́ю) というものもある。

Ему́ не хоте́лось встреча́ться со ста́рыми друзья́ми.	彼は古い友人たちに会いたくなかった。
За мно́гие го́ды она́ привы́кла мири́ться с тесното́й.	長い間に彼女は狭さをがまんすることに慣れた。
Спо́рить о поли́тике мне бы́ло совсе́м не интере́сно.	政治について議論するなんて、私にはまったく興味がない。
Бра́тья люби́ли состяза́ться друг с дру́гом в ло́вкости.	兄弟はおたがいに器用さを競い合うのが好きだった。

3. 受動（不完了体に限られる）

де́латься「〜される」、опи́сываться「描写される」、проверя́ться「検査される」、издава́ться「出版される」、доставля́ться「届けられる」、разраба́тываться「加工される」、переводи́ться「翻訳される」など多数。

動作主体は、必要なら造格で示される。完了体動詞の受動は受動形動詞過去短語尾で表される（361「動詞の相」参照）。

Нали́чие запрещённых предме́тов у заключённых стро́го нака́зывается.	囚人が禁制品をもっているときびしく罰せられる。
Его́ произведе́ния перево́дятся на мно́гие языки́.	彼の作品はたくさんの言葉に翻訳されている。
Това́ры, ку́пленные в э́том магази́не, по жела́нию покупа́теля, доставля́ются на́ дом.	この店で買った商品は、希望すれば宅配してもらえる。

主語が示されない無人称文に受動を表すものがある。

Здесь расска́зывается о нём.	ここに彼のことが語られている。
В её письме́ напи́сано об э́том.	このことは彼女の手紙に書かれている。

4．自発の自動詞

受動ではなく、自分でその動作をするように表現される ся 動詞。完了体も用いられる。

(1) 事物の状態の変化を表すもの

закрыва́ться「閉まる」、расширя́ться「広がる」、ухудша́ться「悪化する」、поднима́ться「登る」、укрепля́ться「強化する」、изменя́ться「変る」、дви́гаться「動く」など多数

(2) 人間の感情に関するもの

беспоко́иться「心配する」、ра́доваться「よろこぶ」、серди́ться「怒る」、печа́литься「悲しむ」、весели́ться「楽しむ」、удивля́ться「驚く」、волнова́ться「興奮する」など、比較的限られている。

(3) 開始・継続・終了を表すもの

начина́ться「始まる」、продолжа́ться「続く」、конча́ться「終わる」、заверша́ться「終わる」など、限られている。

По вечера́м городски́е воро́та закрыва́лись.　毎晩町の門は閉じられた。

Окно́ откры́лось, и в ко́мнату влете́л поры́в све́жего ве́тра.　窓が開いて、部屋の中には新鮮な風がどっと吹き込んだ。

Де́ти бы́ли очарова́тельны, и серди́ться на них он не мог.　子供たちはかわいらしかったので、彼は怒ることができなかった。

Старики́ печа́лились, что Бог не дал им дете́й.　老夫婦は子供がさずからなかったことを悲しんだ。

Бы́ло уже́ по́здно, и я ста́ла волнова́ться, успе́ет ли он на по́езд.　もう遅かったので、彼が列車に間に合うか心配になった。

Исто́рия Ди́миной жени́тьбы, к сча́стью, заверши́лась благополу́чно.　幸いなことに、ジーマの結婚のいきさつは無事に終わった。

5．自発の無人称動詞

多くは自動詞について、その動作が自然に順調におこなわれることを示す。

жи́ться「暮らせる」、рабо́таться「働ける」、спа́ться「眠れる」、сиде́тся「居心地がよい」、ду́маться「思われる」など、比較的限られている。

На да́че хорошо́ спи́тся.　別荘ではよく眠れる。

Ей тру́дно живётся на чужби́не.	彼女には異国は暮らしにくい。

хоте́ть は「～を（～することを）望む」という積極的な意思を表すが、хоте́ться は消極的な気分を表す。Я хочу́ спать.「私は眠りたい」、Мне хо́чется спать.「私は眠い」。なお、否定のときには、不定形動詞は不完了体。

Я хочу́ посмотре́ть э́тот спекта́кль.	この芝居が見たい。
Мне хо́чется посмотре́ть э́тот спекта́кль.	この芝居が見られるとよいのだが。
Мне не хо́чется лете́ть домо́й на самолёте.	帰国のとき、飛行機に乗りたくない。

6．その他

ся のつかない形が存在しないものもかなり多数ある。いずれも非他動詞だが、日本語で考えると他動詞のように思えるものもある。また、相互を意味するものや、無人称動詞もある。

улыба́ться「ほほえむ」、любова́ться「見とれる」、стара́ться「努力する」、станови́ться「～になる」、ложи́ться「横になる」、наде́яться *на кого́-что*「期待する」、нужда́ться *в чём*「不足する」、боро́ться「たたかう」、расстава́ться「別れる」、нездоро́виться「気分が悪い」など

Любова́ться цвету́щей сакурой иду́т це́лыми компа́ниями.	咲いた桜を見にいくつもの大集団がやって来る。
Сейча́с, как никогда́, она́ нужда́лась в по́мощи.	今、彼女は今までになく援助を必要としている。
В дере́вне привы́кли ра́но ложи́ться и ра́но встава́ть.	いなかでは早寝早起きがふつうだ。

333. 無人称動詞（безли́чные глаго́лы）

ロシア語には、主語なしで用いられる一群の特殊な動詞があり、**無人称動詞（безли́чные глаго́лы）**と呼ばれる。純粋な無人称動詞と、ふつうの動詞が無人称動詞として用いられる場合とがある。

たとえば、света́ть「夜があける」、холода́ть「冷えこむ」、тошни́ть「吐き気がする」は人称動詞としては用いられない純粋の無人称動詞（人間の手の届かない気象現象などをいう）だが、темне́ть「暗くなる」、тепле́ть「あたたかくなる」はふつうの動詞であり、主語とともに用いる用法もある。下記2以降の多くの動詞はふつうの動詞としての用法をもつ。

1．**天候・気象**を表す無人称動詞	света́ть、холода́ть、темне́ть、тепле́ть、смерка́ться「たそがれる」、мороси́ть「小雨が降る」など Уже́ вечере́ло; со́лнце скры́лось за ро́щу.「もう夕方になり、太陽は林の向こうに消えた」、День ко́нчился, и ста́ло холода́ть.「昼間が終わり、空気が冷えてきた」
2．**体調・気分など**を表す無人称動詞。人間（主体）は対格で示される	тошни́ть「吐き気がする」、ука́чивать「乗り物酔いする」、тяну́ть「心がひかれる」など В мо́лодости в маши́не меня́ ука́чивало.「若いころは乗り物に酔った」、Меня́ тя́нет на ро́дину.「私は故郷にひかれる」
3．**自然の力**を表す動詞が無人称的に用いられる（ふつうの人称文でもよい）。その場合、自然の力は造格で示される	Ве́тер свали́л де́рево. → Ве́тром свали́ло де́рево.「風が木を倒した」、Волна́ переверну́ла ло́дку. → Волно́й переверну́ло ло́дку.「波がボートをひっくり返した」、Вода́ залила́ подва́л. → Водо́й зали́ло подва́л.「地下室が水浸しになった」
4．**補助動詞的**に使われる無人称動詞。可能性、必要性、不可避性などが表され、主体は与格で示される。述語副詞に似た意味	приходи́ться「せざるをえない」、сле́довать「〜しなければならない」[13]、предстоя́ть「〜しなければならない」、полага́ться「決まっている」、сто́ить「〜する価値がある」[14]、удава́ться「うまくいく」など Нам сле́дует учи́ться у него́ вы́держке и сто́йкости.「私たちは彼の自制力と不屈さを学ばなければならない」、В

	воскресéнье пóсле обéда в их семьé полагáлось отдыхáть.「日曜の午後、彼らのうちでは休むことになっていた」、Сегóдня мне удалóсь побывáть в теáтре.「今日私は劇場に行くことができた」、Мне надоéло вас слýшать.「あなたの話は聞き飽きた」、Он мнóго болéл, и экзáмен пришлóсь перенестú на óсень.「彼が病気することが多かったので、試験は秋に延ばさざるを得なかった」、Э́ту вы́ставку стóит посетúть.「この展覧会は行く価値がある」
5．ся 動詞 ся をつけると、意思に左右されない「自発」の意味の無人称動詞になる不完了体動詞がある。主体は与格で示される（332「ся 動詞の意味、用法５」参照）	хотéть → хотéться「～したい気がする」、спать → спáться「眠れる」、рабóтать → рабóтаться「働ける」、вéрить → вéриться「信じられる」、→ плáкать → плáкаться「泣けてくる」 Мáтери хотéлось говорúть с сы́ном без концá.「母はとめどなく息子と話したかった」、Мне плóхо спалóсь на нóвом мéсте.「新しい場所で私はよく眠れなかった」、Сегóдня мне хорошó рабóтается, я чýвствую себя́ бóдрым, свéжим.「今日はよく働ける。自分が元気で、はつらつとしているように感じる」
6．その他	пáхнуть「におう」、вéять「（冷気、においなどが）流れる」 В коридóре пáхло табакóм.「廊下はタバコのにおいがした」、С кýхни наносúло чéм-то сгорéвшим.「台所から何か焦げ臭いにおいがただよってきた」

13 この動詞が否定されている場合、不定形動詞は不完了体。

14 стóить には、接続詞 как をともなって「～するとすぐ」という意味になる用法がある。その場合不定形動詞は完了体。Стóило преподавáтелю войтú в аудитóрию, как все замолчáли.「先生が教室に入ると、皆おしゃべりをやめた」

340. 移動の動詞（**глаго́лы движе́ния**）

341. 移動の動詞の形と意味

1．定動詞と不定動詞

ロシア語には、**移動の動詞**（**глаго́лы движе́ния**（**перемеще́ния**））と呼ばれる特殊カテゴリーがある。これは「(歩いて) 行く」「(乗せて) 運ぶ」など、ある場所から他の場所への移動を意味する、通常15組とされる基本動詞群である。それぞれが**定動詞**（**однонапра́вленные глаго́лы**）、**不定動詞**（**неоднонапра́вленные глаго́лы**）と呼ばれる対からなる。接頭辞がつかない場合はどちらも不完了体である。

定動詞	不定動詞		定動詞	不定動詞	
идти́	ходи́ть	(歩いて) 行く	брести́	броди́ть	さまよう
е́хать	е́здить	(乗物で) 行く	нести́	носи́ть	(手で) 運ぶ
бежа́ть	бе́гать	走る	везти́	вози́ть	(乗せて) 運ぶ
плыть	пла́вать	泳ぐ、航行する	гнать	гоня́ть	追う
лете́ть	лета́ть	飛ぶ	тащи́ть	таска́ть	曳く
вести́	води́ть	導く	кати́ть	ката́ть	ころがす
ползти́	полза́ть	這う	вали́ть	валя́ть	ころがす
лезть	ла́зить	よじ登る			

2．定動詞、不定動詞の意味

ロシア語では、移動を表すひとつの動作が、二通りの意味に分けて考えられる。たとえば「(歩いて) 行く」ならば、①「あるとき、ある方向へ向かって行く」ことと、②それが繰り返されること（など）は、対になった定動詞 идти́ と不定動詞 ходи́ть で表される。日本語なら、そのようなことは、たとえば「行く」と「通う」という別々の、相互に直接関係のない動詞で表されるが、それが一組になっていると考えるのである。

ロシア語を学ぶ外国人も、意識的にその考え方に慣れなければならない。それにしたがってロシア語の様々な表現秩序ができているからである。たとえば、これらに接頭辞がついた派生語の完了体・不完了体などはこれにしたがってつくられる（次項342「移動の動詞と接頭辞」）。

あるとき、ある方向に移動していること（英文法の「進行形」に類似）を表すなら定動詞、不定の方向に移動していること、またはその動作が繰り返されるなら不定動詞が用いられる。最も典型的な用法を、**идти́, ходи́ть** で示すと次のようになる。この性格（意味）の違いはどの移動の動詞についても共通である。

Он идёт по у́лице.	彼は通りを（ある方向に）歩いている。
Он хо́дит по го́роду.	彼は町を歩き回っている。
Вчера́ мать ходи́ла в шко́лу.	きのう母は学校へ行ってきた。
Она́ идёт бы́стро.	彼女は急いで歩いている。
Обы́чно она́ хо́дит ме́дленно.	ふだん彼女はゆっくり歩く。
Ребёнок уже́ хо́дит.	赤ん坊はもう歩ける。

これらの特徴を単純化すると次の表のようになる。

	動作の時	動作の方向	動作の様態	日本語で言うなら
定動詞 идти́	**一定**（あるとき）	**一定**	**連続**	行く、歩く、歩いて向かう
不定動詞 ходи́ть	**一定**（あるとき）	**不定**	**連続**	歩き回る
		往復	**往復**	行ってくる
	一定 / 不定 反復	**不定**	**反復**（**習慣、能力**）	行く、通う、歩ける

以下の例文では、ひとつの動作の定動詞と不定動詞が対比されている。これらの文脈では、ふたつの形の入れ替えは不可能である。

Шко́льники бе́гают по двору́.	生徒たちは中庭を走り回っている。
По́сле уро́ков шко́льники бежа́ли на като́к.	授業が終わると生徒たちはスケートリンクへ走って行った。
Э́тот почтальо́н уже́ мно́го лет но́сит по́чту в наш дом.	この郵便配達人はもう何年も郵便物を私たちの家へもってくる。
По ле́стнице поднима́лся почтальо́н и нёс нам по́чту.	郵便配達人は階段を上って私たちに郵便物をもってきた。
Мой брат хорошо́ пла́вает.	兄は水泳がうまい。
Ло́дка плывёт к бе́регу.	ボートは岸に向かっている。
Мы уви́дели самолёт, кото́рый лете́л по направле́нию к Москве́.	私たちはモスクワの方向へ飛んで行く飛行機を見た。
Не́сколько раз в год он лета́ет в команди-ро́вку на Ура́л.	年に何回か彼は出張でウラルへ飛ぶ。

3．移動の動詞の用法若干

⑴ **идти́**「行く」の過去 **шёл** は「行った」ではない

定動詞はあるとき、ある方向に連続して移動して行くことを表すから、現在形なら「行くところである（向かっている）」であり、過去形なら「行くところであった（向かっていた）」である。日本語の「行った」は、多くの場合、出発「出かけた」、往復「行ってきた」、経験「行ったことがある」などを示し、過去進行を表さない。したがって日本語の「行った」を「行く」の過去だからと шёл (е́хал) と訳すと、ほとんどの場合は誤りとなる。日本語の「私はきのう東京へ行った」は、文脈により я пое́хал「出かけた」、е́здил「行ってきた」、あるいは был в Токио（前置格）「いた」などとなる。

Вчера́ я ходи́ла в универма́г (была́ в универма́ге).	きのう私はデパートへ行った。
Когда́ я шла в универма́г, встре́тилась с Ма́шей, и мы пошли́ вме́сте в бути́к.	デパートへ行く途中マーシャに会ったので、いっしょにブティクに行った（つまりデパートには行かなかった）。

同じく идти́ の未来形（я бу́ду идти́）は「（未来のあるとき、私はどこかへ）行くところであろう」という、かなり限られた状況を示すので、使用頻度は高くない。日本語の「私はあす東京へ行く（だろう）」は、ふつうの場合出発、到着、往復を意味しているので、я пое́ду「出かける」、прие́ду「到着する」、съе́зжу「行ってくる」（次項 342「移動の動詞と接頭辞」の с- を参照）、あるいは бу́ду в Токио（前置格）「いるだろう」などとなる。

⑵ 意味の転換

移動の動詞の中には本来のものからは離れた意味で用いられる例が少なくない。

① **идти́** と **вести́**

特に使用範囲が広く、使用頻度が高いのはこのふたつの動詞である。идти́ は自動詞で、何か（気体、液体、雲、音）などが動いていること、何か（雨、雪、時間、催し物、作業など）が進行していることなどを示し、вести́ は他動詞で、何か（作業、活動、行事など）を広い意味で「導く」ことを意味する。その意味と用法の詳細は辞書に譲り、ここでは扱わない。

「行く、導く」ではなく、転意で用いられる場合、もとの意味から離れると、定動詞・不定動詞の対応はなくなる。気体、液体などが移動することを表す場合（たとえば雲や音）は両方が用いられるが、意味の差が大きくなると（た

とえば Идёт дождь.「雨が降る」、Он ведёт собра́ние.「彼は集会の司会をしている」）不定動詞は使われない。または不定動詞が使われて、定動詞は使われない（たとえば、Хо́дят слу́хи *о чём*.「～という噂が流れている」、Он уме́ет води́ть маши́ну.「彼は自動車の運転ができる」）。

Мои́ часы́ иду́т то́чно.　私の時計は正確だ。

Мои́ часы́ хо́дят хорошо́.　私の時計はきちんと動いている。

В э́том фи́льме речь идёт о приключе́ниях двух друзе́й.　この映画ではふたりの親友の冒険が描かれている。

Но́вое пла́тье вам о́чень идёт.　新しいドレスはとてもお似合いです。

Ма́льчик был перкра́сно воспи́тан и уме́л вести́ себя́ в любо́м о́бществе.　少年はよいしつけを受けていたので、どんな場でもちゃんとふるまうことができた。

② それ以外の動詞

идти́, вести́ 以外の動詞も様々な転意の用法があるが、特に気をつけるべきものは нести́, носи́ть であろうと思われる。носи́ть の用法は「持って運ぶ」ことを表す不定動詞というよりも、「持っている、携帯する」あるいは「身につけている」と考えるほうが、日本語としてはわかりやすい。わざわざ「運んでいる」ことを表現しているというよりも、ポケットなどに入れて持っている、または服やめがねやリボンのように身につけている、という用法が多いからである。そのうえで人間は自由に動くから、時間も方向も定まらない不定動詞 носи́ть になるのである。「名前、位、特徴」など、物でない名詞に関しても同様だが、「責任」は нести́ である。

Он всегда́ но́сит с собо́й то́лстый ко́жаный бума́жник.　彼はいつも分厚い革の札入れをもっている。

В э́том сезо́не все да́мы но́сят кружевны́е перча́тки и шля́пы с цвета́ми.　この季節にはご婦人方は皆レースの手袋をして花をつけた帽子をかぶっている。

Он но́сит пиджа́к с га́лстуком.　彼は背広とネクタイをしている。

Отноше́ния ме́жду на́шими стра́нами но́сят дру́жественный хара́ктер.　われわれの国の関係は友好的な性格をもっている。

Руководи́тель гру́ппы несёт отве́тственность за дете́й.　グループ・リーダーは子供たちに対する責任をもっている。

⑶ 移動性・方向性をもつ動詞

示す行為が移動の動詞と事実上同じ、または類似の動詞は少なからずあるが、ほぼ同じような用法のものと、違うものとがある。たとえば、посещáть「訪問する」、навещáть「見舞う」は、移動することを念頭においておらず、ふつうの他動詞である。

пускáть「放す、～させる」、ступáть「歩く」には移動の動詞同様多数の接頭辞がついて、多様な表現を構成する。

сесть「すわる」、-садить「（接頭辞とともに、広い意味で）おく」、лечь「横になる」のような動詞の要求は、主に *кудá*（в, на＋対格）である。ロシア語では動作が方向性をもつ（移動する）のか、もたないのか（移動せずに、止まっている）によって場所の表現が変わるからである。

С десяти́ лет Серёжа стал посещáть кружóк рисовáния.
10歳のときからセリョージャは絵画教室に通い始めた。

Мáтери никáк не хотéлось отпускáть егó так рáно.
母はどうしても彼をそんなに早く行かせたくなかった。

Он не люби́л отступáть пéред трýдностями.
彼は困難を避けるのが嫌いだった。

На э́тот раз емý пришлóсь сесть в тюрьмý надóлго.
今回は彼は長期間入獄しなければならなかった。

Андрéй подсади́л её в седлó.
アンドレイは彼女を鞍にすわらせた。

342. 移動の動詞と接頭辞

1．接頭辞のついた移動の動詞

　移動の動詞の対に接頭辞がつくと、定動詞だったものが新しい意味の完了体、不定動詞が同じ意味の不完了体になり、前項に挙げた定・不定動詞の意味の区別はなくなる。移動の動詞の意味は一定範囲内に限られ、具体的なので、接頭辞による意味の限定（具体化）がどの動詞にも同じように現れる。もちろん、意味が転化することもあるが、他の一般動詞と接頭辞の関係よりもはるかに規則性が高い[16]。代表的なものを表示する。

　変則的なものは、éхать, плыть それぞれの不完了体である。不定動詞 éздить は -езжáть に、плáвать は -плывáть になる。ただし、éздить, плáвать にいくつかの接頭辞がついて完了体動詞（対応の不完了体はない）がつくられることもある。съéздить「行ってくる」、поéздить「ちょっと旅行する」、сплáвать「（泳いで）行ってくる」、поплáвать「ちょっと泳ぐ」など。

	при-（来る）	у-（去る）	в-（入る）	вы-（出る）
идти́	прийти́*	уйти́	войти́	вы́йти***
ходи́ть	приходи́ть	уходи́ть	входи́ть	выходи́ть
éхать	приéхать	уéхать	въéхать**	вы́ехать
éздить	приезжáть	уезжáть	въезжáть**	выезжáть
бежáть	прибежáть	убежáть	вбежáть	вы́бежать
бéгать	прибегáть****	убегáть	вбегáть	выбегáть
плыть	приплы́ть	уплы́ть	вплы́ть	вы́плыть
плáвать	приплывáть	уплывáть	вплывáть	выплывáть
вести́	привести́	увести́	ввести́	вы́вести
води́ть	приводи́ть	уводи́ть	вводи́ть	выводи́ть
нести́	принести́	унести́	внести́	вы́нести
носи́ть	приноси́ть	уноси́ть	вноси́ть	выноси́ть

* 接頭辞がついた場合の идти́ のスペルの変化に注意。
** 母音 e の前に子音で終わる接頭辞がつく場合には硬音記号がつく。
*** 接頭辞 вы- がつく**完了体**では、力点はつねに вы- にある（移動の動詞でなくても）。
**** 接頭辞がつくと、ふつうは力点がうしろへ移動する。

---

[16] 接頭辞の意味を知ることは、移動の動詞では他の動詞の場合以上に単語の記憶に大きな効果を発揮する。たとえば仮に上の表の縦軸（左端）に 10 個の動詞を配し、横軸（最上段）に 10 個の接頭辞を配して覚えようとするなら、10 + 10 = 20 回分の暗記によって、10 × 10 = 100 個の単語を覚えることができることになる。ただし、この単純な枠におさまりきらない意味・用法も少なからずある。

Вот уже́ лет де́сять мы приезжа́ем ле́том на о́зеро Селиге́р и всегда́ восхища́емся красото́й э́тих мест.

Мы опозда́ли на паро́м и ве́чером уе́хать не смогли́, пришло́сь ждать до утра́.

В пе́рвую о́чередь из горя́щего зда́ния ну́жно бы́ло вы́вести же́нщин и дете́й.

В пого́жие дни воспита́тели выводи́ли нас на прогу́лку в стари́нный парк.

По пра́здникам Петро́вич выноси́л гармо́нь и, си́дя на крыле́чке, игра́л.

До сих пор основну́ю часть ширпотре́ба вво́зят в Росси́ю из Ту́рции и Кита́я.

もう10年ほど私たちは夏の度にセリゲル湖に来て、この地方の美しさに浸っています。

私たちはフェリーに遅れたため、夕方に出発することができなくなり、朝まで待たなければならなかった。

まず最初に燃えている建物から女性と子供を連れ出さなければならなかった。

天気のよい日に、保母（父）たちは私たちを古い公園へ連れ出した。

祝日になるとペトローヴィチはガルモニ（アコーディオン）を取り出し、玄関口のヴェランダにすわってひくのだった。

今でも日用消費物資の主な部分はトルコと中国からロシアに輸入されている。

２．主な接頭辞

接頭辞の意味はどの移動の動詞にも同じように現れるので、意味が多岐にわたる他の一般動詞と接頭辞の関係よりも把握しやすい。主なものを下に掲げる。なお、これらの動詞とともに用いられる前置詞が、通常なら限られたものになるのは当然である。

接頭辞とその意味	通常使われる前置詞	用例
в- / вы- 「入る」／ 「出る」	в (из) из (в, на)	Откры́лась дверь, и в ко́мнату вошёл стари́к.「ドアが開いて老人が部屋に入って来た」 Они́ вы́шли из до́ма и уви́дели огро́мные сугро́бы сне́га.「彼らが表へ出ると降り積もった雪の山だった」
вз-(вс-) / с- 「上る」／	на	Он бы́стро взбежа́л по ле́стнице на второ́й эта́ж.「彼はすばやく階段で２階へ駆け上がった」

「下る」	**с**	Де́ти с весёлым сме́хом съезжа́ли на са́нках с горы́. 「子どもたちは陽気な声を上げてそりで坂を下るのであった」
до-「～まで」	**до**	До неё долета́ли то́лько обры́вки зву́ков.「彼女の耳に届いたのは切れ切れの音だけだった」
за- 「寄る」「～込む」	**в, на, к, за**	Он зашёл ко мне вчера́ у́тром по доро́ге на рабо́ту.「彼はきのうの朝、出勤途中に立ち寄った」 Он зае́хал за ребёнком.「彼は子供を迎えに（車で）寄った」
о-（об-） ① **周囲** ② **迂回** ③ **全体**	**вокру́г** *что*（前置詞なし） *что*（同上）	Ма́льчики обошли́ вокру́г ста́рого до́ма.「少年たちは古い家の周りを回った」 Охо́тники реши́ли обойти́ о́зеро.「ハンターたちは湖を迂回することにした」 Мы обошли́ все магази́ны, но так и не нашли́, что купи́ть в пода́рок Са́ше .「すべての店を回ったが、サーシャへのプレゼントは見つからなかった」
пере- ①「**わたる**」 ② **移動**	**че́рез**[17] **в, на, к**	Тури́сты переплы́ли че́рез ре́ку на ло́дке.「旅行者たちは川をボートで渡った」 В про́шлом году́ на́ша семья́ перее́хала на но́вую кварти́ру.「去年私の家族は新居に引っ越した」
по- ① 定動詞とともに**開始、出発**	**в, на, к**	По́сле у́жина он сра́зу пошёл в свою́ ко́мнату и лёг спать.「夕食のあと彼はすぐ自分の部屋へ行って眠った」 Носи́льщик положи́л чемода́ны на теле́жку и повёз их к вы́ходу.「ポーターはトランクをキャリアに乗せ、出口のほうへ運んでいった」

[17] 前置詞なしの対格と用いられることもある。たとえば перейти́ у́лицу

② 不定動詞とともに「ちょっと」（完了体）*		Мы поплáвали нéсколько минýт и снóва легли́ на горя́чий песóк.「私たちは数分泳いで、また熱い砂の上に横になった」 Дéти походи́ли по опýшке, но грибóв не нашли́.「子供たちは森を歩き回ったが、きのこは見つからなかった」
под- / от- **接近 /** **離脱**	**к** **от**	Оди́н инострáнец подошёл ко мне и спроси́л дорóгу.「ひとりの外国人が私に近寄り、道をたずねた」 Учи́тель написáл предложéние и отошёл от доски́.「先生は文を書くと、黒板から離れた」
при- / у- **到着 /** **「去る」**	**в, на, к** **из, с, от**	Вчерá в Москвý прилетéла трýппа арти́стов ци́рка из Ки́ева.「きのうキエフ・サーカスの団員がモスクワに到着した」 Когдá наступáет óсень, перелётные пти́цы улетáют от нас на юг.「秋が来ると渡り鳥はここから南へ飛び去る」
про- ①「わき」 ② **貫通** ③ **通過**	 **ми́мо** **сквозь** *что*	Я прошёл ми́мо бéлого дóма с террáсой и мезони́ном.「私はテラスと中二階のある白い家の脇を通った」 Наш пóезд прошёл сквозь туннéль.「私たちが乗った列車はトンネルを抜けた」 Мы ужé проéхали 100 киломéтров.「私たちはもう 100 キロ走った」
раз- / с- ＋ -ся **拡散 /** **集合**	 **в, на, к**	Собрáние кóнчилось, и все разошли́сь по домáм.「集会が終わると皆それぞれ家に向かった」 Вечерéло, в клуб началá сходи́ться молодёжь.「暗くなり、クラブに若者たちが集まり始めた」
с- 不定動詞とともに**往復******	**в, на, к**	Ей так давнó хотéлось съéздить в Пари́ж.「彼女は前々からパリに行きたかった」

* この場合は、поéздить, побéгать, поплáвать
** この場合は、съéздить, сбéгать, сплáвать

3．接頭辞のついた移動の動詞の用法若干

(1) 接頭辞＋移動の動詞＋名詞

接頭辞がついて意味が転化し、一定の名詞と熟語的語結合をなす移動の動詞がある。使用頻度が高いものもあるので例示する。

идти́, ходи́ть	
войти́（входи́ть）	во вкус「好きになる」、в роль「役になりきる」、в положе́ние *кого́*「〜の身になる」、в употребле́ние「使われ出す」、в мо́ду「はやる」
вы́йти（выходи́ть）	из тру́дного положе́ния「困難を脱する」、из себя́「我を忘れる」（反対語は прийти́ в себя́「我に返る」）、из употребле́ния「使われなくなる」、из мо́ды「はやらなくなる」
пройти́（проходи́ть） идти́ とほぼ同じ	прохо́дит ле́кция（собра́ние, диску́ссия）「作業（集会、討論）がおこなわれている」、прохо́дит вре́мя（жизнь, дождь）「時がたつ（人生が進む、雨が降る）」、прохо́дят экза́мены（вы́боры, заня́тия,「試験（選挙、授業）がおこなわれる」、прохо́дят часы́（дни, го́ды）「時間（日々、歳月）がたつ」
произойти́（происходи́ть）	происхо́дит пожа́р（несча́стье, ава́рия, землетрясе́ние, недоразуме́ние, беда́）「火事（不幸、事故、地震、誤解、災難）が起こる」
вести́, води́ть	
ввести́（вводи́ть）	в жизнь「利用する」、в пра́ктику「実施する」、в употребле́ние「使用開始する」、в де́йствие「発効させる」、в эксплуата́цию「操業開始する」
вы́вести（выводи́ть）	из беды́（затрудне́ния）「不幸（困難）から救う」、пра́вило「規則を導き出す」、из себя́「正気に返らせる」、из терпе́ния「怒らせる」

провести́ (проводи́ть) произвести́ (производи́ть)	рабо́ту (заня́тия, собра́ние, наблюде́ние)「作業（授業、集会、観察）をおこなう」、вре́мя (де́тство, ю́ность, зи́му, ле́то)「時（幼年時代、青年時代、冬、夏）をすごす」 о́пыт (ремо́нт, поса́дку)「実験（修理、着陸）する」、рис (грузови́к, стано́к)「米（トラック、工作機械）を生産する」、впечатле́ние「印象を与える」、сумато́ху「騒ぎを起こす」
нести́, носи́ть	
внести́ (вноси́ть) вы́нести (выноси́ть) нанести́ (наноси́ть) перенести́ (переноси́ть) принести́ (приноси́ть)	предложе́ние「提案する」、измене́ние「訂正する」、де́ньги (взно́сы, нало́ги)「金（会費、税金）を払い込む」 вопро́с「問題点を提示する」、тру́дности (жару́, ложь)「困難（猛暑、嘘）に耐える」 уда́р「一撃を与える」、оби́ду「辱める」、визи́т「訪問する」 боле́знь (боль, опера́цию)「病気（痛み、手術）に耐える」、*что на како́е вре́мя* (заседа́ние на пя́тое февраля́)「会議を2月5日に変更する」 по́льзу (вред, убы́ток, дохо́д)「益（害、損、収入）をもたらす」、прися́гу「宣誓する」、извине́ния「謝る」

⑵ 移動の動詞と目的

移動の動詞（接頭辞のついたものをふくむ）に動詞不定形をつけると、目的を表す。また、移動の動詞＋*за кем-чем* も目的のもの、人を表す「～を取りに（買いに）行く」。

Брат получи́л стипе́ндию и поéдет в Пра́гу изуча́ть лингви́стику.　兄は奨学金をもらってプラハに言語学を学びに行く。

Мать пошла́ в магази́н за хле́бом.　母は店にパンを買いに行った。

За на́ми заéдет на маши́не мой колле́га.　同僚が自動車で私たちを迎えに来ます。

350. 動詞の体（ви́ды глаго́ла）

1. とらえ方による違い

ロシア語では、行為・状態・現象などを表す動詞を、そのとらえ方によって**不完了体**（**несоверше́нный вид**）、**完了体**（**соверше́нный вид**）の二通りに区別する。不完了体は行為などを**過程としてとらえ**、完了体は行為などを終了、開始、**瞬間でとらえる**。

不完了体が表す過程の中には、過程全体（Весь день он сиде́л и писа́л статью́.「一日中彼はすわって論文を書いていた」）と、過程中の一点（Когда́ я зашёл, он обе́дал.「私が立ち寄ったとき、彼は昼食をとっていた」）がある。また不完了体は反復・習慣（Ка́ждый день он хо́дит в поликли́нику.「彼は毎日診療所通いをしている」）を表すこともある。

完了体が表す終了は終了の瞬間だけでなく、終了した動作をひとつのものとして扱うほか、終了した動作の結果の状態が存続していること（Она́ заболе́ла гри́ппом.「彼女はかぜだ（過去にかぜにかかって、今もひいている）」）も表す。開始を表す完了体も、過去形となればその動作（現象）の結果を表す（Ма́ма пошла́ за молоко́м.「ママはミルクを買いに出かけた（まだ帰っていない）」）。

体は直説法（現在・過去・未来）、命令法、仮定法のすべてに現れる。したがって、動詞の意味と用法のさまざまな側面にわたって、つねに体による違いを意識しなければならない。どちらの体を用いるかは、次のような種々の要素が影響する中で決まる。具体的文脈のもとでは（状況が限定されていれば）、適当な体は通常ひとつである。つまり、そうでない体を用いることは誤りとなる（ときには両方可能で、意味が変わらない場合もあり得る）。

① 伝達の課題または話し手の意識（何を言いたいのか）

② それぞれの動詞が本来もっている意味（動詞によって動作、状態、その開始、終了、反復など、表すことがらが異なる）

③ 文法上の範疇。時制、法（たとえば命令法）、肯定と否定など

④ その他あらゆる要素をふくむものとしての文脈（状況）

2. 体の対応

通常、動詞は不完了体と完了体が対をなして存在するように扱われるが、厳密には、それぞれの動詞がもつ意味、単語の発生経緯などにより、対応関係も一律ではない。例をあげると、

不完了体	（主要な意味）	完了体	（主要な意味）
чита́ть	「読む」（過程）	прочита́ть	（終了）
прочи́тывать	（終了の反復）	прочита́ть	（終了）
говори́ть	「話す」（過程、反復）	сказа́ть	（終了、一回）
писа́ть	「書く」（過程、反復）	написа́ть	（終了、一回）
умира́ть	「死ぬ」（そこまでの過程）	умере́ть	（瞬間、結果）
реша́ть	「解決する」（そこまでの過程）	реши́ть	（終了、結果）
なし		усну́ть	「寝入る」（瞬間）
встава́ть	「起きる」（反復）	встать	（一回）
встреча́ть	「会う」（過程、反復）	встре́тить	（終了、一回）
умыва́ться	「顔を洗う」（過程、反復）	умы́ться	（終了、一回）
име́ть	「所有している」（状態）	なし	
сиде́ть	「すわっている」（状態）	посиде́ть*	「ちょっと、しばらく」
молча́ть	「黙っている」（状態）	замолча́ть*	（開始）
идти́	「行く」（過程）	пойти́*	（開始）

* 印のついたものは、通常対応関係とは扱われない。

351. 体の形成 (1)

1. 不完了体・完了体の対の形成

現代のロシア語では、ほとんどの動詞が不完了体・完了体の対をなしている。そのような対の形成方法は、以下のように分類できる。

(1) 単純動詞不完了体＋**特定の**接頭辞 ＝対応の完了体	де́лать → сде́лать「作る」、писа́ть → написа́ть「書く」、чита́ть → прочита́ть「読む」、смотре́ть → посмотре́ть「視線を向ける」、ви́деть → уви́деть「見る」、плати́ть → заплати́ть「支払う」、буди́ть → разбуди́ть「起こす」など
(2) もとの完了体＋接尾辞交代（追加） ＝不完了体（音韻交代も起こる）	изучи́ть → изуча́ть「学ぶ」、позво́лить → позволя́ть「許す」、реши́ть → реша́ть「決める」、дать → дава́ть「与える」、сократи́ть → сокраща́ть「短縮する」など
(3) 単純動詞不完了体＋接頭辞 ＝新しい意味の完了体＋接尾辞→対応する不完了体	де́лать → разде́лать, разде́лывать「仕上げる」、писа́ть → вписа́ть, впи́сывать「書き入れる」、смотре́ть → рассмотре́ть, рассма́тривать「詳しく見る」、брать → убра́ть, убирать「取り去る」、пить → напи́ться, напива́ться「(十分に) 飲む」など
(4) 上記(2)の対に接頭辞をつける ＝新らしい意味の対（その際不完了体が形を変えるものが多い）	дать → переда́ть, передава́ть「伝える」、реши́ть → разреши́ть, разреша́ть「許可する」、дели́ть → раздели́ть, разделя́ть「分割する」、ко́нчить → зако́нчить, зака́нчивать「終える」、бро́сить → разбро́сить, разброса́ть (разбра́сывать)「撒き散らす」など
(5) 不定動詞・定動詞の対＋接頭辞 ＝不完了体・完了体の対	заходи́ть/ зайти́「立ち寄る」、прилета́ть/ прилете́ть「飛来する」、переводи́ть/ перевести́「移動させる」、уноси́ть/ унести́「運び去る」、проезжа́ть/ прое́хать「(乗り物で) 走破する」など
(6) 語根の異なる動詞が対をなすもの	говори́ть/ сказа́ть「話す」、брать/ взять「取る」、класть/ положи́ть「おく」、лови́ть/ пойма́ть「とらえる」など
(7) 不完了体＋接尾辞-ну ＝完了体	дви́гать → дви́нуть「動かす」、тро́гать → тро́нуть「さわる」、сова́ть → су́нуть「つっこむ」、крича́ть → кри́кнуть「叫ぶ」、ныря́ть → нырну́ть「(水に) もぐる」

⑻ その他	
両方の体をかねるもの	обещáть「約束する」、велéть「命じる」
対応の体がないもの	сидéть「すわっている」、стоя́ть「立っている」、жить「住む」など

2．単純動詞と複合動詞

単純動詞（接頭辞や接尾辞がついていない本源的な動詞）の大半は不完了体である。читáть「読む」、писáть「書く」、дéлать「作る」、говори́ть「話す」、знать「知っている」など。完了体の単純動詞は数が限られている。дать「与える」、деть「しまう」、стать「～になる」、кóнчить「終える」、брóсить「投げる」など。

不完了体の単純動詞に接頭辞がつくと新しい意味の加わった完了体になる。しかし各動詞にひとつずつの接頭辞は、新しい意味を加えず、もとの動詞の完了体をつくるだけである（完了体になる以上、意味はある程度変るわけだが、意味の変化はそれにとどまる）。どの接頭辞がそのような働きをするかは、動詞によって異なるので、記憶しなければならない（上の表の⑴の例）。ここで最も多く用いられる接頭辞は по- である。

表⑵の「もとが完了体」の動詞の大半は、じつは単純動詞ではなく、複合動詞（本源的動詞に接頭辞や接尾辞がついてできたもの）である。だからすべて完了体であるばかりでなく、⑵の大半（完了体の単純動詞を除く）は、じつは⑶と変らないわけである。ただし、もとの形（不完了体）が現在では用いられないなどの理由で、多くが現代ロシア人のふつうの感覚では複合動詞とは思えないので、完了体の単純動詞と合わせて、分類項目⑵が生まれた。по-лучи́ть「受け取る」、по-ня́ть「理解する」、за-прети́ть「禁止する」、из-учи́ть「学ぶ」、поз-вóлить「許す」、от-вéтить「答える」などがそれにあたる。

表の⑶に分類された動詞は、比較的少数の本源的単語に、接頭辞や接尾辞がつくことによって多数の細かい意味をもつ単語が派生して語彙数がふえ、表現能力が向上していく言語の発達を示すものであり、多数の例が見受けられる。стрóить → устрóить → устрáивать「催す」、говори́ть → договори́ть → договáривать「示す」、стать → перестáть → переставáть「中断する」、брать → собрáть → собирáть「集める」、деть → надéть → надевáть「着せる」など

表⑵の動詞は複合動詞であることがわかりにくいので、⑶と同様の現象

が起こる。これが (4) である。

(5) については、342「移動の動詞と接頭辞」参照。(6) は、もともと別個に存在していたふたつの動詞が意味のうえから組み合わされて対になったもの。(7) については次で扱う。(8) の、対応の体が存在しないものの大部分は、状態を意味する不完了体動詞である。

3. 接尾辞 -нуть

接尾辞 -нуть をもつ動詞（I-241「動詞をつくる接尾辞」参照）には不完了体と完了体がある。

(1) 不完了体　事態の進行を表すものが多い。	ги́бнуть「滅びる」、мёрзнуть「凍える」、со́хнуть「乾く」、тону́ть*「沈む」、тяну́ть*「引っぱる」
(2) 完了体　一回の行為・過程を表すもの(一回動詞)	кри́кнуть「叫ぶ」、хло́пнуть「たたく」、махну́ть「振る」、шагну́ть**「一歩踏みだす」、нырну́ть**「(水に) もぐる」
(3) それ以外の完了体	дви́гать → дви́нуть「動かす」、тро́гать → тро́нуть「さわる」、привы́кнуть「慣れる」、дости́гнуть「達する」、обману́ть「だます」、застегну́ть「(ボタンなどを) かける」、исче́знуть「消える」

* -нуть のついた不完了体の過去男性形は通常 -л をもたないが、これらの動詞は -нул。
** 一回動詞でもあるが、単なる完了体としても用いられる。このようなものは多い。

-нуть のつく不完了体は本源的動詞またはそれに準ずる動詞であるが（その完了体は接頭辞をつけてつくられる）、それ以外の動詞では、-нуть は完了体であることを示す接尾辞である。そのうちで一回の行為・過程を表すものが、**一回動詞（однокра́тные глаго́лы）**と呼ばれる。

352. 体の形成（2）

1．不完了体をつくる接尾辞

かつてロシア語には反復を表す**多回動詞（многокра́тные глаго́лы）**というものが存在した。現代のロシア語では、反復の意味は一般に不完了体動詞で表され、固有の多回動詞と呼ぶべきものはほとんど存在しない[18]。しかし、かつて多回動詞を形成した接尾辞は、不完了体を形成するものとして残っている。前のページの表（2）（3）（4）の不完了体は、これらの接尾辞によってつくられるのである。下記（2）の多くは反復の意味の不完了体なので、多回動詞と呼ぶこともできる。

（1）接尾辞 -а、-я、-ва

これらの接尾辞は発生が古く、表出が固定している。力点は必ずこの上にある。現在型変化では第１（正則および変則）変化に属し、しばしば出没母音、子音交代の現象が起こる。

-а, -я の例					
реши́ть →	реша́ть	「決める」	встре́тить →	встреча́ть	「会う」
ко́нчить →	конча́ть	「終える」	изучи́ть →	изуча́ть	「学ぶ」
изобрази́ть →	изобража́ть	「描きだす」	убеди́ть →	убежда́ть	「納得させる」
заяви́ть →	заявля́ть	「表明する」	прове́рить →	проверя́ть	「検査する」
-ва の例					
дать →	дава́ть	「与える」	призна́ть →	признава́ть	「認める」
встать →	встава́ть	「起きる」	доста́ть →	достава́ть	「手に入れる」
овладе́ть →	овладева́ть	「獲得する」	закры́ть →	закрыва́ть	「閉める」
доби́ться →	добива́ться	「かちとる」	забы́ть →	забыва́ть	「忘れる」

（2）接尾辞 -ыва、-ива

これらの接尾辞は新しいので、流動的で造語力をもつ。力点は接尾辞の直前にある。現在型変化では第１正則変化に属し、母音交代の現象をともなう。

-ыва は後舌音（к, г, х）、上顎音（ш, ж, щ, ч, р）を除く硬子音のあとで用いられ、-ива は母音、後舌音（к, г, х）、上顎音（ш, ж, щ, ч, р）、軟子音のあとで用いられる。

---

18 вида́ть「（よく）見る、会う」、слыха́ть「（よく）耳にする」などがこれにあたる。

-ыва の例					
перебро́сить →	перебра́сывать	（向うへ）投げる	образова́ть →	образо́вывать	形成する
			вы́сказать →	выска́зывать	意見を述べる
приду́мать →	приду́мывать	思いつく	записа́ть →	запи́сывать	記録する
обману́ть →	обма́нывать	だます	опозда́ть →	опа́здывать	遅れる
разрабо́тать →	разраба́тывать	加工する			
-ива の例					
зако́нчить →	зака́нчивать	終える	наскака́ть →	наска́кивать	馬でぶつかる
прогуля́ть →	прогу́ливать	散歩する	уговори́ть →	угова́ривать	説得する
устро́ить →	устра́ивать	催す	задержа́ть →	заде́рживать	引き止める
спроси́ть →	спра́шивать	たずねる			

2．ある型の完了体に対応する不完了体 -ать

(1) -сти（-сть）に終わる完了体の対応の不完了体は力点のある -ать となる。完了体不定形 -сти の力点は -сти にある（вы- のつくものを除く）。

вы́расти	выраста́ть	「育てる」
приобрести́	приобрета́ть	「入手する」
подмести́	подмета́ть	「掃く」
пасть	па́дать	「倒れる」
попа́сть	попада́ть	「命中する」
спасти́	спаса́ть	「救う」
расцвести́	расцвета́ть	「咲く」

(2) -чь に終わる完了体の対応の不完了体は力点のある -ать となる。-ать の前は г になるものと к になるものがある（322「現在型第１変則変化(1)」3「正則型」参照）。完了体 -чь の力点は -чь の直前にある（вы- のつくものを除く）。

сбере́чь	сберега́ть	「守る」
помо́чь	помога́ть	「助ける」
привле́чь	привлека́ть	「ひきつける」
запе́чь	запека́ть	「（こんがり）焼く」
подстере́чь	подстерега́ть	「待ち伏せする」
подстри́чь	подстрига́ть	「（髪を）刈る」

3．接頭辞 по- と за-

⑴ 動作の開始を表す по- と за-

за- は音、光などの現象を表す動詞について、その開始を意味する動詞をつくることが多い。по- は定動詞について、その開始を意味する。

Дождь гро́мко застуча́л по кры́ше.　雨は大きな音をたてて屋根をたたき始めた。

В э́том году́ сире́нь зацвела́ ра́ньше обы́чного.　今年ライラックは例年より早く咲いた。

Мы услы́шали крик и побежа́ли на по́мощь.　叫び声が聞こえたので、私たちは助けるために駆け出した。

Мяч упа́л в во́ду и поплы́л по тече́нию.　ボールは水に落ち、流れに乗ってただよっていった。

⑵ 完了体をつくる по-

по- がついて対応の完了体が得られる不完了体動詞は多い。

стро́ить「建てる」、красне́ть「赤くなる」、худе́ть「やせる」、проси́ть「たのむ」、тре́бовать「要求する」、звони́ть「電話する」、благодари́ть「礼を述べる」、обе́дать「昼食をとる」など

⑶「ちょっと」「しばらく」の意味の по-

по- は不定動詞をふくむ種々の動詞について、「ちょっと、しばらく」の意味の完了体を作る。「しばらく」動作が続くのなら、不完了体と思えるが、この場合はしばらく続く動作・状態をひと続きの完了するものとしてとらえるので、完了体である。この場合、対応の不完了体はない。

Мы посиде́ли, вы́пили, вспо́мнили мо́лодость.　私たちはしばらくすわり、飲み、青年時代を思い出した。

Андре́й походи́л в се́кцию бо́кса, а пото́м всё-таки бро́сил.　アンドレイはボクシング部にちょっと通ったが、あとでやはりやめてしまった。

Бо́льше всего́ ей хоте́лось поноси́ть ма́мины чёрные ту́фли на каблука́х.　彼女は何よりママの黒いハイヒールをちょっとはいてみたかった。

この「ちょっと」は主観的な婉曲話法となる。Дава́й попьём пивка́.「ビールを一杯やらないか」

353. 体の全般的意味 (1)

動詞が受けもつ表現範囲は広いので、そのいずれの場合にも問題となる不完了体・完了体の使い分けはかなり複雑で、外国人が習得することは容易ではない。ここでは2回にわたって、ふたつの体の全般的な意味と用法の違いを概説する。

1．終了と過程（継続）

完了体は行為・状態・現象の終了（完了）を表現し、不完了体はその過程（継続）を表現する。そこで完了体は現在時制を表すことができず（普遍人称文などのように、事実上現在時制と言い得るものもあるが）、完了体が現在型変化をすると、その意味は未来となる。

「死ぬ」、「目覚める」、「始める」、「終わる」などのように、本来瞬間の動作（現象）を表す動詞の不完了体は、その瞬間に至るまでの過程を表すので、その動作（現象）は起こっていないことになる。Умира́ет соба́ка. は「犬は死んでいる」ではなく、「死につつある、死にそうだ」である。

「立っている」、「すわっている」、「横たわっている」などや移動の動詞のように、そもそも状態（進行）を表す動詞には、ふつうの意味で対応する完了体はなく、開始を示したり、「しばらく、ちょっと」を示す по- がついたりする特別の（意味が限定された）完了体しかない。

Наступи́ла холо́дная зима́.	寒い冬が到来した。
Наступа́ла холо́дная зима́.	寒い冬が到来しようとしていた（まだ到来していない）。
Мой брат вчера́ сдава́л экза́мен, но не сдал, потому́ что пло́хо подгото́вился.	弟はきのう試験を受けたが、準備が悪かったので受からなかった[19]。
Ему́ нра́вился сам проце́сс открыва́ния шампа́нского, и бо́льшее удово́льствие он получа́л не когда́ уже́ откры́л, а пока́ открыва́л его́.	彼が気に入っていたのはシャンパンをあけるプロセス自体で、あけたときよりもあけているときにより大きな満足を得るのだった。
Ко́нчился спекта́кль, а зри́тели всё ещё остава́лись в за́ле.	芝居は終わったが、観客はまだホールに残っていた。

[19] 日本語で「試験を受ける」と「試験に受かる」がまったく意味が違うように、ロシア語でも、これはひとつの動詞の不完了体と完了体である。

Когда́ он зашёл в зал, конча́лся спекта́кль. 彼がホールに入ったとき芝居は終わりかけていた（まだ終わっていない）。

Когда́ он пришёл домо́й, его́ соба́ка умира́ла. 彼が帰宅したとき、犬は死にかけていた（死んでいない）。

Когда́ он пришёл домо́й, его́ соба́ка уже́ умерла́. 彼が帰宅したとき、犬はもう死んでいた。

Когда́ я шёл в библиоте́ку, я встре́тил ста́рого знако́мого, и мы пошли́ обе́дать. 私は図書館に行く途中（着いていない）昔の知り合いに会ったので、いっしょに食事に出かけた。

О́пера вот-вот начина́лась, а он всё не пришёл. 今にもオペラが始まろうとしていたのに、彼はまだ来ない。

О́пера начала́сь в семь часо́в. オペラは7時に始まった。

Он добива́лся подде́ржки колле́г. 彼は同僚の支持を取り付けようと努力した（取り付けていない）。

Он доби́лся свое́й це́ли. 彼は自分の目的を達した。

Мы отдыха́ли полчаса́, но совсе́м не отдохну́ли, потому́ что вре́мени бы́ло сли́шком ма́ло. 私たちは30分休んだが、時間が短すぎたので、ぜんぜん休めなかった（疲れがとれなかった）。

Он сиде́л у окна́. 彼は窓のそばにすわっていた。

Он пришёл в кафе́, посиде́л, а пото́м пошёл куда́-то. 彼はカフェに来てちょっとすわったかと思うと、どこかへ行ってしまった。

§継続を表す副詞と不完了体

時間の継続を表す副詞（до́лго「ずっと」、весь день「一日中」、два часа́「2時間」、всю неде́лю「まる1週間」など）がある場合、動詞は当然不完了体でなくてはならない。

Ве́чером по́сле у́жина мы до́лго гуля́ли в саду́. 夕食後の夕方、私たちは長いこと庭を散歩した。

Я изуча́л ру́сский язы́к четы́ре го́да. 私はロシア語を4年間学んだ。

Она́ одева́лась недо́лго, че́рез пять мину́т мы вы́шли из до́ма. 彼女の身支度には時間がかからず、私たちは5分後に家を出た。

Студе́нт ме́сяц собира́л материа́л для докла́да. 学生はひと月の間報告のための資料を集めた。

Студе́нт собра́л материа́л для докла́да за ме́сяц.	学生は報告のための資料をひと月でそろえた。(за については次項)

§継続を表す完了体

[за(в) + 対格] は完了に要する時間を示すので、動詞は完了体である。接頭辞 по- および про- のついた完了体動詞は、継続時間を表す状況語（副詞句）と共に用いることができる。

Я написа́л э́ту статью́ за（в）неде́лю.	私はこの論文を 1 週間で書き上げた。
За（в）два ме́сяца мы объе́хали мно́го городо́в Росси́и.	2 か月の間に私たちはロシアのたくさんの町をまわった。
Из Санкт-Петербу́рга в Москву́ пи́сьма обы́чно дохо́дят* за два дня.	ペテルブルグからモスクワまで、郵便はふつう 2 日かかる。
Там я прорабо́тал пять лет.	あそこで私は 5 年間働いた。
Она́ посиде́ла у нас о́коло ча́са.	彼女は私たちのところに 1 時間ほどいた。

* [за + 対格] があるが、反復なので不完了体。

2. 開始と過程（または継続）

行為や状態の開始は、しばしば開始を示す接頭辞（特に по と за）によって表される。その接頭辞がつかない単純動詞の不完了体は過程を表す。пойти́「出かける」、полюби́ть「好きになる」、закрича́ть「叫びだす」、запла́кать「泣きだす」、заболе́ть「病気にかかる」など

Доро́га была́ тру́дная, и мы шли ме́дленно.	道はけわしかったので、私たちはゆっくり進んだ。
На углу́ он попроща́лся с на́ми и пошёл напра́во.	角で彼は私たちに別れを告げ、右のほうへ向かった。
Вдруг пошёл дождь, и мы реши́ли верну́ться домо́й.	急に雨が降りだしたので、私たちは帰宅することにした。
За о́кнами шёл дождь.	外は雨だった。
За обе́дом она́ ве́село болта́ла и смея́лась.	昼食のとき、彼女は陽気にしゃべり、笑った。
Она́ уви́дела письмо́ и засмея́лась от ра́дости.	彼女は手紙を見ると、喜びのあまり笑いだした。

3．一回（または瞬間）と反復

ある種の完了体は瞬間的な、または一回の行為・現象を表す。そのような動詞の不完了体は断続的行為が続くことを表す。

終了や開始を想定しにくい行為などの場合、完了体は行為の完結を、不完了体は反復を意味する。

ある種の不完了体動詞は、格別な状況語をともなうことなく、それ自体が反復を意味し得る。встава́ть「起きる」、ложи́ться「横になる」、брать「取る」、дать「与える」、открыва́ть「開く」など。その中には反復しか意味せず、継続を意味することができないものもある。приходи́ть「来る」（継続（進行）を表すのは идти́）、случа́ться「起こる」、быва́ть「（быть の繰り返し）」、застава́ть「見つける」など。完了する動作の反復を意味するものもある（-ывать, -ивать 型など）。

Серёжка огляну́лся, махну́л нам руко́й и поле́з че́рез забо́р.	セリョーシカは辺りを見回し、私たちを手招きし、塀を越えて行った。
По́езд уже́ скры́лся и́з виду, а Же́ня всё маха́ла и маха́ла ему́ вслед.	列車はもう見えなくなっていたが、ジェーニャはそちらに手を振り続けていた。
Он броса́л и броса́л лопа́той снег со двора́ на у́лицу, а снег почти́ не убыва́л.	彼はシャベルで庭の雪を通りに投げ続けていたが、雪はほとんど減らなかった。
Я толкну́л дверь, но она́ была́ заперта́ изнутри́.	私はドアを一押ししたが、ドアは内側から鍵がかかっていた。
Встава́л я ка́ждый день до восхо́да со́лнца, ложи́лся ра́но.	毎朝私は日の出前に起き、早く床につくのだった。
Когда́ я жил на да́че, ко мне приходи́ла сосе́дка и приноси́ла молоко́ и о́вощи.	私が別荘に住んでいたとき、隣人がミルクや野菜をもってきてくれたものだ。
Я ча́сто застава́л Мари́ю Никола́евну за раскла́дыванием пасья́нса.	私はよく、マリア・ニコラーエヴナがトランプ占いをしているところを見かけた。

§反復を表す副詞と不完了体

反復を表す副詞（обы́чно「ふだんは」、иногда́「ときどき」、ча́сто「ちょくちょく」など）がある場合、動詞は当然不完了体でなくてはならない

Мой брат обы́чно проводи́л кани́кулы у де́душки.	弟はふだん夏休みを祖父のところで過ごすのだった。

Ка́ждую суббо́ту и воскресе́нье мы отдыха́ли на да́че.	土曜、日曜ごとに私たちは別荘で過ごした。
Она́ ча́сто де́лала докла́ды на конфере́нциях.	彼女は会議でよく報告をした。
Ра́ньше я покупа́л проду́кты в сосе́днем магази́не.	以前私は近くの店で食料品を買っていた（反復）。
Сего́дня я купи́л проду́кты в но́вом суперма́ркете.	今日私は新しいスーパーで食料品を買った。

354. 体の全般的意味 (2)

1. 結果の存続を表す完了体

完了体動詞の過去は、過去に終了した動作の結果が現在（話時）まで存続していることを表す。そこで、そういう過去形は現在に似た意味をもつことになる。一方、不完了体の過去は、過去にあった事実だけを表しており、その結果が現在まで存続するか否かにはふれない。ただ完了体ではなく、不完了体を用いるからには、現在はそうではないことを示唆することになる。

Как вам понра́вился наш конце́рт? (≒ Как вам нра́вится наш конце́рт?)	私たちのコンサートはお気に召しましたか。
Он о́чень заинтересова́лся (интересу́ется) э́тим вопро́сом и сейча́с ду́мает то́лько об э́том.	彼はこの問題にとても興味をもち、今はそのことばかり考えている。
Почему́ её нет сего́дня? Она́ заболе́ла (боле́ет).	彼女はなぜ今日欠席なのだ。病気です。
Она́ рассерди́лась (се́рдится) на меня́.	彼女は私のことを怒っている。
Я навсегда́ запо́мнил э́тот ле́тний день.	私はこの夏の１日を終生記憶に刻み込んだ。

「開ける、閉める」や「来る、去る」のように、逆の動作が容易に起こり得る動詞では、完了体が結果の存続（「開けて、開けっ放し」「来て、滞在中」）をはっきり示すので、それにふれない対応の不完了体の過去形は、結果が存続せずに逆の状況になっていることを示す（「開けたけれども、今は閉まっている」、「来たけれども帰った」）。

Ко мне из Москвы́ прие́хала сестра́. Она́ живёт у нас.	私のところにモスクワから姉が来て泊まっている。
Ле́том к нам приезжа́л оте́ц.	夏に父が来ていた。
Они́ подняли́сь на пя́тый эта́ж и ждут тебя́ там. А я туда́ то́лько что поднима́лся.	彼らは５階に上がって君を待っている。だけど私はたった今そこに行ってきたところだ。
У́тром мы открыва́ли окно́, но сейча́с в ко́мнате опя́ть ду́шно.	朝私たちは窓を開けたが、室内がまたむし暑くなっている。

Я брал твои́ кни́ги, но вчера́ ве́чером положи́л их на ме́сто.
君の本を借りたけど、ゆうべもとに戻しておいた。

Я взял твои́ кни́ги. Они́ сейча́с у меня́.
君の本を借りた。今ぼくの所にある。

2．不定形の体

不定形も原則として行為・状態・現象そのもの、またはそれを一般的に表す場合は不完了体が用いられ、完了体はなんらかの具体的な行為・状態・現象を表すときに用いられる。そこで不定形に使われるのは不完了体のほうが多くなるが、もちろん完了体が使われることもある。その使い分けは概略以下のように整理できる。

⑴ 開始・終了を表す動詞と不完了体不定形

不完了体は行為そのものを表すので、その行為が開始・終了・継続することを表す動詞（начина́ть / нача́ть「始める」、стать「〜しだす」、конча́ть / ко́нчить「終える」、прекраща́ть / прекрати́ть「やめる」、продолжа́ть「続ける」など）のあとの不定形には必ず不完了体が用いられる。

Учи́тель на́чал объясня́ть но́вый материа́л.
先生は新しい材料を説明しだした。

Он о́чень за́нят сейча́с, поэ́тому переста́л посеща́ть репети́ции хо́ра.
彼は今とても忙しいので、合唱の練習に来なくなった。

По́сле оконча́ния заседа́ния мы продолжа́ли обсужда́ть э́тот вопро́с.
会議のあと、私たちはこの問題を議論し続けた。

⑵ 不完了体不定形のみを取る動詞

次の動詞は不完了体不定形のみを取る。привыка́ть / привы́кнуть「慣れる」、учи́ться / научи́ться「習う」、приуча́ть / приучи́ть「慣らす」、надоеда́ть / надое́сть「うんざりさせる」、устава́ть / уста́ть「疲れる」、избега́ть[20]「避ける」、полюби́ть[21]「好きになる」、понра́виться「気に入る」など

В дере́вне она́ привы́кла встава́ть с восхо́дом со́лнца.
いなかで彼女は日の出と共に起床することに慣れた。

Нам надое́ло обсужда́ть э́тот вопро́с.
私たちはこの問題を審議するのにあきた。

---

20 完了体 избежа́ть は、不定形をとらない。必要なら名詞（生格）で表現する。Она избежа́ла разгово́ра со мной.「彼女は私との会話を避けた」
21 不完了体の люби́ть と нра́виться のあとは、完了体不定形でもよい。Я люблю́ поговори́ть с ней.「私は彼女とおしゃべりをするのが好きだ」

У кого́ она́ научи́лась так хорошо́ гото́вить?　彼女は誰からこんなにじょうずに料理することを習ったのだろう。

(3) 不必要を表すことばのあとの不完了体不定形

не на́до「～する必要がない」、не ну́жно「～する必要がない」、не сле́дует「～しなくてもいい」、не сто́ит「～するにはおよばない」など、不必要を表す語のあと、およびそれに準ずることば дово́льно「～するのはもうよい」、хва́тит「～するのはもうよい」、не́зачем「～する必要はない」、бесполе́зно「～してもむだだ」、вре́дно「～するのはよくない」などのあとにくる不定形は不完了体である。

Вам не на́до остава́ться сего́дня по́сле рабо́ты.　あなたは今日仕事のあとで残る必要はない。

На э́тот вопро́с не сто́ит обраща́ть внима́ния.　この問題に注意を向ける価値はない。

Вам не́зачем беспоко́иться, я сама́ отвезу́ дете́й в теа́тр.　あなたが心配なさることはありません。私が子供たちを劇場へ連れて行きます。

Убежда́ть их в бессмы́сленности э́той зате́и бы́ло бесполе́зно.　彼らに無意味であるとわからせるのはもはやむだだった。

(4) **нельзя́** の場合

原則的に нельзя́ に不完了体不定形がつくと「～してはならない」、完了体不定形だと「～できない」の意味になる。ただし、ある期間継続する行為を表す動詞（通常対応の完了体はない）では、不完了体でも「～できない」の意味になる。

Нельзя́ смотре́ть в уче́бник во вре́мя контро́льной рабо́ты.　テストのときに教科書を見てはならない。

Э́ту кни́гу нельзя́ купи́ть ни в одно́м магази́не, её мо́жно то́лько взять в библиоте́ке.　この本はどの店でも買えない。図書館で借りるしかない。

В саду́ нельзя́ бы́ло гуля́ть : там лежа́л глубо́кий снег.　雪がたくさんつもっているので、公園を散歩できなかった。

(5) 両方の体の不定形を取る動詞

命令、希望、誘い、意図、必要性などを表す動詞には、両方の体の不定形がつく。その場合一回の具体的動作を意味していれば完了体、反復を意味していれば不完了体である。たとえば、проси́ть「たのむ」、угова́ривать「説得する」、сове́товать「助言する」、хоте́ть「望む」、пыта́ться「試みる」、обеща́ть「約束する」、стара́ться「努力する」などの動詞、на́до「必要だ」、необходи́мо「必要だ」、ну́жно「必要だ」などの述語副詞[22]。

Врач посове́товал больно́му не принима́ть снотво́рного.	医師は病人に睡眠薬を飲まないよう忠告した。
Я наде́юсь встреча́ться с ва́ми поча́ще.	あなたとはちょくちょくお目にかかれると思う。
Я наде́юсь ско́ро сно́ва встре́титься с ва́ми.	近いうちにまたお目にかかりたいものだ。
Сосе́д обеща́л не беспоко́ить меня́ ра́но у́тром.	隣人は早朝に私をさわがせないと約束した。
Она́ не ве́рила ему́ и хоте́ла тепе́рь поня́ть его́ та́йные мы́сли.	彼女は彼を信じず、彼の隠された考えを知りたがった。
Мы реши́ли останови́ться у пе́рвого же до́ма, где уви́дим свет в о́кнах.	窓に明かりのともるのが見えたら、その最初の家に泊まることにした。

[22] проси́ть や сове́товать が無意識や偶然の行動を警告する意味だと、完了体が使われる。Прошу́ тебя́ не сказа́ть чего́-нибудь не к ме́сту.「何か場違いなことを言わないようにしてくれ」

355. 各時制、命令形の体

完了体は原則として現在を表さないので、現在時制については迷う余地はない。ただし、近未来のことを表すのに現在形が用いられることがある。

Сего́дня он идёт в университе́т и ты уви́дишь его́ там.	彼は今日大学へ行くから、君はそこで会えるよ。

未来、過去、命令形に関しては、つねにどちらの体を使うかという問題がある。原則的には、それぞれの体がもつ基本的な意味にしたがって使い分けられるといえるが、外国人としては意識しておくべき用法も少なくない。

1．未来形

当然ながら、不完了体が表す意味（一般論、継続、状態、反復など）を表現するときには不完了体未来形が、完了体が表す意味（一回性、具体的行為、開始、終了など）ならば完了体が用いられる。

不完了体未来形 [быть の現在型変化＋動詞不定形] は未来の意味でしか用いられない。しかし完了体未来形（現在型変化）は未来以外の意味でも用いられる。

⑴ 現在（一般論）または未来の可能性を表して

完了体未来形は可能性・不可能性を表す。この用法では всегда́「いつも」、в любо́е вре́мя「いつでも」なども用い得る。不可能性を強調するためにしばしば ника́к「決して」がつけ加えられる。この形は普遍人称文や諺によく用いられる（Ⅲ-225「普遍人称文、不定形文」参照）。

То́лько он отве́тит на э́тот вопро́с.	彼だけがこの問題に答えられる（だろう）。
Челове́к, кото́рый привы́к боя́ться, всегда́ найдёт причи́ну для стра́ха.	こわがることになれてしまった人間は、いつでも恐怖の種を見つけだす。
Я ника́к не найду́ свои́ очки́.	どうしても自分のめがねが見つけられない。
Мно́го ещё други́х приме́ров мне в го́лову прихо́дит, да всего́ не переска́жешь.	他にもたくさんの例が頭に浮かんできて、全部言えるものじゃない。
Без труда́ не вы́нешь и ры́бку из пруда́.	虎穴にいらずんば虎子を得ず（諺）。

(2) 現在の意味で

繰り返される動作や、ごくふつうに起こる動作を表すのに、完了体未来が用いられることがある。

Вечера́ми тру́дно быва́ет сосредото́читься : то зазвони́т телефо́н, то де́ти расшаля́тся, то ещё что́-то.
夕方は集中できにくいことが多い。電話がなったり、子供たちがさわいだり、ほかにも何やかやが起こる。

У́тро я обы́чно провожу́ так : вста́ну ра́но, часо́в в семь, поза́втракаю и вы́купаюсь в реке́.
ふだん朝は、早く、7時ころ起きて朝食をとり、川で泳ぐ。

(3) 過去の意味で

過去に繰り返された動作、ごくふつうに起こる動作、瞬間的な予想外の動作（ふつう вдруг とともに）、過去にまったく起こらなかった動作などを表すのに、完了体未来が用いられることがある。

Ве́тер то прошелести́т в куста́х, закача́ет ве́тки, то совсе́м замрёт.
風は茂みをざわざわ鳴らしたり、枝を揺らしたり、まったく静まったりした。

Стра́нная была́ у неё привы́чка: придёт, ся́дет и молчи́т …
彼女には変な癖があった。やって来てはすわりこみ、黙っている。

У́тром ба́бушка, по обыкнове́нию, напьётся ча́ю, даст указа́ние эконо́мке, разло́жит пасья́нс.
朝祖母はいつものようにお茶をたくさん飲み、家政婦に指示を与え、トランプ占いを始める。

Гера́сим гляде́л, гляде́л да вдруг как засмеётся.
ゲラーシムはじっとながめていたかと思うと突然笑いだした。

2. 過去形

(1) 動作の有無を確認する不完了体

過去の動作の有無を確認するときに、しばしば不完了体過去が使われる。その動作は多くの場合、一回の具体的な、終了したものであるが、話し手の関心がその有無にある場合には不完了体となる。

また、動作があったことはわかっているが、話し手の関心が主語（誰が）または補語（何を）にあるときは、不完了体過去が用いられる。これらの用法は日常会話の問と答でよく使われる。

話し手の関心が動作の終了や結果などにある場合は、完了体過去が用いられる。

Вы <u>чита́ли</u> рома́н Толсто́го «А́нна Каре́нина»? — Да, <u>чита́л</u>.	あなたはトルストイの長編『アンナ・カレーニナ』を読みましたか。はい、読みました。
Кто́-то <u>звони́л</u> вам вчера́ ве́чером.	昨晩誰かがあなたに電話してきました。
Кто сего́дня <u>убира́л</u> ко́мнату? — Ко́мнату убира́л я.	今日部屋を掃除したのは誰ですか。部屋を掃除したのは私です。
Кто так пло́хо <u>убра́л</u> сего́дня ко́мнату?	今日こんなにひどい部屋掃除をしたのは誰ですか。
О чём он <u>расска́зывал</u>? — Он <u>расска́зывал</u> о свое́й пое́здке.	彼は何の話をしたのか。自分の旅行の話しをした。

(2) 結果の存続を表す完了体過去

前項 354「1．結果の存続を表す完了体」を見よ。

(3) 否定の過去

肯定なら完了体過去が用いられるような場合でも、否定だと不完了体になることが多い。特に強い完全否定の場合にそうなる。

Кто <u>сказа́л</u> ему́ об э́том? — Не зна́ю, я ничего́ <u>не говори́л</u>.	誰がこのことを彼に言ったのだ。知りません。私は何も言っていません。
В про́шлый прие́зд мы с ним, к сожале́нию, <u>не встреча́лись</u>.	前回来たときには、残念ながら彼と会えなかった。
Она́ <u>рассказа́ла</u> то, что ещё никогда́ никому́ <u>не расска́зывала</u>.	彼女はまだ誰にも話したことがないことを話した。

予期された動作が起こらず、以後も起こらないような場合は完了体過去が用いられる。

Его́ жда́ли, а он не <u>прие́хал</u>.	彼を待っていたのだが、現れなかった。
Он обеща́л позвони́ть мне вчера́ ве́чером, но почему́-то не <u>позвони́л</u>.	ゆうべ電話をすると約束したのに、彼はなぜか電話してこない。

3．命令形

(1) 肯定の命令は通常完了体

肯定の命令というのは、何か具体的なことを依頼するわけなので、通常は完了体が用いられる。

不完了体が用いられるのは、おこなわれるべき動作の開始をうながすときや、動作の性格を変更させるときである。ていねいな勧誘のときも不完了体が用いられる。そのようなときに完了体を使うと強い依頼を意味する。

Да́йте, пожа́луйста, ва́шу визи́тку. お名刺をください。

Возьми́те ва́ши докуме́нты. あなたの身分証明書をおとりください。

Закро́йте дверь в коридо́р. 廊下へのドアを閉めてください。

Пиши́те. Чита́йте. 書きなさい。読みなさい。(教室で先生が生徒に)

Говори́те гро́мче. もっと大きな声で言ってください。

Приходи́те к нам в го́сти. 拙宅へお越しください。

Сади́тесь. どうぞおかけください。

Пройди́те в ко́мнату и ся́дьте. 部屋へ入ってすわってください。

(2) 否定の命令は通常不完了体

否定の命令形では、全般的に行為そのものが否定されると考えるので、具体的な一回の動作に関しても、通常は不完了体が用いられる。

完了体は、望ましくない行為をうっかりしてしまいそうなときに警告するために用いられる。その際、警告を意味する смотри́(те) がよく使われる(326「その他の問題」参照)。過去におこなわれたことを繰り返さないように警告する場合は不完了体も用いられる。

Не дава́йте ему́ ва́шу визи́тку. 彼に名刺を渡さないでください。

Не бери́те докуме́нты. Оста́вьте их на столе́. 身分証明書をもっていかないでください。机の上においといてください。

Не закрыва́йте дверь в коридо́р. 廊下へのドアを閉めないでください。

Не говори́те ей обо мне ни сло́ва. 彼女に私のことは一切言わないでください。

Смотри́, не упади́ в ре́ку. 川へ落ちるなよ。

Не забу́дь гаси́ть свет. 明かりを消すのを忘れないで。

Бо́льше не опа́здывайте. これ以上遅れないでください。

360. 動詞の相と法

361. 動詞の相（能動・受動）（зало́г глаго́ла）

1．能動相と受動相

主語が動作主体なのか、動作の作用を受ける客体なのかは、動詞の形によって示される。これを動詞の相という。ロシア語には他の多くの言語と同じく、**能動相**（**действи́тельный зало́г**）と**受動相**（**страда́тельный зало́г**）がある。能動相に関しては、格別の説明は不要と思われる。

受動相は、ロシア語では二通りの、かなり意味と用法の異なる形で示される。これには動詞の体が強く関与する。

① 完了体動詞の場合は、**受動形動詞過去短語尾**を用いる。

② 不完了体動詞の固有の受動相（受動形動詞現在）はあまり用いられない。不完了体動詞を用いて受動相を表現したいときには、**ある程度 ся 動詞が代行**するが、330「ся 動詞、無人称動詞」で述べたとおり、そのすべてが受動の意味をもつわけではない。この表現には制限があり、原則として**非動物名詞を主語とする三人称**でしか用いられない。ся 動詞の完了体は、通常は受動を意味しない[23]。

2．完了体受動形動詞過去短語尾

受動形動詞過去短語尾（受動過去分詞短語尾）は完了した他動詞の動作を受身で表現したもの（「～された」）である。つくり方については 372「受動形動詞」を参照。文章の時制は быть で表される。

Сейча́с музе́й открыт.	今博物館は開いている（過去に開けられて、そのまま開いている）。
Вчера́ музе́й был откры́т.	きのう博物館は開いていた（開けられた）。
За́втра музе́й бу́дет откры́т.	あす博物館は開いている（開けられる）だろう。

動作主体は必要なら造格で示されるが、会話体では必ずしも示されることはなく、示されると文体が硬くなる場合が多い。

23 人間の意思によらない現象の変化を表す次のようなものが例外的にある。Ко́мната осве́тилась я́рким све́том.「部屋は明るい光で照らされた」、Поля́ покры́лись сне́гом.「畑は雪でおおわれた」。

Нéбо покры́то ту́чами.	空は黒雲でおおわれた。
Рабóта бу́дет закóнчена（им）в срок.	作業は（彼によって）期限どおり終えられるだろう。
Э́тот дом был постро́ен гру́ппой иностра́нных рабо́чих в про́шлом году́.	この建物は、外国人労働者たちの手で去年建てられた。

§文の時制

受動形動詞過去は過去に完了した動作を表すが、それと文の時制は上の博物館の例文で示したとおり、別物である。過去にあったことをいう文は過去時制になる（был をつける）のがふつうだが、過去に完了した動作の結果が現在（発話時）にまで及んでいることを表す場合には現在時制の文にすることもある。どちらでもよい場合には、過去に起こったことを意識すると過去時制に、現在までの継続を意識すれば現在時制になる。

Его́ произведе́ния（бы́ли）переведены́ на япо́нский язы́к.	彼の作品は日本語に訳されている（訳された）。
В це́нтре го́рода располо́жен истори́ческий музе́й. Он был осно́ван в 19 ве́ке.	町の中心に歴史博物館がある（おかれた）。それは19世紀に開設された。
Зда́ние хра́ма бы́ло постро́ено в 1680 году́. Его́ сте́ны распи́саны тогда́ же.	その寺院の建物は1680年に建てられた。壁画はそのときに描かれている。

3．不完了体受動形動詞現在短語尾

受動形動詞現在短語尾はあまり用いられず、次のような限られた動詞がまれに文語体の文で用いられるだけである。люби́ть（люби́м）「好まれる」、уважа́ть（уважа́ем）「尊敬される」、цени́ть（цени́м）「評価される」など

Он уважа́ем все́ми студе́нтами.	彼は全学生に尊敬されている。

4．ся 動詞による受動相

不完了体 ся 動詞のあるものは受動を表す。ただし、原則として、主語が非動物名詞のときに限られる。必要なら、動作主体は造格で示される。

Кни́ги снача́ла классифици́руются, а пото́м рассыла́ются по библиоте́кам.	本はまず分類されてから、各図書館へ送られる。
На собра́нии обсужда́лись ва́жные вопро́сы.	重要な問題が集会で論議された。

В киóске продаю́тся газéты и журнáлы.	新聞と雑誌はキオスクで売って（られて）いる。
В э́то врéмя передаю́тся послéдние нóвости.	現在ニュースが放送されている（〜を放送している）。

5．受動相の代行

以上の受動相では、一人称・二人称・動物名詞（人間）の三人称に関わる不完了体の受身は表現できないことになる。それを補うのが不定人称文（Ⅲ-224「不定人称文」）の一部の表現である。不定人称文すべてが受身的な意味を表すわけではなく、またそこに使われる動詞はロシア語としてはあくまでも能動相であるが、他の外国語では受身表現になるものもふくまれるので、それが不十分な受動相を代行するのである。

В больни́це егó хорошó знáют.	彼は病院ではよく知られている。
В магази́н привезли́ нóвые товáры.	店に新しい商品が運び込まれた。
Егó послáли в командирóвку.	彼は出張に出された。

6．使役

ロシア語では使役は文法上のカテゴリーとはしない。使役の意味を表す動詞、またはそれに準ずる動詞は次のようなものである。

(1) 与格要求のもの

велéть「命じる」、дать「〜させる」、позвóлить「許す」、поручи́ть「まかせる」、приказáть「命じる」、разреши́ть「許す」など

(2) 対格要求のもの

вы́нудить「強いて〜させる」、застáвить「強いる」、проси́ть「たのむ」、умоля́ть「懇願する」など

В понедéльник емý позвóлили немнóго погуля́ть по сáду.	月曜日に彼は少し庭を歩くことを許された。
Мне поручи́ли собрáть члéнские взнóсы.	私は会費集めを任された。
Нас застáвили ещё раз запóлнить бланк.	私たちはもう一度用紙に記入させられた。
Я плáкал и умоля́л мать взять меня́ в теáтр.	私は泣いて母に、劇場に連れて行ってくれるよう頼んだ。

362. 動詞の法（直説・命令・仮定）（**наклоне́ние глаго́ла**）

ロシア語には**直説法**（**изъяви́тельное наклоне́ние**）、**命令法**（**повели́тельное наклоне́ние**）、**仮定法**（**сослага́тельное наклоне́ние**）の3つの法がある。

直説法は命令法と仮定法以外のふつうの文なので、これに関しては格別な説明はしない。

1. 命令法

命令法の形については、325「命令形」で扱っている。いわゆる命令形ではない命令法、および命令形ではあるが命令の意味にはならない表現として次のようなものがある。

⑴ 一人称複数に対する命令法（誘いの表現）

① 完了体の мы の形

代名詞мыを口にせず、動詞のその形をいうと、誘いの表現「～しよう」の意味になる。しかし実際には、次の дава́й(те) とともに用いられる動詞のほうが多い。また、-те を省いてもぞんざいにならないこともある。

Пойдём(те) в рестора́н.	レストランへ行こう。
Пое́дем(те) в зоопа́рк.	動物園に行きましょう。
Споёмте(те) что́-нибудь весёлое.	なにか明るいのを歌いましょう。
Встре́тимся（Уви́димся）у вхо́да в метро́ в де́сять часо́в.	地下鉄入り口のところで10時に会いましょう。
Зака́жем что́-нибудь сла́дкое.	何か甘いものをたのもう。

② дава́й(те)＋完了体 мы の形

この場合の -те は命令法につける通常の用法。

Дава́йте сфотографи́руемся здесь.	ここで写真を撮ってもらいましょう。
Дава́йте погуля́ем по го́роду.	町を歩きませんか。
Дава́й посиди́м за ча́ем.	ちょっとお茶を飲もう。
Дава́йте немно́го полюбу́емся зака́том.	ちょっと夕日を楽しみましょう。

③ дава́й(те) / бу́дем(те)＋不完了体不定形

Дава́йте（Бу́дем）говори́ть по-ру́сски.	ロシア語で話しましょう。
Дава́йте ча́ще писа́ть друг дру́гу.	もっとしばしば手紙を交換しましょう。
Дава́йте изуча́ть япо́нский язы́к вме́сте.	日本語をいっしょに勉強しましょう。

⑵ 三人称に対する命令法（使役の命令）

三人称単数または複数の文で、冒頭に пусть または пускáй をつけると「彼（ら）に〜させたらいい、〜させるべきだ」という意味になる。儀式の表現ではその代わりに да を使うこともある。

Пусть (Пускáй) он придёт ко мне зáвтра ýтром.	明朝彼を私のところに来させなさい。
Пусть он зéмлю бережёт роднýю, а любóвь Катюша сбережёт.	彼に祖国の地を守らせよ、愛はカチューシャに守らせよ（「カチューシャ」歌詞）。
Да здрáвствует Рóдина!	祖国に繁栄あれ（≒祖国万歳）。

⑶ 譲歩

「疑問詞＋ни＋命令形」で譲歩文となる。Ⅲ-424「従属複文 ⑶ 状況語的従属節」を参照。

Кудá ни придú, вездé óчереди.	どこに行っても行列だ。

2．仮定法

仮定法は、①仮想（現実ではないが、なんらかの条件が満たされれば実現が予想できる事実）を表すが、その内容しだいで②願望、③目的、④その他の主観、を表すことになる。仮定法であることを示すのは助詞 бы である。бы とともに用いられる動詞は通常過去形だが、場合により不定形も用いられる（一般論や、主文で主語が示されている場合）。бы は述語副詞につけることもできる。また、бýдто, хоть, хотя́ などの助詞とともに、動詞の形に関係なく仮定法的ニュアンス（主観的な危惧や願望など）をつけ加えることもある。

⑴ 仮想

① 条件が示される場合

条件は多くの場合、「**éсли бы＋動詞過去形**」の従属文で表され、主文も「**動詞過去形＋бы**」で示される。条件が従属文でなく、別の形（条件の状況語など）で示されることもある。бы は通常動詞の直後におかれるが、強調したい語が他にあれば、その語の直後におかれる（たとえば主語）。

Éсли бы у меня́ бы́ли дéньги, я изъéздил бы всю Еврóпу.	金があれば、ヨーロッパ中を回るのに。

Éсли бы он знал, где сейчáс Нáдя, он полетéл бы тудá стрелóй.
ナージャがどこにいるか彼が知っていたら、そこへすっ飛んで行くだろうに。

Вернýвшись порáньше, вы моглú бы ещё егó застáть.
もう少し早くもどっていたら、彼に会えたのに。

Без вáшей пóмощи я пропáл бы.
ご援助なしでは私はだめになっていたでしょう。

② 条件が示されない場合

条件が明示されていなくても、「動詞過去形（不定形）+ бы」で仮定法であることは明示されるので、聞き手（読み手）は文脈から意味を推測できる。

Он не купúл бы такóй вéщи.
彼ならこんなものは買わないだろう。

Я бы не моглá здесь вы́держать ни минýты.
私ならここに一分でもいられないだろう。

Мы бы сáми заéхали за родúтелями.
私たちなら自分で両親を迎えに寄るのに。

(2) 願望

仮定法は直接表現を避けるわけなので、願望をやわらかく表現する際に好んで用いられる。条件のみが示される場合もある。

Ты бы поговорúл с начáльником.
上役と話し合えばいいのに。

Пóльзуясь э́тим слýчаем, я хотéл бы поблагодарúть хозя́ина за тёплый и сердéчный приём.
この機会を利用して、主催者のあたたかい、心のこもったおもてなしに感謝したいと思います。

Побродúть бы по лéсу, посидéть бы у кострá!
森を歩き回って、焚き火の前にすわれたらなぁ。

Хорошó бы попúть парнóго молокá!
しぼりたてのミルクが飲めたらな。

Éсли бы вы тóлько предстáвили э́ту красотý!
この美しさをご想像いただければよいのだが。

Éсли бы ты хоть два слóва написáл!
君がせめて一言書いてくれたら。

(3) 目的

目的を示すときには、бы が融合した接続詞 чтóбы が用いられる。чтóбы に導かれる従属文の主語が主文と同じなら、その主語は省略され、動詞は不定形になる。

Мы шли ме́дленно, что́бы де́ти поспева́ли.	子供たちがついて来られるように、私たちはゆっくり歩いた。
Он записа́л да́ту в кни́жку, что́бы не забы́ть.	彼は忘れないように、日付を手帳に書き込んだ。
На́до стара́ться, что́бы получи́ть хоро́шие результа́ты.	よい結果を得るように努めなければならない。
Жела́тельно, что́бы вы зара́нее сообщи́ли о пое́здке.	あらかじめ旅行についてお知らせいただきたい。
Профе́ссор сказа́л, что́бы студе́нты отключи́ли моби́льные телефо́ны.	学生たちが携帯電話を切るようにと教授は言った。
Вы тре́буете, что́бы я взяла́ отве́тственность на себя́, но я не согла́сна.	私が自分で責任を負うようにおっしゃいますが、賛成できません。
Что́бы сейча́с же в ко́мнате бы́ло у́брано!	すぐ部屋がきれいになるように。

(4) 譲歩

[疑問詞＋бы＋ни＋仮定法 （動詞過去形）] で譲歩文となる。Ⅲ-424「従属複文 (3) 状況語的従属節」を参照。

Что бы ни случи́лось, он сра́зу же приходи́л на по́мощь.	何が起ころうとも、彼はすぐ助けに来てくれた。
Что бы ни говори́лось, он никогда́ не принима́л э́то бли́зко к се́рдцу.	何と言われようと、彼はこのことを気にとめなかった。

(5) その他

直接表現を避ける仮定法は、 ていねいな意思・提案・依頼などを表すこともある。

Я не поручи́л бы ему́ серьёзное де́ло.	私は彼に重要な仕事を任せたくない。
Я проси́л бы вы́слушать меня́.	私の言うことを聞いてくださいよ。
Пошёл бы ты отдохну́ть.	休めばいいのに。
Загляну́л бы ты хоть ненадо́лго.	少しでものぞいてみれば。
Он бу́дто бы перешёл на другу́ю рабо́ту.	彼はまるで別の仕事に移ったみたいだ。
Вы, ма́тушка, хотя́ бы поду́мали о нас с бра́том.	お母さん、ぼくと弟のことをせめて考えてくれたら。

370. 形動詞と副動詞

動詞から派生して、形容詞の機能を合わせもつ（当然、形容詞の語尾をもつ）ものは**形動詞**（分詞）（**прича́стие**）と呼ばれる。形動詞には能動形と受動形があり、それぞれに現在と過去がある。副詞の機能をもつものは**副動詞**（**дееприча́стие**）と呼ばれ、不完了体のものと完了体のものがある。

чита́ющий студе́нт「読んでいる学生」	**能動形動詞現在**
(про)чита́вший студе́нт「読んだ学生」	**能動形動詞過去**
чита́емая кни́га「読まれる本」	**受動形動詞現在**
прочи́танная кни́га「読まれた本」	**受動形動詞過去**
чита́я「読みながら」	**不完了体副動詞**
прочита́в「読んでから」	**完了体副動詞**

形動詞は形容詞の役を果たすので、定語になる場合はこれらの例のように、名詞の前におき得る。しかし形動詞は動詞の役ももっているので、補語、状況語をもつ場合が多い。これら補助語をふくむ語群全体は**形動詞句**（**прича́стный оборо́т**）と呼ばれる。

この部分が長くなると、名詞との間隔が開くので、名詞のあとにコンマを打ち、補助語をともなった形動詞句を挿入し、またコンマを打ってもとの文に帰るのがふつうである。このことはすべての形動詞にあてはまる。

чита́ющий газе́ту ю́ноша「新聞を読んでいる若者」→ Ю́ноша, чита́ющий газе́ту, рабо́тает у моего́ отца́.「新聞を読んでいる若者は私の父のもとで働いている」

副動詞も単独のほか、補助語をともない、コンマで区切られた**副動詞句**（**дееприча́стный оборо́т**）として用いられる。

371. 能動形動詞（действи́тельное прича́стие）

1. 能動形動詞現在

отдыха́ющие лю́ди「休んでいる人々」

спя́щая краса́вица「眠る美女」

不完了体動詞の現在形三人称複数（они́）の末尾の子音 -т が -щий になったものは**能動形動詞現在**（**действи́тельное прича́стие настоя́щего вре́мени**）と呼ばれ、「～している」という意味を表す。短語尾はない。

(1) 第1変化の動詞（力点は三人称複数と同じ）

不定形	они́ の形	**能動形動詞現在**
знать「知っている」	зна́ют	зна́ю-**щий**
идти́「行く」	иду́т	иду́-**щий**
жить「生きる」	живу́т	живу́-**щий**
дава́ть「与える」	даю́т	даю́-**щий**
писа́ть「書く」	пи́шут	пи́шу-**щий**
рисова́ть「描く」	рису́ют	рису́ю-**щий**
быть「ある」	бу́дут	бу́ду-**щий**

(2) 第2変化の動詞（力点は不定形と同じ）

不定形	они́ の形	**能動形動詞現在**
говори́ть「話す」	говоря́т	говоря́-**щий**
проси́ть「たのむ」	про́сят	прося́ -**щий**
дыша́ть「呼吸する」	ды́шат	ды́ша-**щий**（力点例外）
ви́деть「見る」	ви́дят	ви́дя-**щий**
ходи́ть「歩く」	хо́дят	ходя́-**щий**
люби́ть「愛する」	лю́бят	лю́бя-**щий**（同上）

(3) その他

不定形	они́ の形	**能動形動詞現在**
хоте́ть「望む」	хотя́т	хотя́-**щий**
есть「食べる」	едя́т	едя́-**щий**
наде́яться*「期待する」	наде́ются	наде́ю-**щийся**
боя́ться「恐れる」	боя́тся	боя́-**щийся**

* ся 動詞からつくられる形動詞の末尾はつねに -ся であり、母音のあとでも -сь になることはない。たとえば、наде́ющаяся, наде́ющегося。

2．能動形動詞現在の用法

すでに述べたように、能動形動詞は形動詞句として用いられることが多い。
Ю́ноша, чита́ющий газе́ту, рабо́тает у моего́ отца́.「新聞を読んでいる若者は私の父のもとで働いている」

そこで、能動形動詞句をふくむ文は、кото́рый が主語である кото́рый 文と同じことになる（Ю́ноша, кото́рый чита́ет газе́ту, рабо́тает у моего́ отца́.）。会話ではふつう кото́рый が使われ、形動詞句は文語的である。

Всё не́бо усы́пано ве́село мига́ющими звёздами.
空一面に、陽気に輝く星がちりばめられていた。

Студе́нты, организу́ющие новогóдний ве́чер, проси́ли меня́ вы́ступить с ре́чью.（Студе́нты, кото́рые организу́ют новогóдний ве́чер, проси́ли меня́ вы́ступить с ре́чью.）
新年会の準備をしている学生たちに、スピーチをするようたのまれた。

И уно́сятся вдаль, к ле́су, зво́нкие молоды́е голоса́, пою́щие пе́сню.（И уно́сятся вдаль, к ле́су, зво́нкие молоды́е голоса́, кото́рые пою́т пе́сню.）
歌をうたっている、よく響く若い声が遠くの森のほうへ去って行く。

Леса́, окружа́ющие городо́к, бы́ли полны́ грибо́в и я́год.（Леса́, кото́рые окружа́ют городо́к, бы́ли полны́ грибо́в и я́год）.
町を囲む森にはきのこといちご類がいっぱいある。

3．能動形動詞過去

лежа́вшая соба́ка「横たわっていた犬」
опозда́вший самолёт「遅れた飛行機」

過去語幹（完了体・不完了体とも）に **-вший**（圧倒的多数）または **-ший** がついたものが**能動形動詞過去**（**действи́тельное прича́стие проше́дшего вре́мени**）と呼ばれ、「～した（していた）」という意味を表す。短語尾はない。

(1) **過去語幹が母音で終わる動詞**（-вший がつき、力点は不定形と同じ）

不定形（完了体）	過去形	**能動形動詞過去**
реша́ть（реши́ть）「決める」	реша́л（реши́л）	реша́**-вший**（реши́**-вший**）
брать（взять）「取る」	брал（взял）	бра́**-вший**（взя́**-вший**）
продава́ть（прода́ть）「売る」	продава́л（про́дал）	продава́**-вший**（прода́**-вший**）
занима́ться（заня́ться）「従事する」	занима́лся（заня́лся）	занима́**-вшийся**（заня́**-вшийся**）
одева́ться（оде́ться）「着る」	одева́лся（оде́лся）	одева́**-вшийся**（оде́**-вшийся**）

(2) 過去語幹が子音で終わる動詞（-ший がつき、力点は過去男性形と同じ）

不定形	過去形	**能動形動詞過去**
нести́「運ぶ」	нёс	нёс-**ший**
помо́чь「助ける」	помо́г	помо́г-**ший**
лечь「横になる」	лёг	лёг-**ший**
привы́кнуть「慣れる」	привы́к	привы́к-**ший**
умере́ть「死ぬ」	у́мер	уме́р-**ший**（力点例外）
идти́「行く」	шёл	ше́д-**ший**（特殊形）
вести́「導く」	вёл	ве́д-**ший**（特殊形）

4．能動形動詞過去の用法

形動詞句が名詞の後にコンマにはさまれておかれる点、кото́рый 構文と同義である点は、能動形動詞現在の場合と同じである。

形動詞の時制と述語動詞の時制の関係に関しては、述語動詞の時制に関わりなく、形動詞が現在（発話時）の動作・状態を指すなら形動詞は現在、発話時から見て過去の動作・状態を指すなら形動詞も過去とするのが原則。

Тури́сты, купи́вшие сувени́ры, верну́лись к авто́бусу.
みやげ物を買った旅行者たちはバスへもどった。

Архите́ктор, созда́вший прое́кт э́того зда́ния, получи́л пре́мию.
この建物の設計をした建築家は賞をもらった。

Луна́, освеща́вшая доро́гу, скры́лась в э́ту мину́ту за ту́чей.
道を照らしていた月はこのときには黒雲に隠れてしまった。

Я продаю́（про́дал, прода́м）маши́ну знако́мому, живу́щему в одно́м до́ме со мной.
私は自動車を、同じマンションに住む知り合いに売る（売った、売るだろう）。

Я встреча́ю（встре́тил, встре́чу）журнали́ста, путеше́ствовавшего вме́сте со мной по Росси́и.
私はいっしょにロシア旅行をしたジャーナリストを出迎える（出迎えた、出迎えるだろう）。

372. 受動形動詞（страда́тельное прича́стие）

1. 受動形動詞現在

охраня́емая грани́ца「守られている国境」

иссле́дуемый вопро́с「研究されている問題」

不完了体動詞現在一人称複数（мы）に形容詞語尾 -ый がついたものが**受動形動詞現在（страда́тельное прича́стие настоя́шего вре́мени）**と呼ばれ、「〜される」という意味を表す。力点は不定形と同じ。定語として用いられる長語尾と、述語として用いられる短語尾がある。ただ受動形動詞現在形は、限られた動詞のものがまれに用いられるだけである（361「動詞の相」3参照）。

不定形	мы の形	**受動形動詞現在**
изуча́ть「学ぶ」	（мы）изуча́ем	изуча́ем**-ый**
публикова́ть「発表する」	публику́ем	публику́ем**-ый**
люби́ть「愛する」	лю́бим	люби́м**-ый**
переводи́ть「翻訳する」	переводи́м	переводи́м**-ый**

語幹に дава-, знава-, става- をもつ動詞の現在型変化では ва が脱落するが（дава́ть「与える」я даю́, ты даёшь, ...）、受動形動詞現在では脱落しない。

издава́ть → издава́емый、узнава́ть → узнава́емый

不定形	мы の形	**受動形動詞現在**
дава́ть「与える」	（мы）даём	дава́ем**-ый**
сознава́ть「意識する」	сознаём	сознава́ем**-ый**
достава́ть「入手する」	достаём	достава́ем**-ый**

нести́「運ぶ」、вести́「導く」、иска́ть「さがす」、влечь「引きつける」の受動形動詞現在は -ом- を介してつくられる。несо́мый, ведо́мый, иско́мый, влеко́мый

пить「飲む」、бить「打つ」、мыть「洗う」、брать「取る」、писа́ть「書く」、стро́ить「建てる」、проси́ть「たのむ」、плати́ть「支払う」など、この形がつくられない、あるいは使われない動詞もある。

События, опи́сываемые в э́той кни́ге, происходи́ли лет три́дцать тому́ наза́д.　この本に描かれているできごとは約30年前に起こった。

Две статьи́, публику́емые в журна́ле, посвящены́ вопро́сам загрязне́ния окружа́ющей среды́.　この雑誌に発表されている2編の論文は、公害問題を扱っている。

Я получа́ю журна́л, издава́емый в Москве́.	私はモスクワで発行されている雑誌をとっている。
Произведе́ния э́того писа́теля люби́мы наро́дом.	この作家の作品は人々に愛されている。

§形容詞化した受動形動詞現在

いくつかの受動形動詞現在は、独立した形容詞として用いられる。люби́мые пе́сни「好きな歌」、ви́димая оши́бка「明らかな失敗」、недви́жимое иму́щество「不動産」、необходи́мое мероприя́тие「必要な処置」

§可能性を表す完了体

完了体動詞に受動形動詞現在の語尾をつけて可能性を表す形容詞がある。(не)исправи́мый「修正可能（不能）な」、(не)излечи́мый「治療可能（不能）な」、(не)допусти́мый「許される（ない）」、неулови́мый「とらえどころのない」、незамени́мый「かけがえのない」

2．受動形動詞過去

поте́рянное дове́рие「失われた信頼」
забы́тая пе́сня「忘れられた歌」

受動形動詞過去（страда́тельное прича́стие проше́дшего вре́мени）は、原則として他動詞（対格を補語とする）の完了体からつくられ（ときに不完了体から作られる場合もある）、「～された」という受身の意味を表す。長語尾は文語的だが、能動形動詞と比較すれば会話語にもよく用いられる。短語尾は受動表現として広く用いられる。

日本語には受動表現を避ける傾向があり（たとえば、「(私によって)学ばれた言語」「読まれた本」などとはいわないことが多い)、また言外に「誰が」という主語を想定して、「なくした鍵」「書いた手紙」などというが、ロシア語では能動か受動かが正確に表現される。そこで、同じことを表現するにもロシア語と日本語では相が異なることになる。

3．受動形動詞過去の形成

受動形動詞過去のつくり方には次の種類がある。

⑴ 不定形が **-ать, -ять, -еть** に終わる動詞では不定形語幹に **-нный** をつける。力点は、不定形で語幹の最後の母音にあれば1音節前に移り、それより前ならば移動しない。

力点不移動		力点移動	
不定形	**受動形動詞過去**	不定形	**受動形動詞過去**
дать「与える」	да́-**нный**	показа́ть「示す」	пока́за-**нный**
сде́лать「作る」	сде́ла-**нный**	написа́ть「書く」	напи́са-**нный**
разре́зать「切る」	разре́за-**нный**	прода́ть「売る」	про́да-**нный**
послу́шать「聞く」	послу́ша-**нный**	нарисова́ть「描く」	нарисо́ва-**нный**
услы́шать「耳にする」	услы́ша-**нный**	посла́ть「送る」	по́сла-**нный**
уви́деть「見る」	уви́де-**нный**	убра́ть「片付ける」	у́бра-**нный**
		осмотре́ть「よく見る」	осмо́тре-**нный**
		потеря́ть「なくす」	поте́ря-**нный**

(2) 不定形が **-ить** で終わる第 2 変化動詞では、単数一人称（я）現在語幹に **-енный** をつける（つまり、第 2 変化の際に起こる子音交代が起こる）。力点は原則として現在単数二人称と同じ。力点が -енный にあるときは **-ённый** となる。

力点不移動		力点移動	
不定形	**受動形動詞過去**	不定形	**受動形動詞過去**
прове́рить「検査する」	прове́р-**енный**	получи́ть「受け取る」	полу́ч-**енный**
ко́нчить「終える」	ко́нч-**енный**	положи́ть「おく」	поло́ж-**енный**
встре́тить「会う」	встре́ч-**енный**	изучи́ть「学ぶ」	изу́ч-**енный**
соста́вить「組み立てる」	соста́вл-**енный**	спроси́ть「たずねる」	спро́ш-**енный**
		купи́ть「買う」	ку́пл-**енный**

	ё型受動形動詞過去
пригласи́ть「招待する」	приглаш-**ённый**
реши́ть「決める」	реш-**ённый**
повтори́ть「繰り返す」	повтор-**ённый**
объясни́ть「説明する」	объясн-**ённый**
обсуди́ть「審議する」	обсужд-**ённый**

⑶ 不定形語幹が**子音で終わる第１変化動詞**では、現在語幹に **-ённый** をつける。

不定形	**受動形動詞過去**	不定形	**受動形動詞過去**
отнести́「持ち去る」 привезти́「運び込む」	отнес**-ённый** привез**-ённый**	перевести́「翻訳する」 найти́「発見する」	перевед**-ённый** на́йд**-енный*** （力点例外）

⑷ 不定形が **-ыть, -уть, -оть** に終わる動詞、および若干の他の動詞では、不定形語幹に **-тый** をつける。

不定形	**受動形動詞過去**	不定形	**受動形動詞過去**
закры́ть「閉める」 умы́ть「洗う」 забы́ть「忘れる」 протяну́ть「ひっぱる」	закры́**-тый** умы́**-тый** забы́**-тый** протя́ну**-тый**	заколо́ть「刺し殺す」 взять「取る」 нача́ть「始める」 оде́ть「着せる」	зако́ло**-тый** взя́**-тый** на́ча**-тый** （力点例外） оде́**-тый**

４．受動形動詞過去の用法

形動詞句が名詞の後にコンマにはさまれておかれる点は、他の形動詞の場合と同じである。また、受動形動詞句は、кото́рый が主語ではなく、他動詞の対格補語になっている кото́рый 構文と同義になる。ここでも形動詞句は文語的で、会話ではふつう кото́рый 構文が使われる。

Э́ту ме́стность ча́сто посеща́ют тури́сты, привлечённые красото́й зде́шней приро́ды. (Э́ту ме́стность ча́сто посеща́ют тури́сты, кото́рых привлека́ет красота́ зде́шней приро́ды.)

この土地の自然の美しさにひかれた旅行者がここをよく訪ねる。

Лю́ди, обвинённые в госуда́рственной изме́не, бы́ли обречены́ на смерть. (Лю́ди, кото́рых обвини́ли в госуда́рственной изме́не, бы́ли обречены́ на смерть.)

国家反逆で告発された人々は死刑が避けられない。

Ему́ вспо́мнилась мело́дия, слы́шанная когда́-то в де́тстве. (Ему́ вспо́мнилась мело́дия, кото́рую он слы́шал когда́-то в де́тстве.)

子供時代にいつか聞いたメロディーが彼には思い出された。（不完了体からつくられた例）

5．受動形動詞過去短語尾

受動形動詞過去短語尾形は、受身を表す述語として、会話語もふくめて広く、ひんぱんに用いられる。361「動詞の相」参照。

§受動形動詞過去短語尾の形成

-тый 型の短語尾は形容詞と同じようにつくられるが、-нный 型では н がひとつになる[24]。力点の位置は一般的には長語尾と同じだが、女性形のみ語尾に移る例外型がある。ただし -ённый 型は常にその最終母音にある。

	откры́тый「開かれた」	сде́ланный「作られた」	переведённый「訳された」	про́данный「売られた」	на́литый「注がれた」
он	откры́т	сде́лан	переведён	про́дан	на́лит
она́	откры́та	сде́лана	переведена́	про́дана	налита́
оно́	откры́то	сде́лано	переведено́	про́дано	на́лито
они́	откры́ты	сде́ланы	переведены́	про́даны	на́литы

Наш дом откры́т для всех. わが家のドアは全員に開かれている。

На сего́дняшнем собра́нии бу́дет при́нято ва́жное реше́ние. 今日の集会で重要な決定が採択されるだろう。

Э́тот храм был осно́ван ещё в восьмо́м ве́ке. この寺院はすでに8世紀に作られた。

24 -нный 型形容詞の短語尾については 223 の 2「短語尾変化の問題点」を参照。

373. 副動詞（дееприча́стие）

動詞から派生して、副詞の機能を合わせもつものは**副動詞**（**дееприча́стие**）と呼ばれる。副動詞は変化しない。不完了体からつくられるものと完了体からつくられるものがあり、意味が異なる。どちらも文章語的である。副動詞句は補語や状況語をともなうことが多く、コンマによって区切られて（副動詞句）、主文の前にも、後にも、中にもおかれ得る。

副動詞の主体は通常主文の主語と同一であるが、主文が無人称文でも用い得る。その場合主体は主文の動作主体と同じである。

Вспомина́я ба́бушку, она́ иногда́ пла́кала.	祖母のことを思い出しながら、彼女はときどき泣いた。
Говоря́ со мной, он всё вре́мя смотре́л на часы́.	私と話しながら、彼はしょっちゅう時計を見た。
Мать, закры́в окно́, ме́дленно опусти́лась на стул.	窓を閉めると、母はゆっくりいすに腰掛けた。
Пришло́сь уе́хать, оста́вив соба́ку у сосе́дей.	犬を隣人にあずけて、去らなければならなかった。

1．不完了体副動詞「〜しながら」

Живя́ в Токио, он рабо́тает в фи́рме.	東京に住んで、彼は会社勤めをしている。
он рабо́тал в фи́рме.	会社勤めをしていた。
он бу́дет рабо́тать в фи́рме.	会社勤めをするだろう。

不完了体副動詞は主文の述語と同時の行為を表す。ただし、後述するように、同時性を示すことがその文の主旨であるとは限らない。

§不完了体副動詞の形成

現在語幹（я の部分だけに現れる子音交代は現れない）に -я（ж, ч, ш, щ のあとでは、つづり字の規則に従って -а）をつける。力点の位置は現在一人称単数（я）と同じ。ся 動詞の場合は、-ясь, -ась となる。

不定形（第 1 変化）	**副動詞**	不定形（第 2 変化）	**副動詞**
чита́ть「読む」	чита́**-я**	говори́ть「話す」	говор**-я́**
забыва́ть「忘れる」	забыва́**-я**	ви́деть「見る」	ви́д**-я**
рисова́ть「描く」	рису́**-я**	люби́ть「愛する」	люб**-я́**
идти́「行く」	ид**-я́**	приходи́ть「来る」	приход**-я́**
жить「住む」	жив**-я́**	боя́ться「恐れる」	бо**-я́сь**
нести́「運ぶ」	нес**-я́**	быть「ある」	бу́дучи（特殊形）
стесня́ться「遠慮する」	стесня́**-ясь**		

語幹に дава-, знава-, става- をもつ動詞の現在型変化では ва が脱落するが（дава́ть「与える」я даю́, ты даёшь, ...)、副動詞では脱落しない。встава́ть → встава́я、узнава́ть → узнава́я

いくつかの副動詞は、例外的に力点が語幹へ移動する。これらのものは副詞化しており（後述の副動詞用法を越えて、自由に用いられる)、使用頻度が高い。сиде́ть → си́дя「すわって」、лежа́ть → лёжа「ねたまま」、стоя́ть → сто́я「立って」、суди́ть → су́дя「判断すると」、гляде́ть → гля́дя「見ながら」など

мочь「できる」、писа́ть「書く」、петь「うたう」、пить「飲む」、ждать「待つ」、жечь「焼く」、бежа́ть「走る」など、第 1 変則動詞の多くは副動詞をつくれない。しかし、接頭辞のついた不完了体からつくられることはある。выпива́я「飲み干しながら」、сжига́я「焼きながら」

Постепе́нно овладева́я собо́й, Пётр стал говори́ть про́ще и споко́йнее.
徐々に自分を抑え、ピョートルはより簡潔に、おだやかに話すようになった。

Он шёл ме́дленно, тяжело́ опира́ясь на па́лку.
彼はやっと杖にすがりながらゆっくり歩いていた。

Сестра́, стара́ясь не греме́ть посу́дой, разлива́ла чай и вслу́шивалась в разгово́р госте́й.
姉は食器の音を立てないようにしながら茶を注ぎ、客たちの話に耳をかたむけた。

2．完了体副動詞「〜してから」

Написа́в письмо́, он пьёт чай. 手紙を書いてから、彼は茶を飲んでいる。
он пил чай. 茶を飲んでいた。
он бу́дет пить чай. 茶を飲むだろう。

完了体副動詞は主文の述語に先立って完了した行為を表す。ただし、後述するように、動作の前後関係をいうことが文の主旨であるとは限らない。

§完了体副動詞の形成

完了体動詞の過去語幹が、
① 母音で終わる場合は、それに接尾辞 -в をつける
② 子音で終わる場合は、それに接尾辞 -ши をつける
（ся 動詞にはつねに -вшись, -шись をつける）
力点の位置は原則として不定形と同じ

不定形	副動詞	不定形	副動詞
прочита́ть「読了する」	прочита́-в	лечь「横になる」	лёг-ши
сказа́ть「言う」	сказа́-в	поги́бнуть「滅びる」	поги́бну-в*
закры́ть「閉じる」	закры́-в	умы́ться「洗う」	умы́-вшись
кри́кнуть「叫ぶ」	кри́кну-в	заня́ться「従事する」	заня́-вшись
махну́ть「振る」	махну́-в	пройти́「行く」	проше́д-ши**

* 例外。一回動詞ではないので、過去形は поги́б（поги́бши）。
** 特殊形。他に провести́ → прове́дши。次項参照。

完了体副動詞の中には、不完了体副動詞同様、現在語幹に接尾辞をつけてつくられるものもある。しかし意味は完了体副動詞であり、使用頻度はこのほうが高い。規則どおりにつくられたカッコ内の形は、古いとされる。

идти́, нести́, вести́, везти́ などの派生動詞			
прийти́	прид-я́	(прише́д-ши)	
отнести́	отнес-я́	(отнёс-ши)	
перевести́	перевед-я́	(переве́д-ши)	
увезти́	увез-я́	(увёз-ши)	
その他			
уви́деть	уви́д-я	уви́де-в	
встре́титься	встре́т-ясь	встре́ти-вшись	
услы́шать	услы́ш-а	услы́ша-в	
прости́ться	прост-я́сь	прости́-вшись	

Никола́й встал и на́чал ходи́ть по ко́мнате, <u>заложи́в</u> ру́ки за спи́ну.

<u>Око́нчив</u> у́жин, все расположи́лись вокру́г костра́.

<u>Узна́в</u> о его́ прие́зде, мы реши́ли собра́ться у него́.

<u>Возвратя́сь</u> в ко́мнату, мать трево́жно загляну́ла в окно́.

ニコライは立ち上がり、手をうしろに組んで部屋の中を歩き始めた。

夕食を終えると、皆焚き火の回りに陣取った。

彼の到着を知って、私たちは彼のところに集まることにした。

部屋にもどると母は不安そうに窓から外をのぞいた。

3．副動詞の意味

不完了体副動詞は主文の動詞と同時におこなわれる動作、完了体副動詞はそれに先立って完了した動作を表すが、副動詞は単にそのような時間関係だけでなく、原因・条件・その他の付帯的状況を表すことも多い。副動詞がどのような意味合いで使われているかは、文脈から判断できるが、いずれとも言いがたい場合もある（異なる解釈も可能なあいまい表現）。

Он ушёл, почу́вствовав себя́ ли́шним.	自分が場違いだと思ったので、彼は立ち去った。
Не име́я никаки́х изве́стий об экспеди́ции, мы на́чали беспоко́иться.	遠征隊について何の情報もないので、私たちは心配になった。
Услы́шав шум на у́лице, она́ подошла́ к окну́.	おもての騒ぎを耳にして、彼女は窓のほうへ行った。
Верну́вшись пора́ньше, я смогу́ зайти́ к тебе́.	早く帰れたら、君のところに寄れる。
Зна́я ваш а́дрес, он обяза́тельно написа́л бы вам.	あなたの住所を知っているなら、彼は必ず手紙をよこしている。
Мы спеши́ли домо́й, боя́сь надвига́вшейся грозы́.	近づいてきた雷雨を恐れて、私たちは帰路を急いだ。
Вы́йдя из маши́ны, Та́ня почу́вствовала кра́йнюю уста́лость.	車を降りると、ターニャは激しい疲労を感じた。
Возвратя́сь в ко́мнату, мать трево́жно вы́глянула в окно́.	部屋にもどってから、母は心配そうに窓の外をのぞいた。
Занима́ясь ка́ждый день, мо́жно быстре́е овладе́ть игро́й на фле́йте.	毎日練習すれば、フルート演奏をもっと速く身につけることができる。

400. その他の品詞（副詞、前置詞、接続詞、助詞、間投詞）

410. 概　説

名辞類以外の品詞で圧倒的な比重をもつのが動詞であることはいうまでもない。それ以外の品詞で独立語とされるのは、副詞のみである。副詞は、比較級があるものを除けば語形変化をしないので、学習者にとっては扱いやすく、個々の語彙の意味と用法を知れば、それ以外の問題は比較的少ない。まして、大多数の副詞は形容詞と同形（短語尾単数中性形）である。

ここで扱う品詞の副詞以外は補助語とされるが、いずれの品詞もロシア語の構成にとって必要不可欠な存在である。中でも前置詞は、派生的なものを除くと数が限られ、きわめて短いが（1文字から5文字程度）、意味と用法は複雑多岐にわたり、場合によると相互にかなり錯綜している。前置詞の用法に通じなければ、ロシア語を正確に発信・受信することはできない。これが名辞類の格の機能とならぶ重要性をもつものであることは、Ⅱ-130「格の機能」で明らかであったとおりである。

接続詞に関して、形態論的に知っておかなければならないことはそれほど多くはないだろうが、これが生み出す複文は、統語論上大きな比重を占める。実用的見地からも、接続詞の意味と用法には十分に通じておく必要があると思われる。

助詞、間投詞、擬態（音）語に関しては、文法書として述べておくべきことがあまりあるとは思えない。しかし、これらに関する知識なしで、会話語の生きた陰影をとらえることは不可能である。そのさまざまな用法を論じるのは文法書の任ではないので、問題点を指摘するにとどめた。

420. 副　詞（нарéчие）

421. 副詞の種類

副詞は通常、動詞、形容詞（または他の副詞）を修飾する語で、その一部が比較級、最上級をもつ以外には変化しない。ときに名詞を修飾する場合もあるが、その例は多くない。

動詞を修飾する例（位置は色々）	рабóтать хорошó「よく働く」、сидéть ря́дом「ならんですわる」、éздить вмéсте「いっしょに旅行する」
形容詞を修飾する例（通常は前置される）	óчень краси́вый「とても美しい」、оптимисти́чески настрóенный「楽観的気分でいる」、почти́ готóвый「ほとんど準備のできた」
副詞を修飾する例（通常は前置される）	совсéм мéдленно「まったくゆっくり」、вполнé поня́тно「よく理解できる」、смертéльно скýчно「死ぬほど退屈に」
名詞を修飾する例（通常は後置される）	дорóга влéво「左折路」、чтéние вслух「朗読」、шаг назáд「一歩後退」

1. 本来の副詞と派生的副詞

副詞には本来のもの（現代のふつうのロシア人が他からの派生語ではないと感じるもの）と、他の品詞から派生したものがある。後者のほうが数は圧倒的に多い。

本来の副詞には、次のようなものがある。здесь「ここに」、там「あそこに」、где「どこに？」、сюдá「ここへ」、тудá「むこうへ」、кудá「どこへ？」、тогдá「そのとき」、когдá「いつ？」、всегдá「いつも」、так「そのように」、как「どのように？」、тóлько「～だけ」、скóлько「どれだけ？」など

疑問代名詞同様、疑問副詞に -то, -нибудь, -либо をつけると不定副詞、не-, ни- をつけると否定副詞になる（後述 422「代名詞的副詞」）。

また、от- などの前置詞が接頭辞としてつくものもある。откýда「こから？」、отсю́да「ここから」、など

2. 他の品詞から派生した副詞

副詞の多くは他の品詞からつくられる。特に名詞と形容詞が多いが、これ

らのうち、どれが副詞化した独立単語で、どれが本来の品詞の変形にすぎないのかの境界線は必ずしも明確ではない。

下表 ⑴ の①（名詞造格）に出した語はいずれも辞書で副詞として単独に扱われているが（たとえば、最後の２語は名詞造格の場合と副詞の場合では力点が異なる）、頻度がそれほど高くないものはそのかぎりではない。

時、場所、数量を表す名詞の対格（⑴の②）も副詞（句）になり得るが、この用法は、сейча́с や чу́точку などの慣用化したもの以外は、ふつうは独立の副詞とは扱わない。

⑶ の①（形容詞短語尾中性形）は数も多く、推測が容易なので、ふつうは独立した副詞とは扱わないが、大きな辞書では項目語として示す場合もある。

⑴ 名詞から派生した副詞	
① 造格 （135 ⑴「造格の機能」参照）	у́тром「朝に」、ле́том「夏に」、путём「～の方法で」、ша́гом「徒歩で」、ча́стью「部分的に」、места́ми「ところどころ」、круго́м「周囲に」、бего́м「走って」など
② その他の格 **対格**（134 ⑴「対格の機能」参照） 名詞（句）の**生格**が慣用化したもの	 мину́ту「しばらく、ただいま」、то́тчас「すぐに」、сейча́с「今」、всё ле́то「夏中」、ты́сячу раз「何回となく」、чу́точку「ほんの少し」など сего́дня「今日」、тре́тьего дня「一昨日」など
③ 前置詞とともに （これらの中には、現在では名詞がその形では存在しないものもふくまれる）	вперёд「前へ」、впереди́「前に」、вверх「上へ」、све́рху「上から」、наверху́「上で」、наве́к「永久に」、наза́д「後へ」、сза́ди「後から」、наприме́р「たとえば」、подря́д「続けて」、изнутри́「中から」、сра́зу「すぐに」、о́троду「生後」、загра́ницу「外国へ」、загра́ницей「外国で」など
⑵ 代名詞から派生した副詞	
	почему́「なぜ？」、заче́м「何のために？」、поэ́тому「～だから」、зате́м「その後で」など

(3) 形容詞から派生した副詞	
① -o(-e)型 短語尾中性と同形で、副詞の中で最も数が多い 軟変化でも副詞が -o になるものがある	интерéсно「おもしろく」、высокó「高く」、бы́стро「すばやく」など рáно（рáнний）「早く」、пóздно（пóздний）「遅く」、и́скренно（и́скренний → и́скренне という形もある）「心から」、вну́тренно（вну́тренний → вну́тренне という形もある）「心のなかでは」など
② -ки 型 -ский(-цкий)型形容詞から	практи́чески「実質的に」、факти́чески「事実上」、дру́жески「友情をこめて」、по-ру́сски「ロシア風に」、по-дурáцки「ばかげた」など
③ 前置詞＋形容詞短語尾	напрáво「右へ」、спрáва「右から、右に」、слегкá「軽く」、дóсыта「満腹するまで」、и́зредка「まれに」、издалекá「遠くから」、пóпросту「簡単に」、понемнóгу「少しずつ」、потихóньку「こっそりと」、зáново「新たに」、вполнé「十分に」など
④ по＋長語尾中性与格 通常ハイフンを介して	по-прéжнему「以前どおり」、по-мéстному「その土地風に」、по-деловóму「実務的に」、по-зи́мнему「冬型で」など*
(4) 動詞から派生した副詞	
① 副動詞から (副詞化したもの)	лёжа「横になって」、стóя「立って」、мóлча「だまって」、немéдля「すぐに」など
② 能動形動詞現在から 短語尾単数中性の形（-ще）例はあまり多くない	вопрошáюще「問いかけるように」、умоля́юще「懇願するように」、угрожáюще「おどかすように」など
(5) 数詞から派生した副詞	
前置詞＋数詞	впервы́е「初めて」、вдвоём「ふたりで」、вдвóе「２倍に」、заоднó「ついでに」、наединé「相対して」など

＊この型の副詞は話者（書き手）がつくることができる。表の例はよく用いられるもの。

3．意味上の分類

副詞は意味と形式のうえから次のように分類できる。しかしこの分類は理解のための便宜上のものなので、重複もあり、相対的区別にとどまる。

⑴ **動作様態**（広義）を表す副詞（как、каки́м о́бразом「どのようにして」などの質問に答えるもの）	пра́вильно「正しく」、си́льно「つよく」、интере́сно「おもしろく」
⑵ **時**を表す副詞（когда́ に答えるもの）	у́тром「朝に」、сего́дня「今日」、иногда́「ときどき」、пото́м「あとで」
⑶ **場所**を表す副詞（где, куда́, отку́да に答えるもの）	здесь「ここで」、сюда́「ここから」、отту́да「あそこから」
⑷ **程度**を表す副詞（ско́лько「どれだけ」、ско́лько раз「何回」、в како́й сте́пени「どの程度」などの質問に答えるもの）	о́чень「とても」、мно́го「たくさん」、гора́здо「はるかに」、почти́「ほとんど」
⑸ **原因**を表す副詞（почему́ に答えるもの）	поэ́тому「それだからだ」、сгоряча́「ついかっとなって」、спросо́нок「ねぼけて」
⑹ **目的**を表す副詞（заче́м に答えるもの）	назло́「いやがらせに」、наро́чно「わざと」、не́зачем「～する目的がない」
⑺ **疑問**を表す副詞	когда́「いつ」、где「どこで」、как「いかに」
⑻ **否定**および**不定**を表す副詞（疑問副詞に ни-, не- がついたもの）	никогда́「一度も～ない」、не́сколько「いくつかの」、не́когда「～する時間がない」
⑼ **強調**を表す副詞	действи́тельно「実際に」、и́менно「まさに」、о́чень「とても」

4．副詞の比較級

形容詞から派生した副詞には、形容詞短語尾比較級と同形の比較級がある。用法、比較対象の示し方、最上級などもそれと同様である（225「短語尾の比較級、最上級」参照）。

Сего́дня она́ вста́ла ра́ньше меня́.　　今日彼女は私より早く起きた。

В после́днее вре́мя он ведёт себя́ ху́же, чем ра́ньше.　　最近の彼は以前より態度が悪い。

Он у́чится лу́чше всех в гру́ппе.　　彼はクラスで最もよく勉強する。

422. 代名詞的副詞（местоиме́нные наре́чия）

1．代名詞的副詞の分類

副詞の中には、具体的な内容を示さず、「そこ」「そのとき」「そんな風に」などのように一定の意味範囲のみを示す、代名詞のような副詞がある。これらの副詞の用法は、代名詞の用法とほぼ同様に分類できる（233「疑問代名詞、不定代名詞、否定代名詞」、234「関係代名詞」参照）。なお、ここでは例語の日本語訳は省略した。

	疑問・関係副詞	指示副詞	否定副詞	不定副詞
場所の副詞	где, куда́, отку́да	там, туда́, отту́да, здесь, тут, сюда́, отсю́да	нигде́, никуда́, ниотку́да, не́где, не́куда, не́откуда	где́-то, куда́-то, отку́да-то,（同様に -нибудь, -либо のついたもの）кòе-где́, кòе-куда́
時の副詞	когда́	тогда́	никогда́, не́когда	когда́-то（-нибудь, -либо）, не́когда*
動作様態の副詞	как	так	ника́к	ка́к-то（-нибудь, -либо）, кòе-ка́к
程度の副詞	ско́лько, наско́лько	сто́лько, насто́лько	ниско́лько	не́сколько*
原因の副詞	почему́	потому́		почему́-то（-нибудь, -либо）
目的の副詞	заче́м	зате́м	не́зачем	заче́м-то（-нибудь, -либо）

* この не- は、否定ではなく、不定の接頭辞。

2．関係副詞（относи́тельные наре́чия）と指示副詞（указа́тельные наре́чия）

疑問副詞はいずれも関係副詞として用いられ、従属節を主節に結びつける接続詞の役目を果たす。代名詞の場合と同様である（疑問代名詞が関係代名詞となる）。

指示副詞は、関係副詞の先行詞となる。これも代名詞の場合と同様である。

Все спрáшивают, где он рабóтал.　彼がどこで働いていたか、皆がたずねる。

Вы знáете, когдá онá вернётся?　彼女がいつもどるかご存知ですか。

И вот я снóва там, где прошли́ лýчшие гóды ю́ности.　そして今また私は、青春のよき日々をすごした場所にいる。

Я придý тóлько тогдá, когдá ты сам позовёшь.　君自身が呼んだときにだけ来るよ。

3．否定副詞（**отрицáтельные нарéчия**）

否定副詞の用法も、否定代名詞と同様である。ни- のつく否定副詞は人称文に用いられ、述語も否定される。не- のつく否定副詞は、動詞不定形とともに無人称文の述語となる。

В прáздник мы никудá не поéдем.　祭日に私たちはどこへも行かない。

Я никогдá не прóбовал такóго вкýсного блю́да.　こんなおいしい料理は一度も食べたことがない。

Мне нéкогда занимáться пустякáми.　私にはつまらぬことをしているひまはない。

Емý нéзачем бы́ло оставáться там.　彼にはそこへ残る理由はなかった。

4．不定副詞（**неопределённые нарéчия**）

不定副詞（-то, -нибудь, -либо, кое- のついたもの）の形成と意味も、不定代名詞の場合と同様である。

Со стáнции доноси́лся шум пóезда: гдé-то кричáли петухи́.　駅のほうから列車の騒音が聞こえ、どこかで雄鶏が鳴いていた。

По нéбу плы́ли рвáные облакá: кòе-гдé виднéлось си́нее нéбо.　空には千切れ雲が漂い、そこここで青い空が見えた。

Я надéюсь, что вы зайдёте ко мне когдá-нибудь.　いつかお寄り下さると期待しています。

Ктó-либо из нас дóлжен был поéхать на стáнцию за гостя́ми.　私たちのうちの誰かが駅へ客を迎えに行かなければならなかった。

423. 述語副詞（предикати́вные наре́чия）

ロシア語には述語副詞と呼ばれる、品詞に準ずる独特のカテゴリーがある。その多くは副詞（形容詞短語尾中性形）と同じ形をしており、状態をあらわす無人称文の述語となるため、このような、形態論と統語論の考え方を合わせた名称が生まれた。

たとえば、В ко́мнате хо́лодно.「部屋は寒い」の場合は、「部屋（という主語）が冷たい」と表現しているのではなく、まず「(一般的に) 寒い状態にある」と表現し、「部屋の中では」と場所の状況語が補われているわけである。もし、「私にとって」と主体を示したければ、Мне хо́лодно. と与格で示される。

1．述語副詞の種類

述語副詞は意味と形によって次の 3 種類に分類できる。

⑴ **自然状態** 形容詞短語尾中性形と同形。単独で用いることも、動詞不定形をつけることもできる	хо́лодно「寒い」、жа́рко「暑い」、светло́「明るい」、темно́「暗い」、прохла́дно「涼しい」など	В Москве́ бы́ло хо́лодно.「モスクワは寒かった」、За́втра бу́дет прохла́дно.「明日は涼しくなるだろう」、Вам не хо́лодно сиде́ть здесь?「ここにすわっていてお寒くはありませんか」、В до́ме пу́сто и ти́хо.「家の中はがらんとして静かだった」、Мно́го пассажи́ров вы́шло, и в ваго́не ста́ло просто́рно.「大勢の乗客が降りたので、車両の中は広々とした」
短語尾比較級も述語副詞になり得る	тепле́е「(тепло́ の比較級)」、ти́ше「(ти́хо の比較級)」など	В лесу́ оказа́лось тепле́е.「森の中はもっと暖かかった」

(2) **生理・心理的状態** 形容詞短語尾中性形と同形。同じく比較級も可。不定形がつくことが多い	ве́село「ゆかいだ」、ску́чно「退屈だ」、прия́тно「快い」、хорошо́「よい」、тру́дно「むずかしい」など	О́чень прия́тно познако́миться с ва́ми.「お知り合いになれてうれしいです（初対面のあいさつの決まり文句）」、Ему́ бы́ло смешно́ вспомина́ть об э́том.「彼はこのことを思い出すのがこっけいだった」、Мне ста́ло ле́гче рабо́тать.「私は働くのが楽になった」、Без неё мне ста́ло ску́чно.「彼女なしでは私はつまらなくなった」、По вечера́м в на́шем до́ме быва́ет шу́мно и ве́село.「毎晩わが家は騒がしく、陽気だ」
(3) **独自のもの** 形容詞短語尾中性形ではなく、述語副詞独自のもの。不定形無しでは意味をなさない。これらもある種の状態を表しているといえる	мо́жно「～してよい」、нельзя́「～してはいけない」[1]、на́до「～しなければならない」、жаль「～するのは残念だ」、пора́[2]「～する時間だ」など	Наве́рх мо́жно подня́ться на ли́фте.「上にはエレベータであがれる」、Мне бы́ло жаль расста́ться с ней.「私は彼女と別れるのが残念だった」、Сейча́с не вре́мя спо́рить.「今は議論している場合ではない」
(4) **述語副詞的に用いられる語結合**	не по себе́「ぐあいが悪い」、(не) по си́лам「手に負える（負えない）」、не до *чего́*「～どころではない」など	В э́той компа́нии мне бы́ло не по себе́.「この連中の中にいると私はぐあいが悪かった」、Мне не по си́лам ко́нчить э́ту рабо́ту за два дня.「この仕事を2日で終えるのは私の手に余る」、Я о́чень за́нят сейча́с. Мне не до теа́тра.「今とても忙しいので、芝居どころではない」

[1]「～してはいけない」の意味の場合、不定形動詞は不完了体。「～できない」の場合は、具体的な意味なら完了体、一般的な意味なら不完了体。Нельзя́ открыва́ть э́то окно́.「この窓を開けてはいけない」、Э́то окно́ нельзя́ откры́ть.「この窓は開かない」、Нельзя́ жить без воды́.「水なしでは生きられない」。

[2] (не) вре́мя「～する（すべきではない）場合だ」、охо́та「～したい」、лень「～するのはめんどうだ」など、名詞が述語副詞になる場合もある。

2. 形容詞短語尾と述語副詞

「必要だ」、「見える」、「聞こえる」 などの形容詞短語尾は、 述語副詞にもなる。形容詞短語尾の場合、性・数は当然主語に一致する。中性形をとって述語副詞になると、主体は対格となり、否定された場合は生格となる。

形容詞短語尾（人称文）	述語副詞（無人称文）
Мне нужна́ ва́ша подде́ржка. 「私にはあなたの支持が必要だ」 Мне не нужна́ ва́ша подде́ржка. 「私にはあなたの支持は必要ない」 Кто вам ну́жен?「誰にご用ですか」	Мне ну́жно ва́шу подде́ржку. 「私にはあなたの支持が必要だ」 Мне не ну́жно ва́шей подде́ржки. 「私にはあなたの支持は必要ない」 Кого́ вам ну́жно?「誰にご用ですか」
Слышна́ пе́сня.「歌が聞こえる」 Не слышна́ пе́сня.「歌は聞こえない」	Сльі́шно пе́сню.「歌が聞こえる」 Не сльі́шно пе́сни.「歌は聞こえない」

3. 副詞と述語副詞

大半の述語副詞は副詞と同形だが、 文中の動詞の形と主体を示す与格を見れば、述語副詞であることが明白である。

副詞（人称文）	述語副詞（無人称文）
Он тру́дно про́жил жизнь. 「彼は苦労して生きてきた」 Мать бо́льно уда́рила сы́на. 「母は息子を強く打った」 Она́ посмотре́ла на меня́ и прия́тно улыбну́лась.「彼女は私を見て明るくほほえんだ」	Ему́ тру́дно бы́ло прожи́ть жизнь в одино́честве.「彼には独りで生きていくのはむずかしかった」 Ма́тери бы́ло бо́льно за сы́на. 「母は息子のことで胸を痛めた」 Мне прия́тно бы́ло смотре́ть на неё. 「私は彼女を見るのが気持ちよかった」

430. 前置詞（предло́г）

431. 前置詞の種類

1．2種類の前置詞

前置詞とは、名辞類について状況語、補語、定語などの文の成分をつくる補助語である。名辞類は格変化および前置詞によって必要な文の成分になるのである。各前置詞は一定の格を要求する。意味の違いで2つ以上の格を要求するものもある。

前置詞には、副詞同様、本来のもの（現代のロシア人がそう感じるもの）と、あとから派生したもの（前置詞が接頭辞となって名辞類と複合語を構成するものや、他の品詞からの派生語など）の2種類がある。場合によっては知識がないと区別できないが（о́коло「約」、кро́ме「～以外」など）、実用上の支障はない。複合語や派生語の大部分は、意味もおおかた推測できる。たとえば вме́сто（в＋ме́сто）「～の代わりに」、вокру́г（в＋круг）「～の周囲に」、благодаря́（благодари́ть の副動詞）「～のおかげで」など

2．本来の前置詞

本来の前置詞と、その根源的な意味、要求する格は次のとおりである。この表には根源的な意味しか記していないが、具体的な意味と用法は多岐にわたり、複雑である。それについては次節以下である程度述べるが、詳細については辞書にゆずらざるを得ない。

	根源的意味	要求する格
без（безо）	無しに	生格
в（во）	中へ（移動） 中で（不動）	対格 前置格
для	ために、～にとって	生格
до	まで（表面への到着）	生格
за	うしろへ（移動） うしろで（不動）	対格 造格
из	から（内部からの離脱）	生格
к（ко）	方へ（方向）	与格
на	上へ（表面への移動） 上で（表面で不動）	対格 前置格

над (надо)	上に（空間を隔てた上）	造格 [3]
о (об, обо)	～について 触れて	前置格 対格
от (ото)	から（表面からの離脱）	生格
перед (передо)	前で	造格
по	～を（表面での移動） ～まで（時間的に） うしろに	与格 対格 前置格
под (подо)	下へ（移動） 下で（不動）	対格 造格
при	際して	前置格
про	～について	対格
ради	ために	生格
с (со)	ともに ～から（表面からの離脱） ほぼ（近似）	造格 生格 対格
сквозь	とおして	対格
у	～のところに	生格
через	超えて、あとに（時間）	対格
из-за	うしろから	生格
из-под	下から	造格

本来の前置詞の大半（для, перед, сквозь, через や、 из-за などの二重前置詞を除く）は、動詞その他の接頭辞となる（たとえば、зайти́ за дру́гом「友人を迎えに行く」、вбежа́ть в ко́мнату「部屋へ駆け込む」、придво́рный「宮廷の」、предисло́вие「まえがき」）。

本来の前置詞にはふつう力点がないが、一定の語結合では、名辞類にある力点が、前の前置詞に移動する。е́хать за́ город「郊外へ行く」、броса́ть *что* на́ пол「床に投げる」、подня́ться на́ гору「山に登る」、влюби́ться по́ уши「ぞっこん惚れ込む」、идти́ по́ полю「野原を行く」など

[3] над は под に似ているが、移動または方向を表す対格要求の用法はない。

3．複合（派生）の前置詞

前置詞が接頭辞となって名辞類と複合前置詞を構成するものや、他品詞からの派生語など、あとから派生した前置詞の意味・用法の範囲は限定されている。大部分は生格要求である。それらの中には生格の名辞類をともなわず、独立した副詞として用いられるものもある。

<table>
<tr><td colspan="2">⑴ 生格を要求するもの</td></tr>
<tr><td>前置詞としてのみ用いられるもの
близ「近くに」、вме́сто「代わりに」、всле́дствие「～の結果」、вне「外で」、каса́тельно「関して」、кро́ме「以外に」、про́тив「向かって、反対して」、среди́「中間に」</td><td>副詞としても用いられるもの
вблизи́「近くに」、внутри́「中で」、вдоль「沿って」、вокру́г「周囲に」、вперёд「前へ」、круго́м「周囲に」、напро́тив「反して」、о́коло「そばに、約」、по́сле「あとで」、позади́「うしろに」、посреди́「中央に」、пре́жде「以前に」、сза́ди「うしろに」、относи́тельно「関して」</td></tr>
<tr><td colspan="2">⑵ 与格を要求するもの</td></tr>
<tr><td colspan="2">благодаря́「おかげで」、согла́сно「～にしたがって」、вопреки́「反して」、наперекóр「反して」Наперекóр судьбé он вы́жил, и, подлечи́вшись, верну́лся на фронт.「運命に逆らって彼は生き延び、そして回復すると前線へもどった」</td></tr>
<tr><td colspan="2">⑶ 対格を要求するもの</td></tr>
<tr><td colspan="2">спустя́「～たって（時に関し）」Спустя́ 20 лет он встре́тился с роди́телями.「20 年後に彼は両親に再会した」</td></tr>
<tr><td colspan="2">⑷ 造格を要求するもの</td></tr>
<tr><td colspan="2">ме́жду「あいだに」Пе́рвая желе́зная доро́га в Росси́и была́ проло́жена ме́жду Петербу́ргом и Па́вловском.「ロシアで最初の鉄道はペテルブルグとパヴロフスクの間に開設された」</td></tr>
</table>

後続の名辞類がなければ副詞として用いられていることになる。これらの副詞はしばしば意味を明確化する別の副詞とともに用いられる。

Вокру́г лежа́ли безмо́лвные холмы́.　周囲にあるのは、静まりかえったいくつもの丘だった。

Лю́ди по́няли всё э́то по́зже, когда́ фронт оста́лся далеко́ позади́.　人々がすべてを理解したのは、のちに前線がはるか後方になったときだった。

432．前置詞の用法

1．前置詞の意味分類

前置詞というものの性格や機能を理解するために、意味に従って分類すると概略下の表のようになる。主要な前置詞の用法の多くについては130「格の機能」で既述したので、ここではその分にはふれない。それぞれの格とともに用いられる前置詞の箇所（132⑶「生格要求の前置詞」、133⑵「与格要求の前置詞」、134⑵「対格要求の前置詞」135⑶「造格要求の前置詞」、136「前置格要求の前置詞」）を参照。空間関係を示すв / из、на / с、у / к / от、時間関係、原因・理由を示す前置詞については、後続433以下で扱った。

本来の前置詞の意味・用法は多岐にわたって複雑なので、ここでの意味分類はあくまで概略的・相対的なものであり、ここに有効に示し得なかったものも少なくない。詳細は辞書参照。

⑴ **空間関係（移動・方向性）**を示す	生格要求	из「～から、～の中から」、с「～から、～の上から」、от「～のもとから、～の方から」、до「～のところまで」、из-за「向こうから」、из-под「下から」、вокру́г「周囲を」、вдоль「沿って」、мимо「～のわきを」
	与格要求	к「～のほうへ」、навстре́чу「～に向かって」
	対格要求	в「～へ、～の中へ」、на「～へ、～の上へ」、за「～の向こう側へ」、под「下へ、近くへ」、сквозь「中を通って」、через「～を通して」
⑵ **空間関係（不動の場所・位置）**を示す	生格要求	у「～の所で」、вокру́г「周囲に」、близ「近くに」、вне「外で」、внутри́「中で」、во́зле「そばに」、впереди́「前に」、о́коло「そばに」、посреди́（среди́）「真中に」、про́тив（напро́тив）、「向かいに」
	対格要求	по「～（身体の部位）まで」
	造格要求	за「～の向こう側で」、над「上に（接触してない）」、под「下に（接触してない）」、ме́жду「間に」、перед「前に」
	前置格要求	в「～で、～の中で」、на「～で、～の上で」、при「そばで」

(3) **時間関係**を示す（一部日本語訳省略。以下同）	生格要求 与格要求 対格要求 造格要求 前置格要求	до「まで（に）」、от「（日）付けの」、с「～から」、без「（分）前に」、накану́не「前日に」、о́коло「～ころ」、по́сле「～のち」、среди́「～の間に」 к「～頃に、までに」、по「～毎に」 в, на（時点を示す）、за（動作終了に要する時間）、по「～まで」、под「前日（前夜）に」、через「～後、～おきに」 ме́жду「～の間に」、пе́ред「～の前に」、с「～と同時に」 в, на（時点を示す）
(4) **原因・根拠**を示す	生格要求 与格要求 対格要求	из, из-за「～のせいで」от, с, вслéдствие, ввиду́ по, благодаря́「おかげで」、согла́сно「～にしたがって」、вопреки́（наперекóр）「～に反して」 за（賞讃・批判などの根拠）
(5) **目的**を示す	生格要求 対格要求 造格要求	для「～のために」、ради「～のために」 на「～用の」、за「～のため」 за「～をとりに」
(6) **動作様態**を示す	生格要求 与格要求 対格要求 造格要求 前置格要求	без「～せずに」 по「～に応じて」 в「～として」、под「（音楽などに）合わせて」 с「～をもって」 на（交通手段）
(7) **数量・程度**を示す	生格要求 与格要求 対格要求	до「～以下」、о́коло「約」 по「ずつ」 в（長さ・重さ・面積など）、на（差を示す）
(8) **対象範囲・比較**を示す	生格要求 与格要求 対格要求 前置格要求	из「～のうち」、от（出所）、у（所有・所属）、насчёт「～について」、вро́де「～のような」、наподо́бие「～のような」 по「いろいろな場所で」、（問題範囲） про「～について」、с「約」 о「～について」

⑼ **その他**		それぞれの「格の用法」で示された前置詞の意味・用法を参照

上記でわかるように、前置詞は名辞類について、主として様々な状況語をつくる。もちろん、述語である動詞・形容詞の要求による場合は補語であり、前後関係によって定語であるものもある。

Студе́нты гото́вятся к экза́менам. 学生たちは試験準備をしている（補語)。

Перево́дчик оши́бся в перево́де э́той фра́зы. 通訳者はこの語句の訳を間違えた（補語)。

Она́ была́ в пла́тье из шёлка. 彼女は絹のドレスを着ていた（定語)。

2. その他の事項

⑴ 前置詞と同じ機能をもつ語結合

本来の前置詞ではなく、あとから派生したものの中には、「本来の前置詞＋名辞類」であるものが多い。それらは１単語として融合している（続けて書かれる）が、融合しない語結合の中にも、事実上前置詞と同じ機能をもつものがある。たとえば、во вре́мя「～のとき」、в тече́ние「～の間」、по причи́не「～の理由で」、на основа́нии「～に基づいて」、в це́лях「～のために」、в отноше́нии「～に関して」など。大部分が生格要求となるが、少数ながら与格要求のものもある。в противове́с「～と反対に」、в уще́рб「～を犠牲にして」など

このような語結合に、さらに前置詞がつくものもある。その場合の格要求は、最後の前置詞による。в зави́симости от「～にしたがって」、в отли́чие от「～と異なって」、в отноше́нии к「～に関して」、в связи́ с「～と関連して」、в соотве́тствии с「～にしたがって」、в сравне́нии с「～と比べて」など

また、本来の前置詞の前に副詞をおいて、意味を明確にする前置詞的語結合もある。たとえば、вме́сте с「～といっしょに」、вслед за「～のあとを」、вплоть до「～のすぐそばまで」、наряду́ с「～とならんで」、одновреме́нно с「～と同時に」、согла́сно с「～にしたがって」、су́дя по「～から判断すると」など

В це́лях поддержа́ния поря́дка(,)* в столи́цу ввели́ войска́.	秩序維持のため、首都には軍隊が導入された。
Мы отказа́лись от вы́годного предложе́ния в уще́рб себе́.	損を覚悟で私たちは有利な提案を拒否した。
В отли́чие от бра́тьев(,) его́ привлека́ла дереве́нская жизнь.	兄弟たちと違い、彼は農村生活にひかれた。
В связи́ с измене́нием расписа́ния авто́буса(,) мы опозда́ли на рабо́ту.	バスの時刻表が変更されたために、私たちは仕事に遅れた。
Вслед за Ми́тей в ко́мнату вбежа́ла раскрасне́вшаяся Со́ня.	ミーチャに続いて、顔を真っ赤にしたソーニャが部屋へ駆け込んで来た。
Су́дя по сообще́нию газе́т(,) курс америка́нского до́ллара продолжа́ет па́дать.	新聞報道によると、米ドルのレートは下落し続けている。

*(　)の箇所には通常コンマはつけないが、つけられる場合もある。

(2)「〜について」

「〜について」にあたる前置詞は о, про, насчёт, относи́тельно, каса́тельно である。これらには文体上の差はあるが、意味上の差はない。最も代表的なものは о である。

о については、その使用が拡大していることが指摘される。

объясня́ть об э́том「説明する」（対格 э́то が規準）
доказа́ть об э́том「証明する」（対格が規準）
подтвержда́ть об э́том「確認する」（対格が規準）
убеди́ться о том「確信する」（前置格 в том が規準）
разобра́ться о том「理解する」（前置格 в том が規準）

また、оの代わり、またはそれ以外の表現で насчёт が濫用される傾向も指摘される。

Лю́ди погова́ривают насчёт Серге́я.（о Серге́е が規準）「人々はセルゲイのことをうわさしている」

Как у нас до́ма насчёт еды́?（с едо́й が規準）「我が家では食事はどうなんだ」

Официа́нт стои́т у сто́лика, мнётся : «А как насчёт вы́пить?»（動詞不定形に前置詞をつけるのはきわめて会話的）「給仕はテーブルのわきに立ってもじもじしている。『で、飲むほうはどうしますか』」

(3) 出没母音 о

子音で終わる前置詞に、出没母音の о がつけ加えられることがある。

通常、出没母音 о(е) を失って（つまり子音が連続して）一音節になった名詞につくときに現れ、合わせて一語のように発音される。во сне́「夢の中で」、во рту́「口の中で」、со льдо́м「氷りつきの」、надо лбо́м「額の上で」、во тьме́、「闇の中で」ко мне́「私のほうへ」（ただし、二音節以上では в сновиде́ниях「夢の中で」、с мне́нием「意見に対して」）。

また、連続子音で始まる名辞類の前で現れる。ただし、子音が 2 つ連続する場合に必ず現れるわけではなく、前置詞によって差がある（辞書参照）。со стола́「机の上から」、со стра́ху「恐怖のため」、во вто́рник「火曜日に」、во вре́мя「〜のとき」、со вре́менем「ときとともに」、изо дня́ в день「毎日」、изо все́х сил「全力で」、во вся́ком слу́чае「いずれにしても」

2 連続子音でなくても、慣用的に現れるものもある。во ве́сь дух「全速力で」、во-пе́рвых「第一に」

出没母音ではないが、前置詞 о には об, обо という形がある。後続の名辞類が硬母音、и、および慣用的用法の場合、前置詞 о は об となる。об э́том「これについて」、об отце́「父について」、об игре́「ゲームについて」、рука́ о́б руку「手を取り合って」。и 以外の軟母音の場合は о, об 併用。о（об）Япо́нии「日本について」、о（об）её рабо́те「彼女の仕事について」

また、慣用的に обо となる場合もある。обо мне「私について」、обо всём「すべてに関して」

433. 空間関係を示す前置詞 в / из、на / с、у / к / от

1．通常の場所と方向

場所（物体としてではなく）[4] を表す名詞には、в / из または на / с のいずれかの前置詞がついて位置および方向を示す副詞句（状況語）ができる。人または物を場所のようにとらえる場合も、一定の前置詞がつく。これを表にまとめると以下のようになる。ついでに代表的な副詞も添えておく。

	位置（停止）	方向（移動）	逆方向
(1) **場所**を表す名詞 шко́ла「学校」、магази́н「店」、больни́ца「病院」など у́лица「通り」、конце́рт「コンサート」、заво́д「工場」など	в + 前置格 в шко́ле на + 前置格 на у́лице	в + 対格 в шко́лу на + 対格 на у́лицу	из + 生格 из шко́лы с + 生格 с у́лицы
(2) **人または物**を表す名詞 врач「医者」、Никола́й「ニコライ」、окно́「窓」、стол「机」	у + 生格 у врача́ у окна́	к + 与格 к врачу́ к окну́	от + 生格 от врача́ от окна́
(3) **副詞**	где, здесь, там спра́ва, сле́ва	куда, сюда́, туда́, напра́во, нале́во	отку́да, отсю́да, отту́да, спра́ва, сле́ва

ここで取り上げた表現は、通常の（一般的な）方向（行き先）を示すものであり、接頭辞がついて意味が詳細化した動詞とともに用いられるなどの表現とは区別しなければならない。

Маши́на подхо́дит к резиде́нции президе́нта.　自動車は大統領官邸に近づいていく。

От центра́льной пло́щади до ста́нции ро́вно 13 киломе́тров.　中央広場から駅まではちょうど 13 キロある。

---

[4] ここで「場所」と「物（物体）」を区別するのは、あくまでもロシア語の法則を理解するための便法であり、相対的なものである。「学校で」「病院で」「工場で」というとき、これらの名詞は場所を示すものととらえられており、物（たとえばその建物）としてではない。一方「窓」「机」「柱」は、通常場所とは考えられないが、位置を示すものとして表現する場合もある。日本語では「場所」に関してはおおかた「学校で」と言うのに対し、「物」は「柱で」とは言えず、「柱のところで（そばで）」と補う。人は場所ではないが、「～さんのところで(食事する)」のような用法がある。

вход「入り口」のように、日本語で考えると場所のように思えても、ロシア語では通常「物扱い」されるものもあるが、それは例外と考えればよい。

2．場所を表す в と на の使い分け

(1) 原則

物体ではなく、場所を表す名詞には、в / из をとるものと、на / с をとるものがある。в / из を標準（多数）と考えると、на / с となるのは概略次の名詞である。

① **平面状のものや、「〜の上」と考えられるもの**（必ずしもすべてには当てはまらないが、いちおうの目安）	у́лица「通り」、пло́щадь「広場」、эта́ж「階」、балко́н「バルコニー」、стадио́н「競技場」、о́стров「島」、Земля́「地球」、Луна́「月」など[5]
② **本来場所でないもの**（催し物、動作名詞、その他）が場所として用いられる場合	ле́кция「講義」、экза́мен「試験」、вы́ставка「展覧会」、произво́дство「生産現場」、восто́к「東」など
③ **特定の施設・組織**	по́чта「郵便局」、ста́нция「駅」、заво́д「工場」、факульте́т「学部」、ры́нок「市場」など。何がそうなるか、強い法則性は感じられない（後述(2)「細部の問題」参照）
④ **特定の地名**（山や島にちなんだものもあるが、そうでないものもある）	Ура́л「ウラル」、Кавка́з「カフカス」、Чуко́тка「チュコト（半島）」、Аля́ска「アラスカ」、Филиппи́ны「フィリピン」
⑤ **「岸へ」**の意味で	мо́ре「海」、о́зеро「湖」、река́「川」、пруд「沼」など)[6]。Поє́дем на о́зеро!「湖畔に行こう」
⑥ **その他**	курс「大学の学年」、ро́дина「祖国」、террито́рия「領域」、куро́рт「保養地」、фронт「前線」、по́езд на Москву́「モスクワ行き列車（専門用法）」など

[5] これらの説明と合わないものの例として степь「草原」、пусты́ня「荒野」、о́тпуск「休暇」、ссы́лка「追放」などがある（いずれも в / из をとる）。

[6]「海（上）へ」は в である。Проща́й люби́мый го́род, ухо́дим за́втра в мо́ре.「さらば、いとしの町よ。明日は海へ去る」。「水中へ」も в。Аквалнги́ст нырну́л в мо́ре.「スクーバダイバーは水中にもぐった」

⑵ 細部の問題

もっとも原則では片付かない問題も少なくない。たとえば類似の単語なのに、なぜвをとるものとнаをとるものがあるのか。в магази́не「店で」でもна по́чте「郵便局で」であり、на у́лице「通りで」でもв переу́лке「小路で」であり、на тре́тьем ку́рсе「（大学）３年で」でもв тре́тьем кла́ссе「（小学校）３年で」であり、на Аля́ске「アラスカで」でもв Крыму́「クリミアで」である。また、両方が許容されている場合には、意味上の差はあるのか（たとえば、в, на ку́хне「台所で」、в, на не́бе「空で」、во, на дворе́「中庭で」、в, на селе́「村で」）。これらを総合的に説明する法則性はないようだが、個別には使い分けを説明できるものもある。下の表はその概略を整理したものである。

① 特定の施設・組織の場合 на по́чте「郵便局で」、на ста́нции「駅で」、на заво́де「工場で」、на предприя́тии「企業で」、на тре́тьем ку́рсе「（大学）３年で」 通常の施設・組織はв。в шко́ле「学校で」、в заведе́нии「施設で」、в библиоте́ке「図書館で」	一定の作業がなされる区域を意識している、と説明される。по́чтаはかつて駅逓馬車の駅を意味したし、предприя́тиеは動作名詞起源の抽象名詞であった。курсはконце́рт「コンサート」同様、本来催しものを意味した 通常の施設・組織の場合は建物の内部を想定しているからвだ、と説明される
② 意味の違いで明白に使い分けられる場合 в рука́х「手にもつ」、на рука́х「腕にかかえる」 в углу́「（部屋の）隅で（角の内側）」、на углу́「（家の）角で（外側）」	Она́ вы́бежала из до́ма с ребёнком на рука́х.「彼女は赤ん坊をかかえて通りに飛びだした」、Ива́н подбежа́л к ваго́ну с огро́мным буке́том сире́ни в рука́х.「イヴァンは大きなライラックの花束をもって車両に駆けつけた」 В углу́ стоя́л стари́нный шкаф рабо́ты крепостны́х мастеро́в.「部屋の隅に農奴職人の手になる古い戸棚があった」、Све́жую газе́ту он покупа́л в кио́ске на углу́.「新しい新聞を彼は街角の売店で買うのだった」

в краю́「地方（地域）で」、на краю́「端で」	На краю́ скаме́йки лежа́л ке́м-то забы́тый шарф.「ベンチの端に誰かが忘れたマフラーがあった」、Ка́ждое ле́то я быва́ю в родно́м краю́.「毎年夏私は故郷へ帰る」
в по́ле「～の場で」、на по́ле「競技場で」	Они́ до́лго остава́лись в по́ле зре́ния.「彼らは長いこと視界に残っていた」
в во́здухе「空中で」、на во́здухе「戸外で」	В во́здухе у вертолёта отказа́л дви́гатель.「空中でヘリコプターのエンジンが動かなくなった」、На све́жем во́здухе хорошо́ спи́тся.「新鮮な空気のもとではよく眠れる」
в мо́ре, о́зере, реке́（水中、航行する場所の場合）、на мо́ре, о́зере, реке́（岸を指す場合）	Це́лый день на о́зере бы́ло полно́ рыбако́в.「湖のほとりは一日中釣り人でいっぱいだ」、В реке́ начался́ ледохо́д.「川で流氷が始まった」、Ка́ждое ле́то его́ семья́ отдыха́ет на мо́ре.「毎夏彼の家族は海辺ですごす」
③ 両方用いられ、使い分けが微妙な場合	いちおう次のように説明される。
на ме́сте「場所で」、в ме́сте「地方で」（または на ме́сте と同じ）	на が原則だが、定語との相性によって в も許容される
в, на ку́хне「台所で」	部屋のひとつと考えれば в、作業場と考えれば на
во, на дворе́「中庭で」	柵などで囲まれた一定の区域なら в、「家の外側（戸外）」の意味なら на
в, на по́ле「畑で」	どちらも可。ただし из по́ля とはいわず、с по́ля。「野原で」なら в
в, на крова́ти「ベッドで」	寝ている（寝るつもり）なら в、ただ上にいるだけなら на

434. 動作の時点「〜（いついつ）に」を示す主な前置詞

動作がおこなわれる時点、またはその時点をふくむ時間単位（「〜（いついつ）に」）は大半がвまたはнаで表されるが、その用法は必ずしも単純ではない。「その時点をふくむ時間単位」というのは、「夜、テレビでニュースを見た」の「夜」のようなもののことである。ニュースを見た時点を指してはいるが、夜の間中ずっとニュースを見ていたわけではない。

この副詞句「〜（いついつ）に」は原則的に次の方法でつくられる。

① 造格　ве́чером「夕方に」、весно́й「春に」など

② в＋対格　в три часа́「３時に」、в э́то вре́мя「このとき」、в суббо́ту「土曜日に」、в *како́й* пери́од「ある時期に」など

③ в＋前置格　в э́том ме́сяце「今月に」、в бу́дущем году́「来年に」など

④ на＋対格　на друго́е у́тро「翌朝に」など

⑤ на＋前置格　на про́шлой неде́ле「先週に」、на днях「最近」など

⑥ その他　седьмо́го ма́я「５月７日に」、за обе́дом「昼食のときに」、во вре́мя *чего́*「〜のときに」など

以下では、時間を表す単語別に用法を分類する。これらの表現では、原則以外の形が許容されることがしばしばあるが（特に会話体）、ここでは原則的（代表的）な形を扱う。

１．**секу́нда**「秒」、**мину́та**「分」、**час**「時間」 「**в＋対格**」が原則。в ту секу́нду「その瞬間に」、в после́днюю мину́ту「最後の瞬間に」、в по́здний час「遅い時間に」。ただし、в тре́тьем часу́「２時過ぎに」。また、時間制限のある試合の「何分め」や、授業の「何時間め」などは「на＋前置格」	В тако́й по́здний час ма́ло кто реши́тся вы́йти из до́ма.「こんな遅い時間に家を出ようとする者はほとんどいないだろう」、В пе́рвую мину́ту мне показа́лось, что она́ меня́ не узна́ла.「最初、彼女は私が誰だかわからなかったのだと思った」、В тре́тьем часу́ но́чи уда́рили в наба́т.「夜中の２時すぎに警報が出た」、Уже́ на второ́й мину́те счёт сравня́лся.「１分すぎにはもう得点がならんだ」

2. у́тро「朝」、**день**「昼間」、**ве́чер**「夕方、夜」、**ночь**「深夜」および **весна́**「春」、**ле́то**「夏」… これらを副詞句にするには、**造格**にするのが原則だが、「**в ＋対格**」もかなり広く用いられる（特に定語がついた場合）。「翌朝」は сле́дующим у́тром 以外に на у́тро ともいう	Зи́мними вечера́ми мы ча́сто собира́лись в гости́ной.「冬の夜に私たちはよく客間に集まった」、В одно́ обы́чное ле́тнее у́тро объяви́ли, что начала́сь война́.「あるあたりまえの夏の朝に、戦争が始まったと発表された」、В оди́н хму́рый и дождли́вый осе́нний день к до́му подъе́хала незнако́мая маши́на.「ある暗い雨模様の秋の日に、見なれない車が家に来た」、В про́шлое ле́то мы бы́ли в Крыму́.「前の夏に私たちはクリミアにいた」
3.（複数）мину́ты「分」、**часы́**「時間」、**дни**「日」、**неде́ли**「週」、**ме́сяцы**「月」、**го́ды**「年」 これら複数に形容詞（形容詞的代名詞）がついたものは「**в ＋対格**」となる。ただし дни の場合、в э́ти дни は「現在」または「この日々（時期）に」の意味だが、на (э́тих) днях は「最近」（過去の場合）、「まもなく」（未来の場合）の意味	В ре́дкие свобо́дные мину́ты О́льга писа́ла дневни́к.「めったにない自由時間にオリガは日記をつけた」、Как и в пре́жние дни пи́сем не́ было.「それまでの日々同様、手紙は来なかった」、В э́ти дни у меня́ вряд ли бу́дет свобо́дное вре́мя.「今のところ私にはまず暇はない」、На э́тих днях на́до бы вы́копать карто́шку.「近いうちにジャガイモを掘らなければならないだろう」
4. день「日」 通常は「**в ＋対格**」。пе́рвый および после́дний がついたら必ず「в＋対格」。その他の順序数詞および сле́дующий, друго́й などがついたら「на＋対格」。на друго́й день は「翌日に」の意味、в друго́й день は「他の日」の意味	В тот день Ли́на прождала́ его́ с утра́ до ве́чера.「その日リーナは彼を朝から晩まで待った」、В пе́рвый день Андре́й так и не реши́лся зайти́ к ней без предупрежде́ния.「最初の日アンドレイは結局彼女を断りなしにたずねる決心がつかなかった」、На второ́й день шторм зако́нчился и мо́ре ста́ло споко́йным.「２日目に嵐はやみ、海はおだやかになった」、В понеде́льник у меня́ уро́к япо́нского языка́.「月曜日に私は日本語の授業がある」

5．**вре́мя**「とき」、**моме́нт**「瞬間（～のとき）」、**пора́**「～のとき」 通常は「**в＋対格**」であるが、вре́мя に ско́рое がつくと в ско́ром вре́мени「まもなく」となる。また тем вре́менем「その間に」という表現もある。複数形 времена́ も「в＋対格」。во времена́ Пу́шкина「プーシキンの時代に」、в дре́вние времена́「古い時代に」ただし на пе́рвых пора́х「初期に」	В пе́рвое вре́мя жизнь в дере́вне её тяготи́ла.「当初農村生活は彼女を苦しめた」、Ло́дка ме́дленно кача́лась на во́лнах, а тем вре́менем пого́да начала́ по́ртиться.「ボートはゆっくり波間をただよっていたが、その間に天候は悪化し始めた」、В да́нный моме́нт междунаро́дная обстано́вка продолжа́ет осложня́ться.「目下国際情勢は複雑化し続けている」、На пе́рвых пора́х всё каза́лось замеча́тельным.「当初すべてはすばらしいものに思えた」
6．**неде́ля**「週」 通常は「**на＋前置格**」だが、пе́рвая, после́дняя, мину́вшая などいくつかの形容詞がつくと「в＋対格」でもよい。また неде́ля が「～週間」の意味で用いられると「во вре́мя＋生格」となる	Ле́тние кани́кулы в шко́лах начина́ются на сле́дующей неде́ле.「学校の夏休みは来週始まる」、В после́днюю неде́лю пе́ред отъе́здом она́ помири́лась с ма́терью.「最後の週、出発の前に彼女は母親と和解した」、Во вре́мя «Неде́ли ру́сской литерату́ры» проходи́ли встре́чи с писа́телями.「『ロシア文学週間』に作家たちとの会合が催された」
7．**ме́сяц**「月」、月名 **янва́рь**「1月」、**февра́ль**「2月」… 「**в＋前置格**」が原則だが、形容詞（形容詞的代名詞）がつくと、造格形または「в＋対格」が同じ意味で使われることもある	В ма́е про́шлого го́да （в про́шлом ма́е） я ви́дел Са́шу в после́дний раз.「昨年5月、私は最後にサーシャと会った」、В тот дождли́вый октя́брь ей бы́ло осо́бенно одино́ко.「その雨続きの10月、彼女は特に孤独だった」
8．**сезо́н**「季節」、**семе́стр**「学期」、**полуго́дие**「半年」 「**в＋前置格**」が原則だが、сезо́н に関しては、「в＋対格」も同じ意味で許容される。特に、うしろから定語がついたり、季節の特徴を表す形容詞がついたときなどは「в＋対格」となる	В но́вом сезо́не теа́тр пока́жет два но́вых спекта́кля.「新しいシーズンでこの劇場は新しい芝居を2本出す」、В сезо́н дожде́й к жаре́ прибавля́ется си́льная вла́жность.「梅雨時には暑さに高い湿度が加わる」、В ле́тний сезо́н гости́ницы перепо́лнены.「夏のシーズンにホテルは満杯となる」

9．год「年」 「**в ＋前置格**」が原則だが、語結合によって「в ＋対格」（場合によっては「на＋対格」「на＋前置格」も）となる。「1月1日に」という意味で в Но́вый год と на Но́вый год は同じ。в но́вом году́ は「新しい年に」の意味 「～世紀の～年代」 歴史的な時期区分の際に、ロシア語では複数形を使って「(何世紀の) 何年代」と言うことが多い。その副詞句は「**в ＋対格**」である。ただし一桁台の場合は в пе́рвом десятиле́тии または в пе́рвых года́х、10年代の場合は во второ́м десятиле́тии、または в деся́тые го́ды という	В тот тру́дный год Ма́ша осо́бенно нужда́лась в подде́ржке друзе́й.「その困難な年にマーシャは友人たちの支えを特に必要としていた」、И муж, и дочь родили́сь в год «Драко́на».「夫も娘も辰年生まれだ」、В после́дний год свое́й жи́зни он осо́бенно плодотво́рно рабо́тал.「人生最後の年に彼は特に実り多い仕事をした」、На пя́том году́ жи́зни он оста́лся кру́глым сирото́й.「5歳にして彼は天涯の孤児となった」 В шестидеся́тые го́ды компози́тор со́здал лу́чшие свои́ произведе́ния.「60年代にその作曲家は最良の作品を生み出した」、В тридца́тые го́ды лаборато́рия была́ закры́та, большинство́ сотру́дников аресто́вано.「30年代に研究所は閉鎖され、所員の大部分が逮捕された」
10. э́ра「紀元」、**эпо́ха**「時代」、**пери́од**「時期」 「**в ＋対格**」が原則。日本語の「～時代」に対応するのは、эпо́ха と пери́од。э́ра は、「紀元（西暦）」「(地質学時代区分の) ～代」、比喩的な用法（а́томная э́ра など）である	В э́ру освое́ния ко́смоса все мальчи́шки мечта́ли стать космона́втами.「宇宙開発の時代に少年たちは皆宇宙飛行士になることを夢見た」、В пери́од коллективиза́ции де́да раскула́чили.「(農業) 集団化時代に祖父は『富農撲滅』された」

11. го́ды「～歳ころ」、**во́зраст**「年齢」、**年齢層を示す名詞** го́ды は「**в ＋対格**」в де́тские（шко́льные, ю́ные, зре́лые, ста́рые, таки́е, мои́, свои́, …）го́ды「子ども（学校、若い、おとなになった、歳をとった、そのような、私の、自分の）時期（年）に」 во́зраст は「в во́зрасте＋生格」в ва́шем（э́том, тако́м, зре́лом, …）во́зрасте「あなたの（この、そんな、おとなになった）年齢で」 その他 в мо́лодости（в ю́ности）「若いとき」、в ста́рости「歳をとって」、в де́тстве「子どものとき」 年齢層を示す名詞は造格 ма́льчиком「少年時代」、шко́льником「生徒時代」、студе́нтом「学生時代」、старико́м「歳をとって」、ма́ленькой де́вочкой「幼い少女時代」	В молоды́е го́ды я ча́сто е́здил в геологи́ческие экспеди́ции в Сиби́рь.「若いころ私はしばしばシベリアに地質調査に出かけた」、Худо́жник доби́лся призна́ния то́лько в зре́лые го́ды.「その画家が初めて認められたのは熟年になってからだった」、В на́шем во́зрасте пора́ уже́ серьёзно поду́мать о здоро́вье.「私たちの歳は、もうまじめに健康のことを考えるときだ」、В ю́ности А́нна Па́вловна обожа́ла балы́ и развлече́ния.「若いころ、アンナ・パーヴロヴナはダンスパーティーと遊興に夢中だった」、Десятиле́тней де́вочкой она́ попа́ла в де́тский дом.「10歳の少女時代に彼女は孤児院に入れられた」

12. во вре́мя *чего́*「～のとき」(「時代」なら времена́) 本来時間を表す名詞ではないものを取り上げて「～のとき」という場合。広く用いられるのは дождь「雨」、жара́「酷暑」、обе́д「昼食」、рабо́та「仕事」、строи́тельство「建設」など。複数なら во времена́ феодали́зма「封建時代に」、…Петра́ Пе́рвого「ピョートル一世時代に」など 使用範囲は限られているが、そういう名詞の「в＋対格」は時間「～のとき」を表すことが多い。一方「на＋対格」は場所である場合が多い。в войну́「戦争（戦時）中」、в дождь「雨のとき」、в су́мерки「たそがれ時に」。一方 на войне́「戦場で」、на хо́лоде「寒い場所で」など	Во вре́мя обе́да нам, де́тям, не разреша́лось разгова́ривать.「食卓で私たち子供はしゃべるのが許されなかった」、Во вре́мя строи́тельства комбина́та оте́ц це́лыми дня́ми пропада́л на рабо́те.「コンビナート建設時に父はよく何日も仕事からもどらなかった」、В войну́ теа́тр эвакуи́ровали в Свердло́вск.「戦時中劇場はスヴェルドロフスクへ疎開させられた」、В су́мерки Ли́ка люби́ла сиде́ть у окна́ и смотре́ть, как в саду́ сгуща́ется тьма.「リーカはたそがれ時に窓のところにすわって庭のもやが濃くなっていくのを見るのが好きだった」、На́ ночь квас оста́вили на хо́лоде.「一晩クワスは冷所におかれた」
13. в тече́ние *чего́*「～の間中」 多くは「～の間中」を意味し、動作がおこなわれている時間（期間）全体を指すが、文脈次第では、ここで扱っている意味（動作の時点をふくむ時間単位）になる	В тече́ние неде́ли он ни ра́зу не позвони́л.「1週間の間、彼は1度も電話しなかった」、В тече́ние дня пого́да меня́лась не́сколько раз.「1日のうちに天気は何度も変わった」

435. 原因・理由を示す主な前置詞

原因・理由を表す主な前置詞は、生格要求の из, от, с, из-за および与格要求の по である。これ以外の派生的前置詞の用法は限定されるので、問題が少ない（благодаря́「～のおかげで」、согла́сно「～にしたがって」など。どちらも与格要求）。

1．из **愛情・心配・好奇心・用心**などの**感情が意識的行為の原因**である場合	слу́шать из ве́жливости「礼儀上耳をかたむける」、отказа́ться из го́рдости「誇りゆえに断る」、из при́нципа「原則に基づいて」、из упря́мства「頑固なので」、из любви́ *к кому́-чему́*「～に対する愛情から」、из за́висти「嫉妬して」 Она́ не отве́тила на его́ письмо́ из го́рдости.「彼女はプライドから彼の手紙に返事しなかった」、Из осторо́жности он не сра́зу откры́л дверь.「用心のため彼はすぐにはドアを開けなかった」
2．от ① **感情が無意識の行為の原因**になる場合	от ра́дости「喜びのあまり」、от го́ря「悲しみのあまり」、от оби́ды「くやしくて」、от стра́ха「恐怖のあまり」、от волне́ния「興奮したので」、От стра́ха у неё подкоси́лись но́ги.「恐怖のあまり、彼女は足がなえた」、От ра́дости она́ не могла́ вы́молвить ни сло́ва.「うれしさのあまり彼女は一言も言えなかった」
② **自然現象が物理的状態の原因**になる場合	от хо́лода「寒さのために」、от дождя́「雨のために」、от сне́га「雪のために」、от со́лнца「太陽のために」、от тума́на「霧のために」 В саду́ дере́вья кача́лись от ве́тра.「庭の木が風でゆれた」、Он дрожа́л от хо́лода.「彼は寒くて震えた」

3. с от と同じだが、**生き物の心的または物理的状態の原因**を示す場合	с го́ря「悲しくて」、сде́лать *что* с отча́яния「絶望のあまり」、сказа́ть со зло́сти「悪意で言う」、со стра́ху「こわくて」、закрича́ть с испу́гу「おどろいて叫び声をあげる」、уста́ть с непривы́чки「不慣れなため疲れる」 С отча́яния она́ разорва́ла письмо́ в ме́лкие клочки́.「絶望して彼女は手紙を粉々に引き裂いた」
4. из-за **「～のせいで」** 客観的事物によって、動作の遂行が妨げられる場合（その反対語「おかげで」(благодаря́) は与格要求）	из-за дождя́「雨のせいで」、из-за сне́га「雪のせいで」、из-за ве́тра「風のせいで」、из-за шу́ма「騒音のせいで」、из-за жары́「暑さのせいで」 Из-за ве́тра на́ши ло́дки не выходи́ли из зали́ва.「風のせいで、私たちのボートは湾から出なかった」(Благодаря́ ве́тру я́хта смогла́ отплы́ть от бе́рега.「風のおかげでヨットは岸から離れられた」)、Из-за шу́ма он не мог спать.「うるさくて彼は眠れなかった」
5. по +与格 ① 人間である主語の**否定的性格**が原因になっている場合	по незна́нию「知らないので」、по рассе́янности「ぼんやりして」、по глу́пости「おろかなので」、по невнима́тельности「不注意のせいで」、по засте́нчивости「内気なので」、по нереши́мости「優柔不断なので」 Он не заме́тил оши́бку по рассе́янности.「彼はぼんやりしてミスに気づかなかった」
② **その他、慣用的用法**	по боле́зни「病気のせいで」、по привы́чке「慣れのため」、по недоразуме́нию「誤解のため」、по оши́бке「誤って」、по уважи́тельной причи́не「正当な理由で」 Они́ поссо́рились по недоразуме́нию.「彼らは誤解からけんかをした」

440. 接続詞（сою́з）

接続詞は文（節）または文の成分を結びつける補助語である。接続詞には и, и́ли, а, но, что, зато́ のように1単語からなるものと、не то́, та́к как, потому́ что のように2単語以上からなるものがある。

接続詞は、同種成分および並立複文の並立節を結ぶ**並立接続詞（сочини́тельные сою́зы）**（и, и́ли, а, но, не то́ など）と、従属複文の主節と従属節を結ぶ**従属接続詞（подчини́тельные сою́зы）**（что, что́бы, как, потому́ что, вслéдствие того́ что など）に分類される。

以上のような接続詞のほかに、疑問代名詞や疑問副詞などが接続詞の機能を果たす場合があるが（кото́рый, како́й, кто, что, когда́, где など）、それらは**接続語（сою́зные слова́）**と呼ばれ、品詞として接続詞とは扱われない。

なお、多くの接続詞は文脈なしに適当な訳語を示すのが困難なので、そういうものの日本語訳は原則として省略する。

441. 並立接続詞

1．並立接続詞の種類

並立接続詞は、意味に従い、以下のように分類できる。

(1) **結合**を表すもの и, а, да; и… , и「～も～も」、не то́лько… , но и…「～ばかりでなく、～も」、как… , так и…「～も～も」、ни… , ни「～も～も（ない）」 а は反意・対立を表すことが多いが、漠然とした語なので付加や展開のときにも用いられる。	И лю́ди, и расте́ния, и живо́тные − все жда́ли дождя́.「人も、植物も、動物も、みんな雨を待っていた」、Как он, так и все его́ бра́тья, учи́лись в гимна́зии Полива́нова.「彼も、彼の兄弟たち皆もポリヴァーノフのギムナジゥムで学んだ」、Ста́рый дом стоя́л на холме́, а внизу́ бежа́л бы́стрый руче́й.「古い家は高台の上にあり、下を早い小川が流れていた」、Ни кни́ги, ни му́зыка, ни заня́тия рисова́нием бо́льше её не интересова́ли.「読書も、音楽も、絵のけいこも、もう彼女の興味を引かなかった」
то́же「～もまた」、та́кже「同じく」、прито́м「しかも」、к тому́ же「それに加えて」、зате́м「その後」、пото́м「その後」は、いずれ	Они́ объе́хали всю Евро́пу, та́кже посети́ли Туни́с и Еги́пет.「彼らはヨーロッパ中を回り、チュニジアとエジプトも訪ねた」、Гости́ница была́ дорога́я и прито́м дово́льно гря́зная.「ホテルは高

も複合（派生）語であり、結合を表す並立の接続語である	く、その上かなり汚かった」、Все согласи́лись, что е́хать но́чью опа́сно, а пото́м и кра́йней необходи́мости нет.「夜進むのは危険だし、ぜひ必要なことでもない、と皆賛成した」
(2) **反意・対立**を表すもの а, но, да, однáко, же[7], зато́ はっきりとした反意は но（および однако）であり、あとは弱い反意または対比・対照の感じが強い	Я рабо́таю, а брат ещё у́чится.「私は勤めているが、弟はまだ学生だ」、Она́ о́чень хоте́ла спать, да стесня́лась прерва́ть расска́з хозя́йки.「彼女は寝たかったが、女主人の話をさえぎるのを遠慮した」、Са́ша ча́сто писа́ла домо́й, из до́ма же пи́сем не́ было.「サーシャはよくうちに手紙を書いたが、家からの手紙はなかった」
(3) **選択・区別**を表すもの и́ли; и́ли… , и́ли; ли́бо; ли́бо… , ли́бо; то… , то…; не то́… , не то́…; то́ ли… , то́ ли	То спра́ва, то сле́ва мелька́ли далёкие огоньки́.「右からも、左からも遠い明かりがまたたいた」、Не то в пять, не то в шесть лет она́ впервы́е уви́дела ба́бушку и де́да.「5歳だったか6歳のときだったか、彼女は初めて祖父母に会った」、То ли хара́ктерами не сошли́сь, то ли ещё что, но вско́ре они́ расста́лись.「性格不一致だったのか、ほかの何かだったか、ふたりは間もなく別れた」Ве́рочка была́ не то что краси́ва, а ка́к-то осо́бенно очарова́тельна.「ヴェーロチカは美しいというのではなく、なにか特に魅力的だった」
а то「そうでなければ」、не то「～ではなくて」、ина́че「そうでなくて」、то есть「つまり」、не то что（бы）「そうではなくて」、и́менно「たとえば」、ка́к-то「たとえば」などは、これらに準ずる接続語である	Потороп и́сь, а то опозда́ешь.「急ぎなさい、さもないと遅れるよ」、В на́шей гру́ппе бы́ли лю́ди ра́зных профе́ссий, ка́к-то: шофёр, ла́вочник, сле́сарь, учи́тель…「私たちの班にはいろいろな職業の人がいた。たとえば運転手、売り子、金属工、教師など」

[7] この же は、強調の助詞ではなく、対比を際立たせると同時に、ふたつの文章をつなぐ役を果たすので、接続詞である。また補足的な文を付け加える機能ももつ。

2．並立接続詞と句読点

(1) 表の (1)「結合」、(3)「選択」を表す並立接続詞が単独で用いられる場合、その前にはコンマを打たない。

(2) それらが繰り返し用いられる場合、または同種成分ではなく、文と文を結びつけている場合はコンマを打つ。

(3) 表の (2)「反意・対立」および (3)「選択・区別」を表す接続詞の前にはコンマを打つ（単独の и́ли, ли́бо をのぞく）。

Тебе́ на́до самому́ стара́ться. Ни роди́тели, ни друзья́ тебе́ не помо́гут.
自分で努力しなければだめだ。両親も友人も助けてはくれない。

Холо́дный се́верный ве́тер бил в о́кна, до́ма же бы́ло тепло́ и ую́тно.
寒い北風が窓を打ったが、家の中はあたたかく、快適だった。

442. что の用法

従属接続詞は従属節を導き、主節に結びつける。従属接続詞の大半はчтоまたはкакをふくむ2語以上からなる複合接続詞であり、その分類と解説はⅢ-424 従属複文 (3)「状況語的従属節」で扱う。

ただ、複合接続詞ではないчтоとкакも広く用いられるので、ここでまとめて扱う。

1. что(чтóбы) の用法

代表的な説明の従属接続詞はчтоである。чтóбыはчтоの導く従属文が仮定法である場合の形で、быがчтоについたものである。ときには分けて（что… бы…）と書かれることもある。чтоの用法は概略以下のように分類できる。

(1) **説明の接続詞** (1) 思考、知覚、伝達などを表す動詞・述語副詞・受動形動詞過去短語尾などとともに用いられ、その内容を説明する従属節を導く 事実でないことをいうとき、または話者が従属節の内容に疑念をもっているときにはбýдтоになる	Онá дýмает, что я не понимáю её.「彼女は、私が彼女を理解していないと思っている」、На послéднем урóке меня́ предупреди́ли, что я дóлжен готóвиться к экзáмену.「最後の授業で私は試験準備をしなければならないと言われた」、На послéднем урóке меня́ предупреди́ли, чтóбы я готóвился к экзáмену.「最後の授業で私は試験準備をするように言われた」、Все увéрены, что он всегдá выполня́ет свои́ обещáния.「彼がいつでも自分の約束を守ると、皆が信じている」、Хóдят слýхи, бýдто он ýмер.「彼が死んだかのような噂が流れている」、Он говори́т, бýдто не он брóсил её, а онá егó.「彼は、彼のほうではなく、彼女が彼を振ったかのように言っている」
(2) **説明の接続詞** (2)（定語、動作様態、程度の説明） 主節にあるтакóй, так（стóлько, настóлько）の内容を説明する 従属文が結果を表す（そのような含意をもつ）こともある	Молодóй арти́ст имéл такóй успéх, что билéты на егó концéрт невозмóжно бы́ло достáть.「若いアーチストはコンサートの切符が買えないほどの大成功をおさめた」、Он так настóйчиво занимáлся, что не отставáл от други́х.「彼は他人から遅れないほど熱心にがんばった」、Он так настóйчиво

次項2「что と先行詞」参照	занимáлся, чтóбы не отставáть от други́х.「彼は他人から遅れないように熱心にがんばった」、Пéли так ти́хо, что на у́лице нé было слы́шно.「歌は表では聞こえないほど小声でうたわれた（歌は小声でうたわれたので、表では聞こえなかった」
(3) **疑問詞**の意味を残して кто, где, когдá, как などの疑問詞同様、接続詞の役を果たす。この場合 что に力点がある	Он не понимáет, чтó мне мешáет рабóтать*.「彼は何が私の仕事のじゃまになっているかを理解していない」、Я не знáю, чтó случи́лось с ним.「彼の身に何が起こったのか、私は知らない」、Студéнты рассказáли, чтó они ви́дели и чтó они́ дéлали в Санкт-Петербу́рге.「学生たちはペテルブルグで見たもの、したことを物語った」
(4) **関係代名詞** ① **通常**の関係代名詞 котóрый のように一般的ではなく、主格・対格しか用いられない。従属節の述語の性・数は先行詞に一致させる	Он бежáл по дорóжке, что велá к бесéдке.「彼はあずまやへ行く小道沿いに道を走っていた」、Онá не своди́ла глаз с украшéний, что бы́ли в витри́не магази́на.「彼女は店のショーウィンドーにあった装身具から目をそらさなかった」
② **то, всё などを先行詞とする**関係代名詞	Он вы́полнил то (Он забы́л о том; Он не готóвился к тому́), что ему́ поручи́ли.「任されたことを彼は成し遂げた（彼は忘れた、彼は準備しなかった）」、Случи́лось то, что надóлго остáлось у нас в пáмяти (чегó никтó не ожидáл; о чём мы дóлго пóмнили)「私たちの記憶に長く残ったこと（誰も予期しなかったこと、私たちが長い間覚えていたこと）が起こった」、Сдéлай всё, что мóжешь.「できることは何でもしなさい」
③ **前の文全体を受ける**関係代名詞 この что は а э́то または и э́то と言い換えることも可能だが、その場合は、より会話的になる	Сáша стал учи́ться лу́чше, что обрáдовало роди́телей.「サーシャはよく勉強するようになり、両親を喜ばせた」、Он вёл себя́ плóхо, за что и был накáзан.「彼は素行が悪いからこそ罰せられたのだ」

* ここで что に力点をつけないと、説明の接続詞となってしまい、「彼は自分が私の仕事のじゃまをしていることを理解しない」になってしまう（従属節の主語は省略された он）。

2．что(чтóбы) と先行詞

(1) то の場合

§前の表の(1)の用法では、通常 что 以下の従属節は述語に直結するが、то（または前置詞＋то の斜格）をつけてもよい。その場合、一般的には念を押した感じになり、文体としては文語的になる。

Он повтори́л (то), что сам уже́ не́сколько раз говори́л.	彼はもう自分が何回も言ったことを繰り返した。
Я удиви́лся (тому́), что она́ запла́кала.	私は彼女が泣き出したのでおどろいた。
Я у́верен (в том), что он добьётся своего́.	彼が目標を達成することを私は確信している。

§ふつうならば то をつけない表現でも、同位成分がある場合、対比されている場合、強調されている場合には、必ず то がつけられる。

Наконе́ц Алексе́ев пове́рил в свою́ уда́чу, в то, что упо́рный труд увенча́ется успе́хом.	ついにアレクセーエフは自分が成功したことを、そして粘り強い努力がむくわれようとしていることを納得した。
Я ра́дуюсь не тому́, что ты переезжа́ешь в го́род, а тому́, что ты бу́дешь рабо́тать по специа́льности.	君が町に引っ越してくることでなく、専門を生かした仕事ができることをよろこんでいるのだ。
Он ви́дел лишь то, что происходи́ло на ле́вом берегу́ реки́.	彼は川の左岸で起こったことだけを見たのだった。

§次のような言い方では、то がつけられる。

состоя́ть в том「(理由などが）～にある」、заключа́ться в том「同左」、вы́разиться в том「意見を言う」、своди́ться к тому́「～ということになる」、обойти́сь без того́「～なしですませる」、нача́ть с того́「～から始める」、ко́нчиться тем「～で終わる」。熟語的表現 тем бо́лее что「まして～なのだから」

Сло́жность да́нного экспериме́нта заключа́ется в том, что он тре́бует дли́тельного вре́мени.	この実験のむずかしさは、長い時間がかかる点にある。

Мы на́чали ве́чер с того́, что предложи́ли всем потанцева́ть.
皆をダンスに誘うことから「夕べの集い」を始めた。

Все разгово́ры своди́лись к тому́, что дом придётся прода́ть.
話はいつも、家は売らなければならない、ということになった。

Я хорошо́ относи́лся к нему́ тем бо́лее, что чу́вствовал его́ привя́занность к себе́.
私は彼によくしようとした。彼の私への愛着心を感じていたからなおさらだ。

Я не хоте́л уходи́ть домо́й тем бо́лее, что нам обеща́ли показа́ть но́вый фильм.
私は帰りたくなかった。新しい映画を見せてくれるという約束だったからなおさらだ。

§名詞は通常 что に直結せず、前置詞＋то が挿入される。

ра́дость в том「〜のよろこび」、ра́зница в том「〜の違い」、де́ло в том「〜の理由（問題点）」、иде́я о том「〜に関する考え」、наде́жда на то「〜への期待」、по́вод к тому́「〜の動機」、любо́вь к тому́「〜への愛」

Была́ осо́бенная ра́дость в том, что нам удало́сь встре́титься.
私たちが会えたことが格別にうれしかった。

У меня́ тепе́рь наде́жда на то, что мне помо́гут друзья́.
友人たちが助けてくれるだろうという期待を今ではもっている。

У всех мгнове́нно возни́кло подозре́ние в том, что он укра́л карти́ну.
みなの頭にはすぐ、彼が絵を盗んだのではないかという疑念がわいた。

§ то が入るか否かで、 что が接続詞になったり、関係代名詞になったり、疑問詞（接続語）になる場合は、当然意味が変わる。

Я забы́л, что ты меня́ проси́л.
君にたのまれたということを忘れた。

Я забы́л, о чём ты меня́ проси́л.
何を君にたのまれたか、忘れた。

Я забы́л то, о чём ты меня́ проси́л.
君にたのまれていたあのことを忘れた。

⑵ **тако́й... , что と так (сто́лько, насто́лько)... , что**

тако́й は定語として、так は動作様態または程度の状況語として、主節の形を整え、意味内容は что に導かれる従属節で説明する。どちらの場合も、仮定法なら что́бы となる。

Он говори́л с тако́й убеждённостью, что с ним нельзя́ бы́ло не согласи́ться.	彼は賛成しないわけにはいかないような確信をこめて話した。
Ве́тер дул с тако́й си́лой, что устоя́ть на нога́х бы́ло почти́ невозмо́жно.	立っているのがほとんど不可能なような強さで風が吹いた。
Ма́льчики реши́ли постро́ить таку́ю моде́ль самолёта, что́бы она́ поднима́лась на большу́ю высоту́.	少年たちは、とても高いところまで飛ぶ模型飛行機を作ることにした。
На у́лице бы́ло так тепло́, что мо́жно бы́ло идти́ без пальто́.	コートなしで歩けるほど外は暖かかった。
Он объясня́л так, что слу́шатели легко́ его́ понима́ли.	彼は聴衆が容易にわかるように説明した。
Вре́мени до отхо́да по́езда бы́ло насто́лько мно́го, что мы реши́ли прогуля́ться и посмотре́ть го́род.	列車の出発まで時間がたくさんあったので、私たちは町を歩き回って見物することにした。
Я стара́лся говори́ть ме́дленно, чётко, так, что́бы не пришло́сь пото́м повторя́ть ещё раз.	私は、あとでまたくり返さないですむように、ゆっくり、はっきり話すようにした。

§主節で не так が使われるか、否定的表現がなされると、その内容を表す従属節は実際には起こらない（現実に反する）ことをいうわけなので、что́бы（仮定法）となる。

Кни́га напи́сана не так хорошо́, что́бы вам понра́вилась.	本はあなたが気に入るようによくは書かれていない。
Фильм был не так, что́бы о́чень интере́сный, но дово́льно познава́тельный.	その映画は大変おもしろいというのではなかったが、かなりためになるものだった。
Он ре́дко смея́лся так, что́бы от его́ сме́ха станови́лось ве́село други́м.	彼は他人が愉快になるような笑い方をすることはめったになかった。
Пого́да немно́го уху́дшилась, но не насто́лько, что́бы помеша́ть на́шей экску́рсии.	天気は少し悪化したが、私たちの遠足に差し障るほどではなかった。

443. как の用法

1．как の用法分類

как も広く用いられる接続詞である。その用法は概略以下のように分類できる。

⑴ **比較の接続詞**（「～のように（な）」） 主節と共通の語は繰り返されないことが多いが、как のうしろは本来従属節なので、コンマで区切られ、名詞は必要に応じた格になる[8]	Меня́ принима́ли и люби́ли, как соотéчественника.「私は同国人のように受け入れてもらい、親切にされた」、Нóвая жизнь закружи́ла и понеслá её, как лóдку штормовóй вéтер.「新しい生活は彼女を、嵐が小舟にするようにもてあそび、翻弄（ほんろう）した」、Он всё испóлнил, как емý приказáли.「彼は命令されたとおりにすべてを遂行した」、Онá пéла сегóдня так хорошó, как никогдá（не пéла).「彼女は今日、かつてないほどじょうずにうたった」
как と類似の比較の接続詞に слóвно「のように」、тóчно「まさに～のように」、бýдто「まるで（あたかも）～のように」がある	Онá смотрéла емý в глазá, слóвно ищá отвéта.「彼女は答を探すかのように彼の目を見つめた」、Я так устáл, как бýдто рабóтал без óтдыха цéлые сýтки.「まるで一昼夜休みなしに働いたみたいに私は疲れた」
⑵ **когдá の意味で** 多くの場合単独でなく、時間関係を限定する先行詞と共に用いられる。**в то врéмя как**「～のとき」、**с тех пор как**「～のときから」、**пéред тем как**「～の前に」、**пóсле тогó как**「～のあとに」、**по мéре тогó как**「～につれ」[9]、**до тогó как**「～のときまで」など	Что они́ скáжут, как узнáют, что вопрóс ужé решён.「問題が解決ずみと知ったら、彼らは何と言うだろう」、Прошлó два мéсяца, как мы с тобóй познакóмились.「君と知り合ってからふた月になる」、В то врéмя как онá выходи́ла из гости́ной, в перéдней послы́шался звонóк.「彼女が客間を出ようとしたとき、玄関でベルの音がした」、Пóсле тогó как рабóта былá закóнчена, все разъéхались по домáм.「仕事が終わると皆それぞれ家へもどった」、По мéре тогó как рабóта

[8] ただし、指示語 такóй と共に用いられる場合、как のあとの名詞は主格のまま。Я никогдá не ви́дел такóго хорóшего человéка, как Николáй.「私はニコライのようによい人に会ったことがない」、後続 2⑵「такóй… , как…」参照。
[9] по мéре тогó как と共に用いられる動詞は、主節、従属節とも不完了体。

	приближа́лась к концу́, мы ещё бо́лее увлека́лись ей.「作業が終わりに近づくにつれ、私たちはますますそれに熱中した」
(3) 疑問詞・感嘆詞の意味を残して 　先行詞 тоと共に用いられる場合が多い	Га́ля рассказа́ла мне, <u>как</u> она́ отдыха́ла ле́том.「ガーリャは夏をどうすごしたか物語った」、Смотри́те, <u>как</u> она́ хорошо́ рису́ет.「彼女がなんてじょうずに絵を描くかごらんなさい」Я до́лго ду́мал <u>о том, как</u> на́до подходи́ть к изуче́нию э́той пробле́мы.「この問題へのアプローチをどうしたらよいのか、私は長いこと考えた」、О́льга ча́сто прислу́шивалась <u>к тому́, как</u> друзья́ бра́та обсужда́ют после́дний спекта́кль.「兄の友人たちが最新の芝居を論じるのにオリガはよく耳を傾けた」
(4) 説明の接続詞として 　ви́деть「見る（見える）」、слы́шать「聞く（聞こえる）」、заме́тить「気づく」（ви́дно「見える」、слы́шно「聞こえる」、заме́тно「わかる」）、смотре́ть「見る（視線を向ける）」、слу́шать「聞く（耳をかたむける）」、наблюда́ть「観察する」、следи́ть「見守る」、любова́ться「見とれる」などの知覚を表す動詞（述語副詞）とともに用いられた какは、単なる説明の接続詞「～するのを」であり、疑問詞の意味を残した「いかに」ではない	Ната́ша почу́вствовала, <u>как</u> из две́ри пове́яло ве́тром, и бы́стро оберну́лась.「ドアのほうから風が来るのを感じて、ナターシャはすばやく振り向いた」、Она́ с гру́стью смотре́ла, <u>как</u> ве́тер кружи́л в во́здухе жёлтые ли́стья.「風が黄色い葉を舞わせているのを、彼女は悲しそうに見ていた」、Я лежа́л в посте́ли и слу́шал, <u>как</u> дождь стуча́л по кры́ше.「私はベッドに横になり、雨が屋根をたたいているのを聞いていた」、Ему́ слы́шно бы́ло, <u>как</u> бегу́т пото́ки весе́нней воды́.「春の水が流れているのが彼には聞こえた」、Мари́я не слы́шала, <u>как</u>(что) позади́ скри́пнула дверь.*「背後でドアがきしんだのがマリヤには聞こえなかった」、Он ви́дел, <u>как</u> (что) въезжа́ла коло́нна автомаши́н в откры́тые заводски́е воро́та.「自動車の列が工場のあけ放たれた門を入ってくるのが彼には見えた」

⑸ **同格語**（в ка́честве *кого́-чего́*「〜として」）を示す как の後に来る名詞は、それが関係する語と同じ格になるが、ふつう как に導かれる句の前後にコンマは打たない	Он популя́рен как певе́ц, но почти́ неизве́стен как компози́тор.「彼は歌手として有名だが、作曲家としてはほとんど知られていない」, Как врач я отвеча́ю за жизнь ка́ждого пацие́нта.「医者として私はどの患者の命にも責任をもっている」, Ле́на как гла́вная судохо́дная река́ Восто́чной Сиби́ри име́ет огро́мное значе́ние для разви́тия хозя́йства всего́ кра́я.「東シベリアの主要船舶航行河川としてレナ川は地域全体の経済発展に大きな意味をもっている」
この用法でコンマを打つと、句が孤立し、理由を表す	Меня́, как мла́дшего сы́на в семье́, в а́рмию по тогда́шним зако́нам не взя́ли.「私は家族の末っ子だったので、当時の法律では軍隊にとられなかった」

* ви́деть, слы́шать, заме́тить など、無意識の知覚を表す語のあとには、как の代わりに что を用いてもよいが、смотре́ть, слу́шать など、意識的な語のあとに что は用いられない。

2．как と先行詞

⑴ то の場合

上の表 ⑷「説明」では、как 以下の従属節が述語に直結するが、то（または前置詞＋то の斜格）が入る場合もある。⑶「疑問詞・感嘆詞」では、то（または前置詞＋то の斜格）が入ることが多い。то が入るのは、что の場合同様、念を押す場合、同種成分があったり、対比または強調される場合、特定の表現の場合、名詞のあとである。

То, как сложи́лась её жизнь в эмигра́ции, мы до́лго ничего́ не зна́ли.
彼女の亡命生活がどんなものであったか、私たちは長いこと何も知らなかった。

Пробле́ма заключа́ется в том, как ей сказа́ть о сме́рти ма́тери.
問題は、彼女にどのように母親の死を伝えるかだ。

Зага́дка в том, как ему́ удало́сь подобра́ть ключ к се́йфу.
彼が金庫の鍵をどうして見つけられたかふしぎだ。

Он рассказа́л о свое́й жене́, о но́вой кварти́ре и о том, как они́ живу́т.
彼は自分の妻や新しい住居について、そしてどんな生活を送っているか物語った。

Он ду́мал не о том, как прошло́ собра́ние, а о своём неуда́чном докла́де.

彼は集会がどのようにおこなわれたかではなく、自分の失敗した報告について考えていた。

Тут тру́дность в том, как избежа́ть большо́го уще́рба.

どのようにして大きな損害を避けるかが、この際むずかしいところだ。

⑵ тако́й … , как …「～のような」

この場合、接続語 как のあとの名詞は単なる例であって文ではないので、主格のままにおかれる。コンマはつけられる。

Я люблю́ таки́х писа́телей, как Турге́нев и Че́хов.

私はツルゲーネフやチェーホフのような作家が好きだ。

Ра́зве мо́жно ста́вить в приме́р таки́х люде́й, как э́тот журнали́ст.

この記者のような人を模範としていいのだろうか。

В про́шлом году́ зима́ была́ така́я же, как в э́том году́.

昨年の冬はちょうど今年のようだった。

⑶ так (…), как「～のように」

上の表の (1)「比較の接続詞」のときに用いられる。文意を正確にしたいとき、強調するとき、同位成分のあるときなどにつけられる。否定のときには必ずつけなければならない。

Ты поступи́л и́менно так, как на́до бы́ло поступа́ть в э́том слу́чае.

君はこの場合にふるまうべきとおりにふるまった。

Она́ поёт та́кже хорошо́, как пе́ла когда́-то её мать.

彼女はかつて母親がうたったようにじょうずにうたう。

Всё произошло́ не так, как я предпола-га́л.

すべては、私が想定したようにはならなかった。

450. 助詞（части́ца）、間投詞（междоме́тие）

451. 助詞（части́ца）

1．助詞の種類

どの品詞にも所属せず、独立した意味をもたず、したがって文の成分にもならない補助的な単語群があり、助詞と呼ばれる。助詞は単語や文章にさまざまなニュアンスを付け加える。本来の助詞のほかに、他の品詞が助詞として用いられることもある。

助詞は以下のように分類することができる。

⑴ **疑問** ли (ль) *, ра́зве （文頭におかれる), неуже́ли（同）	Зна́ете ли вы Ната́шу?「あなたはナターシャをご存知ですか」、Хорошо́ ли вы зна́ете Ната́шу?「ナターシャをよくご存知なのですか」、Ра́зве у вас нет друзе́й?「本当に友人がいないのですか」、Неуже́ли вы не получи́ли моё письмо́?「本当に私の手紙を受け取っていないのですか」
⑵ **感嘆** что за (文頭におかれる), как（同), ну и	Что за чу́до э́тот ма́ленький ма́льчик!「この小さな少年はなんという奇跡なのだろう」、Как краси́во пе́ла Та́ня в тот ве́чер!「その晩ターニャはなんてきれいにうたったことだろう」、Ну и заче́м тебе́ ли́шние пробле́мы?「なんだってまた余計な問題を抱え込むんだ」
⑶ **強調** да́же**, и**, же***（ж), ведь, ни	Да́же он ещё не начина́л рабо́ту.「彼でさえまだ仕事を始めようとしていなかった」、Он да́же не начина́л ещё рабо́ту.「彼はまだ仕事を始めようとしてさえいなかった」、И ты ду́маешь, что э́то мо́жно забы́ть?「これが忘れられる、と本当に君は思うのか」、Мы их приглаша́ли, но они́ же не пришли́.「私たちは彼らを招待したのだが、彼らが来なかったのだ」、Сейча́с вы́ недово́льны, но ведь вы́ его́ при́няли на рабо́ту.「今はご不満ですが、彼を採用したのはあなたですよ」、Там не́ было ни одного́ живо́го существа́.「そこには生き物は一切いなかった」

(4) **限定** то́лько**, лишь**, лишь то́лько**	Мы вчера́ гуля́ли то́лько в па́рке.「私たちがきのう歩いたのは公園だけだ」、То́лько мы́ вчера́ гуля́ли в па́рке.「きのう公園を歩いたのは私たちだけだった」、Лишь ста́рый дуб ещё сохраня́л свой осе́нний убо́р.「老いた樫の木だけが秋の装いを保っていた」
(5) **指示** вот**, вон**, это**	Вот в э́том до́ме я живу́.「ほら、この家に私は住んでいるのです」、Вон идёт твой брат.「ほら君の兄さんが歩いているよ」、Социоло́гия — э́то нау́ка, кото́рая изуча́ет проце́ссы, происходя́щие в о́бществе.「社会学というのは社会に生じる諸過程を学ぶ学問だ」
(6) **否定** не**	Ве́ра с утра́ э́того дня не име́ла ни мину́ты свобо́дной и ни ра́зу не успе́ла поду́мать о том, что́ предстои́т ей.「ヴェーラにはその日朝からひまな時間はまったくなく、これから自分に何が起こるのかなどまったく考えることができなかった」
(7) **機能的助詞** -то, -либо, -нибудь, кое-, не-, ни- бы(б)***	Когда́-то ле́том я зае́хал к нему́ на да́чу.「いつだったか夏に私は彼の別荘をたずねた」、Я бы ни в ко́ем слу́чае не уступа́л.「私ならどんなことがあっても決して譲歩しなかっただろう」
(8) **その他** возьми́, пойди́, смотри́, бы́ло, быва́ло, себе など	他の品詞のある形が、特定の意味・用法をもって、助詞のように用いられる場合。それぞれの品詞の項目を参照。Ⅱ-326 の 1「助詞として使われる動詞の特殊形」、Ⅱ-231「人称代名詞」

* 質問の対象になる語が文頭にきて、そのあとに ли がつく。なお、この ли が従属複文をつなぐ役を果たすときは、接続詞と扱う（Ⅲ-423「従属複文 (2)」参照）。
** 強調（限定、否定）したい語の直前におかれる。
*** 強調したい語の直後におかれる。

2．強調の助詞

§実例

ведь, же, -то, уж, так, и, да などの強調の助詞は、会話文で多用され、文に話し手の主観的態度、ニュアンスをつけ加える。その用法を論じることは文法本来の枠から外れるが、会話体ロシア語の「感じ」を正確に理解するためには、語順、イントネーションとならんで、知っておかなければならない事項である。

ここでは用例を少し挙げて、問題点を示唆するにとどめる。（文脈から切り離された以下の例文の日本語訳が、助詞の意味を十分に伝え得ているとはいえないが、あげておく）

Ведь емý я могý повéрить.	だって彼なら信じられるんだ。
Емý-то я могý повéрить.	彼ならぼくは信じられる。
Емý же я могý повéрить.	彼ならぼくも信じられる。
Емý я ещё могý повéрить.	彼ならまだ信じることもできる。
Так емý я могý повéрить.	（けれど）彼なら信じられるんだ。
Вот емý я могý повéрить.	彼なら信じることができる。
Емý я и могý повéрить.	彼なら信じることもできる。
Да емý я могý повéрить.	彼なら信じることもできる。
Хоть емý я могý повéрить.	せめて彼なら信じられるのだが。
Вообщé, емý я могý повéрить.	概して彼なら信じられる。
Рáзве что емý я могý повéрить.	彼は信じられない。

§強調の助詞 же, ведь, и

強調の助詞は少なからずあるが、日本語にそのまま置き換えることができる（たとえば、И И́ра, и Ни́на пришли́.「イーラもニーナも来た」のように）ものは多くない。多数の実例に慣れることが肝要だと思われる。

最も代表的な強調の助詞 же, ведь, и を例にとって、若干分析する。助詞 же の基本的な意味は、絶対的に主張される断固たる強調である。それに対して、自明の理であることを主張する ведь は、調子がおだやかで、聞き手の同意を求める感じがある。強調の助詞 и は接続詞 и に由来するので、その感じを残して広く、また他の助詞に重ねても用いられる。

Вы же крýпный специали́ст: неужéли вы ничегó не мóжете придýмать?	あなたは大専門家ではありませんか。本当に何も考えつかないのですか。
Я же забы́л! У вас сегóдня день рождéния! От души́ поздравля́ю! …	私ときたら、忘れてしまった。今日はあなたの誕生日だったのですね。ほんとうにおめでとう。
Ведь инáче и быть не мóжет.	だって、他にはあり得ないじゃないか。

— Что же мне де́лать? — Ведь мы говори́ли с тобо́й: на́до меня́ть рабо́ту.	「おれは一体どうしたらいいのだ」「だって話し合ったじゃないか、職を換えなきゃダメだって」
Ви́дишь бе́лый дом с черепи́чной кры́шей, вот там я и живу́.	瓦屋根の白い家があるだろう、あそこにおれは住んでいるんだ。
Он пришёл к моему́ бра́ту на день рожде́ния. Тогда́ мы и познако́мились.	彼はおれの弟の誕生日のときに来たんだ。そのときおれたちは知り合った、というわけさ。

3．否定の助詞 не, ни, нет

⑴ 否定の助詞 не

否定の助詞 не は、独立の単語（名詞、形容詞、代名詞、数詞、動詞、副詞）および語結合なら、どれにでもついてその意味を否定する。не の直後（前置詞を除く）の語（語結合）が否定される。次の例でわかるようにどの品詞も否定できる（ものによっては語順のせいでやや不自然になっているが）。

Вчера́ Бори́с встре́тился с той краси́вой де́вушкой в пять часо́в.	きのうボリスはあのきれいな少女と5時に会った。
Не вчера́ Бори́с встре́тился…	… 会ったのはきのうではない。
Вчера́ не Бори́с встре́тился…	… 会ったのはボリスではない。
Вчера́ Бори́с не встре́тился с той…	きのうボリスは … 会わなかった。
…встре́тился не с той…	… 会ったのはあの … 少女ではない。
…встре́тился с той некраси́вой…	… あのきれいでない少女と会った。
…с той краси́вой де́вушкой не в пять…	… 会ったのは5時ではない。

⑵ 否定の助詞 ни

ни という否定の助詞をもつ文の述語は常に否定形である。ни を接頭辞とする否定代名詞、否定副詞が使われる文においても同様である。Ⅱ-233 の 3「否定代名詞」を参照。

Ни одного́ челове́ка там не́ было.	そこにはひとりの人もいなかった。
Ни он, ни она́ не ра́дуют меня́.	私は彼にも彼女にもうれしくない。
Никто́ не интересова́лся э́той но́востью.	誰もこのニュースに興味をもたなかった。

Она никогда́ не спра́шивала об э́том.　彼女は一度もこのことをたずねなかった。

⑶ 否定の助詞 нет

まず、応答の際の否定を表す「いいえ」の意味で用いられる。「存在する」の意味の быть の現在時制（肯定であれば表現されない）が否定される場合の нет は、動詞（述語）の役を果たす。その用法については、Ⅱ-132⑴「生格の機能」を参照。さらに、直前の述語の否定の意味で用いられる。

Ты понима́ешь э́то и́ли нет?（= не понима́ешь）　君にはこれがわかっているのか、いないのか。

Они́ э́тим дово́льны, а я нет.（= я не дово́лен）　彼らはこれに満足しているが、私はしていない。

⑷ не と ни の書き方

否定の助詞 не と ни は、次の単語に続けて書かれる場合と、離して書かれる場合がある。続けて書かれる не と ни は、助詞ではなく、接頭辞ということになる。

① 続けて書かれる не	
・не のつかない形が存在しない語	нельзя́「～してはいけない」、ненави́деть「憎む」、недоразуме́ние「誤解」、несча́стный「不幸な」、необходи́мый「必要な」、неожи́данный「予期せぬ」、непреме́нно「必ず」、など
・не がついて、反対の意味をもつ新しい名詞、形容詞、副詞ができる場合	несча́стье「不幸」、непого́да「悪天候」、нехоро́ший「よくない」、нетру́дный「むずかしくない」、недалеко́「遠くない」、несме́ло「おずおずと」など
・前置詞のつかない否定代名詞、否定副詞	не́кого, не́чего, не́когда, не́где, не́куда など
・補助語をもたない形動詞長語尾	незако́нченная рабо́та「終わっていない仕事」、ненайденное доказа́тельство「発見されていない証拠」、нерабо́тающий челове́к「働いていない人」など
② 離して書かれる не	
・動詞、副動詞、形動詞短語尾、数詞、前置詞、接続詞	通常の否定形

・名詞、形容詞、副詞、形動詞短語尾が対比される場合	В э́том де́ле ну́жно не терпе́ние, а реши́тельность.「この件で必要なのは忍耐ではなく、決断だ」、Она́ была́ не весёлая, как вчера́, а печа́льная.「彼女はきのうのように陽気ではなく、悲しそうだった」、Магази́н не про́сто закры́т, а на ремо́нте.「店はただ閉まったのではなく、修理中なのだ」など
・形容詞、副詞の比較級	Сего́дня он игра́л не ху́же, чем вчера́.「今日彼はきのうに劣らぬよい演奏をした」
・代名詞（前置詞のつかない не́кого と не́чего を除く）	Мне не́ с кем было говори́ть.「わたしには話す相手がいなかった」
・補助語をもつ形動詞長語尾	не живу́щие в Москве́ лю́ди「モスクワ在住でない人々」、учени́к, не реши́вший зада́чу「課題を終えていない生徒」、ещё не решённый вопро́с「未解決の問題」、но́мер, не у́бранный го́рничной「メイドが掃除していない部屋」など
③ **続けて書かれる ни** 否定代名詞、否定副詞	никто́, ничто́, никогда́, нигде́ など
④ **離して書かれる ни** ・否定代名詞が前置詞とともに用いられる場合	Она́ мне ни о чём не рассказа́ла.「彼女は私に何も話さなかった」、Он ни к кому́ не обраща́лся за сове́том.「彼は誰にも相談しようとしなかった」など
・否定文で用いられる強調の助詞 ни	Не́ было ни одного́ свобо́дного дня.「空いている日は一日もなかった」など
・否定文で用いられる並立接続語 ни	Я ничего́ не сказа́л о случи́вшемся со мной ни бра́ту, ни прия́телю.「私の身の上に起こったことは兄にも友人にも何も言ってない」、Не́ было ви́дно ни жилья́, ни люде́й.「家も、人も見えなかった」など

452. 間投詞（междомéтие）、擬声（態）語（ономатопéя）

1．間投詞の性格

間投詞は、その名称が示すように、文の他の部分と文法上の関係なしに文中に投入されることばであり、各種の感情を表したり、何かをうながしたり、擬声や擬態だったりする。ふつうはそれだけで一文をなすか（多くの場合、感嘆符をともなう）、前後にコンマがおかれる（ただし、感嘆の間投詞 о のあとにはコンマを打たない）。

他の品詞と比べると特殊ではあるが、ロシア語として皆に共有される単語の一種であり、個人的な、その場かぎりの音の模倣などではない。したがって、単なるため息のように思えても、一定の意味をもっており、類似の音が日本語で意味することとは異なっている。たとえば ой はおどろきや苦しみを表す語であり、日本語の「おい」（呼びかけ）ではない。しかし、ふつうの単語とは違って、スペルが何種かあるような場合もある（たとえば「静かに（シーッ）」という間投詞 тс, тсс など）。

Ах, как здесь хорошó!	ああ、ここはなんてよいのだろう。
Урá, нáша комáнда победúла!	ばんざい！わがチームが勝った。
Ба, знакóмые всё лúца!	これはおどろいた。知った顔ばかりだ。
На, возьмú свою́ конфéту.	さぁ、自分のキャンディーをお取り。
Бац и всё насмáрку.	ドカーンですべてがおしゃかだ。

間投詞には本来のもの（上の例文）と、他の品詞または語結合が間投詞として用いられる場合とがある。原則的には文の他の部分と文法上の関係をもたないが、ものによっては述語の役を果たし、補語や状況語と扱い得る補助語をともなうこともある。

Ох, Гóсподи! Бóже мой!	ああ、神様（本来は祈りのことばだが、喜怒哀楽の感情や、さまざまな思いをこめて口にされる）。
Вон отсю́да!	ここから出て行け（下線部が補助語）。
Булты́х с головóй в óмут!	頭から淵へドボンだ（同上）。

2．間投詞の分類

間投詞は大略次のように分類できる。

(1) **感情**を表す（喜び、感嘆、驚き、悔しさ、恐怖、嫌悪、痛み、疑問など）	ай (ай-ай-ай)（驚き、不満、恐れなど）、ай да́（賞賛）、ага́「そら見ろ」、ах（喜び、悲しみ、おどろき、嘆きなど、広い感情を表す）、ба（思いがけないことに対して）、ей-бо́гу (е́й-ей)「誓って」、ой (о́й-ой-ой)（驚き、苦しみなど）、ох（悲しみ、痛み、残念）、увы́（悲嘆）、ура́（「ばんざい」、突撃のときなど）、ух (уф)（強調）、эх（感嘆、残念、驚き、非難など）
(2) **うながし・呼びかけ・要求**などを表す	ага́（あいづち）、на (на́те)（ものをすすめる場合。命令形のように、ていねいにするには те をつける）、ну（もとはうながしの語だが、驚き、安心、あきらめ、疑問など、さまざまな感じが加わる）、эй（呼びかけ、「おい」）、цыц（禁止）、вон「あっちへ行け」、доло́й「あっちへ行け」、алло́「もしもし」、ау́「おーい」、карау́л「助けて」、о́п-па（かけ声）
(3) **その他の擬声語、擬態語**	下記 3

間投詞は感覚的な表現なので、日本語訳は文脈に応じて考えなくてはならない。以下は文脈なしの仮訳である。

Ей-бо́гу, ва́ши претéнзии мне надоéли!
本当にもう、あなたの文句はうんざりだ。

Увы́, рад бы помо́чь, да уж го́ды не те.
いやはや、助けたいのは山々だが、もう歳だ。

Эх, ты, а ещё мужчи́на!
まったくお前ときたら、それでも男か。

Доло́й самодержа́вие!
専制打倒！

Кара́ул, лю́ди до́брые, гра́бят!
みんな、助けてくれ、追いはぎだ。

Дя́дя люби́л ню́хать таба́к и поутру́ из его́ кабинéта раздава́лось многокра́тное «апчхи́!»
おじはかぎタバコが好きで、朝書斎から何回も「ハクション」が聞こえた。

3．擬声（態）語

よく知られているとおり、日本語にはこの種の単語が名詞、形容詞、副詞、動詞にまたがって多数存在する。「さらさら」「ひやひや」「ちゃっかり」「しーん」などなど。

それに比べればはるかに少ないが、ロシア語にも似た現象が現れる。**擬声語**（**ономатопе́я**（**звукоподража́ние**））は通常独立の品詞とは扱われず、文法的には間投詞であり、用法によっては名詞や述語とされる。

それらのほとんどは音をまねる擬声語だが、少数ながら擬態語といえるものもある。

動物の鳴き声	гав-гав（犬）、мяу́（猫）、хрю-хрю́（豚）、кукареку́（おんどり）
動物への呼びかけ	бррр（馬をとめる）、тпрр（同）、цып-цып（鶏を集める）
人間の出す音	апчхи́「はくしょん」、тс「シーッ」、шш「静かに」、эге「へーえ」、ха-ха-ха（笑い「ははは」）、хи-хи-хи（笑い「ひひひ」）、хруп（ものをかじる音）
物理的な音	бух「どしーん」、бац（打撃音、急のおどろき）、хлоп（「バタン、バーン」急激なことを表す）、трах「ぴしゃり」
その他	ба（おどろき、不審を表す）、бай（-бай）「（子守唄で）ねんねん、ころり」、тьфу（嫌悪、軽蔑）、фу（非難、軽蔑、嫌悪または疲れ、安らぎ、満足などを表す）
擬態語	гоп「ホップ（跳ぶとき）」、булты́х「ひらり、どぼん（水に飛び込む）」

「～（音）を出す、～という」という意味の動詞をつくる接尾辞に -кать がある。代表的なものには、а́кать「アという」（特に無力点のあいまい母音 о を明瞭な а として発音する地方の発音癖を指す）、о́кать「オという」（特に無力点のあいまい母音 о を明瞭な о として発音する場合）がある。その他にも、たとえば、ため息をつくさまを а́хать（о́хать）といったり、ш 音を正しく発音できない人を сюсю́кать と形容するなど、造語的に使用することができる。

第Ⅲ部　統語論（構文論）
語結合、文の種類、文の構成

序　論

形態論（морфоло́гия）が語の構成と形態変化とを扱うのに対し、**統語論**（構文論）（**си́нтаксис**）は語の結びつきと文の構造・機能（意味）を扱う。

文中で単語はしばしば２つ以上組み合わされ、形態上・意味上一体のものとして機能する。そのような語群は**語結合**（**словосочета́ние**）と呼ばれる。語結合の問題範囲は広い。述語と補語、述語と状況語、定語と被限定語の結びつきなどがすべてふくまれる。その中には自由語結合（свобо́дные словосочета́ния）、固定的語結合（усто́йчивые словосочета́ния）、慣用句（фразеологи́змы）、熟語（идио́мы）などがある。

ソ連科学アカデミーの文法書（ロシアになってからはまだ『科学アカデミーの文法書』は出されていない）は各版とも、この問題に多くのページを割り当てているが、本書では他の多くの問題同様、細部にはあまり踏み込まず、ロシア語実用能力向上の見地から必要なものを取り上げるにとどめた。

ことばによる情報発信は文の形をとる。第Ⅲ部ではロシア語に存在するさまざまな文を、形と意味のうえから整理・分類し、分析する。さらにここでは語順とイントネーションの問題を扱う。文はバラバラな単語の羅列ではなく、いろいろな役割を分担する部分からなる構造物である。その構造によって文の意味が伝えられるのだが、語順とイントネーションも話し手の意図を伝える重要な役割を担っている。

文の構造を分析する際、統語論では単語を品詞分類とは異なるカテゴリーで分類する。もちろん必要に応じて品詞分類も利用するが、文の構造分析ではそれに加えて、単語が文の中で果たす機能を示す、**文の成分**（文肢）（**чле́ны предложе́ния**）というものを分類単位とする。ロシア語には下表に示された文の成分がある。

主成分	**主語**		主に名詞・代名詞だが、その他の品詞、語結合もある。Никола́й рабо́тает в фи́рме.「ニコライは会社勤めをしている」、В ко́мнате сиде́ло пять студе́нтов.「５人の学生が部屋にいた」
	述語	**単純動詞述語**	動詞の定形（変化形）だけで表わされる述語 Он живёт в Москве́.「彼はモスクワに住んでいる」

		合成動詞述語	動詞定形（変化形）＋動詞不定形　Она́ начина́ет изуча́ть япо́нский язы́к.「彼女は日本語を学び始めようとしている」 形容詞短語尾＋動詞不定形　Сего́дня я до́лжен дежу́рить.「今日私は当直をしなければならない」
		合成名辞述語	連辞（быть を代表とする非独立のつなぎの動詞）＋名辞類　Его́ сын бу́дет врачо́м.「彼の息子は医者になるだろう」
二次成分	補語		動詞、形容詞、名詞などの意味を補って明らかにする。主に名詞・代名詞だが、その他の品詞・語結合もある　Он купи́л маши́ну.「彼は車を買った」
	状況語		述語その他を修飾・形容する副詞（句）Она́ верну́лась домо́й по́здно ве́чером.「彼女が帰宅したのは夜遅くだった」
	定語	一致定語	被限定語（修飾・形容される語）に性・数・格が一致する限定語　Она́ получи́ла но́вую кварти́ру.「彼女は新しいアパートをもらった」
		不一致定語	被限定語と性・数・格が一致しない限定語　Учи́тельница проверя́ет тетра́ди ученико́в.「先生は生徒たちのノートをチェックしている」
	付語		限定される語と同格の、名詞による修飾・限定語　В до́мике отдыха́л стари́к-охо́тник.「年老いた猟師が小屋で休んでいた」
文外詞			文の構造に関わらない部分　Воло́дя, ты убра́л ко́мнату?「ヴォロージャ、部屋を掃除したか」

単文がふたつ以上結びついてひとつの文を構成する場合、それは複文と呼ばれる。それぞれの文が同格のものを並立複文、文の間に主従関係のあるものを従属複文という。従属複文では、従属する文（従属節）は主文のいずれかの成分となるので、文構造は基本的には単文の場合と変わらない。

ロシア語を構造的に把握し、正確に理解するために、統語論はきわめて有効である。というよりも、統語論をぬきにして、外国人成人学習者が正確なロシア語理解にいたることは不可能であろう。

100. 語結合（словосочета́ние）

110. 概　説

文の構成を扱う前に、2つ以上の独立語（前置詞などの機能的補助語をともなう場合もある）が形態的・意味的に一体化したものである**語結合**（**словосочета́ние**）を分析する。生きたロシア語において文を構成する単位となっているのは単語というよりも、むしろひとつのまとまった意味をもつ語結合だと考えるべきだからである（もちろんそれが1単語のみの場合もある）。

語結合を考察するのは、ロシア語の構造的把握という視点からは、文を成分によって分析するうえで有効だからだが、実用的視点からは、慣用的な語結合に目を配ることが、語彙力向上に劣らぬほど重要だからである。

Муж и жена́ живу́т в ма́ленькой ко́мнате.　　夫と妻は小さな部屋に住んでいる。

語結合には、上の муж и жена́ のように、2つ（以上）の語が同格で結びつく並立結合（сочини́тельная связь）と、в ма́ленькой ко́мнате のように、語と語の間に主と従の関係がある従属結合（подчини́тельная связь）がある。

ここでは従属語結合の型と種類を見たあと、固定的（慣用的）な語結合を覚えやすくするための解説を試みる。

120. 語結合（словосочета́ние）

121. 語結合の型

1．並立結合

並立接続詞（Ⅱ-441「並立接続詞」参照）またはコンマによって2つ以上の同格の語が結びつけられている場合を並立結合といい、文構造上は同種成分（одноро́дные чле́ны）（後続335「同種成分」参照）という。

主従関係にあるために語群の一体性が明確である従属結合の場合と異なり、並立結合では2語（以上）が同格でならぶだけである。実用ロシア語の見地からは、固定的（慣用的）な結合以外は、これをことさら語結合（一体のもの）と意識するまでのこともないと思われる。

たとえば、Мы рабо́тали день и ночь.「私たちは朝も晩も働いた」、На о́зере бы́ли гу́си и ле́беди.「ガチョウと白鳥がいた」を比べると、前者は固定的（慣用的）語結合と言えるので語結合として意識することに意味があるが、後者はこのときかぎりの（自由な）結びつきにすぎないのである。

2．従属結合の型

圧倒的多数の語結合である従属語結合は、中心語と従属語からなる。従属結合には基本的に次の3つの型がある。

⑴ 一致（согласова́ние）	従属する語の性・数・格が中心語と同じになるもの。定語形容詞と名詞の関係がその典型である 主語・述語関係は文法的には語結合ではないが、主語の文法上の型が述語の文法上の型を決めるので、この関係も「一致」と扱われる＊	большо́й дом「大きな家」 мой де́душка「私の祖父」 шеста́я пала́та「第6病室」 Он пи́шет письмо́.「彼は手紙を書いている」（пи́шет は主語に合わせて三人称単数形）
⑵ 支配（управле́ние）	従属する語が、中心語の要求で一定の文法的な形をとる関係 ① 前置詞＋名詞（前置詞は中心語とはいえないが、一定の格を要求する）	в университе́те「大学で」

	② 動詞・形容詞＋名詞	занима́ться спо́ртом「スポーツをする」、дово́лен обе́дом「食事に満足だ」
	③ 名詞＋斜格の名詞	по́мощь дру́гу「友人への援助」、ка́чество това́ра「商品の質」
	④ 数詞＋名詞	пять часо́в「５時」
⑶ **付加** **(примыка́ние)**	従属する語と中心語の間に一致や支配の関係がなく、中心語に何か不変化語が付け足されるもの	
	① 動詞・形容詞・副詞＋副詞（副動詞）	Он хо́дит бы́стро.「速く歩く」、о́чень краси́вый цвето́к「とてもきれいな花」
	② 動詞・名詞・形容詞＋動詞不定形	Он ко́нчил рабо́тать.「仕事を終えた」、мане́ра ходи́ть「歩き方」、ну́жно спать「眠らなければならない」
	③ その他 名詞＋名詞で生じる付語の関係も、付加とされる	до́ктор Ивано́в「イワノフ医師」、бале́т «Лебеди́ное о́зеро»「バレエ『白鳥の湖』」

＊主語・述語の結合が慣用表現として記憶すべきものになっている場合も少なくないので、実用上の視点からは、これを語結合の一種とみなしてもよい。たとえば、растёт популя́рность「人気が上昇する」、назрева́ет вопро́с「問題が熟す」など

従属語結合は単純な主・従の二重構造をなすとは限らず、連続している場合も少なくない。

Мой сын чита́ет ежеме́сячный журна́л.

うちの息子は月刊誌を読んでいる。（２語結合が２組）

Молодо́й музыка́нт получи́л пре́мию за исполне́ние Пе́рвого конце́рта для фортепиа́но с орке́стром С. В. Рахма́нинова.

若い音楽家はラフマニノフのピアノ・コンチェルト１番の演奏で賞をもらった。（語結合が直列的につらなっている）

122. 従属結合の種類

従属結合を中心語の品詞によって分類すると、下表のようになる。

1．動詞が中心語

(1) **動詞**＋名詞 （支配）	前置詞なし	говори́ть пра́вду「真実を語る」、просиде́ть всю ночь「一晩中すわりとおす」、помога́ть дру́гу「親友を助ける」、кивну́ть голово́й「うなずく」
	前置詞つき	привы́кнуть к хо́лоду「寒さに慣れる」、замёрзнуть от хо́лода「寒さで冷え込む」、зае́хать за врачо́м「医者を迎えに行く」、ду́мать о ней「彼女のことを考える」
(2) **動詞**＋副詞 （付加）		спать споко́йно「安らかに眠る」、рабо́тать беспреры́вно「間断なく働く」
(3) **動詞**＋動詞不定形 （付加）	不定形の主体が主語と同じもの（可能性、必要性、願望などのいわゆる叙法の動詞をふくむ）	начина́ть ～「始める」、реша́ть ～「決める」、повторя́ть ～「繰り返す」、обеща́ть ～「約束する」 мочь ～「できる」、приходи́ться ～「～せざるを得ない」、хоте́ть ～「望む」、боя́ться ～「恐れる」
	不定形の主体が主語と異なるもの	проси́ть *кого́* ～「たのむ」、спра́шивать *кого́* ～「たずねる」、веле́ть *кому́* ～「命ずる」、сове́товать *кому́* ～「助言する」

2．名辞類が中心語

太字部分が中心語。

(1) 形容詞＋**名詞** （一致）	ごくありふれたもの	большо́й дом「大きな家」、высо́кая гора́「高い山」

(2) **名詞**＋副詞 (付加)	例は多くはないが、かなり多用される(副詞は後置される)	яйцо́ всмя́тку「半熟卵」、котле́ты по-ки́евски「キエフ風カツレツ」、поворо́т напра́во「右折路」、тропи́нка наве́рх「登りの小道」
(3) **名詞**＋名詞 しばしば前置詞をともなう (支配)	ごくありふれたもの(動詞の派生語が多い)	коне́ц рома́на「長編小説の結末」、заня́тие физкульту́рой「体育に従事」、любо́вь к ро́дине「愛国心」、борьба́ с враго́м「敵との闘争」
(4) **形容詞**＋名詞 しばしば前置詞をともなう (支配)		дово́льные обе́дом (де́ти)「昼食に満足な(子どもたち)」、подо́бное ло́тосу (расте́ние)「ハスに似た（植物)」、похо́жий на мать (ребёнок)「母親似の（子ども)」、далёкая от ста́нции (дере́вня)「駅から遠い（村)」
(5) **数詞**＋名詞 (支配)		пять семе́й「５家族」、два́дцать лет「20歳」、дво́е су́ток「２昼夜」、тро́е из госте́й「客のうちの３人」
(6) **代名詞**＋その他の名辞類 (一致)		что́-то бе́лое「何か白いもの」、ничего́ подо́бного (нет)「そのようなこと（はない)」、(жале́ть) самого́ себя́「自分自身を（哀れむ)」

3．その他

(1) **述語副詞**＋動詞不定形 (付加)	ごくありふれたもの	мо́жно отдыха́ть「休んでよい」、прия́тно дыша́ть「息をするのが気持ちよい」、пора́ уйти́「いとまの時間だ」
(2) **述語副詞**＋副詞 (付加)		далеко́ внизу́「遠方下方に」、всё ча́ще「ますますひんぱんに」、оби́дно до бо́ли「胸が痛むほどくやしい」

123. 固定的語結合（усто́йчивые словосочета́ния）

1．固定的語結合とは

語結合の問題のかなりの部分はきわめてありふれたことなので（たとえば形容詞＋名詞）、ことさら扱うまでもないように思える。これを意識する理由は、語結合は、文構造を分析する際に、文の組成を単語別（品詞別）に考えるのではなく、機能別に考えるための単位になるからである。

また、実用能力向上の見地に立てば、慣用的に固定された多数の語結合（慣用句）が存在するので、個々の単語にばらすのではなく、ひとつの単位として覚える必要がある。これを意識せずに、個別の語彙知識だけで対応しようと考えるのでは、受信・発信能力は身につかない。

外国人の目から見れば、それは**熟語（идио́мы）**のように思われるかもしれない。しかしидио́маとは、組成語ひとつひとつの意味からは推し測れない別の意味となっているもの（たとえばсиде́ть на боба́х「あてがはずれる」）のことである。また、**慣用句（фразеологи́змы）**というものがある。これは、たとえばиме́ть в виду́「念頭におく」のように、各単語の意味は失われてはいないが、形と意味が慣用的に定まったものである。

慣用句と、自由な（そのとき次第の）語の結びつきの間に、**固定的語結合（усто́йчивые словосочета́ния）**と呼ばれるものがある。ロシア人にとってはごく当たり前のことだが、外国人にはそう思えない、決まった語の結びつきである。たとえばある名詞は特定の動詞と共に用いられる。「影響する」という際に、влия́ние「影響」とともに用いられる動詞はоказа́тьであって、日本語から推測されるде́латьやдатьではない。これはидио́маでもфразеологи́змでもないが、外国人には必須の知識である。ただし、これと慣用句（фразеологи́зм）の境界は、必ずしも明確ではない。

固定的語結合とまではいえない自由な結びつきの中にも、ごく当たり前のものの他に、ある名詞にはある形容詞が決まって使われるとか、逆にその語とその語をくっつけてはおかしい（意味上かまわないと思われるのに）、という場合がある。そのような結合上の可能性は**сочета́емость слов**（語の結合可能性）と呼ばれる。

これにはさまざまな理由がからむので、この問題を全体的に説明するのはおそらく不可能だろう。外国人は学習の過程で徐々に身につけるしかない。なお、この問題に関しては*Уче́бный слова́рь сочета́емости слов ру́сского языка́*（Москва́, Изда́тельство «Ру́сский язы́к», 1978）のような、外国人にとっては便利な辞書も存在する。

2．固定的語結合の種類

実用能力向上の見地から習得すべき固定的語結合については、通常の辞書の他に、前記のような特化した辞書があるし、そもそもこれは文法書が扱う事項ではない。ただ、次の表のように種類を分類しておくことは可能であり、これを頭に入れておくことは有効だろう。

これらの例のうち、どこまでが固定的語結合といえるのか、どこまでが単に動詞の要求で、意味上よく使われる名詞と結びついたものにすぎないのかを区別することはできないし、そのような区別はあまり意味がないだろう。要は、必要な表現を習得することである。

⑴ **述語＋主語**		лети́т вре́мя「時が流れる」、нависа́ет угро́за「脅威がのしかかる」、идёт спекта́кль「芝居が上演されている」、повыша́ется благосостоя́ние「福祉が向上する」
⑵ **述語的結合**	① 動詞＋名詞対格	ока́зывать по́мощь「援助する」、ста́вить вопро́с「問題を提起する」、нести́ отве́тственность「責任を負う」、допуска́ть наруше́ние「違反する」
	② 動詞＋名詞斜格（いわゆる動詞の要求）＊ 前置詞なし	по́льзоваться популя́рностью「人気を博する」、окружа́ть *кого́* внима́нием「めんどうをみる」、владе́ть собо́й「自制する」、сле́довать приме́ру「例に従う」
	前置詞つき	выходи́ть в отста́вку「定年退職する」、приводи́ть в поря́док「整理する」、вступа́ть в войну́「戦争を始める」、боро́ться за свобо́ду「自由を求めて戦う」

	③ быть＋в(на)＋名詞前置格	быть в изоля́ции「孤立する」、быть во главе́「指揮する」、быть в си́лах「～する力がある」、быть на пе́рвом пла́не「最優先である」
	быть＋前置詞＋名詞斜格	быть под контро́лем「統制下にある」、быть(не)по си́лам「～できる（できない)」、быть в си́лах「～する力がある」、быть без созна́ния「意識不明である」
	быть＋名詞・形容詞造格（または生格）	быть приме́ром「手本となる」、быть пре́данным де́лу「仕事に打ち込んでいる」、быть *како́го* мне́ния「～の意見である」、быть *како́го* телосложе́ния「～な体格である」
(3) **定語的結合**	① 形容詞など＋名詞	здра́вый смысл「良識」、горя́чий проте́ст「激しい抗議」、кре́пкий чай「濃いお茶」、желе́зная ло́гика「堅固な論理」
	② 名詞＋名詞生格	взрыв сме́ха「爆笑」、круг вопро́сов「一連の問題」、де́ло ми́ра「平和の事業」、рост культу́ры「文化の発達」
	③ 名詞＋前置詞＋名詞斜格	пра́во на самоопределе́ние「自決権」、отноше́ние к *како́му* вопро́су「～問題への態度」、обраще́ние к жи́телям「住民への呼びかけ」、призы́в к разоруже́нию「軍縮への呼びかけ」
(4) **副詞的結合**		тепло́ поздравля́ть「暖く祝う」、широко́ обсужда́ть「広く審議する」、го́рько пла́кать「激しく泣く」、ре́зко отвеча́ть「手きびしい返事をする」

＊ Ⅱ-130「格の機能」でくわしく扱った。

200. 文の種類、語順、イントネーション

210. 概　説

本章ではまず、文の種類分けをする。文は、平叙文、疑問文、命令文、感嘆文のように、発話の意図（話し手が言いたい内容）によって分けることができる。次に、文はその構造によって分けられる。ロシア語には、主語と述語をもつ通常の文以外に、無人称文、不定人称文、普遍人称文のような無主語文がある。これらの無主語文はロシア語に特徴的なものであり、広く用いられるので、その構造と用法を正確に把握する必要がある。

次に語順の問題を扱う。ロシア語では、語順が話し手の意図を伝えるという重要な役割を果たしている。語順は状況の中で相対的に決まるので、語順から話し手の意図が読み取れるのである。

ロシア語では原則的に、文中にならぶ単語の形から品詞を判別でき、その単語が文のどの成分になっているかも、形から判別できる。つまり、ふたつならんだ単語のどちらが名詞でどちらが動詞であるか、どちらが定語（たとえば形容詞）でどちらが被限定語（たとえば名詞）であるかは、前後関係でなく、形の上からおよそ判断できる。主語、述語、補語、状況語などは、それが文頭におかれても、あるいは文中、文尾におかれても、それぞれの役割は変わらないのである。

英語ではMary loves Alex. がAlex loves Mary. になると主客が転倒してしまうが、ロシア語ではMáша лю́бит Алёшу. が Алёшу лю́бит Máша. となっても、「マーシャがアリョーシャを愛している」事実は変わらない。ロシア語では英語のように、原則として主語・動詞・目的語の順になるとは限らず、語順は別の機能（話し手の意図、新たな情報は何か、などを示す役割）を負っているのである。

イントネーションは語順と結びついており、口頭言語にとってきわめて重要な役割を果たすが、その理論的解明はまだ必ずしも十分になされているとはいえない。本書が扱い得たのは、外国人学習者にとって最低限の実用上の規則のみであるが、その知識だけでも十分に有用なものだと思われる。

220. 文の種類

221. 発話の意図による分類

1．分類一覧

発話の意図（話し手が何を言いたいのか）によって、文は次の種類に分類される。

平叙文 **(повествова́тельное предложе́ние)**	事実関係、現象、物の特徴、考えなどが述べられる	За́втра я пое́ду в университе́т.「明日私は大学に行く」、Э́то пла́тье тебе́ велико́.「このドレスは君には大きすぎる」
疑問文 **(вопроси́тельное предложе́ние)**	疑問詞つき	Почему́ ты не заходи́ла ко мне?「あなたはなぜ私のところに寄らなかったの」
	疑問詞なし	平叙文と構造が同じもの。Ты смотре́л э́тот фильм?「君はこの映画を見たか」 疑問の助詞 ли のつくもの。Смотре́л ли ты э́тот фильм?「(同上)」
命令文 **(побуди́тельное предложе́ние)**	対一人称（共同の動作への誘い）	Пойдёмте на вы́ставку ру́сской жи́вописи.「ロシア絵画展に行きましょう」、Дава́йте пообе́даем здесь.「ここで食事にしましょう」
	対二人称（ふつうの命令形）	Купи́ мне конфе́ты.「キャンデーを買って」、Запо́мните, пожа́луйста, э́ти слова́.「これらのことばをよく覚えておいてください」
	対三人称（第三者への注文）	Пусть он придёт ко мне.「彼に私のところに来させなさい」
感嘆文 **(восклица́тельное предложе́ние)**	疑問詞つき	Како́й сего́дня чуде́сный день!「なんてすばらしい日なのだろう」

	疑問詞なし	Скýчно мне дóма! 「家にいるのは退屈だ」

2．平叙文

疑問文でも、命令文でも、感嘆文でもなく、受信者に対して一定の情報を提供しようとする最も通常の文。文体的に中立な文（格別の強調をともなわない文）のほかに、文体上の強調（感情的表現）をともなう文があり、後者はそれなりの主観的語順と強調されたイントネーションをもつ。

3．疑問文

(1) 通常の疑問文

疑問文は不明な点をたずねる文で、疑問詞のつくものとつかないものがあるが、書くときは文末には疑問符「？」（вопроси́тельный знак）がおかれ、口頭の場合なら、疑問文であることがわかるイントネーションになる。

疑問詞は通常文頭におかれる。主語が代名詞なら、必ず疑問詞のあとにおかれる。

疑問詞のない疑問文は、2種類に分かれ、да か нет の答を求める。

① 平叙文と同じ語順で、口頭ではイントネーションが変わるだけ、書くときはピリオドの代わりに疑問符がつくだけのもの

② 質問の中心（不明点）が文頭に出され、そのあとに疑問の助詞 ли がつくもの。原則的にはどの文の成分も文頭に立って、質問の中心になり得る。

文の意味上の中心が述語の場合、通常の疑問文では述語にイントネーションの山がくる（ли のつく文なら文頭におかれる）。しかしききたいことが他のことば（成分）なら、そこに山をもってこなければならない。ли がついた文では、その語が文頭にくるわけである。イントネーションについては、後続の 234「外国人のためのイントネーション」を参照。

Вы (хорошó) знáете э́того писáтеля?　この作家を（よく）ご存知ですか。

Вы хорошó знáете э́того писáтеля?　この作家を本当によくご存知なのですか。

Знáете ли вы э́того писáтеля хорошó?　この作家をよくご存知ですか。

Хорошó ли вы знáете э́того писáтеля?　この作家を本当によくご存知なのですか。

疑問詞のある疑問文では、述語に動詞不定形を使うこともできる（不定形

文となる)。Куда́ мне идти́?「どこへ行ったらいいのだ」など。後続 225 の 3「不定形文」参照。

疑問詞のない疑問文の文頭には、強めの助詞 ра́зве, неуже́ли がつくことがある。意味は似ているが、неуже́ли のほうが強い。これら（特に неуже́ли）は疑い、不信、驚きなどのニュアンスが加わり、場合によっては疑問というより、その形をとった否定、不満などの表明になる。

Ра́зве тебе́ пора́ уже́ уходи́ть?　ほんとうにもう帰る時間なの。

Неуже́ли ты так и не по́нял у́жаса случи́вшегося?　結局君には事件の恐ろしさがわからなかったとでも言うのかい。

⑵ 特殊な疑問文

修辞的疑問（ритори́ческий вопро́с）

形は疑問文だが、話し手の本意が疑問ではなく、強調、否定、不満その他にあるものを修辞的疑問という。同じ文章でも、意図によりふつうの疑問文にも修辞的疑問文にもなりうる。多くの場合、イントネーションで区別される。それが不明確だと、通常の質問だと思われてしまい、真意が相手に伝わらないことになる（何語でも同様なことが起こると思われる)。

修辞的疑問は聞き手の注意をひきつけ、話し手の情緒が加わる。そのような場合、疑問語 ли やイントネーションが重要な役割を果たす。

Тебе́ ли по си́лам убеди́ть меня́?　君がぼくを説得しようってのかい（できっこない)。

Ра́зве мо́жно так поступа́ть?　そんなことをして本当にいいの（いけないだろう)。

Куда́ я де́нусь с детьми́?　子供連れでどこへ身をおけっていうの（どこもない)。

Хо́чется ли выходи́ть в тако́й ли́вень из до́ма?　こんな豪雨に家を出て行きたいはずはないだろう。

Ты бу́дешь слу́шаться?　君が人の言うことをきくのかい（そんなはずはない)*。

* 単純な文なので、真意は文脈しだいで変わるが、質問の形をとった確認（脅迫）になり得る。

4．命令文

命令文は他者に動作をうながす文で、強圧的なものから、ていねいな依頼まで、口調はさまざまである。通常は二人称に向けられるもので、動詞命令形が使われるが、その他の形もあり得る。Ⅱ-362「動詞の法」参照。

依頼	Покажи́ (те) (, пожа́луйста,) фотогра́фию.	（どうぞ）写真を見せてください。
誘い	Приходи́те к нам в го́сти.	私どもへお越しください。
希望	Переста́л бы ты кури́ть.	タバコをやめたらいいのに。（仮定法）
要求	Предъяви́те удостовере́ние.	身分証をお見せください。
命令	Встать!	起立！（動詞不定形）
呼びかけ	Де́ти, за мной!	みんな、あとに続きなさい。（動詞なし）

自分をふくむ共同の動作へ相手を誘う場合は、対一人称の命令文とされる。完了体の мы の形（ふつうは完了体未来形）が使われ、相手が вы ならば、命令法同様ていねい形 -те が補われる。特定の移動の動詞では不完了体現在形も使われる。誘いのことば дава́й(те) が先行する場合も多い。その場合、不完了体は不定形となる。

Пойдём (те) в кафе́.	カフェに行こう。
Пое́дем (те) на мо́ре.	海へ行こう。
Идём (те) гуля́ть!	散歩しよう。
Бежи́м (те) туда́!	向こうへ走ろう。
Ся́дем (те) здесь.	さあ、ここにすわろう。
Дава́й (те) споём.	さあ、うたおう。
петь пе́сни.	歌をうたうことにしよう。
ся́дем здесь.	さあ、ここにすわろう。
сади́ться здесь.	ここにすわることにしよう。

第三者に対する命令・依頼を口にする場合は対三人称の命令文とされる。文頭に пусть, пуска́й（どちらでも同じ）がおかれ、文章は通常の現在または未来形でよい[1]。スローガンなどでは同じ意味で да が使われる。

Пусть (Пуска́й) она́ позвони́т мне ве́чером.	彼女は夕方電話してきたらよい（彼女に電話させなさい）。

[1] пусть（пуска́й）は一人称につけられることもある。Пусть всегда́ бу́дет со́лнце, пусть всегда́ бу́дет не́бо, пусть всегда́ бу́дет ма́ма, пусть всегда́ бу́ду я.「いつも太陽と空があって、ママとぼくがいられるように」（歌詞）

Пусть（Пуска́й）он захо́дит в любо́е вре́мя. 彼はいつでも寄ったらいい。

Да здра́вствует Вели́кий Но́вгород![2] 大ノヴゴロド市、万歳。

5．感嘆文

感嘆文は、話し手の評価や感情的反応を表す文である。疑問詞が使われても疑問の意味ではなく、感嘆（よい意味でも、悪い意味でも）の意味になる。感嘆文は、主観的な感嘆の表現なので、原則的にはどんな文も感嘆文になり得る。文末には感嘆符「！」（восклица́тельный знак）がつけられ、口頭の場合は、平叙文とは異なるイントネーションとなる。

感嘆文ではしばしばкако́й、тако́й、что за、ско́лько、сто́лькоなどの代名詞や、как、так（いずれも様態や数に関しておどろきを表すことば）などの副詞が用いられる。またах（おどろき、感心など）、увы́（慨嘆）などの間投詞をともなうことも多い。感嘆文は主観的な感情がこもるので、きわめて豊かなイントネーションをもち得る。

Что за пре́лесть э́та О́льга! このオリガはなんてすばらしいのだろう。

Ско́лько звёзд на не́бе! 満天の星！

Сто́лько труда́ пропа́ло! 今までの苦労がフイだ。

Ты сего́дня про́сто краса́вица! 今日は本当にきれいだねぇ。

Не смей крича́ть! わめくんじゃないよ。

Увы́, все увлече́ния, стра́сти, горе́ние души́ — в про́шлом!* やれやれ、興味も情熱も心の痛みも何もかも過ぎ去ったことだ。

＊間投詞のあとに感嘆符をつけ、次を大文字で始めることもある。Увы́! Все увлече́ния, …

---

[2] здра́вствовать は「健康である」という意味の動詞で、現在ではあまり使われないが、その命令形 здравству́йте があいさつ語「こんにちは」になっている。この用法では、Да здра́вствует～. で「万歳」にあたる、と覚えてしまうのが適当だろう。

222. 文の構造による分類

1. 構造による分類

ロシア語の文は構造上次のように分類される。

単文 (**просто́е предложе́ние**)	二肢文 (двусоставно́е предложе́ние) 主語と述語のある文	文の主成分である主語と述語の両方を備えた、いわばふつうの文
	一肢文 (односоставно́е предложе́ние) 主語を欠く、述語(または二次成分)のみの文	**無人称文** (**безли́чное предложе́ние**) **不定人称文** (**неопределённо-ли́чное предложе́ние**) **普遍人称文** (**обобщённо-ли́чное предложе́ние**) **不定形文** (**инфинити́вное предложе́ние**) **名詞文** (**номинати́вное предложе́ние**)
複文 (**сло́жное предложе́ние**)	**並立複文** (**сло̀жносочинённое предложе́ние**)	主語と述語が異なる同等の文がふたつ以上ならぶもの。くわしくは後続 421「並立複文」を参照
	従属複文 (**сло̀жноподчинённое предложе́ние**)	主節に対してひとつ以上の従属節が従属するもの。くわしくは後続 400「複文の構成」を参照

2. 一肢文の種類

一肢文というのは、主成分のひとつ、主語を欠いた文である。Со́лнце!「太陽だ」のような名詞だけの文の名詞は、主語ではなく述語と考える(合成名辞述語の名辞部分)。

ロシア語には、構造上主語をもたない、独特の無主語文が 3 種類(表内最初の 3 つ)あり、広く用いられる。

⑴ 無人称文

特に広く用いられるのが、無人称文と呼ばれる、主語（人称）をもたない文である。形式上述語は三人称単数中性形をとり、すべての時制がある。Нé было слов.「ことばもなかった」のように、存在を否定されたために主体が生格になってしまったもの、Здесь нельзя́ кури́ть.「ここでは禁煙」のように述語が述語副詞（動詞不定形がつくものとつかないものがある）で表されるもの、Светáет.「夜があける」のように無人称動詞で表されるものなどがある。くわしくは後続 223「無人称文」を参照。

⑵ 不定人称文

述語動詞が они́ の形をとりながら、они́（主語）が示されない文で、すべての時制の文がある。話し手が主語を意識しないことを示すもので、広く使われる。くわしくは後続 224「不定人称文」を参照。

⑶ 普遍人称文

述語動詞が ты の形をとりながら ты（主語）が示されない文で、現在・未来の時制しか存在しない。すべての人に該当する可能性などを表す。くわしくは後続 225「普遍人称文、不定形文」を参照。

⑷ 不定形文

動詞不定形が、述語副詞や補助的な動詞をもたず、単独で述語になる無人称文の一種。Что дéлать?「何をなすべきか」のような述語副詞のついた場合に似たものや、Не кури́ть!「禁煙」のように強い命令になるものなどがある。くわしくは後続 225「普遍人称文、不定形文」を参照。

⑸ 名詞文

名詞文は、名詞だけが（定語、間投詞、ある種の助詞などがつくこともある）表現され、それ以上は何も語られない文である。

Морóз и сóлнце; день чудéсный!	凍てと太陽。すばらしい日だ。
Вот и лес. Тень и тишинá.	これが森だ。陰影と静穏。

223. 無人称文（безли́чное предложе́ние）

無人称文には、述語の違いによるいくつかの種類がある。

1. 存在否定の無人称文

存在が否定されると、主格で表わされるべき主語がないために生格が使われ、無人称文となる。

У меня́ нет де́нег.	私は金をもっていない。
У него́ не́ было вре́мени.	彼には時間がなかった。
У них не бу́дет возмо́жности.	彼らにはその可能性はないだろう。

быть 以外の存在の意味をふくむ動詞が否定の意味で使われるとき、また主体が生格で示されるある種の動詞（量の多少を問題とする動詞）が使われると、同じく無人称文になる。Ⅱ-132⑴「生格の機能」を参照。

Ничего́ не случи́лось.	なにごとも起こらなかった。
Не прошло́ и неде́ли.	１週間もたっていなかった。
Ни одного́ челове́ка не появи́лось.	ひとりも現れなかった。
У него́ не ста́ло сил.	彼には力がなくなった。
Хвата́ло материа́ла.	材料は足りた。

2. 述語副詞による無人称文

先述のように、述語副詞は無人称文の述語となる。主体は与格で示される。くわしくはⅡ-423「述語副詞」を参照。

3. 動詞述語による無人称文

⑴ 無人称動詞

先述のように、無人称動詞は無人称文の述語となる。主体が必要な場合、多くは与格で示されるが、対格、造格によるものもある。くわしくはⅡ-333「無人称動詞」を参照。

⑵ 合成動詞述語

無人称文をつくる合成述語には次のようなものがある。

① **受動形動詞過去短語尾中性形**	Нам не позво́лено есть мя́со.「私たちは肉食を許されていない」、Ему́ бы́ло пору́чено вести́ собра́ние.「彼に集会の司会が任された」、На друго́й день решено́ бы́ло отпра́виться на экску́рсию по го́роду.「翌日市内見学に行くことが決められた」
② **不定形文**のうちのあるもの。くわしくは後続 225「普遍人称文、不定形文」を参照	Всем студе́нтам собра́ться у гла́вного вхо́да.「全学生は表口に集合のこと」Куда́ ему́ бы́ло идти́ в тако́м состоя́нии?「こんな状態で彼はどこへ行ったらよかったのか」、Мне не жить бо́льше у вас.「私はこれ以上あなたのところには住めない」
③ **否定代名詞** не́кого「〜すべき人はいない」、не́чего「〜すべきものはない」、否定副詞 не́когда「〜する時間はない」、не́где「〜する場所はない」、не́зачем「〜する理由はない」など	Не́кому сыгра́ть э́ту роль.「この役を演じられる者は誰もいない」、Мне не́ о чем бы́ло его́ спра́шивать.「彼にたずねることは何もなかった」、Не́где бы́ло останови́ться.「泊まれる場所がなかった」、Нам не́когда бы́ло поговори́ть.「私たちには話をする時間がなかった」、Мне не́зачем идти́ туда́.「私にはそこへ行く理由がない」
この用法の肯定形 е́сть кого「〜すべき人がいる」、е́сть где「する場所がある」など	Нам е́сть кого уважа́ть в фи́рме.「私たちには社内に尊敬すべき人がいる」Ему́ бы́ло где останови́ться.「彼には泊まれる場所があった」

224. 不定人称文（неопределённо-ли́чное предложе́ние）

1．不定人称文の意味

構造上主語がなく、述語の動詞が三人称複数они́の形をとるものを不定人称文という。不定人称文では話し手の関心が述語の表す動作そのものに向けられるために、主語、すなわち誰がその動作をおこなうのかが、不明または重要でなく、話し手が明示しようとしないときに広く用いられる。

日本語にもこれと同じ表現があるが（たとえば「あそこで新聞を売っている」）、不定人称文すべてをこのようにそのまま日本語に置き換えれば内容が伝わるわけではない。ロシア語で不定人称文によって表現しようとする内容は、日本語ではときによって自動詞化したり、受身にしたり、「人」「誰か」「みんな」などの語を補うのが適当だったりする。

Ему́ ве́рили, потому́ что его́ хорошо́ зна́ли.	彼は信じてもらえた。よく知られていたから。
По ра́дио передаю́т но́вости.	ラジオでニュースを報じている。
В магази́н ско́ро привезу́т но́вые кни́ги.	この店にはまもなく新しい本が届く。
В на́шем го́роде бу́дут стро́ить тексти́льную фа́брику.	わが町には繊維工場が建設されることになるだろう。

2．推定される主語の数（すう）

文脈から推定できる主語の数は、多くは複数である。しかし不明な場合も多いし、明白に単数である場合もある。

Мне сказа́ли, что экску́рсия бу́дет в сле́дующее воскресе́нье.	遠足は次の日曜日になると言われた。(主語の数は不明)
Меня́ пригласи́ли в дорого́й рестора́н.	高いレストランに招待された。(同上)
Смотри́, у сосе́дей зажгли́ свет.	ほら、隣の家に明かりがついた。(単数)
В дверь стуча́т.	誰かがノックしている。(同上)

3．主体の限定

不定人称文では主体が漠然としているので、状況語などで範囲を示すことが多い。場合によると、これによってかなり明確に主体が示されることになる。

В на́шем университе́те организова́ли междунаро́дный симпо́зиум по эконо́мике.	うちの大学で経済学の国際シンポジゥムが開かれた。
В э́том магази́не продаю́т и́мпортные това́ры.	この店は輸入商品を売っている。
У нас в Росси́и не едя́т таки́х грибо́в.	ロシアではこんなきのこは食べません。
В до́ме спят.	うち中皆寝ています。

4．特別な用法

⑴ 事実上の主語が **я** である場合

「〜と言っているだろう」と、いらだちをこめて強調する言い方に不定人称文が用いられる。

Тебя́ же про́сят не брать кни́гу.	その本は買わないように言っているだろう。
Не хочу́ идти́ в кино́, говоря́т тебе́.	映画には行きたくない、と言っているだろう。
Вам объясня́ют! Почему́ вы не слу́шаете?	説明しているではありませんか。なぜ聞こうとしないのですか。

⑵ 張り紙など、広範な要請

Про́сят соблюда́ть тишину́.	ご静粛に願います。
Здесь продаю́т биле́ты в теа́тр.	劇場の切符あります。

⑶「お名前は？」の **Как вас зову́т?**

人の名前をきくこの言い方は、不定人称文ではあるが、完全に慣用化している。

Его́ зову́т Никола́й (Никола́ем).	彼の名前はニコライです。
Его́ зову́т Па́вел Алексе́евич.	彼はパーヴェル・アレクセーエヴィチです。

ロシア人はふつう苗字で相手を呼ばないので、この言い方は苗字を指さない。苗字をきくときは、Как ва́ша фами́лия?

225. 普遍人称文（обобщённо-ли́чное предложе́ние）、不定形文（инфинити́вное предложе́ние）

1．普遍人称文

構造上主語がなく、述語の動詞が二人称単数 ты（現在と未来しかない）の形をとるものを普遍人称文という。この文は誰にでもあてはまることや、可能性、必然性などを表すことが多い。

Есть таки́е леса́, что идёшь день, идёшь два, а конца́-кра́ю не ви́дно.
一日歩いても二日歩いても、端が見えないような森がある。

Когда́ ви́дишь челове́ка ежедне́вно, не замеча́ешь в нём возрастны́х измене́ний.
毎日見ていると、年齢の変化に気づかない。

В «часы́ пик» в авто́бус не влéзешь.
ラッシュのときにはバスに入り込めない。

Не беспоко́йся. С таки́м команди́ром не пропадёшь.
心配するな。ああいう隊長とならだいじょうぶだ。

Не изве́дав го́рького — не узна́ешь сла́дкого.
苦い物を知らなければ、甘い物もわからない（諺）。

話し手自身の動作を指すこともある。

Мне иногда́ ка́жется, что я пти́ца — когда́ стои́шь на горе́, так тебя́ и тя́нет взлете́ть.
ときに自分が鳥に思えることがある。山の上に立つと、とても飛んで行きたくなる。

Наш дом стоя́л на высо́ком берегу́ реки́. Смо́тришь вниз — и голова́ кру́жится.
私たちの家は高い川岸にあった。下を見ると目がくらみそうになる。

文章の性質上、普遍人称文は諺に広く用いられる。

За двумя́ за́йцами пого́нишься — ни одного́ не пойма́ешь.
二兎を追う者、一兎をも得ず。

Слеза́ми го́рю не помо́жешь.
泣いても悲しみは癒（いや）されない。

Вчера́шнего дня не воро́тишь.
過去は呼び戻せない。

2．事実上の普遍人称文

誰にでもあてはまること、可能性、必然性、教訓などを表現するのは、形式上の普遍人称文（無主語、動詞は ты の形）ばかりではない。命令文、不定人称文、無主語で動詞が мы の形をとるもの、ты や мы の主語をもつものでも、意味によっては普遍人称文である。以下の例は諺と成句。

Береги́ пла́тье сно́ву, а честь смо́лоду.	衣服は新しいうちから、名誉は若いうちから大事にせよ。
Соловья́ ба́снями не ко́рмят.	鶯はおとぎ話では養えない（≒花より団子）。
Что име́ем — не храни́м, потеря́вши — пла́чем.	もっているものは大事にしないくせに、なくすと嘆く。
Охо́тно мы да́рим, что нам не на́добно сами́м.	自分がいらないものは喜んであげたがる。

3．不定形文

補助的な動詞や述語副詞なしに、動詞不定形が単独で述語になっている無人称文を不定形文という。不定形文には次のようなものがある。

⑴ **強い命令** 動作主体は示されない。号令やスローガンなどに多い	Не разгова́ривать!「おしゃべりしない」、Разойти́сь!「解散」、Офице́р бро́сил бума́гу на стол: «Подписа́ть!»「士官は机に書類を投げ出して『署名しろ！』と言った」、Заня́ть пе́рвое ме́сто в предстоя́щих соревнова́ниях по пла́ванию!「今度の水泳競技会で一位になること！」
⑵ **必要、義務、願望、必然、可能性など**を表す。動作主体が与格で示される無人称文の一種。しばしば疑問詞とともに用いられる	Куда́ нам идти́?「私たちはどこへ行くべきなのか」、Кого́ мне спроси́ть?「誰にきいたらいいのだ」、Ещё одну́ мину́ту ви́деть её, прости́ться с не́ю, пожа́ть ей ру́ку!「あと少しだけ彼女を目にし、別れを告げ、手を握れたら」、Быть хоро́шему урожа́ю в э́том году́![3]「今年は豊作に違いない」、Ей не сыгра́ть э́той ро́ли.「彼女にはこの役は演じられない」、Нам сами́м не реши́ть э́тот вопро́с.「私たち自身ではこの問題は解決できない」、Не спроси́ть ли об э́том у преподава́теля? (Мо́жет быть, нам спроси́ть об э́том у преподава́теля?)[4]「このことを先生に聞いてみようか」

[3] 不可避のこと、運命づけられていることなどを表すのに、文頭に быть をおいた不定形文がよく用いられる。

[4] このように ли をともなったものは話し手の疑いや迷いを示す。この не は否定を意味しているわけではない。同様のことが、カッコ内の мо́жет быть をともなう文に関してもいえる。ここでは通常 не はつかない。

(3) **бы をともなって**	Ей бы умолча́ть о встре́че.「彼女には会ったことを言わなければよいのに」、Пойти́ бы погуля́ть.「ちょっと歩き回ってみたいものだ」、Не разби́ть бы стака́на.「コップを割らなければよいが」
(4) **動作直前に相手に向ける具体的な質問**	Постри́чь?「髪を刈りますか」、Нали́ть вам ча́ю?「お茶を注ぎましょうか」、Переда́ть ему́ э́то письмо́?「彼にこの手紙を渡しましょうか」
(5) **条件文**	Е́сли пойти́ пешко́м, то пона́добится час.「歩いて行ったら１時間かかる」、Е́сли сказа́ть че́стно, он вёл себя́ безобра́зно.「本当のことを言えば、彼の行いはなってない」、Е́сли прийти́ во́время, мы его́ заста́нем.「時間どおりに着けば、彼に会えるだろう」

230. 語順とイントネーション

231. 質問と回答の語順

1．テーマとレーマ

本章概説でも述べたとおり、ロシア語において語順は、文法的形式区分（文を主語、述語などの成分に分けること）とは別のカテゴリーである。しかしそれによって語順の問題は簡単にはならず、むしろ複雑化している。なぜなら、ある意味で自由になった語順を使って、話し手（発信者）は文脈との関係、自分の意図、強調などを表現するからである。

たとえば、Оте́ц купи́л маши́ну. という文の発話意図を考えると、「父は自動車を買った」という、父がした行為を伝えることか、「父が買ったのは自動車だ」と、父が買った物を名指すことのどちらかである。もし「自動車を買ったのは父だ」と言いたいのなら、Маши́ну купи́л оте́ц. となり、「(もらったのではなく）買ったのだ」と言いたいのなら、Оте́ц маши́ну купи́л. となる。

正誤が明確である単語の形態や構文規則に比べると、前後との関連、意図、強調など、語順によって表されることは、相対的で微妙であり、場合によると主観的なので、理論化・規則化するのが困難である。これはたとえば、日本語における助詞「は」と「が」の使い分けに似ている。

本書で述べたいのは語順に関する一般的な理論ではなく、ロシア語の実用能力を習得しようとする際に外国人が知っておかなければならない最低限の語順の規則である。一般論ではなく、具体的な場面（文脈）においては、語順の適不適もかなり明確に現れることが多い。それを述べるにあたって、わかりやすさを重視してなるべく具体化・単純化しようとしたので、微細な問題にまではふれていない。

語順を考えるときには、まず語結合内の語順と、文になったときの語順を区別しなければならない。語結合では規則は単純である。たとえば、一致の場合なら形容詞の定語が非限定語（名詞）の前にくるし、支配の場合も、動詞が補語となる名詞の前にくるなど、通常の語順は決まっている。そしてこの語順は、通常は文中でも守られる。

問題は文中の語順である。主語と述語のどちらを先におくべきか、規則が存在するのか。さらに、文法的に固定された語結合も、話し手の意図によって変形し得る。кра́сная маши́на「赤い車」という語順は、Маши́ну он купи́л кра́сную.「彼が買った自動車は赤かった」となり得るのである。

語順を決定する（話し手の意図を明らかにする）際に通常用いられる理論は、文の**現実的区分（актуáльное членéние）**である。これは文を、文の話題、発信者と受信者の間の広義の了解事項、既知の事項などを示す部分と、話題に関する実質的内容や新たな情報などを示す部分に二分することを指す[5]。

前者は**テーマ**（主題）**（тéма）**、後者は**レーマ**（述部の核）**（рéма）**と呼ばれる。名称がまぎらわしいが、話の中心（核）はレーマである。文の成分はいずれも単独あるいは複合で、テーマにもレーマにもなり得る。また、同一の文でも、おかれた文脈によって、テーマとレーマの区分は異なってくる。つまりこの区分法は、主語・述語関係のように論理学的、形式的なものでなく、意味論的なものである。以下、本項の例文ではレーマに下線を引く。

① (Я позвони́л.) Дверь откры́л сам писа́тель.　　（私はベルを鳴らした。）ドアを開けたのは作家自身だった。

② (На куро́рте я познако́мился с одни́м старико́м.) Ка́ждое у́тро он открыва́л окно́ свое́й ко́мнаты и корми́л птиц.　　（保養地で私はある老人と知り合いになった。）毎朝彼は自分の別荘の窓を開けて小鳥にえさをやるのだった。

カッコのない後半部分に関し、②の語順（主語、述語、補語）のほうが多く見られる語順だろうが、①ではカッコ内の先行部分があるので、補語と述語はテーマとなり（ベルを鳴らしたのだから、誰かがドアを開けることは当然予想される）、レーマとなった主語は語末におかれた。

2．質問と回答

テーマとレーマが最も端的に現れ、したがって正しい語順が明確になるのは、疑問文とそれに対する回答である。疑問文では、文の中心（ききたいこと）が明確に示され、回答文はそれに対応したものになる。

① Кто занима́ется в ко́мнате?　　部屋で勉強しているのは誰か。
В ко́мнате занима́ются студе́нты.　　部屋で勉強しているのは学生たちである。

② Где занима́ются студе́нты?　　学生たちはどこで勉強しているか。
Студе́нты занима́ются в ко́мнате.　　学生たちが勉強しているのは部屋である。

③ Что де́лают студе́нты в ко́мнате?　　学生たちは部屋で何をしているか。
В ко́мнате студе́нты занима́ются.　　部屋で学生たちは勉強している。

---

[5] テーマ、レーマと既知・未知事項（да́нное, но́вое）は完全に同一ではないのだが、ここでは単純化するため、その差を論じない。

上の3つの回答文は、独立の文としてはいずれも正しいが、それぞれの質問に対する回答としては、ここに示されたものでなければならない。疑問詞によってたずねられたことに対する答（レーマ、文の中心）は語末にきていることがわかる。疑問詞は文頭にくるが、ふつうの文（格別な強調のない文）では、**テーマはレーマに先行する**のが原則である。単純化するなら、「わかっていることを先に言い、新しいことはあとから言う」のである。

3．疑問文の語順

(1) 疑問詞がついた疑問文

レーマである疑問詞は文頭におかれる。

疑問詞	疑問詞の次にくる語	
主語である疑問代名詞（кто, что）	述語	Кто пришёл позднée всех?「最後に来たのは誰ですか」、Что порази́ло писа́теля?「作家を驚かせたのは何か」、Что вхо́дит в соста́в воды́?「水の組成に入るものは何か」
その他の疑問詞	・述語 （ただし、како́й, чей, ско́лько など定語である疑問詞は、被限定語と切り離されない）	Где рабо́тает ваш оте́ц?「お父様はどちらにお勤めですか」、Как прошла́ опера́ция?「手術のぐあいはどうでした」、В како́м райо́не живу́т её роди́тели?「彼女の両親はどの地区に住んでいるのか」、Ско́лько лет ва́шему бра́ту?「お兄さんはおいくつですか」（動詞 быть の現在形は省略されている）
	・人称代名詞*	Где он рабо́тает?「彼はどこに勤めていますか」、Как он игра́л?「彼の演奏はどうでした」、Ско́лько вам лет?「おいくつですか」、Кого́ он лю́бит?「彼は誰が好きですか」

* 人称代名詞は通常の語順である述語の前に、場合によっては定語と被限定語の間にさえも割り込む。

主語以外の疑問詞をもつ疑問文とその回答における、述語以下の語順は文脈によるが、ここではその詳細を論じきれない。ただ、文全体にかかる状況限定語（детерминáнт）（波線部分）は、疑問文では文末に、回答では文頭におかれる。

Кудá вы собирáетесь поéхать лéтом?	夏にあなた方はどこに行かれるご予定ですか。
Лéтом мы собирáемся поéхать на Вóлгу.	夏に私たちはヴォルガ川へ行こうと思っています。

⑵ 疑問の助詞がついた疑問文

ききたいこと（レーマの中心部）を文頭に出し、それに ли をつける疑問文も、疑問詞のある疑問文と同じ語順となり、次に述語群がくる。ただ、多くの場合述語はレーマとして文頭に出るので（大部分の問は述語に関して発せられる）、通常次にくるのは主語である。

Давнó ли живýт в Москвé вáши родúтели?	ご両親はモスクワにずっとお住いですか。
Понимáет ли начáльник э́ту проблéму?	上役はこの問題を理解しているだろうか。
Мóжно ли бýдет постáвить э́тот óпыт в нáшей лаборатóрии?	この実験はうちの実験室でできるだろうか。（主語はない）

主語が人称代名詞である場合は、その主語は ли の直後にくる。また、疑問の助詞 рáзве, неужéли は文頭にくる。

Кóнчит ли он рабóту в срок?	彼は仕事を期限までに終えるだろうか。
Неужéли нельзя́ помóчь больнóму?	ほんとうに病人を助けられないのでしょうか。

⑶ 平叙文と同形の疑問文

平叙文は原則としてそのままの形で疑問文にすることができる。疑問文であることは、書く場合には疑問符「？」をつけることによって、口頭の場合はイントネーションによって示される。

そのような文のイントネーションの山は、ききたいこと（レーマ）の単語の力点部分（表内の太字）にきて、文末では下がる（疑問文でも、文末が尻上がりになるイントネーションではない）。

平叙文	Тури́сты останови́лись в гости́нице.	疑問文	Тури́сты останови́лись в гости́нице? Тури́сты останови́лись в гости́нице? Тури́сты останови́лись в гости́нице?
	旅行者はホテルに泊まった。		ホテルに泊まったのは旅行者か。 旅行者は（ホテルに）泊まったのか。 旅行者が泊まったのはホテルか。

4．回答文の語順

疑問文に対する回答では、通常はきかれていること（レーマ）以外はすべて了解されていること（テーマ）になるので、レーマは文末にくる。省略文ではレーマだけとなる。

Кто пришёл поздне́е всех? Что вхо́дит в соста́в воды́? Как прошла́ опера́ция? Как он игра́л?	Поздне́е всех пришёл профе́ссор. В соста́в воды́ вхо́дит водоро́д и кислоро́д. Опера́ция прошла́ успе́шно. Он игра́л прекра́сно.	最後に来たのは教授だ。 水の組成に入っているのは水素と酸素だ。 手術は成功した。 彼の演奏はすばらしかった。
Сде́лает ли он рабо́ту в срок? Неуже́ли нельзя́ помо́чь больно́му?	Да, он сде́лает рабо́ту в срок. Нет, помо́чь больно́му нельзя́.	はい、彼は期限までに仕事を終えます。 そう、病人を助けられないのだ。
Воло́дя хорошо́ говори́т по-англи́йски? Воло́дя хорошо́ говори́т по-англи́йски? Воло́дя хорошо́ говори́т по-англи́йски?	Да, хорошо́ говори́т по-англи́йски Воло́дя. Да, Воло́дя говори́т по-англи́йски хорошо́. Да, Воло́дя хорошо́ говори́т по-англи́йски.	はい、英語がうまいのはヴォロージャです。 はい、ヴォロージャは英語を話すのがうまいです。 はい、ヴォロージャがうまいのは英語です。

232. 客観的語順

文には通常の、文体上中立的で、格別な強調表現をともなわないもの（多くの論文や公式文書、実務文など）と、文体論上なんらかの主観的強調や情緒的表現などをともなうもの（生きた会話、文学作品のさまざまな部分など）とがある。一般に前者で用いられる語順を客観的、後者での語の場合を主観的語順と呼ぶ。前項231「質問と回答の語順」で扱った語順はすべて客観的語順である。ここでは質問と回答の形以外の、通常の客観的語順（平叙文）の問題を概観的に扱う。

1．標準の語順

本書をふくむ参考書、教科書、辞書には、文法規則や語の用法の実例を示すための例文が使われるが、文脈なしに文を提示することには問題がある。そのために作成するのであればともかく、作品から引用する場合には、実際の文脈なしでも違和感なく理解できるような文を選ばなければならない。そうでなければ、前や後の文を示すなど、必要最低限の補足が必要となる。

現実の生活では、文脈がまったく存在しない文というものはほとんどない。ふつうには文脈がないと言える、発話（テクスト）冒頭の文（発端文）でさえ、発信者と受信者の間のなんらかの了解に基づいて開始されることが多い（たとえば、受信者の側にある程度の予測がある）。

テーマとレーマは原則としてつねにあるはずなので、ロシア語全般に関して、標準の語順規則（主語、述語、補語の順序など）を示すことは不可能である。文脈に依存しないで文法的に決まる語順を中立語順というが（たとえば主語、述語、補語の順）、それが現実に現れることは少ない。しかし範囲が限定されるなら、規則性が生じる。

客観的語順の**大原則は、テーマがレーマに先行する**ことだが、テーマ・レーマ区分は文脈次第で変わり、主語・述語・補語・状況語のどれがどちらであるかは相対的である。つまり、主語がテーマなら述語の前におかれ、主語がレーマなら述語のあとにおかれることになる。

たとえば「若い女性はどこに入ったのか」が問題になっているのならば、Молода́я же́нщина вошла́ в кабине́т.「若い女性は部屋に入った」だが、В кабине́т постуча́ли.「書斎にノックがあった」という先行文があると、この語順では、おかしい。テーマ（当然予測できること）であるはずの вошла́ が後回しでレーマとなってしまい、新情報（レーマ）であるはずの молода́я жéнщина が文頭におかれて、テーマになってしまうからである。この場合の語順は、Вошлá в кабинéт молодáя жéнщина.「入ってきたのは若い女性だった」でなければならない。単純化すれば、語順はこのようにして決まる。

2．中立語順

(1) 不分割文

通常の文はテーマとレーマに分けられるが、文全体で何かが存在することや、何らかの事実だけをいう文がある。そのような文は、いわば全体がレーマなので分割することができず、不分割文（ゼロ・テーマの文）と呼ばれる。

Тишинá.	静かだ。
Шёл дождь[6].	雨が降っていた（雨降りだった）。
Наступáет реши́тельная минýта.	決定的瞬間が来ようとしている。
Пáхнет сы́ростью.	湿気がただよっている。

不分割文に対して設定できる質問は、一般的なものだけである。Что произошлó (происхóдит, произойдёт)?「何が起こった（起きている、起きる）のか」、Что бы́ло (бýдет)?「どうなった（どうなる）か」など。

不分割文には一肢文（無主語文）も二肢文もあるが、二肢文の述語の動詞は**自動詞のみ**である。二肢文の**不分割文においては、述語が主語に先行する**。

(2) 状況限定語

二肢文の中立語順では、主語が先、述語が後にくる。文全体にかかる状況限定語（детерминант）があれば、それが文頭にくる。状況限定語は一肢文でも不分割文でも文頭にくる。

3．文脈依存の平叙文の語順

最も一般的な文は、情報を叙述する平叙文である。発話意図が明確な疑問文、命令文、感嘆文に比べると、平叙文ははるかに多様で、その語順も複雑である。ここでは原理を知るために、単文の平叙文の語順を考えてみたい。

---

6 これがДождь шёл. となると、述語が先行するという不分割文の規範に合わなくなり、この文は不分割ではなくなる。дождь はテーマすなわち了解事項となるから、この文から対話が始まるような場合は、了解が成立していない聞き手には唐突な感じとなる（「なぜ急に雨の話なのだ？」）。あるいは、話者の主観や情緒を表す倒置法の文になる。Шёл дождь. ならそのようなことはなく、対話は自然に開始される。

また、Вчерá шёл дождь. となると、状況語のあるふつうの文（不分割文ではない）となり、вчерá がテーマ、шёл дождь がレーマとなる。「きのうは雨だった」。

それは基本的に５種類の型に分けられる。

⑴ 主語（群）がテーマ、述語（群）がレーマ

主体（主語）は了解事項で、その行為や特徴をいうことが目的の場合。当然ながら、主語が前にきて、述語があとにくる。

(Не́сколько дней льют дожди́.) Отдыха́ющие игра́ют в ша́хматы, чита́ют кни́ги, слу́шают ра́дио. （何日も雨が続いている）。滞在客はチェスをしたり、読書をしたり、ラジオを聴いたりしている。

(Все на́чали выска́зывать свои́ мне́ния.) Она́ совсе́м растеря́лась и замолча́ла. （皆が自分の意見をしゃべりだした）。彼女はまったく困惑し、黙り込んでしまった。

⑵ 述語がテーマ、主語がレーマ

上記（1）の反対の場合で、行為や特徴が了解事項で、主体をいうことが目的の場合。主語は文末にくることになる。

(В за́ле ста́ло темно́ и ти́хо.) На сце́ну подня́лся дирижёр. （ホールは暗く、静かになった）。指揮者が舞台に上がった[7]。

(Ежего́дно организу́ются заседа́ния О́бщества слави́стов.) Те́мой после́днего заседа́ния О́бщества слави́стов бы́ло обсужде́ние пробле́мы языково́й но́рмы в ру́сском языке́. （毎年スラブ学者協会の会議がおこなわれる）。協会の先日の会議のテーマは、ロシア語における言語規範問題の討議だった。

⑶ 状況限定語がテーマ、述語と主語がレーマ

時、場所、状況などが了解事項で、何が起こったかをいうことが目的の場合。

(Врач вошёл в пала́ту.) В пала́те врач уви́дел больно́го. （医者は病室に入った）。病室で医者は患者を目にした。

(Ско́ро я уе́ду в Пари́ж.) Накану́не отъе́зда мы созвони́мся. （まもなくパリに発ちます）。出発前に電話をし合うことにしましょう。

---

7 ロシア語の語順の役割がつかめなければ正しい日本語訳はできないが、ロシア語の語順による問題（テーマ、レーマ）と、日本語における重要度の差別化法が毎回同じように対応するとは限らない。たとえば、この文を「舞台に上がったのは指揮者だった」とするのが適切か否かは文脈による。「は」と「が」の違いは多くの場合ロシア語の語順問題と関連する。上の文で「指揮者は」とすると、彼はテーマであり、「指揮者が」とするとレーマである。

⑷ 状況限定語と主語がテーマ、述語がレーマ

状況と主体が了解事項で、そこでその主体に何が起こったかをいうことが目的の場合。

（Всю ночь шёл снег.）У́тром снег переста́л.

（一晩中雪だった）。雪は朝になるとやんだ。

（За́втра Па́вел до́лжен доказа́ть свою́ гипо́тезу.）Пе́ред о́пытом Па́вел тща́тельно прове́рил все прибо́ры.

（あす、パーヴェルは自分の仮説を証明しなければならない）。実験前にパーヴェルはすべての器具を念入りに点検した。

⑸ ある二次成分以外のすべてがテーマ、その二次成分がレーマ

基本的なことは了解事項だが、特定の新規なことを副次的にいうのが目的の場合。

（Необходи́мо побесе́довать с больны́м.）Бесе́да с пацие́нтом важна́ для установле́ния диа́гноза.

（患者との対話が必要である）。患者との会話が重要なのは診断を下すためである。

（До э́того Ивано́в получи́л мно́го ра́зных пре́мий.）Свою́ пе́рвую пре́мию худо́жник получи́л в 1980 году́.

（イヴァノフは今までにたくさんの賞をもらった）。最初の賞を彼が受けたのは1980年だった。

4．意図の違いによる語順の変化

語順が変わると、テーマとレーマの関係が変わり、そこに表現される文の意図が変わる。逆に言えば、意図に応じた語順で発言しなければ、その意図は通じない。日本語においても、発話の意図を表現する方法は種々あるので、テーマ、レーマの考え方自体は日本語にもあてはめることができる（その発現法に関しては簡単に対比することはできないが）。

うちの学生はロシア映画に興味をもっている。（上記分類の１型） ロシア映画に興味をもっているのは、うちの学生だ。（２型）	На́ши студе́нты интересу́ются ру́сскими фи́льмами. Ру́сскими фи́льмами интересу́ются на́ши студе́нты.
特に皆を感動させたのは児童合唱だった。（２型）	Осо́бенно тро́нуло всех выступле́ние де́тского хо́ра.

児童合唱は特に皆を感動させた。（1型）	Выступле́ние де́тского хо́ра осо́бенно тро́нуло всех.
コンサートの30分前にボリスが私に電話してきた。（3型） コンサートの30分前にボリスは私に電話してきた。（4型）	За полчаса́ до конце́рта позвони́л мне Бори́с. За полчаса́ до конце́рта Бори́с позвони́л мне.
ここには以前学校があった（ここに以前あったのは学校だ）。（3型） 以前学校があったのはここだ。（5型）	Здесь ра́ньше стоя́ла шко́ла. Ра́ньше шко́ла стоя́ла здесь.
山の下で川が音をたてていた。（3型） 川は山の下で音をたてていた。（1型）	（Я посмотре́л вниз.）Под горо́й шуме́ла река́. （Я мно́го слы́шал о красоте́ э́той реки́.）Река́ шуме́ла под горо́й.
お茶のあとで祖父は床についた。（4型） 祖父が床についたのはお茶のあとだった。（5型）	По́сле ча́я де́душка лёг спать. Де́душка лёг спать по́сле ча́я.

5．テクストの語順

多数の文からなる通常のテクスト（モノローグ）の途中では、何がテーマで、何がレーマかはふつうかなりの程度明白であり、テーマがレーマに先行するという原則によって、適正な語順が定まる場合が多い。

テクストにはバラバラの文がならんでいるのではない。一文ごとにまずテーマ（先行部分から生じた了解または既知事項）が示されたあとに、レーマ（新たな情報）がつけ加えられることによって発信者の情報提供が進み、受信者にわかりやすい形で話が進行していくのである。この順序がなければ話はぶつ切り状態になり、なめらかには進まない。

当然ながら、適正に書かれたテクストはいずれも、受信者がなめらかに吸収できる語順となっている。短いながら、参考までに一例をあげておく。

Генна́дий, учени́к тре́тьего кла́сса, бле́дный ма́льчик с голубы́ми глаза́ми, верну́лся из шко́лы. Генна́дий загляну́л в ко́мнату. За столо́м сиде́л Са́шка. Са́шка рисова́л ко́шек, соба́к и лошаде́й. Рисова́л он усе́рдно. От усе́рдия он гро́мко сопе́л, вы́сунув ко́нчик ро́зового языка́. Ста́рший брат сел на стул и сказа́л: «Я зна́ю одну́ та́йну, но тебе́ я её не скажу́». «Скажи́ мне та́йну, Ге́на!» — жа́лобно попроси́л Са́шка. (По Л. Ле́нчу)

　青い目をした色白の3年生の少年ゲナージィが学校からもどった。ゲナージィは部屋の中をのぞきこんだ。テーブルに向かってサーシカがすわっていた。サーシカは猫や犬や馬の絵を描いていた。彼は一所懸命だった。熱中していたので、大きな鼻息をたて、ピンクの舌先を突き出していた。兄のゲナージィは椅子にかけて言った。「ひとつ秘密を知っているんだけど、お前には教えないよ」「教えてよ、兄ちゃん」とサーシカはあわれっぽくねだった。

233. 主観的語順

1．情緒的強調をともなう文の語順

文（テクスト）には主観による会話的な特徴（感情の表出）、歴史的な特徴（古い文体）、情緒的強調をふくむものがある。そのような強調は、通常とは異なる語彙や形態などで表されるが、その中には客観的語順に従わない、主観的語順（倒置）も含まれる。そのような、客観的語順に反する倒置により、通常の文とは異なった効果がもたらされるのである（下線部レーマ）。

①（С ним легко́ говори́ть.）**У́**мный он.　（あいつとなら話が簡単だ）。賢いよ、あいつは。

②（Оста́вьте меня́.）Уст**а́**л я.　（ほっといてください）。疲れているのだから。

客観的語順によるなら、この場面でも①はОн у́мный. であり、②はЯ уста́л. である。それがこうなっているのは、主観的強調による。

同じ単語が使われ、文構造（主語・述語・補語）が変わらず、テーマ、レーマ関係も変わらないのに、強調のために語順が変わるのが主観的語順（倒置）である。倒置は強調のイントネーションをともなう（上記ロシア語太字）。

2．倒置の例

単文の平叙文の語順は、５つの型として前項に示したが、倒置はそのいずれにも現れる。ここではいくつかを例示するにとどめる。倒置の語順は格別な強調であって、外国人はまず客観的語順を着実に習得すべきだと考えるからである。

倒置語順	客観的語順
（Почему́ ты не принёс мне пласти́нки?）Заб**ы́**л я!（なぜレコードをもってこなかったんだ）。「忘れたんだよ」	Я забы́л.
（Все в до́ме лю́бят котёнка.）Л**а́**сковый он!（うち中の皆が子猫をかわいがった）。「すごくかわいいんだから」	Он ла́сковый.

(Кто впусти́л вас сюда́?) Сама́ хозя́йка впусти́ла нас! (誰が君たちをここへ入れたんだ)。「おかみさん自身が入れてくれたんだよ」	Впусти́ла нас сама́ хозя́йка.
(На чём тебе́ удо́бнее е́здить на рабо́ту?) Метро́ оказа́лось са́мым удо́бным. (職場に行くのには何に乗るのが一番便利かね)。「それが地下鉄なんだよ、一番便利なのは」	Са́мым удо́бным оказа́лось метро́.
(Соста́в дви́нулся.) Удиви́тельно мя́гко дви́гает электрово́з ваго́ны. (列車が動き出した)「おどろくほどなめらかに機関車が客車を動かしている」	Электрово́з дви́гает ваго́ны удиви́тельно мя́гко.

3．語順問題に対応するための心得

形態論や統語論の他の問題とくらべると、本書は語順の問題（および後述のイントネーションの問題）を必ずしも十分に扱えていない。形式が明白な前者と比べると、意味論的な相対性が高いこの問題の性質上ある程度やむをえない。ただ、「ロシア語実用能力向上のための便覧」をめざす本書としては、文法書に似つかわしくないことは承知のうえで、学習者のための「対処法」を紹介して、せめて不備を補うこととしたい。

ロシア語の語順を余すところなく規則化し、理論的に裏づけることはきわめて困難だろうと思われる。主観的な語順までも含めるなら困難は倍加する。現にロシアの学界では今でもさまざまな議論が続行中である。仮に十分な理論化や整理が可能だとしても、その規則は複雑、膨大、微妙なものになることが避けられないだろう。

成年に達してから学習を開始した外国人にとって、語順は習得困難な課題のひとつである。だから、発音をふくめてロシア語会話能力がかなり高い人の発言でも、ロシア人からは「どこかロシア語らしくないので、外国人であることがわかる」と言われるし、論文などを発表する際はいわゆる「ネイティヴ・チェック」が要求されるのであろう（直されるのは語順だけではないが）。

しかし一方で、この問題が対処不能のなぞであるわけではない。言語は生きた人間が交わす約束事の体系なので、その言語環境にある期間身をおいて

注意深く学習すれば、かなりの程度正しい型を模倣できるようになるものである。少数の専門家を除けば、ロシア人自身もこの問題を説明できるわけではなく、身についた約束ごとを守っているにすぎないのである。これは語順に限らず、ことばの規範全般に関して言えることではあるが。

ロシア語環境に身をおいて慣れること以外にすべきこと、できることは、次のようなことであろう。

何よりもまず、ロシア語において語順は相対的に決まるものだと認識することが重要だろう。次に、通常の（格別な強調のない）文の客観的語順の規範（既述したことがらなど）を身につけ、実践すること。さもなければ誤った信号を発することになり、相互理解に支障をきたすことになる。

規範が身につけば、そこから外れた語順に接したときには、それを感じ取り、その意味（話し手の意図）を理解する（少なくとも正しい理解に近づく）ことが可能になるだろう。

このような考え方に基づいて本書では、語順に関する精密、詳細、そして膨大な理論を紹介することはせず、外国人でも身につけるべき比較的単純、明快、具体的な規則を掲げるにとどめた。

なお、通常の客観的語順の規則に関する知識と、それに反した倒置語順を認識できる能力は、会話のような能動的発信をする場合だけでなく、文学作品鑑賞のような受動的な場合にも欠かせない。作中人物が交わす会話の細かい心理などを外国人が感じ取るためには、語順に関する意識的な観察と理解が不可欠である。音のしない印刷物から発言者の意図や心理までを「聞き取る」ためには、語順規則の知識が必要なのである。

234. 外国人のためのイントネーション

1．イントネーションと力点

イントネーションとは、文を構成する各部分が音の高低をともなって発音される、文の音声上の流れのことである[8]。イントネーションは文の構造や話し手の意図を示す。

各単語で強く発音される音節は力点である。力点は各単語（およびその変化形）に特有のものなので、正誤がはっきりしている（2ヵ所以上の力点が許容される場合はある）。例は限られているが、特定の語に、文の必要上力点がおかれる場合もある。たとえば、Я не знал, что он читáл тогдá. では、力点がなければ что はただの接続詞で「そのとき彼が読書中だったことを知らなかった」となるが、что に力点があれば疑問の意味を保ったままの接続語となるので「そのとき彼が何を読んでいたのか知らなかった」となる。

一方イントネーションは文の意図に応じて複雑に変わり、どういうものが適正なのかは状況によって変化するので、一概に正誤をいうわけにはいかず、その規則性を一般化するのは大変困難である。

ロシア語の力点は音の強弱（ストレス・アクセント）であり、イントネーションは高低なので、まったく異質なものであるが、日本語における単語発音のメリハリは高低（ピッチ）で表され、それを一般的にはアクセントと呼ぶので、日本人の初心者は、ロシア語におけるアクセントとイントネーションを混同しやすい。

Там бы́ло окнó.	そこに窓があった。
В садý растёт травá.	庭に草が生えている。

これらの文をロシア人が発音すると、文の末尾にある окнó（травá）のふたつめの о (а)（末尾単語の力点の位置）のイントネーションを、文の終了を示すために下げる。もちろん、単語としての окнó（травá）の力点が最後の о (а) にあることは変わらない（だから окнó の場合、最初の о は [а] と発音される）。しかし力点を日本語風にピッチとしてとらえがちな初心者は、最後の о (а) より高い音で発音されている最初の о (а) に、単語 окнó（травá）の力点が移ったと感じることがある。それはアクセントとイントネーションを混同しているからである。

もっと極端な例をあげるならば、発音練習のために、ロシア人教師が окнó

---

8 生きた発話では当然、音の高低だけでなく、強弱、音質、速度なども文構造の提示や話し手の意図の表現に関連するが、問題を複雑化しないため、ここでは高低のみを扱う。

を3回続けて繰り返すとする。それは文でも何でもないはずだが、ロシア人としては、あたかもそれが伝達内容をもつ文であるかのようにイントネーションをつけて発音し（語間で音を上げ、最後では下げる）、文としての「けじめ」をつけたくなるようである。Окнó, окнó, окнó.（↗，↗，↘）しかしこの場合、力点が移動するわけではない。

きわめて初歩的なことであるが、ロシア語と異質な日本語を母語とする私たちとしては、アクセントとイントネーションを混同することなく、音の高低に敏感にならなければならない。

2．イントネーションの性格

イントネーションは情報伝達のうえで重要な役割を担っているが、口頭言語にしか現れない。それを書き物として記録する文学作品の会話部分などには暗黙のうちに表されているともいえ、正しく朗読されれば再現され得るが、基本的には印刷物では表現されない、口頭言語のものである。

イントネーションの現れ方はかなり相対的で微妙なものであり、個人差が反映する度合いも強い（比較的単調に話す人も、イントネーションの強い人もいる）。語順は語と文の形態論的、統語論的規範に比べると、相対的なものであることを述べたが、その点多数の要素からなるイントネーション（というよりも、口頭で発せられる文の音の諸問題）の複雑さと相対性は語順を上回るものであり、理論化や類別は語順以上に困難である。

イントネーションは口頭のコミュニケーションにおいて、文の中心や話し手の意図を表す重要な役割をもっている。なお、ここでいうイントネーションとは客観的なものであり、感情の表出（それをおさえても感情がこもることはあるが）や、個人の癖の現れではない[9]。俳優は短いセリフに何種類もの感情をこめることができるだろうが、客観的なイントネーションとは、そのような「演技力」を指すのではなく、ふつうのロシア人なら誰もが、自分の意図を伝えるために用いる共通の型のことである[10]。

とは言うものの、客観的・主観的イントネーションの境界は必ずしも明確ではない。ことばは生きているからである。

---

9 個人の癖や、特に非ロシア語の母語や方言の特徴がロシア語に現れる「癖、なまり」をロシア人は акцéнт と呼ぶ。

10 現代作家ワシーリィ・アクショーノフの小説『星の切符』に、卒業直前の高校生たちが人生の進路を決めかね、それをさぐるために家出をして世の中を学ぼう、と相談する場面

3．外国人にとってのイントネーション

イントネーションは上述のような性格をもつので、それを分析し、理論化しようとする研究書は語順の場合以上に複雑、微妙、膨大なものになる。

それでも相手の発言の意図を正しく理解し、こちらの意図を正確に伝達しようとするなら、心得ておかなければならない基本的規範は存在する。格別な感情的強調をふくまない、客観的なロシア語イントネーションの原理および基本的な部分はかなり合理的なものであり、いくつかの約束事を心得れば外国人でも納得がいき、それに関しては比較的容易に模倣できるものである。

イントネーションの原理は次のように考えると理解しやすい。まず、文全体が中間的な、話し手にとってごくふつうの高さの音調で、上下にゆれることなく発音されるべきだ、と仮定する。そのうえで必要に応じて、しかるべき箇所に高低（とある程度の強弱）がつけられる。

典型例としては、列挙される同種成分のあと、または文の途中のコンマのあと（そのあとさらに文が続くような場合）に、まだ続きがあることを示すために、尻上がりにするケースをあげることができる（先に上げた、単語を3回繰り返す例も同じ）。また、文章がピリオドで終わる場合には、そのことを示すために、文末の単語の力点部分が低くなる。

Когда́-то Ва́ля тяжело́ заболе́ла (↗), и врачи́ запрети́ли ей занима́ться му́зыкой (↘).　あるときヴァーリャは思い病気にかかったことがあり、医者たちは彼女が音楽をすることを禁じた。

文には伝達の中心となる語があり、その語の**力点音節**にイントネーションの中心（音の高低の変化が起こる場所）がくる。典型例としては、疑問語（疑問詞または助詞 ли）のない疑問文をあげることができる。質問者は同じ文章

がある。ここで問題になっているのはもちろん「演技力」であり、文法書で取り上げるイントネーションではないが、参考になる。

（アリクが仲間に言う）「そのうえに才能が必要なのさ。ある俳優から、どんな試験をされたのか聞いたことがある。たとえば『хоро́шая соба́ка（よい犬）』という2語を10通りの違った表現で言わされるのだ。感嘆したり、軽蔑したり、嘲笑して…」

「では、ガーリャを試験してみよう」とジムカが言った。「軽蔑をこめて『よい犬』と言ってみろよ」（ガーリャは俳優志望。引用者注）

ガーリャ「（軽蔑をこめてジムカを指しながら）ふん、すばらしい犬ね！」

ユルカが「感嘆を表現してみろ」と言う。

ガーリャ「（感嘆をこめてユルカを指しながら）まぁ、なんてすてきな犬かしら！」

「じゃ今度は…」とアリクが言う。

ガーリャ「（嘲笑をこめてアリクを指しながら）へーえ、けっこうな犬じゃないの！」

（中略）

ガーリャ「あんたたちときたら、けっこうな犬畜生だこと、あたしをぬきにして家出することに決めたなんて」（引用者訳。ちなみに、ガーリャの最後の発言以外の原文は Хоро́шая соба́ка. のみで、「ふん」とか「まあ」に当る感投詞はない）

でも、自分がききたい語の力点音節に、イントネーションの中心（山）をもってくるのである。語順を論じた231「質問と回答の語順」の例示を繰り返す。下線部がききたいことであり、太字で示された音節がイントネーションの中心である。

Тур**и́**сты останови́лись в гости́нице?	ホテルに泊まったのは旅行者か。
Да, останови́лись в гости́нице тур**и́**сты.	はい、泊まったのは旅行者です。
Тури́сты останов**и́**лись в гости́нице?	旅行者はホテルに泊まったのか。
Да, тури́сты останов**и́**лись в гости́нице.	はい、旅行者は泊まりました。
Тури́сты останови́лись в гост**и́**нице?	旅行者が泊まったのはホテルか。
Да, тури́сты останови́лись в гост**и́**нице.	はい、泊まったのはホテルでした。

イントネーションの中心部の前後は、「先行部」、「後続部」と呼ばれ、中心部をはさんで音の高さが異なる。先行部は常に、上で述べた中間的音調で始まる。文に中心部があるのは当然だが、先行部や後続部はない場合もある。

最低限心得ておくべきイントネーションの基本原理を以下にまとめる。

① イントネーションの区切りとなる単位は音節である

② 文全体が中間的な、話し手にとってごくふつうの高さの音調で、上下にゆれることなく発音されることを基準と考える

③ 基準になっている平坦な高さは、必要な箇所で高められたり、低められたりする

④ その変化は、イントネーションの中心部において起こる

⑤ 疑問文ではききたいことを表している単語の力点部分を高める。疑問詞がある場合、それは文頭の疑問詞であり（通常の場合）、文全体のイントネーションは下降によって終わる

⑥ 文の終了は原則として（疑問文でも）低められたイントネーションによって示される

⑦ 同種成分の列挙箇所や、節（主節、従属節など）の終了箇所（文はまだ続いている）では、それを示すために（文が終わっていないことを示すために）、イントネーションは高められる。あるいは、文の終了箇所のように低められない

これ以上の多様な点については、ロシア人を模倣すること（ネイティヴ教師の指導、音声教材の学習、音声メディアの聴取、ロシア人との交際による会話交換など）によって学び取るのが有効であろう。

235. イントネーションの型

1．ИК 分類

イントネーションへの対処方法に関し、日本人学習者にとって直接的な指針になると筆者が考えることは、前項末に述べたとおりだが、ここではロシアでイントネーションを扱う場合に使われる基本的分類法を紹介しておく。

これは Е. А. Брызгунóва, *Звýки и интонáция рýсской рéчи*『ロシア語の音とイントネーション』, 4-е издáние, Москвá, «Рýсский язы́к», 1981. に示された一覧表 Свóдная табли́ца интонациóнных констрýкций（нейтрáльные реализáции）と、それぞれの型につけられた説明の基本的部分を筆者がまとめて以下に訳し加えたものである。

Типы ИК	Соотношение предцентровой–центра – постцентровой частей			
ИК-1	Здесь.	Здесь остановка.	Это пятый автобус.	Вот университет.
ИК-2	Кто?	Кто там стоит?	Кто там стоит?	Кто там стоит?
ИК-3	Здесь?	Здесь остановка?	Это пятый автобус?	Она поёт?
ИК-4	Ваш?	Ваш билет?	А пятый автобус?	А университет?
ИК-5	——	Как она танцует!	Замечательный голос!	Настоящая весна!
ИК-6	Сок!	Сок вкусный!	Какой сок вкусный!	Какой вкусный сок!
ИК-7	Да!	Грубый ты!	Когда это будет?	Хорошо!

文のイントネーション構造は7つの型に類別され、ИК-1(ика́-оди́н)～ИК-7(ика́-семь) のように番号をつけて呼ばれる。ИК とは интонацио́нная констру́кция（イントネーション構造）の略である。

ИК-1 最も代表的な、完結する平叙文のイントネーション。中間的音調で始まり、中心部以降で下がって終わる。

ИК-2 疑問詞のついた疑問文や呼びかけ、何かを要求する文に現れる。疑問文では文頭に中心部である疑問詞がきて、後続部は下がるが、そうでないものもある。

ИК-3 疑問詞のつかない疑問文で、中心部はききたい語の力点部にあり、後続部は下がる。

ИК-4 対比の接続詞 a のついた、疑問の不完全文（文を完結させないで、相手に返事を促がす気持ちを表す)。中心部は文末にある。

ИК-5 主として文頭に代名詞的疑問副詞がある感嘆文。

ИК-6 主として感嘆文に現れるが、ИК-5 と異なり、後続部分が高いままで下がらない。

ИК-7 主張、否定、評価を強調する場合に現れる。

2. 問題点

この分類法のうち、ИК-2 ～ ИК-4 は疑問文、ИК-5 は感嘆文である。ИК-4 は中心語以外が省略されたかなり特殊な文で、全体の中でもほんの一部を占めるにすぎず、また理解（習得）が困難なわけでもない。また、これらのうち基本的なものは ИК-5 までであり、6と7はかなり微妙な感情表現なので、イントネーションの全体像を学ぼうとする外国人にとっては、必ずしも重要ではないように筆者には思える（外国人にロシア語を教える専門家の多くもそう指摘する)。一方で圧倒的な比重をもつはずの平叙文に関しては、事実上分類がほどこされてはいないので（ИК-1 のみ)、外国人学習者にとって、この分類法が与えてくれるものが多いとはあまり思えない（ИК-1 のいろいろなケースについての解説はあるが)。

話し手の意図を伝えるうえで、イントネーションと語順は重要な役割を果たしており、相互に密接に関連している。しかし、その関係はこの分類法でどこまで十分に解明されるのだろうか。たとえば、ИК 分類で「イントネーションの中心」があるとされる語と、語順問題におけるレーマ（の中の中心語）が同一であるのか否かは、明らかにされているとは思えない。

イントネーションに関してはこの分類法だけではなく、いろいろな学者が分析を試みており、参考になる観察や分析も数多く見られるが、いずれも彼らが母語とするロシア語音声表現の微細な、しかし法則的な差に関する理論的検討が主眼であって、細部を切り捨てても外国人にその基本構造を説明し、習熟度向上を助けようとするものではないようである。

300. 単文の構成

310. 概　説

すでに述べたとおり、統語論（си́нтаксис）では文の構成要素を品詞ではなく、文の成分（文肢）（чле́ны предложе́ния）に分類して、それぞれの語（語群）が文の中で果たす機能を把握しようとする。

文の中心である主語と述語を**主成分**（主要文肢）（**гла́вные чле́ны предложе́ния**）と呼び、それを補足する補語、状況語、定語、付語などを**二次成分**（副次文肢）（**второстепе́нные чле́ны предложе́ния**）と呼ぶ。

全体像を例示するために、文を成分に分解してみる。

Да, вчера́ в Большо́м за́ле Моско́вской консервато́рии Анса́мбль скрипаче́й-виртуо́зов испо́лнил малоизве́стные произведе́ния.

そうです、昨日モスクワ音学院大ホールでヴィルティオーゾ・ヴァイオリニスト楽団が、あまり有名でない曲を演奏しました。

Анса́мбль	「楽団」	主語	主成分
испо́лнил	「演奏した」	述語	
произведе́ния	「作品を」	補語	二次成分
скрипаче́й	「ヴァイオリニスト（の）」	「楽団」にかかる定語	
-виртуо́зов	「名人（の）」	「ヴァイオリニスト」にかかる付語	
малоизве́стные	「あまり有名でない」	「作品」にかかる定語	
(в) за́ле	「ホール（で）」	状況語	
Большо́м	「大きな」	「ホール」にかかる定語	
Моско́вской консерва-то́рии*	「モスクワ音楽院（の）」	同上	
вчера́	「昨日」	状況語	
да	「はい」		文外詞

* Моско́вской は консервато́рии にかかる定語。

この文の主語には付語つきの定語がついており、補語と場所の状況語は、定語をともなった語結合である。

文の主成分がそれぞれひとつであるもの（同種成分は数えない）を**単文**（**простóе предложéние**）、単文がふたつ以上重なったものを**複文**（**слóжное предложéние**）と呼ぶ。複文を構成するそれぞれの節（文）は単文と同じ構造をもち、また従属節は主節に対して、いずれかの文の成分となる。

320. 文の主成分

321. 主語（подлежа́щее）

文の中心である述語の主体が**主語**である。主語になることが最も多いのは名詞の主格形だが、当然人称代名詞などの主格形も主語になるし、形容詞や動詞不定形、さらには副詞や数詞なども、名詞のように用いられて主語になることがある。また、名詞が数詞と結合したものや、その他いくつかの単語が結びついてひとつの意味をなしている語結合も主語になる。

Собра́вшиеся дру́жно приве́тствовали госте́й.	参会者はそろって客を歓迎した。
В э́той глуши́ знать три языка́ — нену́жная ро́скошь.	3つの言語を知っていることなんて、このいなかでは不要なぜいたくだ。
В э́том до́ме живёт со́рок семе́й.	このアパートには40家族が住んでいる。

どの品詞でも名詞化されることによって主語となり得る。

Тума́н расстила́лся то́лько в низи́не.	霧は低地だけに広がっていた。
Там обяза́тельно дежу́рят на́ши.	そこでは必ずうちの連中が当直しています。
Не зна́ю, как э́то случи́лось.	どうしてこのことが起こったのかわからない。
Никто́ не мог отве́тить на таки́е вопро́сы.	誰もそんな質問に答えられなかった。
Все посмотре́ли на меня́.	皆が私に目を向けた。
В су́мраке шевели́лось что́-то живо́е.	薄明かりの中で何か生き物が動いた。
Его́ ничто́ не волну́ет.	何も彼を興奮（動揺）させない。
От э́того о́пыта зави́сит мно́гое.	多くのことがこの実験にかかっている。
Что́бы не меша́ть молодёжи, взро́слые ушли́.	若い人たちのじゃまにならないように、おとなたちは退出した。
Провожа́ющие собрали́сь на перро́не задо́лго до отхо́да по́езда.	見送りの人たちは列車出発のだいぶ前にホームに集まった。
Прекрати́ть разгово́р бы́ло бы са́мое хоро́шее.	会話をやめるのがいちばんよかっただろうに。

Его́ «хорошо́» прозвуча́ло вполне́ угрожа́юще.	彼の「よろしい」はひどくおどかすように響いた。

§以下のような場合は、語結合を主語と考える。

Я сам ви́дел мно́го интере́сного.	私自身がおもしろいものをたくさん見た。
Они́ все благодаря́т меня́ и приглаша́ют в го́сти.	彼らは皆私に感謝のことばを述べて、家に招待したいと言ってくれる。
На столе́ стоя́ло шесть стака́нов.	テーブルにはコップが6つおかれていた。
Мы с ним шли впереди́ всех.	私と彼が皆の前を歩いた。
Оди́н из тури́стов попроси́л меня́ сфотографи́ровать их.	旅行者のひとりが私に写真を撮ってくれ、と言った。
Не́сколько студе́нтов на́шей гру́ппы изуча́ет япо́нский язы́к.	うちのクラスの何人かの学生が日本語を勉強している。
Э́то «не хочу́» порази́ло роди́телей.	この「やりたくない」（ということば）は両親を驚かせた（に両親は驚いた）。

322．単純動詞述語（простóе глагóльное сказýемое）

1．述語の種類

述語には次の種類がある。

動詞述語	単純動詞述語	動詞定形（変化した形）のみ
	合成動詞述語	・動詞の定形＋動詞不定形 ・動詞に代わる語＋動詞不定形
合成名辞述語		連辞（быть が代表的）＋名辞類

Он придаёт э́тому разговóру большóе значéние. 彼はこの会話に大きな意味をもたせている。（単純動詞述語）

Могý ли я останови́ться у вас? お宅に泊めていただけますか。（合成動詞述語）

Вам нáдо бýдет поговори́ть с ним. あなたは彼と話す必要があるだろう。（合成動詞述語）

В то врéмя я был студéнтом медици́нского институ́та. そのころ私は医科大学の学生だった。（合成名辞述語）

この項では単純動詞述語を扱う。

2．動詞の定形で表わされる述語

単一の動詞の変化形（ときには単独の不定形も）のみからなる述語を**単純動詞述語**という。動詞は各種の法（直説法、命令法、仮定法）および独立の不定形によって表現され、状況に応じて時制、相（能動と受動）、体（完了と不完了）を表現する。

Я идý в теáтр. 私は劇場に行くところだ。

Зáвтра у нас бýдут гóсти. 明日うちには客が来る。

Мы бýдем отдыхáть на мóре.[11] 私たちは海辺で休暇を過ごすつもりだ。

Вырази́тельное лицó егó действи́тельно изображáло страдáние. 表情豊かな彼の顔はまさに苦悩の色をうかべていた。

Мýсор убирáется рабóтниками городски́х коммунáльных служб. ごみは市公共事業局の職員によって片付けられる（職員が片付ける）。

---

[11] 不完了体未来形では、動詞の未来時制を表わすマークとして быть の未来形が使われるので、［быть の未来形＋動詞不定形］全体で単純動詞述語となる。

Оте́ц позвони́т мне за́втра и ска́жет своё мне́ние*.	父が明日電話をかけてきて、自分の意見を言うだろう。
Не беспоко́йтесь. Спи́те споко́йно.	ご心配なく。ゆっくりお休みください。
Вы́пил бы кру́жку холо́дного пи́ва в таку́ю жару́.	こんな暑いときは冷たいビールを一杯飲みたいものだ。
В столо́вой не кури́ть.	食堂ではタバコをすわないこと。

＊述語が２つあるが、単純動詞述語の同種成分である。

３．動詞の繰り返し

同じ動詞が繰り返されても単純動詞述語である。その間に так という助詞がはさまれる場合は「まさに」の意味となる。同じ動詞の不定形と не が先行する場合は、動詞述語の意味が強められる。

Он е́хал, е́хал в чи́стом по́ле, а дере́вни не́ было ви́дно.	彼はどんどんさえぎるもののない野原を進んだが、村は見えなかった。
Рабо́тать так рабо́тать, а не разгово́ры разгова́ривать.	働くといったら働くんだ。おしゃべりをしているんじゃない。
Стреля́ть не стреля́ет, а ружьё в рука́х де́ржит.	発砲することなんてないのに、鉄砲だけはかかえているのだ。

４．助詞的な動詞

возьми́, пойди́, смотри́, бы́ло, быва́ло など、特定動詞のある形が助詞のように用いられる用法がある（Ⅱ-326「その他の問題」）。形式上動詞が２つならぶが、これらの場合は単純動詞述語と扱われる。

323. 合成動詞述語（сло́жное глаго́льное сказу́емое）

1. 動詞の定形（変化形）と不定形

動詞の変化形に不定形がついた形の述語を合成動詞述語という。意味の中心は不定形であり、変化をした動詞は補助的意味を表す。

不定形をつけることができる動詞は２つの種類に分けることができる。

(1) 動作の開始・終了・継続を表す動詞

開始	нача́ть「始める」、стать「始める、～するようになる」、приня́ться「とりかかる」など
終了	ко́нчить「終える」、переста́ть「やめる」、прекрати́ть「中断する」、бро́сить「やめる」など
継続	продолжа́ть「続ける」、сле́довать「続く」など

これらの動詞のあとにくる不定形は、必ず不完了体である。

Я стал прислу́шиваться к зву́кам, долета́вшим с у́лицы.
私は道路のほうから聞こえてくる音に耳をかたむけた。

Ве́тер продолжа́ет завыва́ть так же уны́ло, как и ра́ньше.
風は前と同じように陰鬱にうなり続けている。

Я при́нялся́ излага́ть ему́ план на́ших де́йствий.
私は彼に私たちの行動計画を説明し始めた。

Мы ко́нчили убира́ть ко́мнату в седьмо́м часу́.
私たちは６時すぎに部屋の掃除を終えた。

(2) 叙法的な動詞（мода́льные глаго́лы）

能力・可能性・傾向性・意図・希望・思考過程・内的体験などを示すもの。

能力、可能性	мочь「できる」、уме́ть（不完のみ）「能力をもつ」、суме́ть（完のみ）「能力がある、～しおおせる」、разучи́ться「～する能力を失う」など
意図、希望	хоте́ть「望む」、жела́ть「希望する」、жа́ждать「熱望する」、мечта́ть「夢見る」、намерева́ться「～するつもりである」など

思考過程、内的経験	боя́ться「おそれる」、труси́ть「おじけづく」、стесня́ться「気がねする」、стыди́ться「恥らう」、наде́яться「期待する」、люби́ть「好む」など
試み	ухитря́ться「なんとかする」、стара́ться「努力する」、сметь「あえて〜する」、осме́ливаться「思い切って〜する」、пыта́ться「試みる」、про́бовать「ためす」、собира́ться「〜しようと決心する」、зате́ять「もくろむ」など
その他	реша́ть「決める」、отка́зываться「断る」、гото́виться「用意する」、позво́лить「容認する」など

Я не знал, смогу́ ли я сде́лать всё к наме́ченному сро́ку.　予定の期限までに私がすべてを終えることができるのか、わからなかった。

Мать про́бовала писа́ть в во́инскую часть, но отве́та не получи́ла.　母親は軍隊に手紙を書いてみたが、返事はなかった。

Ба́бушка зате́яла вяза́ть большо́е покрыва́ло к мое́й сва́дьбе.　祖母は私の婚礼までに大きなショールを編もうと考えた。

Де́вочка стесня́лась чита́ть стихи́ пе́ред гостя́ми и запла́кала.　少女は客たちの前で詩を読むのが恥ずかしくて泣きだした。

革命前のロシア語でよく使われた敬語に изво́лить がある。この動詞は文中で必要な形に変化し、意味を表す動詞は不定形であとにつけられた。

Суда́рыня, изво́льте подожда́ть, до́ктор ещё не пришёл.　奥様（お嬢様）、先生がまだお見えでないので、お待ちください。（命令形）

А мы уже́ грибо́в набра́ли, пока́ вы изво́лили дры́хнуть*.　あんたたちがお休みになっている間にこっちはもうきのこをたくさん集めたぞ。（過去形）

＊この場合は敬語ではなく、ばかていねいな皮肉である。

2．形容詞・受動形動詞過去の短語尾と動詞不定形

ある種の形容詞短語尾、受動形動詞過去短語尾形に動詞不定形がつくものも、合成動詞述語と扱われる。

до́лжен「〜しなくてはならない」、наме́рен「〜するつもりだ」、обя́зан「〜する義務がある」、гото́в「〜する用意がある」、рад「〜するのがうれしい」、

вы́нужден「～せざるを得ない」

Он намéрен кóнчить э́ту рабóту в понедéльник.	彼はこの仕事を月曜日に終えるつもりだ。
Ты обя́зан был поступи́ть и́менно так.	君はまさにそのようにふるまわなければならなかった。
Он готóв расскáзывать об э́том без концá.	彼はこの話はきりなくできる。

3. 述語副詞と動詞不定形

また、述語副詞と動詞不定形で表される無人称文の述語も合成動詞述語と扱われる。

нáдо、нýжно、мóжно、нельзя́、прия́тно「～するのは気持ちよい」、скýчно「～するのは退屈だ」、удóбно「～するのはぐあいがよい」、трýдно「～するのはむずかしい」、порá「～すべきときだ」

Емý нáдо бы́ло подýмать о мнóгом.	彼はいろいろなことを考えなければならなかった。
Больнóму нельзя́ выходи́ть на прогýлку ещё нéсколько дней.	病人はあと何日か散歩に出てはいけない。
Прéжде чем выступáть, нáдо хорошó продýмать кáждое слóво.	発表の前に、一言一句をよく考えなければならない。

не- がつく疑問代名詞、疑問副詞と動詞不定形が結合してできる述語も、この部類に入る。

Николáю нéкогда было ухáживать за стáрой мáтерью.	ニコライには老母の世話をする時間がなかった。

4. 無人称動詞と動詞不定形

補助的動詞の中には、無人称で用いられるものもある。

(1) **必要**	слéдовать「～しなくてはならない」、приходи́ться「～することを余儀なくされる」、полагáться「～することが必要だ」、надлежáть「～すべきだ」、предстоя́ть「まもなく～しなければならない」、оставáться「～するほかない」など
(2) **希望**	хотéться「～したい」、вздýматься「～したくなる」など

(3) **その他**	сто́ить「～する価値がある」、удава́ться「～することに成功する」、случа́ться「たまたま～することになる」、счастли́виться「うまくいく」、надоеда́ть「飽き飽きする」など

Нам сле́дует учи́ться у него́ вы́держке и сто́йкости.　私たちは彼に忍耐と我慢を学ばなければならない。

Мне остаётся то́лько подчини́ться.　私は従うしかない。

Мне надое́ло вас слу́шать.　あなたの話は聞き飽きた。

Тебе́ сто́ило бы серьёзно заня́ться му́зыкой.　君には真剣に音楽をやってみる価値があるのに。

5．動詞不定形が補語の場合

形式的には動詞変化形に不定形がついていても、以下のようなものは合成動詞述語ではない。こういう場合の動詞不定形は補語や状況語（「目的」の場合）である。後続331「補語」を参照。

補語	**命令・依頼**	веле́ть「命令する」、прика́зывать「同」、проси́ть「たのむ」など
	強制・使役	заставля́ть「強制する」、принужда́ть「同」、убежда́ть「説得する」など
	許可・禁止	разреша́ть「許可する」、позволя́ть「同」、дава́ть「～させる」、запреща́ть「禁じる」など
	他への働きかけ	меша́ть「妨げる」、помога́ть「助ける」、сове́товать「助言する」など
	自分の行動	обеща́ть「約束する」、забыва́ть「忘れる」、реша́ть「決める」、учи́ться「学ぶ」など
状況語	**目的**（移動の動詞）	идти́ покупа́ть *что*「～を買いに行く」

Она́ веле́ла мне принести́ на сле́дующий день большу́ю су́мму де́нег.[12]　彼女は、翌日大金をもって来るよう、私に命じた。

Сосе́дка проси́ла меня́ уха́живать за цвета́ми, пока́ она́ в отъе́зде.[13]　隣人は不在の間花の世話をしてくれないか、と私に言った。

Она́ заста́вила жениха́ купи́ть дорого́й брасле́т.

彼女は婚約者に高価な腕輪を買わせた。

Разреши́те мне е́хать с ва́ми.

お供させてください。

Си́льный дождь меша́л путеше́ственникам идти́ да́льше.

豪雨が旅行者の進むのを妨げた（豪雨で旅行者は進めなかった）。

Она́ у́чится игра́ть на фле́йте.

彼女はフルート（演奏）を習っている。

Мы пошли́ в магази́н купи́ть что́-нибудь к за́втраку.

わたしたちは朝食に何か軽く食べるものを買いに店へ出かけた。

12「～しないよう命じる」という場合、否定詞 не は不定形でなく、веле́ть につく。Врач не веле́л ему́ есть жа́ренное мя́со.「医師は彼に、焼いた肉を食べないように命じた（食べることを禁じた）」

13 他人の行動に干渉する場合、相手を与格にする動詞と、対格にする動詞があり、必ずしも日本語の語感（誰に、誰を）とは一致しない。веле́ть, прика́зывать, разреша́ть, позволя́ть, дава́ть, запреща́ть, меша́ть, помога́ть は与格、проси́ть, заставля́ть, принужда́ть, убежда́ть は対格をとる。

324. 合成名辞述語（**именнóе составнóе сказýемое**）

1．名辞類と連辞

名詞、代名詞、数詞、形容詞、形動詞などの名辞類が中心になっている述語は、合成名辞述語と呼ばれる。名辞類だけでは述語は構成できず、必ず**連辞**（**свя́зка**）（つなぎの動詞）を伴うために「合成」と呼ばれる。

最も代表的な連辞は быть である。現在時制では通常 быть は省略されるが、これはいわば隠れているのであって、連辞として作用している。下の例では быть が省略されているので、下線部分が述語である。これは述語の**名辞部分**（**именна́я часть**）と呼ばれる。

Мой отéц — врач.[14]	父は医者です。
Э́то плáтье моё.	このドレスは私のです。
Вáше мéсто шестóе.	お席は 6 番目です。
Онá стрóгая.	彼女はきびしい。
Онá стрóга тóлько с тобóй.	彼女は君にだけきびしい。
Ви́тя стáрше Ни́ны.	ヴィーチャはニーナより年上だ。
Сегóдня дýшно.	今日は蒸し暑い。
Концéрт ужé окóнчен.	コンサートはもう終わった。

2．名辞部分の格

連辞 быть が現在時制で省略されている場合、名辞部分の名詞、形容詞長語尾などは主格であるが、過去、未来、仮定法、命令法であれば連辞部分は省略されず、名辞部分の名詞、代名詞、形容詞長語尾は主格または造格となる。

原則として永続的な状態を示す名詞では主格が、一時的、暫定的な状態を示す名詞では造格が用いられる。形容詞に関しては、一時的、暫定的な状態を示す場合は短語尾が使われる。быть が不定形の場合はどちらも必ず造格である。

Когдá-то мы бы́ли друзья́ми.	あるときには私たちは親友だった。
Её отéц был спосóбный человéк.	彼女の父は能力のある人だった。
Он бýдет настоя́щим музыкáнтом.	彼は本物の音楽家になるだろう。
Кинофи́льм был интерéсный.	映画はおもしろかった（口語的）。

14 述語が主格の名詞または個数詞の場合、主語の名詞と述語の間にダッシュ（тирé）がおかれるのがふつうである。

Кинофи́льм был интере́сным. 同上（文語的）

Кинофи́льм был интере́сен. 同上（文語的）

Она́ была́ хоро́шая, до́брая, сла́вная, и я её о́чень люби́л. 彼女は人柄がよく、善良で、すばらしく、私はとても好きだった。

Во́здух был чист, прозра́чен и свеж. 空気は清浄で澄み、新鮮だった。

Бу́дьте здоро́вы и сча́стливы. お元気でお幸せに。

3．その他の名辞部分

次のような語（語形）および語結合も名辞部分となり得る。

Э́та маши́на отца́. この車は父のだ。（名詞生格）

Гла́вная цель мое́й жи́зни — прожи́ть жизнь не напра́сно. 私の人生のおもな目的は、むだに生きないことだ。（動詞不定形）

Он был сре́днего ро́ста. 彼は中背だった。（形容詞・名詞語結合の生格）

Твоя́ шу́тка была́ некста́ти. 君の冗談は場違いだった。（副詞）

Сад был в по́лном цвету́. 庭園は花盛りだった。（前置詞＋名詞）

Сара́й был то́лько для декора́ции. 納屋は単に装飾用だった。（同上）

Под луча́ми со́лнца дере́вья бы́ли сло́вно из зо́лота. 日の光の下で木々はまるで金でできているようだった。（同上）

Серге́й был одни́м из са́мых спосо́бных в мое́й гру́ппе. セルゲイはうちのグループでいちばん有能なひとりだった。（語結合）

前置詞をともなう名詞による名辞部分には、上の「装飾用」や「金でできた」のように通常の表現もあるが、「花盛り」のような決まり文句がよく用いられる。без па́мяти「気を失って、我を忘れて」、без созна́ния「意識を失って」、(не)по душе́「気に入る（入らない）」、(не)по си́лам「手に負える（負えない）」、(не)на ме́сте「しかるべきところにある（ない）」、по́д боком「すぐそばに」、в разга́ре「さかりに」など

4．他の動詞による連辞

быть 以外にも名辞部分をともなって述語となる動詞がある。名辞部分には名詞、長語尾形容詞、代名詞、形動詞の造格が用いられる。これらの動詞は、基本的には быть に準じるもので「～である」「～に在る」「～になる 」意味だが、それぞれにニュアンスが加わる。быва́ть（быть が繰り返される場合に用いられる）、де́латься「～になる」、каза́ться「～にみえる」、ока́зываться

「みつかる、～であるとわかる」、остава́ться「～のままである」、станови́ться「～になる」、счита́ться「～とみなされる」、явля́ться「～である」

  Иногда́ приходи́лось быва́ть и стро́гим, и тре́бовательным — без э́того нельзя́.
ときには厳格で、口やかましくしなければならなかった。そうしなければどうにもならない。

  Она́ остава́лась споко́йной в любо́й ситуа́ции.
彼女はどんなときも冷静だった。

  Грузи́нские дере́вни и́здали показа́лись нам сада́ми.
グルジアの村々は遠くからは庭園のようにみえた。

  Его́ посту́пки сде́лались предме́том разгово́ров.
彼のもろもろの行為は話の種になった。

  Никола́й счита́ется первокла́ссным перево́дчиком.
ニコライは一流の通訳者とみなされている。

  О́ля ста́ла совсе́м взро́слой де́вушкой.
オーリャはすっかりおとなの乙女になった。

  Эконо́мное расхо́дование вре́мени явля́ется зало́гом высо́кой произво́дительности труда́.
時間の節約は高い労働生産性の基礎である。

быва́ть、ока́зываться、остава́ться、станови́ться は形容詞の短語尾とともに用いられることもある。

  По утра́м дед быва́л хмур и молчали́в.
毎朝祖父は不機嫌で黙りこくることがあった。

  Результа́ты оказа́лись лу́чше, чем я ожида́л.
結果は私の予想よりよかった。

  Тепе́рь, в су́мерках, дере́вья ста́ли похо́жи на ска́зочных велика́нов.
今や、たそがれの中で、木々はおとぎ話の巨人に似てきた。

5．連辞となるふつうの動詞

 上にあげた動詞は文脈しだいでは固有の意味ももつが（たとえば、явля́ться「現れる」）、多くの場合意味上なかば連辞的なもの（быть に準じる）といえる。しかしそうではない通常の動詞の中にも、移動または状態を表すものが連辞の機能を果たして、形容詞とともに合成名辞述語を形成する場合がある。主格の場合が多いが、造格も用いられる。このようなとき、動詞は連辞となり、意味の中心が形容詞に移るので、本来の意味は弱まる。後続331「補語」を参照。

Она́ пришла́ пе́рвая (пе́рвой).　　彼女が最初に来た。

Ве́ра сиде́ла расстро́енная.　　ヴェーラは気落ちしてすわっていた。

Одна́жды дед пришёл из дере́вни весь промо́кший.　　あるとき祖父は全身びしょぬれで村からもどって来た。

А́нна верну́лась с сеноко́са изму́ченная.　　アンナは草刈りからくたくたになってもどった。

Он лежа́л в крова́ти совсе́м похуде́вший.　　彼はすっかりやせてベッドにねていた。

Она́ стесня́лась есть и ка́ждый раз встава́ла из-за стола́ голо́дной.　　彼女は食べるのを遠慮したので、食卓を立つときは毎回空腹だった。

325. 主語と述語の関係

述語は主語に一致するが、主語の形態はさまざまなので、いろいろな場合があり得る。

1. 単独主語の問題点

主語	述語	例
вы[15]	動詞過去は複数	Вы хорошо́ спа́ли.「よくお休みでした」
	短語尾形容詞は複数	Вы дово́льны гости́ницей?「ホテルにご満足ですか」、Да, вы пра́вы.「あなたのおっしゃるとおりです」
	長語尾形容詞および名詞は単数	Како́й вы любе́зный!「なんとご親切な」、Вы о́чень смешно́й.「あなたって、おかしな方」
высо́чество「殿下」、превосходи́тельство「閣下」などの**特別な敬称**（革命前および外交分野）	人称と性は称号をもつ人に合わせ、数は複数	Ва́ше превосходи́тельство изво́лили разреши́ть э́ту пое́здку.「閣下がこの旅行をご許可くださいました」、Его́ высо́чество са́ми подписа́лись.「殿下ご自身が署名されました」、Её вели́чество обрати́ли внима́ние на э́ту пробле́му.「皇后陛下はこの問題にご関心を向けられた」

2. 並立語結合の主語の問題点

主語	述語	例
主語の全部または一部が複数	複数	Ла́сковое выраже́ние лица́, ти́хий го́лос и нетороплі́вые движе́ния медсестры́ успоко́или меня́.「看護婦のやさしい表情、静かな声、ゆったりとした動きに私はほっとした」

15 相手が単数でも、敬意を表すために複数扱いにするわけだが、帝政時代の召使などは、主人や身分のある人に対し、三人称単数でも動詞を複数にしたり、代名詞に они́ を用いたりした。

主語が全部単数[16]	複数	Шарф и ша́пка мне не нужны́.「私はマフラーと帽子は要らない」、Её и́зредка навеща́ют дочь, подру́га де́тства, да сосе́дка по ста́рой кварти́ре.「彼女を時おり訪れるのは娘、幼なじみ、そして古いアパートの隣人だった」、В густо́м тума́не при́стань и городо́к почти́ не видны́.「濃い霧の中で波止場も町もほとんど見えない」
	単数	・述語が最も近くにある主語と一致する場合 На столе́ лежа́ла ви́лка и ло́жка.「卓上にはフォークとスプーンがあった」 ・主語が и́ли, то … то などの接続詞で結ばれており、述語がすべての主語に同時には関係し得ない場合 Дежу́рить за́втра бу́дет и́ли Соро́кин, и́ли Ле́бедев.「あすの当直はソローキンかレベデフだ」
人称が異なる場合	人称間に優位差がある 一＞二＞三[17]	К вам зайду́ я и мой брат.（Я и мой брат зайдём к вам.）「私と弟がお寄りします」

[16] 主語が先行すれば、述語は通常複数となる。

[17] я и ты, я и он, ты и она́ などのように両方とも人称代名詞を使うのは、個別性を特に強調する必要があるときに限られるので、そうでない場合は、同じ意味で мы с тобо́й, мы с ним, вы с ней という。同じように я и брат の代わりに、мы с бра́том という。

3．従属語結合の主語の問題点

主語	述語	例
数詞＋名詞	動詞は単・複両方（現在のロシア語では複雑なゆれ現象が見られる）[18]	На собрáнии присýтствуют (присýтствовали) шесть музыкáнтов. На собрáнии присýтствует (присýтствовало) шесть музыкáнтов.「集会には 6 人の音楽家が出席した」、У них бы́ли (бы́ло) трóе детéй.「彼らには 3 人の子どもがいた」[19]
数量を表す単語＋名詞	通常は単数[20]	В зáле сидéло мнóго студéнтов.「ホールにはおおぜいの学生がいた」、В кáссе остáлось мáло билéтов.「売り場にはほとんど切符が残らなかった」、Скóлько студéнтов учáствовало в соревновáнии?「何人の学生が試合に参加したか」
пáра「対」、ряд「一連の」などの**数量を表す名詞＋名詞**	通常は、その名詞の性・数に従う	В клéтке сидéла пáра волни́стых попугáйчиков.「かごの中には 2 羽のセキセイインコがいた」、Слýшала лéкцию сóтня студéнтов.「百人の学生が講義を聞いた」、Лéкцию слýшали сóтни студéнтов.「数百人の学生が講義を聞いた」、На заседáнии был решён ряд вáжных вопрóсов.「会議では一連の（多数の）重要な問題が決められた」 その他に、часть「部分」、полови́на「半分」、деся́ток「十（名詞）」、сóтня「百（名詞）」、ты́сяча「千」[21]、мáсса「多数」、большинствó「大多数」、мнóжество「多数」など

18 この問題は語順とも関係するが、おおよそ次の傾向が見られる。動物名詞が主語の場合、主語が先行するなら述語は複数形、述語が先行するなら両方、非動物名詞が主語の場合、主語が先行するなら述語は両方、述語が先行するなら単数形。

19 集合数詞 óба (óбе)「両方」の場合は必ず複数。Óба брáта рабóтают в однóй фи́рме.「兄弟ふたりともが同じ会社にいる」。

20 ただし、нéсколько「若干の」、скóлько「どれだけ」の場合は単・複どちらでもよい。

21 ты́сяча 以上の数詞 миллиóн「百万」、миллиáрд「十億」は通常名詞扱いされる。

主語の語結合内に前置詞 **c がある場合**	・両方の主体が対等のときは複数。	На вокза́ле меня́ встре́тили оте́ц с ма́терью.「父と母が駅で私を出迎えてくれた」、Стари́к с ма́льчиком и соба́кой обошли́ весь да́чный посёлок.「老人と少年と犬は別荘村中を回った」
	・片方が主でもう一方が従なら単数。	Мать с ребёнком пошла́ в поликли́нику.「母親が子供をつれて診療所へ出かけた」

ここで、数詞や не́сколько、ско́лько、большинство́ などの語との結合のように、単数・複数両方の使用が認めれれるものに関しては、次のような傾向が認められる。これらの語が集合名詞などの単数生格とともに用いられる場合、述語は単数となり、複数生格の名詞とともに用いられる場合は複数となる。

Из на́шего кла́сса де́сять ученико́в поступи́ли в университе́т.　私たちの学年から 10 人の生徒が大学に入学した。

Не́сколько выпускнико́в на́шей шко́лы получи́ли меда́ли.　わが校の卒業生の何人かがメダルをもらった。

Большинство́ населе́ния го́рода поддержа́ло предложе́ние мэ́ра.　市民の大多数が市長の提案を支持した。

Большинство́ рабо́чих бы́ли недово́льны э́тим реше́нием.　労働者の大多数がこの決定に不満だった。

330. 文の二次成分

331. 補語（дополне́ние）

1．述語などの補完

補語とは、主として述語（主に動詞）が表す動作の対象となるもの、または述語（動詞、形容詞、副詞など）を補完するものである。補語となるのは名詞、および名詞に準ずる語（形容詞、代名詞、数詞、語結合）の斜格形（前置詞なしのもの、ついたもの）、副詞、動詞不定形である。補語をもつ述語は動詞とはかぎらず、形容詞、名詞または語結合などもあり得る（320「文の主成分」述語の項参照）。ただし、補語をもつのは述語とは限らず、動詞、形容詞などがそれ以外の成分（たとえば定語）になっている場合もある。

なお、副詞、動詞不定形の場合、語結合の関係は付加になるが、それ以外の場合は支配である。

Его́ вид удиви́л меня́.　彼の様子は私を驚かせた（私は彼の様子に驚いた）。

Я поздра́вил племя́нницу с днём рожде́ния.　私は姪の誕生日を祝った。

Нам с тобо́й присла́ли посы́лку.　君と私に小包みが送られてきた。

Он дово́лен свои́м положе́нием на рабо́те.　彼は職場の地位に満足している。

Си́льный ве́тер меша́л мне спать.　強い風のために眠れなかった。

述語以外の成分である動詞、形容詞、名詞、語結合が補語をとるのは次のような場合である（補語を下線、補語が修飾している語を太字で示した）。

Он давно́ и́щет лу́чшего **реше́ния** э́того вопро́са.　彼はこの問題の最善の解決法を長いこと探している。

Ма́льчик дал мне **по́лный** воды́ стака́н.　少年は水がいっぱい入ったコップをくれた。

Оте́ц снял **заля́панные** гря́зью сапоги́ и стал мыть ру́ки.　父は泥で汚れた長靴をぬいで、手を洗い始めた。

動詞が表す動作の対象である補語以外の、名詞、形容詞、副詞などを補完する補語はかなり多様である。たとえば、主語になり得る名辞は通常主格でなければならないので、主体を表していても主格でないもの（与格、生格、前置詞＋斜格名詞など）は補語と扱われる。

Им нельзя́ бы́ло купа́ться в реке́.	彼らは川で泳ぐことを許されなかった。
У вас есть свобо́дное вре́мя?	ひまはおありですか。
Нам разреши́ли войти́ в ко́мнату.	私たちは部屋に入ることを許された。
Профе́ссор чита́л ле́кцию по исто́рии му́зыки.	教授は音楽の歴史について講義した。(内容を表す生格は補語)

2. 補語の種類

他動詞につく前置詞なしの対格の補語を**直接補語**(**прямо́е дополне́ние**)といい[22]、非他動詞につく対格以外の斜格(前置詞のある場合とない場合)の補語を**間接補語**(**ко́свенное дополне́ние**)という(Ⅱ-310「概説 動詞の諸様相」参照)。それ以外の補語については、このような分類をしない(あるいは直接補語以外すべてを間接補語とすることもある)。

補語は次のように分類することができる。

(1) **直接補語**	他動詞につく(否定や数量を指す生格などを含む)	Она́ реши́ла зада́чу о́чень бы́стро.「彼女は課題をとても早く解いた」 Я не зна́ю содержа́ния э́того письма́.「私はこの手紙の内容を知らない」 Я уви́дел на у́лице пять маши́н.「通りに車が5台あるのが見えた」、Я проси́л одного́ из студе́нтов взять с собо́й фотоаппара́т.「私は学生のひとりにカメラをもって来るよう頼んだ。」
(2) **間接補語**	非他動詞につく	
	生格	Де́ти боя́лись темноты́.「子どもは暗闇を怖がった」
	与格	О́ля обра́довалась прие́зду ма́тери.「オーリャは母親が来たので喜んだ」
	造格	Студе́нты не по́льзовались словарём.「学生たちは辞書を使わなかった」

22 他動詞が否定されたために生格となる補語や、数量を表すために生格となる補語(部分生格)などは直接補語と扱われる。

	前置詞のつくもの	Мы ужé обо всём договори́лись.「私たちはもうすべてにわたって合意した」、Он надéется на успéх экспеди́ции.「彼は遠征の成功に期待している」
	動詞不定形で表されるもの	Онá попроси́ла меня́ проводи́ть до стáнции.「駅まで送ってくれと彼女は私に頼んだ」
(3) 形容詞、名詞につく補語		Óзеро бы́ло богáто ры́бой.「湖には魚がたくさんいた」、Интерéс к наýке у негó появи́лся с дéтства.「彼の科学に対する興味は子供時代からだった」
(4) その他 主語、合成述語の一部、状況語のいずれでもないものの多くは、補語とされる		Пéред кабинéтом врачá стоя́ли крéсла для пациéнтов.「医師の部屋の前に受診を待つ人のための肘かけいすがあった」 У меня́ нé было дéнег.「私にはお金がなかった」

3．補語と他の成分の区別

補語、定語、状況語を厳密に区別することはそもそも不可能で、境界領域にあるものもあり、ロシアの学者の間でもいろいろな説がある。これらの区分はあくまでも便宜的なものと考えたほうが自然であろう。

(1) 主語と補語

述語の主体である語が主格でない場合は補語である。

Мне нáдо бы́ло договори́ться с ней.　　彼女と合意する必要があった。
Зáвтра егó не бýдет на рабóте.　　明日彼は職場に来ないだろう。
У неё грипп.　　彼女はかぜだ。

(2) 述語と補語

述語動詞についた動詞不定形には、動詞とともに合成動詞述語となるものと、動詞の意味を補完する補語とがある（323「合成動詞述語」参照）。また、合成名辞述語の連辞がбытьまたはそれに準ずる動詞ではなく、通常の動詞である場合、名辞部分は補語と判別しにくい。

Она́ у́чится танцева́ть вальс.	彼女はワルツを習っている。（合成動詞述語）
Позво́льте и мне сказа́ть два сло́ва.	私にもひとこと言わせてください。（補語）
Вот уже́ три дня он хо́дит мра́чный и ни на кого́ не смо́трит.	もう3日も彼は陰気な顔をしており、誰のほうも見ないままだ。（合成名詞述語）

(3) 状況語と補語

前置詞のついた斜格名詞からなる補語のあるものは、状況語と区別しにくい。その語と動詞の結びつきが密である場合（支配）は補語、そうでない場合（付加）は状況語とされる。たとえば、Он идёт в столо́вую.「彼は食堂へ行くところだ」の в столо́вую は状況語なのに、Он вошёл в ко́мнату.「彼は部屋へ入った」の в ко́мнату が補語とされるのは、後者では動詞の接頭辞в-と前置詞вが支配の関係にあるのに、前者では動詞идти́と前置詞вの間にそのような関係がない付加の関係だからである。

Мы прое́хали ещё два киломе́тра (полчаса́).	私たちはさらに2キロ（30分）進んだ。（補語）
Пе́редо мной расстила́лось бу́рное мо́ре.	目の前に荒れる海が広がっていた。（場所の状況語）

(4) 定語と補語

[名詞＋名詞斜格（前置詞のないもの、あるもの）] の関係には、補語であるものと定語であるものがある。動作名詞の主体は通常定語とされ、客体は補語とされるが、名詞の結びつきの場合は必ずしも判別できない。

поса́дка самолёта	飛行機の着陸（定語）
встре́ча друзе́й	友人たちの出会い（定語）／友人たちを出迎えること（補語）
строи́тельство моста́	橋の建設（ся動詞なら定語／他動詞なら補語）
убо́рка ко́мнаты	部屋の掃除（同上）
член кружка́	サークルのメンバー（補語・定語の境界）
буты́лка вина́	1本分のワイン（定語）

332. 状況語（обстоя́тельство）

状況語（副詞句）は主に動詞を修飾・限定して、その行為・状態・現象がどのような状況の下に（「いつ、どこで、どのように、なぜ」など）起こるか、ということを表す。状況語は形容詞または副詞を修飾・限定することもあり、程度や数量を表す。

1．状況語の構成

状況語は次の語から構成される。

⑴ **副詞**	Вчера́ у нас состоя́лось интере́сное собра́ние.「きのううちでおもしろい集会がおこなわれた」、Вдали́ разда́лся уда́р гро́ма.「遠くで雷鳴が鳴った」
⑵ **副動詞**	Го́сти сиде́ли за столо́м, ве́село разгова́ривая.「客たちは陽気にしゃべりながら食卓についていた」、Сверкну́ла мо́лния, сра́зу освети́в на́ши ли́ца.「稲妻が光って、瞬時私たちの顔を照らした」
⑶ **名詞**（名詞に準じる語も）の斜格（特に造格）	Нам пришло́сь идти́ ле́сом.「私たちは森を通って行かなければならなかった」、Нам удало́сь реши́ть э́тот вопро́с вот таки́м о́бразом.「私たちはこのようにしてこの問題を解決した」、Они́ жи́ли на да́че всю неде́лю.「彼らはまる１週間別荘ですごした」、Он вернётся домо́й деся́того ма́я.「彼は５月10日に帰宅する」
⑷ **前置詞＋名詞**（名詞に準じる語も）	Заня́тия начина́ются с пе́рвого сентября́.「授業は９月１日から始まる」、Всё бы́ло ти́хо круго́м; со стороны́ до́ма не доноси́лось ни зву́ка.「あたりは静まり返り、家のほうからは何の音も聞こえてこなかった」、От волне́ния он ни сло́ва не мог сказа́ть.「彼はあがってしまって一言も言えなかった」

(5) **動詞不定形**	Я зайду́ в магази́н купи́ть молоко́.「私はミルクを買いに店に寄る」、На перева́ле мы останови́лись полюбова́ться све́рху на доли́ну.「上から谷をながめるために私たちは峠で立ち止まった」

2．状況語の種類

状況語は意味の上から、次のように分類される。

① 時の（を表す）状況語（обстоя́тельство вре́мени）
② 場所の状況語（обстоя́тельство ме́ста）
③ 動作様態の状況語（обстоя́тельство о́браза де́йствия）
④ 程度の状況語（обстоя́тельство ме́ры）
⑤ 理由の状況語（обстоя́тельство причи́ны）
⑥ 目的の状況語（обсто́ятельство це́ли）
⑦ その他（条件など）

(1) 時の状況語

時の状況語をつくるのは副詞、名詞、前置詞＋名詞、副動詞、語結合である。時を表す名詞は造格となって状況語になるものが多い（Ⅱ-135(1)「造格の機能」参照）。頻繁に使われるものは副詞化している（у́тром「朝」、днём「昼」など）。また、対格（しばしば весь「まる〜」、це́лый「まる〜」[23]、ка́ждый「毎〜」、数詞とともに）で用いられる例も少なくない。

前置詞の用法に関しては、Ⅱ-432「前置詞の用法」、特に同434「動作の時点「〜（いついつ）に」を示す主な前置詞」を参照。

Он получи́л письмо́ ме́сяца два тому́ наза́д.	彼は手紙をふた月ほど前に受け取った。
Он ча́сто быва́л в теа́трах и на конце́ртах.	彼はよく劇場や音楽会へ行った。
Он рабо́тал над прое́ктом пять дней.	彼は５日間計画を練った。
Дня через три он око́нчил свою́ рабо́ту.	３日ほどたって彼は自分の仕事を終えた。
С восхо́дом со́лнца мы тро́нулись в путь.	日の出とともに私たちは出発した。
Дойдя́ до мо́стика, он останови́лся и заду́мался.	橋にたどり着くと、彼は立ち止まって考え込んだ。

---

[23] весь と це́лый の意味はほぼ同じだが、весь が客観的に期間をいうの対し、це́лый には「長い」という主観的評価のニュアンスが加わる。その反対語は како́й-нибудь。Я ждал тебя́ це́лый час.「ぼくは君をまるまる１時間も待った」、Я ждал тебя́ то́лько како́й-нибудь час.「１時間しか待たなかった」

(2) 場所の状況語

場所の状況語をつくるのは副詞および通常は前置詞のついた名詞斜格であるが、場所を示す名詞の造格が状況語になることも多い。前置詞の用法に関しては、Ⅱ-432「前置詞の用法」、特に同 433「空間関係を示す前置詞 в / из, на / с, у / к / от」を参照。

Вдруг посреди́ пло́щади появи́лась маши́на ско́рой по́мощи. 突然広場の真ん中に救急車が現れた。

Вниз по скло́ну струи́лся бы́стрый ручей. 斜面を下って急な小川が流れていた。

Мы пошли́ вдоль о́зера к се́веру и вы́шли на окра́ину го́рода. 私たちは湖に沿って北へ向かい、町のはずれに出た。

Весь день мы шли по́лем. 1日中私たちは原野を歩いた。

(3) 動作様態の状況語

動作様態の状況語をつくるのは副詞、造格の名詞、с＋造格の名詞などである。с＋造格による動作様態の状況語の反対語は без＋生格の名詞である。

В тот ве́чер она́ была́ осо́бенно краси́во оде́та. その晩、彼女は特に美しく着飾っていた。

Наш по́езд мча́лся стрело́й (как стрела́). 私たちの列車は矢のように疾走した。

Я от души́ поздравля́ю Вас[24]. 心からお祝いを申し上げます。

Команди́р гляде́л вопроша́юще, в ожида́нии одобре́ния. 指揮官はもの問いたげに、同意を求めた目を向けた。

Я с трудо́м (без труда́) различа́л отдалённые предме́ты. 私たちは遠くにあるものをやっと（難なく）見分けた。

-о で終わる動作様態を示す副詞は通常動詞の前におかれるが、強調される際には動詞のあとまたは文末におかれる。これらが文頭におかれると、主語は通常述語のあとになる。

Я бы́стро реши́л все зада́чи. 私はすばやく課題を解いた。

Я реши́л все зада́чи о́чень бы́стро. 私が課題を解いたのはとても早かった。

Напра́сно стара́лся я доказа́ть колле́ге оши́бочность его́ тео́рии. 私は同僚にその理論の誤りを証明しようとしたが、無駄だった。

---

24 手紙では вы を大文字で書く。

(4) 程度の状況語

程度の状況語をつくるのは副詞、名詞、前置詞＋名詞などである。この状況語は動詞、形容詞、副詞が表す性質の程度を示すので、他の状況語と区別しにくい場合も少なくない。

Она́ дово́льно хорошо́ игра́ет на фле́йте.	彼女はかなり上手にフルートを吹く。
Наш костёр почти́ совсе́м пога́с.	私たちの焚き火はほとんど完全に消えた。
Они́ жи́ли в одно́м до́ме с на́ми: в одно́м подъе́зде, этажо́м вы́ше.	彼らは私たちと同じ家の、同じ入り口の１階上に住んでいた。
От испу́га он отступи́л на шаг наза́д.	彼はびっくりして一歩下がった。
Но́вая моде́ль в два ра́за доро́же.	新しい型は倍高い。

(5) 理由の状況語

理由の目的語をつくるのは副詞、副動詞、前置詞＋名詞などである。前置詞の用法に関しては、Ⅱ-432「前置詞の用法」、特に同 435「原因・理由を示す主な前置詞」を参照。

Сгоряча́ я наговори́л ей мно́го оби́дного.	かっとなって、私は彼女に侮蔑的なことを言い散らした。
Она́ почему́-то переста́ла ходи́ть ко мне.	彼女はなぜか私のところへ来なくなった。
Суха́я трава́ дрожа́ла от ве́тра.	乾いた草が風で揺れた。
Не име́я вре́мени, мы не могли́ осмотре́ть го́род.	時間がなかったので、町を見物できなかった。
Опозда́в на по́езд, он не смог уча́ствовать в экску́рсии.	列車に遅れたので、彼は遠足に参加できなかった。
Из-за э́той исто́рии у нас не́сколько дней шли спо́ры.	そのできごとのせいで私たちは何日か口論した。
Я чу́вствовал, что он говори́т со мной то́лько из жа́лости.	彼は哀れみだけから私としゃべっていると私は感じた。

(6) 目的の状況語

目的の状況語をつくるのは副詞、動詞不定形、前置詞（主に для と на）＋名詞である。動詞不定形が目的の状況語になるのは、主に移動の動詞（およびこれに準じる動詞）とともに用いられる場合である。

Он сде́лал э́то назло́ мне.　彼はこれを私へのあてつけにやった。

Она́ рабо́тает то́лько для своего́ удово́льствия.　彼女は自己満足だけのために働いている。

Он пошёл на вокза́л покупа́ть биле́ты на за́втрашний по́езд.　彼は明日の列車の切符を買いに駅へ出かけた。

Музе́й был закры́т на ремо́нт.　博物館は修理のために休館だった。

Я тебе́ даю́ два дня для о́тдыха.　休息のために２日やろう。

Он вошёл в кафе́ и сел за стол вы́пить ко́фе.　彼はコーヒーを飲むためにカフェに入ってすわった。

⑺ その他（条件など）

使われる単語の意味により、条件、譲歩その他の状況を示すものがある。

В слу́чае непого́ды не сле́дует продолжа́ть восхожде́ние.　悪天候なら登攀を続けてはいけない。

При таки́х усло́виях мы не мо́жем подписа́ть соглаше́ние.　こんな条件では契約書にサインすることはできない。

Несмотря́ на все предосторо́жности, я всё-та́ки простуди́лся.　十分注意していたのに、やはりかぜをひいてしまった。

При всём жела́нии я не мог идти́ с ни́ми.　行きたいのはやまやまだったが、彼らと一緒には行けなかった。

Переводя́ статью́, он так и не смог поня́ть её суть.　論文を訳しはしたが、彼は結局その本質が理解できなかった。

333. 定語（определе́ние）、付語（приложе́ние）

1．定語の種類
(1) 一致定語と不一致定語

定語は名詞（主語、補語、状況語）を修飾・限定するものである。**一致定語（согласо́ванное определе́ние）**、**不一致定語（несогласо́ванное определе́ние）** の2種類からなる。

一致定語 名詞と性・数・格が一致する。通常は名詞の前におかれる	・形容詞（所有形容詞、順序数詞、形動詞をふくむ） ・形容詞の機能をもつ代名詞（所有、指示、限定、不定、否定、疑問代名詞）	высо́кая гора́「高い山」、ма́мина ко́фта「ママのカーディガン」、второ́й эта́ж「2階」 мой слова́рь「私の辞書」、вся страна́「国全体」
不一致定語 名詞に付加される。通常は名詞の後におかれる	・前置詞なしの名詞生格 ・前置詞つきの名詞斜格 ・[形容詞＋名詞]の生格 ・動詞の不定形 ・副詞 ・形容詞短語尾比較級	кварти́ра И́ры「イーラの住居」、ве́чер та́нцев「ダンス・パーティー」 биле́т в теа́тр「劇場の切符」、дом с больши́ми о́кнами「大きな窓のある家」 челове́к суро́вого хара́ктера「きびしい性格の人」、студе́нты пе́рвого ку́рса「大学1年生」 пра́во рабо́тать「働く権利」、обеща́ние сгото́вить обе́д「昼食を作る約束」 доро́га напра́во「右折路」 В на́шей гру́ппе не́ было студе́нта умне́е его́.「うちのクラスには彼より頭のいい学生はいなかった」、Покажи́те пиджа́к побо́льше.「もっと大きな上着を見せてください」

三人称の所有代名詞（его́, её, их）は、名詞の前におかれるが不一致定語である。

(2) 一致定語の語順

格別な強調や、特別のレーマ設定がなければ、一致定語は次の基本的な語順規則に従う。この規則から外れると、話し手のなんらかの意図が強調されることになり、そのようなものがないのなら、奇異、あるいは不適切な表現となる。

① 同じ品詞の語順は自由[25] ただし性質形容詞は関係形容詞に先行する	Ма́льчик по́днял на го́стью я́сные, се́рые внима́тельные глаза́.（下線部の語順は自由）「少年は女性客を見上げて明るい、灰色の注意深い目を向けた」、Лишь кое-где нея́ркими разноцве́тными пя́тнами свети́лись о́кна.「わずかにところどころで、くすんだ雑多な色の斑点のように窓明りがともっているばかりだった」
② 形容詞的代名詞は形容詞に先行する	На э́тот раз ва́ши обы́чные отгово́рки не помо́гут.「今回はあなたのいつもの口実は通じない」
③ 形容詞的代名詞は次の語順となる	
限定代名詞→指示代名詞	друга́я така́я страна́「別のそのような国」、ка́ждый тако́й слу́чай「各々のそのようなケース」
限定→所有代名詞	люба́я твоя́ мысль「君のどんな考えも」、не́которые мои́ наблюде́ния「私の若干の観察」
指示→所有	э́то ва́ше мне́ние「あなたのこの意見」、така́я моя́ уда́ча「私のこのような成功」
限定→指示→所有	все э́ти на́ши сомне́ния「これらの私たちの疑いすべて」、ка́ждая така́я ва́ша статья́「あなたのそのような各々の論文」

2．付語

名詞によって表される一種の定語を付語という。付語には次のような種類がある。

[25] 複数の同等の性質形容詞がただならんでいるのでなく、形容詞が示す範疇の間に差がある場合は、語順に反映する。たとえば、дорого́й кра́сный каранда́ш「高価な赤鉛筆」では、「高価な」と「赤い」が同等の概念ではなく、「赤鉛筆」という概念があった上で、「高価な」という形容詞がついている。кра́сный дорого́й каранда́ш なら、ふたつの形容詞は同等である（「赤くて高価な鉛筆」）。

(1) **普通名詞＋普通名詞**	ハイフンで結ばれ、いずれかが補助的・説明的語（付語）とされる。同格	В до́ме о́тдыха я познако́мился с весёлым массовико́м-зате́йником.「休息の家で私は愉快なゲーム指導員と知り合った」、Высоко́ в не́бе оста́вил то́нкий бе́лый след самолёт-истреби́тель.「高い空に戦闘機が細く、白い飛行機雲を残した」
(2) **普通名詞＋固有名詞**	人名、地名など。引用符なし。同格	профе́ссор Ивано́в「イヴァノフ教授」、студе́нт Петро́в「学生ペトロフ」、река́ Енисе́й「エニセイ川」、го́род Москва́「モスクワ市」
	作品名など。引用符「« », “ ”」あり。引用符内は無変化	чита́ть журна́л «Неде́ля».「雑誌『ネデーリャ』を読む」、слу́шать о́перу «Евге́ний Оне́гин».「オペラ『エヴゲニー・オネーギン』を見る」、чита́ть рома́н «Бра́тья Карама́зовы»「長編小説『カラマーゾフの兄弟』を読む」、чита́ть газе́ту «Но́вости»「新聞『ノーヴォスチ』を読む」

これらの基準から外れた慣用（歴史的）表現が若干ある。Москва́-река́「モスクワ川」、Ива́н-царе́вич「イワン王子」、Во́лга-ма́тушка「母なるヴォルガ」など

3．数詞と一致定語

名詞につく 1（оди́н, одна́, одно́, одни́）は一致定語となる。それ以外の数詞が主格（およびそれに等しい対格）の場合には、名詞生格（2、3、4の場合は単数、それ以外の場合は複数）が数詞の不一致定語となる。主格（およびそれに等しい対格）以外の格では、数詞は名詞の一致定語となる。Ⅱ-241 3「個数詞と名詞・形容詞の結合」を参照。

Там я ви́дел одну́ де́вушку. そこで私はある少女を見かけた。

В ко́мнате сиде́ло во́семь студе́нтов. 部屋には8人の学生がすわっていた。

Капита́н с пятью́ чле́нами экипа́жа стара́лся не беспоко́ить пассажи́ров. 機長と5人の乗組員は乗客を落ち着かせようと努力した。

334. 文外詞、挿入語

文の構造と関係のない語（語結合）を文外詞（слова́, граммати́чески не свя́занные с предложе́нием）という。文外詞は文の成分とはなり得ない。文外詞には**呼びかけ（обраще́ние）**、**間投詞（междоме́тие）**、**挿入語（вво́дные слова́）**がある。挿入語は話し手の態度や評価を示すために、文につけ加えられるものである。文外詞は必ずコンマ（ときにはカッコ、ダッシュ）で区切られる。

Проща́й, любимый го́род, ухо́дим за́втра в мо́ре.	さらば、愛する町よ。明日は海へ旅立つ。（呼びかけ）
Ой, я не могу́.	あら、あたしにはできない。（間投詞）
К сожале́нию, я не могу́ прийти́ за́втра.	残念ながら、明日はうかがえません。（挿入語）
Ка́жется, никогда́ не́ было тако́го си́льного ве́тра.	たぶん、こんなに強い風が吹いたことはない。（挿入語）

1．呼びかけ、間投詞

呼びかけは、名詞（ときに定語または付語がつく）の主格で表され、文のどこにおくことも可能だが、前後をコンマで区切られる。感嘆符「！」がつくと、次の語が大文字となる場合と小文字のままの場合がある。

Андре́й, ты взял свою́ до́лю?	アンドレイ、自分の分をとったか。
Не плачь, ми́лая моя́.	泣くんじゃないよ、いい子だから。（このような呼びかけは、日本語ではしない）
Увы́! Для таки́х игр я уже́ стар.	やれやれ、私はこんなゲームにはもう年だ。
Тьфу ты, опя́ть промахну́лся.	なんだお前、また失敗か。

間投詞については、Ⅱ-452「間投詞、擬声（態）語」を参照。

2．挿入語

挿入語は文外詞の一種にすぎないので、文法（文構造分析）のうえからは主要なものとはいえない。しかしロシア語の発信・受信能力向上の見地からはきわめて重要なものである。なぜなら話者の主観的表現のうち、相当部分がこれによっているからであり、外国人の必ずしも十分でない発信能力も、挿入語の有効利用によってかなりの程度補完されるからである。特に日本人のように婉曲な表現を好み、断定を避けたい心理をもつ者にとって、挿入語の習得は欠かせない（日本語としては不穏当なくらい直接的な表現を使うほうが、ロシア語では誤解のない意思疎通がはかれる、という側面もあるが）。

(1) 挿入語の分類

挿入語の意味による分類は文法書によって若干異なるが、下の表はソ連科学アカデミー文法書（1960年版）の8種分類をもとに、わかりやすさを求めて少々変更したものである。本来の状況語が挿入語として用いられる場合もあるので、分類はあくまでもめどであり、境界線も必ずしも明確ではない（特に5と6）。

① **内容の出所**	по-мо́ему「私の考えでは」、по *чьему́* мне́нию「～の意見では」、по *чьей* мы́сли「～の考えでは」、по *чьим* слова́м「～のことばによると」、с *чьей* то́чки зре́ния「～の視点からすると」、на *чей* взгляд「～の見方では」、по слу́хам「うわさでは」、по сообще́нию (све́дениям) *чего́*「～の報道によると」、по преда́нию「言い伝えによると」、говоря́т「～だそうだ」、как изве́стно「知られているとおり」、слы́шу「～だそうだ」など	Дела́ на́ши, по его́ слова́м, бы́ли в отли́чном состоя́нии.「私たちの件は、彼によると、うまくいっていた」、По мне́нию моего́ отца́, ско́ро насту́пят моро́зы「父の意見では、まもなく凍てつきがくる」、По сообще́нию телеви́дения, был пожа́р в го́роде N.「テレビの報道によれば、N市で火事があった」、В своё вре́мя он был, как изве́стно, бога́тым челове́ком.「周知のとおり、かつて彼は金持ちだった」
② **確実性**	коне́чно「もちろん」、несомне́нно「疑いなく」、безусло́вно「もちろん」、без сомне́ния「疑いなく」、бесспо́рно「ぜったい」、действи́тельно「本当に」、в са́мом де́ле「本当に」、разуме́ется「もちろ	Он, бесспо́рно, о́чень у́мный челове́к.「彼はたしかに鋭い人だ」、Коне́чно, он мо́жет быть прав.「もちろん、彼が正しいこともあり得る」、По всей вероя́тности, он ошиба́ется.「十中八九、彼は間違っている」、Она́, по су́ти де́ла, никогда́ не

	ん」、по всей веро́ятности「まず間違いなく」、пра́вда「たしかに」、по су́ти(де́ла)「実際には、事実上」、по существу́「実際には、事実上」、вполне́ есте́ственно「当然」など	занима́лась детьми́.「彼女は実際には子供たちのめんどうを見たことがなかった」
③ **不確実性、仮定**	мо́жет быть「～かもしれない」、ка́жется「～らしい」、пожа́луй「たぶん」、ви́дно「たぶん」、ви́димо「～らしい」、по-ви́димому「見たところ」、веро́ятно「おそらく」、возмо́жно「おそらく」、наве́рно(наве́рное)「おそらく」、должно́ быть「おそらく」、очеви́дно「たぶん」、ска́жем「たとえば」、предполо́жим「たとえば」など	Ка́жется, никогда́ ещё не́ было тако́го ве́тра.「こんな風は今までになかった気がする」、Он, наве́рное, не пойдёт в кино́.「彼はたぶん映画に行かない」、На э́том ве́чере ему́, должно́ быть, ве́село.「このパーティーで彼は楽しいはずだ」、Он, очеви́дно, сего́дня уже́ не придёт.「彼は今日たぶん来ないだろう」
④ **感情**	к сожале́нию「残念ながら」、к сча́стью「幸せなことに」、к несча́стью「不幸なことに」、к(моему́)удивле́нию「驚いたことに」、к доса́де「いまいましいことに」、по сча́стью「運よく」、на ра́дость「うれしいことに」、как(е́сли)хоти́те「どう思われようが」、чего́ до́брого「悪くすると」など	К несча́стью, она́ заболе́ла.「悪いことに彼女は病気になった」、К моему́ удивле́нию, брат переплы́л ре́ку туда́ и обра́тно, без о́тдыха.「驚いたことに弟は休むことなく川を泳いで往復した」、На на́шу ра́дость, в до́ме о́тдыха оказа́лось мно́го лыж и конько́в.「うれしいことに休息の家にはスキーとスケートがたくさんあった」、К огорче́нию роди́телей, сын вёл себя́ всё ху́же и ху́же.「両親が嘆くように、息子の素行はどんどん悪くなった」

⑤ 発言の整理	во-пе́рвых「第一に」、во-вторы́х「第二に」、пре́жде всего「まず」、сле́довательно「したがって」、зна́чит「つまり」、ита́к「そこで」、(одни́м) сло́вом「一言で言えば」、наконе́ц「要するに」、в конце́ концо́в「つまるところ」、ме́жду про́чим「それはそうと」、с одно́й стороны́「一方からすると」、с друго́й стороны́「他方では」、наприме́р「たとえば」、впро́чем「にもかかわらず」など	Жара́ заста́вила нас, наконе́ц, войти́ в дом.「私たちはとうとう暑さに負けて家へ入った」、Во-пе́рвых, я не знал об э́том, а во-вторы́х, я э́тим не интересу́юсь.「第一に私はこのことを知らないし、第二にこれに関心がない」、В конце́ концо́в, ты ничего́ конкре́тного не предлага́ешь.「要するに君は何も具体的なことを提案していない」、Я хоте́л бы, пре́жде всего́, поблагодари́ть хозя́ина за приглаше́ние.「私はまず主催者に、招待のお礼を申し上げたい」
⑥ 発言の性格づけおよび婉曲	таки́м о́бразом「こうして」、наоборо́т「逆に」、вообще́(в о́бщем)「まずは」、други́ми слова́ми「言い換えると」、коро́че говоря́「端的に」、в коне́чном счёте「つまるところ」、так сказа́ть「まぁ」、со́бственно говоря́「じつは」、говоря́ по пра́вде(че́стно)「本当のところ」、сказа́ть по секре́ту(по со́вести)「ここだけの話（正直に言えば）」、пря́мо(гру́бо)говоря́「率直に（おおざっぱに）言えば」、мя́гко говоря́「おだやかに言えば」、о́бразно говоря́「たとえて言えば」など	Я, наоборо́т, о́чень благода́рен ему́.「それどころか私は彼にとても感謝しています」、Мя́гко говоря́, он про́сто моше́нник.「控えめに言っても、彼はただの食わせ物だ」、Коро́че говоря́, я про́тив.「簡単に言えば私は反対だ」、О́бразно говоря́, пе́редо мной откры́лись «вра́та ра́я».「たとえれば、私の眼前に天国への門が開かれたようなものだ」

⑦ **相手の注意を引く（日本語訳は文脈による）**	пожáлуйста, знáете(ли)、(вы) вúдите ли、понимáете(ли)、вообразúте、представьте (себé)、послýшайте、éсли хотúте знать など	Не хóчется, знáете ли , вéрить в плохóе.「悪いことを信じたくはないのですよ」、Он, представьте, считáет себя гéнием.「彼は自分をなんと天才だと思っているのですよ」、Слýшай, я ничегó не бýду говорúть ей.「あのね、彼女には何も言わないからね」、Éсли хотúте знать, меня её постýпок удивúл.「本当のことを言うと、彼女の行為には驚いた」

⑵ 挿入語の問題点

上の挿入語（語結合）の中には、挿入語としてしか用いられないものがある。к сожалéнию, на рáдость, во-пéрвых, конéчно, напримéр, по-вúдимому, пожáлуйста などがそれである。

一方、述語または副詞として用いられるものも多数ある。その場合は当然コンマで区切られることはない。挿入語でないものは文の成分になって、話し手の考え方（文による表現構造）の中にしっかり組み込まれる。半ば主観的、情緒的に文（考え方）に、補足的につけ加えられる挿入語とは重みが異なるわけである。

Он, мóжет быть, придёт.	彼は来るかもしれない。（挿入語）
Он не мóжет быть здесь.	彼がここにいるはずはない。（述語）
Надéюсь, что онá вóвремя вернётся.	彼女が時間通りにもどることを期待している。（従属節をともなう述語）
Онá, надéюсь, вернётся вóвремя.	彼女が時間通りにもどるといいね。（挿入語）
Он, несомнéнно, завершúт рабóту.	彼はきっと仕事をやり遂げるだろう。（挿入語）
Он несомнéнно завершúт рабóту.	彼は確実に仕事をやり遂げる。（動作様態の状況語）

特に気をつけなければならないのは、挿入語として用いられる表現は、意味が弱まる点である。話し手が述語なり状況語としてきちんと表現する場合

と、自分の態度や評価を表すために補足的につけ加える場合では、語（結合）自体の意味まで変わってしまうことがある。上の表でдолжно́ бытьやочеви́дноが「確実性」ではなく「不確実性」の項目に入れられているのは、この理由による。

Но́вое зда́ние, должно́ быть, краси́вое.　新しいビルはたぶんきれいだろう。

Но́вое зда́ние должно́ быть краси́вым.　新しいビルはきれいでなければならない。

Вы, ве́рно, всё ему́ сказа́ли?　彼にはたぶんすべて話されたのでしょう？

Вы ве́рно всё ему́ сказа́ли.　彼には正確にすべて話されました。

Вы, очеви́дно, обеща́ли ему́ ко́нчить рефера́т до конца́ неде́ли.　週末までにレポートを終えると、彼におそらく約束なさったのでしょう。

Вы очеви́дно обеща́ли ему́ ко́нчить рефера́т до конца́ неде́ли.　週末までにレポートを終えると、彼に明白に約束されました。

(3) 挿入文

語または語結合でなく、文が挿入される場合もあり、挿入文（ввóдное предложе́ние）と呼ばれる。挿入語同様、文の内容に対する説明、追加としてつけ加えられ、ときとしてкак, и, а, е́слиなどの接続詞がつく。上の表の中にも、厳密に言えば文であるものもふくまれている（たとえば、говоря́т, ска́жем, вы зна́етеなど）。

Е́сли говори́ть (сказа́ть) пра́вду, я не е́здил туда́.　実を言うと私はあそこへは行っていない。

Как вы уже́ зна́ете, э́та пе́сня по́льзуется большо́й популя́рностью.　ご存知のとおり、この歌は大変な人気を博しています。

335. 同種成分（однорóдные члéны предложéния）

1．同種成分の種類

機能が同じ成分がふたつ以上ならんだものは**同種成分**（同位文肢）と呼ばれる。同種成分は並立接続詞またはコンマで結ばれる。ひとつの述語にふたつ以上の主語があるとき、またはひとつの主語にふたつ以上の述語があるとき、それぞれは同種成分であり、文がふたつ（以上）あることにはならない。

補語、状況語、定語などの二次成分もそれぞれ同種成分をもち得る。

同種成分の**主語**	На дáче жи́ли бáбушка, пáпа, мáма, брат и я.「別荘にはおばぁちゃん、パパ、ママ、弟と私が暮らしていた」
同種成分の**述語**	Кругóм бы́ло теплó и светлó.「あたりは明るく、あたたかかった」、Они́ разговáривали, пéли, шути́ли и смея́лись.「彼らはしゃべり、うたい、ふざけ、笑っていた」
同種成分の**二次成分**	На ры́нке продавáли и óвощи, и мя́со, и ры́бу.「市場では野菜も肉も魚も売っていた」（補語）、В садý цвели́ крáсные, жёлтые и бéлые цветы́*.「庭には赤や黄色や白い花が咲いていた」（一致定語）、В кóмнату вошёл молодóй человéк лет двадцати́.「はたちくらいの若い男が部屋に入ってきた」（一致定語と不一致定語）、Я рабóтал с увлечéнием, сосредотóченно и неторопли́во.「私は熱心に、集中して、急がずに仕事をした」（組成の異なる状況語）

* Он потеря́л нóвый крáсный карандáш.「彼は新しい赤鉛筆をなくした」のような場合は同種成分ではない（нóвый は крáсный карандáш にかかる）ので、コンマは打たれない。

2．同種成分と句読点

同種成分の間にコンマが打たれるのは次の場合である。

⑴ **接続詞がないとき**	Начала́сь зимá, вью́ги, снегопáды и ледянóй вéтер.「冬、ふぶき、雪そしていてつく風が始まった」、Он постарéл, похудéл, потеря́л жи́вость.「彼は年取り、やせ、生気を失った」

(2) **反意・対立**の並立接続詞の前	Он роди́лся в дере́вне, но вы́рос в го́роде.「彼は村で生まれたが、町で育った」、На конька́х я ката́юсь пло́хо, а на лы́жах ещё ху́же.「私はスケートがへただが、スキーはもっとへただ」
(3) **結合、選択**の並立接続詞**が繰り返される**とき	На пути́ корабля́ встреча́лись и подво́дные ка́мни, и ри́фы, и острова́.「船の航路には水面下の岩も、リーフも島も現れた」、Ни отца́, ни ма́тери он не по́мнил.「彼は父も母も覚えていない」
(4) **複合**の並立接続詞の、後半部の前	Как в города́х, так и в се́льской ме́стности стро́ятся но́вые жилы́е дома́.「町でも農村部でも新しい家が建設されている」、Не то́лько студе́нты, но и профессора́ уча́ствовали в соревнова́ниях.「学生だけでなく、教授たちも競争に参加した」

Ⅱ-441「並立接続詞」を参照。

3．同種成分と総括語

同種成分には、同じ成分である**総括語**（**обобща́ющие слова́**）がつくことがある。総括語になるのは代名詞 все「皆、あらゆる」、всё「すべて」、никто́「誰も～しない」、ничто́「何も～しない」などと、副詞 всю́ду「どこにでも」、везде́「いたるところに」、нигде́「どこにも～しない」、всегда́「いつも」、никогда́「けっして～しない」などである。

総括語が同種成分の前にくるときにはうしろにコロン「：」が、うしろにくるときには前にダッシュ「—」がおかれる。総括語のあとに列挙された同種成分によって文が終わらないときには、そのあとにさらにダッシュ「—」がおかれる。

В челове́ке должно́ быть всё прекра́сно : и лицо́, и оде́жда, и душа́, и мы́сли. 人間はすべてが美しくなければいけません。顔も衣服も心も信念も。

Ничего́ не ви́дно : ни не́ба, ни гор, ни скал. 空も、山々も、岩肌も何も見えない。

Над на́ми, вокру́г нас — всю́ду тума́н. 頭上も、周囲も至るところ霧だ。

Ни в магази́не, ни в кио́ске, ни у това́рищей — нигде́ я не нашёл ну́жной мне ве́щи. 店にも、露店にも、友人のところにも、どこにも必要なものは見つからなかった。

336. 孤立成分（обосóбленные члéны предложéния）

状況語、定語、付語が文中の他の成分から、コンマまたはダッシュ「—」で分離されることがある（口頭では間とイントネーションによる）。これを**孤立成分**と呼ぶ。孤立成分はふつうの定語または状況語より独立性が強くなるため、ある程度従属節のような感じとなり、孤立していない成分にはない意味合いが加わる。

Онá дóлго стоя́ла в фойé, разговáривая со знакóмыми.　彼女は知り合いとしゃべりながら長いことロビーに立っていた。(孤立状況語)

За двéрью стоя́ла скрóмная дéвушка, лет двадцатú, высóкая и красúвая.　ドアの外に立っていたのはつつましやかな女性で、20歳くらいの、背の高い、きれいな人だった。(孤立定語)

Егó дя́дя, извéстный врач, живёт в э́том райóне.　彼のおじさんは、有名な医師なのだが、この地区に住んでいる。(孤立付語)

1．孤立状況語（обосóбленное обстоя́тельство）

孤立状況語には次のようなものがある。

⑴ **副動詞句** ただし、単独の副動詞句（動作様態の状況語）が文末にあるときまたは副詞化した副動詞は孤立しない	Замéтив нáше приближéние, собáки залáяли.「私達が近づいたのに気がついて、犬がほえ始めた」 Все мóлча слýшали, чтó он говорúл.「彼が言うことを皆黙って聞いていた」、Хозя́ин встрéтил меня́ улыбáясь.「主人はほほえみながら私を出迎えた」
⑵ **譲歩の前置詞** несмотря́ на「～にもかかわらず」при「～にもかかわらず」、вопрекú「～に反して」などに導かれる状況語*	Несмотря́ на все моú старáния, я никáк не мог заснýть.「懸命に努力したのに、私はどうしても寝つけなかった」、При всём моём горя́чем желáнии, я ничéм не могý вам помóчь.「本当にそうしたいのですが、どうしてもお手伝いはできません」、Вопрекú предсказáнию моегó спýтника, погóда изменúлась.「同行者の予言に反して天気は変わった」

* この孤立状況語は、譲歩の従属節に言い換えることができる。Хотя́ óчень старáлся, я никáк не мог заснýть.

(3) **以下の前置詞**に導かれる状況語は孤立することもある。благодаря́「～のおかげで」、всле́дствие「～の結果」、согла́сно「～にしたがって」、в слу́чае「～の場合」	Благодаря́ прекра́сному преподава́телю му́зыки, де́вочка ста́ла лу́чше игра́ть.「すばらしい音楽教師のおかげで、少女は演奏が上達した」、В слу́чае не я́вки к сро́ку, вы бу́дете уво́лены.「期限までに来なければ、あなたはクビだ」、Всле́дствие непрекра-ща́ющихся дожде́й, с отдалёнными дере́внями нет свя́зи.「降りやまぬ長雨のせいで、遠くの村々と連絡がとれない」
(4) **時と場所の状況語**に続いてそれ**を明確化するもの**	Ве́чером, по́сле у́жина, мы сиде́ли и смотре́ли телеви́зор.「夜、夕食のあと私たちはすわってテレビを見た」、Все тури́сты хотя́т сфотографи́роваться в Москве́, на Кра́сной пло́щади.「旅行者は皆モスクワで、赤の広場で写真をとってもらおうとする」

2. 孤立定語（обосо́бленное определе́ние）

孤立定語には次のようなものがある。

(1) **代名詞につく定語**	Изму́ченные, гря́зные, мо́крые, мы дости́гли, наконе́ц, бе́рега.「疲れはて、汚れ、びしょぬれになって私たちはやっと岸にたどり着いた」、Не́сколько успоко́енный, я отпра́вился к себе́ на кварти́ру.「ちょっと落ち着いたので、私は自分のアパートに向かった」
(2) **形動詞句**	Э́то была́ очарова́тельная же́нщина, привы́кшая к аристократи́ческой жи́зни.「それは貴族的な暮らしに慣れた、魅力的な女性だった」、На вы́ставке я ви́дел кувши́н, на́йденный в разва́линах дре́внего жили́ща.「展覧会で私は古代の住居跡で見つかった水さしを見た」

(3) **被限定語の前におかれる、理由・譲歩の状況語の意味もつ形動詞句**	Ху́денький и бле́дный, ма́льчик каза́лся сла́бым и боле́зненным.「やせて青白かったので、少年は虚弱で病気に見えた」、Всегда́ споко́йная, сестра́ сего́дня волнова́лась.「いつもは平静なのに、今日姉は興奮していた」
(4) **補語をもつ形容詞**は孤立し得る	Бе́лые облака́, похо́жие на бара́шков, ме́дленно плы́ли по не́бу.「子羊に似た白い雲が空をゆっくり動いていた」、По терра́се, мо́крой от дождя́, осторо́жно шла ко́шка.「雨でぬれたテラスを猫が用心深く歩いていた」、Поля́, бе́лые от сне́га, тяну́лись до са́мого горизо́нта.「雪で白い原野が水平線まで続いていた」、Я иду́ по тропи́нке, давно́ мне знако́мой.「私は、前からよく知っている小道を歩いている」
(5) **被限定語のあとにおかれる2つ以上の形容詞**	Тропи́нка, у́зкая и изви́листая, привела́ нас к реке́.「私たちが狭く、曲がりくねった小道に沿って行くと川に出た」、За на́шими да́чами начина́лся спуск к реке́, круто́й и обры́вистый.「私たちの別荘の裏手で、川に下る急でけわしい坂が始まっていた」
(6) **被限定語との間に他の成分がある定語**	Не́сколько раз, таи́нственный и одино́кий, появля́лся на горизо́нте мяте́жный бронено́сец.「何回か、なぞに包まれた孤高の反乱戦艦が水平線上に現れた」

表の(3)は、孤立によって意味が強化され、変わってしまう典型例である。その他の例でも、このような文型を作ることによって、話し手（書き手）は単なる定語ではなく、状況語的な意味合い（動作様態、理由、譲歩など）をこめようとする場合が多い。

3．孤立付語（обосо́бленное приложе́ние）

孤立付語には次のようなものがある。

(1) **普通名詞**または**代名詞**につく、**補助語をもつ付語**	Дверь откры́ла де́вочка лет двена́дцати, мла́дшая дочь хозя́ина.「ドアをあけたのは、12歳くらいの少女で、そこの主人の末娘だった」、Всю доро́гу я разгова́ривал с мои́м спу́тником, о́чень интере́сным собесе́дником.「道中ずっと私はとても愉快な話し相手である同行者としゃべっていた」
(2) **固有名詞のあとにつく、補助語をもつ付語**（前でも孤立になり得る）	И́мя Толсто́го, вели́кого ру́сского писа́теля, широко́ изве́стно во всём ми́ре.「偉大なロシア作家であるトルストイの名は全世界に知られている」、Он ходи́л к Леони́ду Ива́новичу, старику́-пенсионе́ру.「彼は年老いた年金生活者のレオニード・イヴァーノヴィチのところへ通っていた」、Мари́я Петро́вна, её мать, родила́сь в го́роде Новосиби́рске.「彼女の母親マリヤ・ペトローヴナはノヴォシビルスクで生まれた」
(3) **人名のあとにつく役職などの付語**	Я бесе́довал с Мари́ной Влади́мировной, секретарём.「私は秘書のマリーナ・ヴラジーミロヴナと話をしていた」、Вале́рий Па́влович, врач, не согласи́лся.「医者のヴァレーリィ・パーヴロヴィチは賛成しなかった」
(4) **代名詞につく付語**	Я, полко́вник, до́лжен исполня́ть приказа́ние генера́ла.「私は大佐だから、将軍の命令を果たさなければならない」、Для нас, охо́тников, осо́бую пре́лесть име́ют бесе́ды у ночно́го костра́.「私たちハンターにとって、格別に魅力があるのは、夜の焚き火の前でのおしゃべりである」
(5) **то есть**（および同義の и́ли）のつく**付語**	Пе́ред на́ми бы́ло о́зеро, и́ли пруд.「目の前には湖というか、池があった」

400. 複文の構成

410. 概説

ふたつ以上の単文が、何らかの意味で結びついてひとつの文の形状をなしているものが**複文**（**сло́жное предложе́ние**）と呼ばれる。複文を構成する単文を本書では節と呼ぶ（ロシア語では通常これらを区別せず、どちらにも предложе́ние を使う）。

複文には**並立複文**（**сло̀жносочинённые предложе́ния**）と**従属複文**（**сло̀жноподчинённые предложе́ния**）の２種類がある。並立複文では個々の単文が独立し、対等に結合されているが、従属複文ではいずれかの単文が主なもの（**主節**（**гла́вное предложе́ние**））となり、その他の単文はそれに従属し（**従属節**（**прида́точное предложе́ние**））、従属節全体として主節のいずれかの成分になっている。

主節と従属節の関係は１対１とは限らず、ひとつの従属節のいずれかの成分にさらに従属節がついて、いわば直列的に長くなっていくもの、主節のひとつの成分にいくつもの従属節がついて、いわば並列的な構造になるもの（文は一元的でしかあり得ないので、やはり長くなる）、その両方が混在するものなどがある。

В сосе́дней кварти́ре жил оди́н стари́к, сын кото́рого рабо́тал на заво́де, нахо-ди́вшемся в моём родно́м го́роде.　となりの住居にある老人が住んでいた。その息子は私の故郷の町の工場に勤めていた。（直列型）

Она́ пи́шет, что живёт в университе́тском общежи́тии, что учёба идёт норма́льно и что дру́жит со студе́нткой из Герма́нии.　彼女は大学の寮に住み、学業は順調で、ドイツから来た女子学生と仲良くしている、と書いている。（並列型）

節は通常接続詞（接続語）によって結合されるが、接続詞なしの句読点（「,」「：」「；」など）で結合される場合も、接続詞の意味を補足し、具体化する副詞などがつけ加えられることもある（425「句読点、その他」参照）。

420. 並立複文と従属複文

421. 並立複文（сло̀жносочинённое предложе́ние）

1．接続詞のない並立複文

個々の単文が接続詞なしにならび、各種の句読点（口頭の場合は間およびイントネーション）によって区切られる。接続詞のない並立複文は、次のように分類できる。後続 425 の 1「句読点の用法」参照。

(1) 各単文が**同時に起こる事象**を表す（動詞は不完了体）	Зака́т уже́ на́чал темне́ть, кое-где́ на не́бе зажгли́сь пе́рвые звёзды.「夕焼けはもう暗くなり始め、空のそこかしこでは先駆けの星々が光りだした」、Собира́лась гроза́, ни́зко над землёй лета́ли ла́сточки, где́-то вдалеке́ греме́л гром.「雷雨が近づき、つばめが地表低く飛び、どこか遠くで雷鳴がとどろいていた」
(2) 後続の単文が最初の単文に**続く事象**を表す（動詞は完了体）	Вью́га ко́нчилась, вы́глянуло со́лнце, снег засверка́л мириа́дами алма́зов.「吹雪が終わり、太陽が顔を出し、雪が無数のダイアモンドのように輝いた」、Хлы́нул тёплый ию́ньский дождь — все побежа́ли под наве́с.「あたたかい 6 月の雨がざっと降りだすと、皆軒の下に駆け込んだ」
(3) 各単文が**対比**を表す	Ле́том живём на да́че, зимо́й — в го́роде.「夏は別荘に、冬は町に住む」、У́тром на нём лица́ не́ было — сейча́с вы́глядит молодцо́м.「朝彼は顔色がなかったが、今は生き生きとしている」
(4) 後続の単文が最初の単文の**原因**を表す	Дире́ктор был дово́лен — всё шло норма́льно.「所長は満足だった、すべて順調だったから」、Он не хоте́л е́хать, сно́ва бу́дет бессо́нная ночь, тря́ска, боль во всём те́ле.「彼は行きたくなかった。また眠れない夜、揺れ、節々の痛みになるのだ」

(5) 後続の単文が最初の単文の**説明**を表す	Случи́лось непредви́денное : шасси́ самолёта заклини́ло. 「予期せぬことが起こった。飛行機の脚が出なかったのだ」、Мои́ опасе́ния бы́ли напра́сными : но́вый дире́ктор оказа́лся миле́йшим челове́ком. 「私の危惧は不要だった。新しい所長はとてもよいひとだった」
(6) 最初の単文が後続の単文の**条件**を表す	Бу́дешь чита́ть в темноте́ — испо́ртишь зре́ние. 「暗いところで読むと目を悪くするよ」、Дождь ко́нчится — вот тогда́ мо́жно идти́ гуля́ть. 「雨がやんだら、そうしたら遊びに出かけられる」

2. 接続詞をともなう並立複文

並立複文を構成する主な接続詞は、次のように分類できる。Ⅱ-441「並立接続詞」を参照。

(1) **結合**	
и	
同時性	Над на́ми сия́ло со́лнце, и плы́ли облака́. 「頭上には太陽が輝き、雲がただよっていた」
連続性	Прошло́ о́коло ча́са, и ого́нь пога́с. 「約1時間たつと明かりが消えた」、Не́бо начина́ло темне́ть, и загора́лись звёзды. 「空が暗くなり始めると、星が光りだした」
原因・結果	Ста́ло хо́лодно, и мы поспеши́ли домо́й. 「寒くなり始めたので、家路を急いだ」、Шёл дождь, дул неприя́тный сыро́й ве́тер, и мне не хоте́лось выходи́ть из до́ма. 「雨が降り、不快な湿った風が吹いていたので、外へ出たくなかった」
да	Я там чуть у́мер с го́лоду, да ещё вдоба́вок меня́ хоте́ли утопи́ть. 「私はそこで飢え死にしそうになり、しかもそれどころかおぼれさせられそうになった」
ни ..., ни	Ни я не звони́л ей, ни она́ не стара́лась возобнови́ть знако́мство. 「私も電話をしなかったし、彼女も交際を再開しようとしなかった」

(2) 反意、対立	
но	На другóй день погóда былá хорóшая, но лы́жные соревновáния опя́ть не состоя́лись.「翌日は天気がよかったが、スキー競技はやはりおこなわれなかった」
а	Днём бы́ло жáрко, а нóчью был морóз.「日中は暑かったが、夜中は凍てついた」
же	Прéжде в грýстные минýты он успокáивал себя́ вся́кими рассуждéниями, тепéрь же емý бы́ло не до рассуждéний.「以前ゆううつなときに彼はいろいろな考察をして自分を落ち着かせたが、いまや考察どころではなかった。」
да	Мнóго други́х примéров мне в гóлову прихóдит, да всегó не перескáжешь.「他の例が多数頭に思い浮かんでくるが、その全部を話すことはできない」
однáко	Погóда былá плохáя, однáко мы реши́ли продолжáть похóд.「天候は悪かったが、前進を続けることにした」
(3) 選択、区別	
и́ли	Нужны́ ли они́, и́ли нет — не нам решáть.「それらが必要か否か、私たちが決めることではない」
ли́бо	Нам придётся ли́бо согласи́ться с ним, ли́бо разорвáть контрáкт.「私たちは彼に賛成するか、契約を破棄するかしなければならなくなる」
то ... , то	То скри́пнет дверь, то вдруг залáет собáка.「ドアがきしんだかと思えば、とつぜん犬がほえ出した」
не то ... , не то	Он произнёс послéдние словá кáк-то стрáнно: не то он зави́довал ей, не то жалéл её.「彼が最後に発したことばはどこか妙だった。彼女をうらやんでいたようであり、あわれんでいたようでもあった」

次に示すのは и, но, а の典型的な用法だが、а は対立を表す場合と、単なる対比を表す場合とがあり、и と но のいわば中間に位置するので、どちらかにおきかえられる場合も少なくない。

Э́та река́ широ́кая,	и переплы́ть её тру́дно.	→ので、泳ぎ渡るのはむずかしい。
この川は広い→	но переплы́ть её легко́.	→が、泳ぎ渡るのはやさしい。
	а та река́ у́зкая.	→（広く）、あの川はせまい。

Мой брат живёт в це́нтре го́рода.「兄は町の中心に住んでいる」Я живу́ на окра́ине.「私は町はずれに住んでいる」の 2 文をつなぐ接続詞は、а が最も常識的だが、но にすると話し手が対比でなく、反対のことを言っている感じになり、и にすると単なる二つの事象を並列させて言っていることになる。

422. 従属複文 (1) 主語的従属節と述語的従属節

1. 従属節の種類

従属節（**сло̀жноподчинённые прида́точные предложе́ния**）は、主節のひとつの成分が文の形をとったものである。したがって従属節は次の5種類に分類される。

① 主語的従属節　（прида́точные подлежа́щие）
② 述語的従属節　（прида́точные сказу́емые）
③ 補語的従属節　（прида́точные дополни́тельные）
④ 状況語的従属節（прида́точные обстоя́тельственные）
⑤ 定語的従属節　（прида́точные определи́тельные）

従属節と主節の間には常にコンマ（ときにダッシュ）がおかれる。従属節は、その機能や文脈により、主節の前、中間、あとにおかれる。

従属節がいずれの役を果たしているかについては、疑問詞を設定してみるとわかりやすい。

1) Я зна́ю, где он живёт.	Что (я зна́ю)?	何を（補語）
2) Кто не рабо́тает, тот не ест.	Кто (не ест)?	誰が（主語）
3) Я тот, кого́ вы ждёте.	Кто (я)?	誰か（述語）
4) Я спал, когда́ он пришёл.	Когда́ (я спал)?	いつ（状況語）
5) На берегу́ стои́т дом, в кото́ром я жил.	Како́й (дом)?	どんな（定語）

1)、4)、5) のように、従属節が主節に直結している場合と、2)、3) のように代名詞（または代名詞的副詞）による指示語が存在する場合がある。指示語があっても（たとえば、4にтогда́が入っても）この関係は変わらない。ただしそれが名詞であれば、独立した文の成分になるので、関係が変わってくる。たとえば、1）が Я зна́ю ме́сто, где он живёт. ならば、где 以下の従属節は定語的（Како́е (ме́сто)? に答える）になる。

2. 接続詞（сою́з）と接続語（сою́зные слова́）

従属節は、次の接続詞と接続語によって導かれ、主節と結びつけられる。

① 従属接続詞：что, что́бы, е́сли など
② 疑問代名詞・疑問副詞の接続語：кто, что, как, когда́, где など
③ 関係代名詞、関係副詞の接続語：кото́рый, како́й, что, когда́, где など

ここで②と③の接続語は、従属節を主節と結びつけると同時に、従属節の

一成分となるものである。なお、接続詞 что および как については、Ⅱ-442「что の用法」、同 443「как の用法」を参照。

3．主語的従属節

主節の主語の役目を果たす従属節。用いられる接続語は、補語的従属節の場合と同じだが、主語的従属節の用法はそれほど多くない。

Кто и́щет, тот всегда́ найдёт.	求める者はつねに見つける。
Ка́ждый, кому́ нужны́ зна́ния, до́лжен учи́ться.	知識を必要とする者は、誰もが学ばなければならない。
В коридо́ре бы́ли все, кто ещё не сдал экза́мен*.	廊下にはまだ試験に受からなかった者が全員いた。
Есте́ственно, что ка́ждый до́лжен отвеча́ть за свои́ посту́пки.	各人が自分の行動に責任をもたねばならないのは当然だ。
Ви́дно бы́ло, что и ба́бушка, и мать зна́ют об э́том давно́.	祖母も母もこのことを以前から知っていることが明らかだった。

* ロシアでは試験は原則としてすべて口頭試問なので、廊下で順番待ちをするのがふつうである。合格できなかったものは後日再試験を受けるので、その指示のためにまた廊下で待つ。

最初の 3 文には指示語となる代名詞（独立の成分ではなく、接続詞によって導かれる従属節と一体をなすものと考える）があるが、最後の 2 文では、従属節が、主節にはない主語の役を果たしている。述語副詞および類似の無人称動詞の表す意味の内容を示しているのである。

Неизве́стно,	わからない（不明である）。
что́ ещё ему́ ну́жно от нас.	何が彼には私たちからこれ以上必要なのか、
каки́м инструме́нтом он по́льзовался.	どんな道具を彼が使ったのか、
пое́дет ли она́ в го́род.	彼女が町へ行くかどうか、
ско́лько вре́мени ещё нам придётся ждать.	さらにどれだけ私たちは待たなければならないか、
почему́ она́ верну́лась.	なぜ彼女がもどったのか、
чья маши́на стои́т там.	誰の車が止めてあるのか、
когда́ начнётся спекта́кль.	芝居がいつ始まるのか、
где он рабо́тает.	彼がどこで働いているのか、

4．述語的従属節

主節の合成名辞述語になっている代名詞（指示語）を説明する従属節で、接続詞、関係代名詞によって導かれる。述語的従属節の用例はそれほど多くない。

Оши́бки в рабо́те таки́е, что тру́дно их испра́вить. — その作業での誤りは、修正困難なものだ。

Э́то бы́ло всё, к чему́ он стреми́лся. — これが、彼が努力した対象すべてだ。

Тепе́рь Генна́дий уже́ совсе́м не тот, каки́м был в пре́жние го́ды. — ゲナージーは、今やまったく以前の彼ではない。

Тепе́рь он стал тем, кем мечта́л стать в ю́ности. — 今、彼は若いころ夢見ていたものになった。

423. 従属複文（2）補語的従属節と定語的従属節

1. 補語的従属節

主節の述語（場合によると述語以外の成分である動詞、形容詞）の補語の役を果たすのが補語的従属節である。補語的従属節を主節に結びつけるのは、以下の3種類の接続語である。

(1) 従属接続詞 что, чтóбы, бýдто, ли など*	Мать былá óчень довóльна, что сын приéхал на прáздники домóй.「息子が祝日に帰ってきたので母は大変満足した」、Преподавáтель вы́разил надéжду на то, что мы бы́стро овладéем рýсским языкóм.「私たちが早くロシア語をマスターするよう、先生は期待を述べた」、Отéц хотéл, чтóбы я скорée нáчал рабóтать.「私が早く働き始めるよう、父は望んだ」、Онá говорúт, бýдто готóва вы́йти зáмуж за Николáя.「ニコライと結婚する気があるかのようなことを彼女は言う」、Я хочý узнáть, возьмýт ли меня́ в фúрму.「会社が採用してくれるのか知りたい」
(2) 疑問代名詞、疑問副詞 кто, что, как, когдá, где など*	Так я и не узнáл, кудá уéхала Светлáна.「スヴェトラーナがどこへ去ったのか、私は知らずじまいだった」、Он напóмнил мне, какóй план мы с ним намéтили .「私と彼がどんな計画をたてたのか、彼は私に思い出させた」、Старúк не срáзу пóнял, в чём дéло.「なにごとなのか、老人はすぐには理解できなかった」、Он пóднял гóлову и увúдел, как в откры́тые ворóта въезжáла колóнна машúн.「彼が頭を上げると、車列が開いた門を入ってくるのが目に入った」
(3) 関係代名詞、関係副詞 что, какóй, котóрый, когдá, где など（то, тогдá, там などの指示語が先行詞となっている場合）	Онá рассказáла всё, что с ней случúлось.「彼女は身の上に起こったことを全部話した」、Он смóтрит тудá, где вдалú поднимáется пыль.「彼はほこりが上がっている遠くのほうに目を向けている」

* ли は疑問詞ではなく、接続詞なので(1)に分類されるが、間接疑問文なので、意味的にはむしろ次の(2)に入れるべきであろう。

疑問詞のある疑問文を間接疑問文にするときには、疑問詞がそのまま接続語となるが、疑問詞のない疑問文の場合は ли を用いる。

Где вы живёте? → Я зна́ю, где вы живёте. 「あなたがどこにお住いか知っています」

Вы живёте в го́роде? → Он спроси́л, живу́ ли я в го́роде. 「街なかに住んでいるのか、と彼はきいている」

こうしてできた間接疑問は補語的従属節となる。

боя́ться「おそれる」、беспоко́иться「心配する」などの動詞には、その内容を示す従属節がつくが（接続詞 что に導かれ、動詞は完了体未来）、おそれなどの感情が強く出る場合には接続詞は как бы … не（что́бы … не）となり、仮定法となる。この場合の не は接続詞の一部にすぎず、否定の意味ではない。また動詞が否定されている場合には（не боя́ться）、この形は用いられない。

Я боя́лся, что сын заболе́ет.	息子が病気になるのをおそれた。
Я боя́лся, как бы сын не заболе́л.	息子が病気になりはしないかと心配だった。
Я боя́лся, что́бы сын не заболе́л.	（同上）
Я не боя́лся, что сын заболе́ет.	息子が病気になるのをおそれなかった。
Он о́чень беспоко́ился, как бы не опозда́ть.	彼は遅れはしないかととても心配した。
Та́ня опаса́лась, как бы хозя́ин не заме́тил её отсу́тствие.	ターニャは自分がいないことに主人が気づきはしまいかと恐れた。

2．定語的従属節

主節の中の名詞（名詞に準じる語）に対して定語の役をする従属節である。定語的従属節は、それを導く接続詞（語）により、次のように分類することができる。関係代名詞に関してはⅡ-234「関係代名詞」、関係副詞に関してはⅡ-422「代名詞的副詞」を参照。ただし、形態論として関係詞を扱う第Ⅱ部と違い、ここは統語論の定語的従属節なので、これに該当しないものは扱わない。たとえば、単独の（定語ではない）指示語 то（тот）や всё（все）などを受ける関係代名詞 что や кто は、すでに述べたように主語、述語、補語的従属節である。

⑴ **関係代名詞** кото́рый, како́й, чей	Тури́сты приближа́лись к дере́вне, в кото́рой должны́ бы́ли останови́ться.「旅人たちは、自分たちが泊まらなければならない村へ近づいていた」、Стол, за кото́рым сиде́л ма́льчик, был сли́шком высо́к для него́.「少年は机に向かっていたが、それは彼には高すぎた」、Молода́я актри́са име́ла тако́й успе́х, како́го не по́мнят жи́тели э́того го́рода.「若い女優は、その町の人々が記憶にないほどの成功をおさめた」、Преподава́тель предложи́л студе́нтам заня́ться интере́сной пробле́мой, реше́ние кото́рой тре́бует больши́х зна́ний.「先生は学生たちにおもしろい問題に取り組むよう勧めたが、その問題の解決には大量の知識が必要だった」、Писа́тель, чьи произведе́ния те́сно свя́заны с жи́знью, всегда́ полу́чит призна́ние наро́да.「その作品が人生と深く結びついているような作家は常に国民に認められる」
⑵ **関係副詞** когда́, где, куда́, отку́да など	Они́ сиде́ли в том саду́, где когда́-то впервы́е встре́тились.「彼らはかつてはじめて会った公園にいた」、Городо́к, куда́ мы приезжа́ли ка́ждое ле́то, был располо́жен на берегу́ Во́лги.「私たちが毎夏行く町はヴォルガ河畔にあった」、В дождли́вые осе́нние но́чи, когда́ опада́ли мо́крые жёлтые ли́стья, в э́том па́рке бы́ло пу́сто.「湿った黄色い落ち葉が散る秋の雨の夜半に、この公園には人がいなかった」、Ка́ждое у́тро мы взбира́лись на холм, отку́да хорошо́ была́ видна́ доро́га.「毎朝私たちは、道がよく見える丘に登った」

(3) **接続詞** что など	Ве́тер дул с <u>тако́й</u> си́лой, <u>что</u> стоя́ть на нога́х бы́ло почти́ невозмо́жно.「風はすごい力で吹いたので、ほとんど立っていられないほどだった」、Ну́жно <u>таку́ю</u> жизнь стро́ить, <u>что́бы</u> в ней всем бы́ло просто́рно.「誰もがのびのびとできるような生活を築かなければならない」、Говори́л он уве́ренно и <u>таки́м</u> то́ном, <u>как бу́дто</u> я спо́рил с ним.「彼は自信満々で、まるで私が彼と議論をしているかのよう調子で話した」

上記１「補語的従属節」の末尾で述べた、как бы … не（что́бы … не）が用いられる文が主文の動詞ではなく、名詞（страх「恐怖」、опасе́ние「危惧」、боя́знь「おそれ」など）にかかるのなら、それは定語的従属文である。

У сестры́ возни́кло опасе́ние, как бы я не уе́хал до её возвраще́ния. 妹は、私が彼女の帰宅前に去ってしまうのではないかと心配した。

424. 従属複文 (3) 状況語的従属節

　状況語的従属節の種類は多い。状況語としての意味による分類は単文の場合と変わらないが、その形態や接続詞（語）の用法などが多種多様なのである。ここでは状況語の意味分類にしたがって、状況語的従属節を分析する。従属接続詞の大半はчтоまたはкакをふくむ2語以上からなる複合接続詞である。単独の接続詞 что および как に関してはⅡ-442「что の用法」、同443「как の用法」を参照。

　状況語的従属節を、従属接続詞の意味にしたがって分類すると以下のようになる。単文における状況語の種類とほぼ重なり合う。なお、接続語には和訳をつけきれないので、省略した。

1. 時を表すもの

> едва́; едва́ ... , как; едва́ то́лько, как то́лько, как, когда́, лишь, лишь то́лько, ме́жду тем как, по ме́ре того́ как*, по́сле того́ как*, с тех пор как*, пока́, пока́ не, пока́мест, пре́жде чем, ра́ньше чем, то́лько, то́лько как, то́лько что, чуть

*印のついたものは、主節と従属節に二分されることのほうが多い（たとえば、по ме́ре того́ は主節に直結し、コンマを打ってから как に導かれる従属節がくる）。

　時を表す接続語のほとんどが本来は副詞である。

Едва́ проснувшись, Нико́ленька бежа́л к своему́ по́ни.	目が覚めるや否や、ニコーレンカは自分の子馬のところへ飛んでいった。
По ме́ре того́, как тури́сты углубля́лись в лес, станови́лось темне́е.	旅行者たちが森の奥へ入り込むにしたがって、暗くなっていった。
Пока́ шли экза́мены, о развлече́ниях пришло́сь забы́ть.	試験期間中は娯楽のことを忘れなければならなかった。
Пре́жде чем сесть за рабо́ту, он выку́ривал сига́ру.	仕事を始める前に彼は葉巻を吸うのだった。

　接続詞 пока́ は「～する間」を示す。従属節の動詞は不完了体（主節の動詞は意味により、完了体でもあり得る）。接続詞 пока́ не は「～するまで」意味であり、従属節の動詞は完了体となる。この не は合成接続語の一部であり、否定ではない[27]。

---

[27] 日本語でも「商品を全部積み替えないうちは」、「雨がやまないうちは」などのように、否定形で同じ意味を表現することは可能であり、よりよく対応する。

Поќа э́то происходи́ло, все стоя́ли, как ско́ванные.

このことが起こっている間、皆凍りついたように立ちすくんでいた。

Пока́ жена́ гото́вила за́втрак, он вы́шел в огоро́д.

妻が朝飯を作っている間、彼は菜園へ出た。

Пока́ не перегрузи́ли весь това́р, лю́ди рабо́тали без о́тдыха.

商品を全部積み替えるまで、人々は休みなしに働いた。

Мы стоя́ли под де́ревом, пока́ шёл дождь.

雨が降っている間、私たちは木の下に立っていた。

Мы стоя́ли под де́ревом, пока́ не ко́нчился дождь.

雨がやむまで、私たちは木の下に立っていた。

Пока́ он сиде́л, никто́ не замеча́л его́ огро́много ро́ста.

彼がすわっている間は、誰もそのすごい身長に気づかなかった。

Пока́ он не встал, никто́ не замеча́л его́ огро́много ро́ста.

彼が立つまで、誰もそのすごい身長に気づかなかった。

2．動作様態を表すもの（比較、程度などをふくむ）

(так)… как(как бы), бу́дто(бу́дто бы), как бу́дто(как бу́дто бы), сло́вно как, подо́бно тому́ как, то́чно, равно́ как, так… , что; тако́й… , что; до того́… , что

§動作様態を表す従属節を導く接続語の代表的なものは、動作・状態の類似・一致または比較を表すкак「〜のように」である。бу́дто「あたかも」、сло́вно「まるで」、то́чно「ちょうど」、подо́бно「〜に似て」などの副詞がこれを補う。仮想の意味が加わるときはбыをつける。Ⅱ-443「какの用法」を参照。

§ так… , что; тако́й… , что のような、что をふくむ複合的接続語の意味は、主節中の副詞（状況語）、形容詞（定語）を、まずтакまたはтако́йと表現し、その内容を以下の従属文で述べる形である。ちょうど動作様態と原因・結果の表現を兼ねたような意味であり、日本語にすると文脈次第で「〜するほど…だ」または「とても…なので〜した」となる。Ⅱ-442「чтоの用法」を参照。

Как в ста́рые, до́брые времена́, все собрали́сь вокру́г большо́го самова́ра.

古きよき時代のように、皆は大きなサモワールのまわりに集まった。

Ни оди́н вопро́с не интересу́ет меня́ так, как э́тот.

他のどれも、この問題ほど私の興味はひかない。

Говоря́т, бу́дто бы он был два́жды жена́т.	彼は再婚だったかのように言われる。
На́шу ре́чку, то́чно в ска́зке, за́ ночь вы́мостил моро́з.	まるでおとぎ噺(ばなし)のように、一晩の寒さでそばの小川に氷がはりつめた。
По́сле ёлки де́ти так уста́ли, что сра́зу же усну́ли.	ヨルカ祭りで子供たちはすっかり疲れてしまい、すぐ寝ついた。
Он чу́вствовал себя́ так пло́хо, что не мог встать с посте́ли.	彼はベッドから立ち上がれないほど気分が悪かった。
Ве́тер был тако́й, что веко́вые дере́вья выдира́л с ко́рнем.	風は老木を何本も根こそぎ引き抜いたほどだった。

動作様態を表す状況語に似たものとして、程度（どれだけ、どの程度）を表す状況語がある。сто́лько, столь, насто́лько, так, до того́ などの程度を表す指示語がつく。接続詞は как, что, что́бы, ско́лько, наско́лько などである。

同じく、動作様態を表す状況語に似たものとして、比較を表す状況語的従属節がある。比較される成分しか示されないことが多いが、これは本来接続詞 чем に導かれる従属節である。

主節・従属節の両方に形容詞（副詞）の比較級が用いられる чем… , тем… 「～すればするほど（～であればあるほど）…になる（…である）」という接続詞もある。

Вы мо́жете взять сто́лько де́нег, ско́лько пона́добится на неде́лю.	１週間に必要なだけの資金を取ってよろしい。
На маши́ну се́ло сто́лько челове́к, ско́лько могло́ помести́ться.	車には乗れるだけが乗り込んだ。
Мы до того́ уста́ли, что не могли́ дви́нуться с ме́ста.	私たちは一歩も動けないほど疲れていた。
Сего́дня на у́лице холодне́е и су́ше, чем вчера́ (бы́ло хо́лодно и су́хо).	今日表はきのうより寒く、乾燥している。
Я сде́лал всё ина́че, чем он[28].	私はすべて彼とは違う風にやった。
Чем слабе́е ве́тер, тем ле́гче перено́сится моро́з.	風が少ないほど、厳寒はしのぎやすい。
Чем бо́льше Га́ля наблюда́ла за э́тим челове́ком, тем бо́льше он ей нра́вился.	ガーリャは観察すればするほどその人が好きになった。

28 ина́че, чем; по-друго́му, чем; не кто ино́й, как; не что ино́е, как; не чем ины́м, как などの接続詞の意味と用法は、一種の熟語として記憶するのがよいだろう。

3. 因果関係を表すもの

> так как, потому́ что, оттого́ что, ввиду́ того́ что, благодаря́ тому́ что, всле́дствие того́ что, в связи́ с тем что, в си́лу того́ что, и́бо（以上原因・理由、以下は結果）、поэ́тому, так что

так как と и́бо を除く大半のものが、[前置詞（派生的なものをふくむ）＋指示語 то の変化形＋то の内容を表す説明を導く接続詞 что] の形をしている。たとえば、потому́ что は語源的には [по（理由の前置詞、与格要求）＋тому́（これから説明することを指す代名詞 то の与格）＋что（説明の接続詞）]。

ここにあげられた原因・理由を表す接続詞は、基本的には同じ意味であるが、意味と用法に若干の差がある。так как 以外のものは原則として文頭に出ない（理由の従属文が主文のあとに来る）が、что がコンマで切り離されているものはこのかぎりではない。

最もふつうに用いられるものは потому́ что であり、意味が中立的である（広い）。これと так как 以外はおしなべて文語的または実務文的である。и́бо には古い感じがある。使われている単語の原義が残って、благодаря́ тому́ что には「おかげで」、всле́дствие того́ что には「その結果」、в связи́ с тем что には「その関連で」などのニュアンスが残る。

Ввиду́ того́, что приближа́ется тайфу́н, отмени́ли заня́тия в шко́ле.
台風が近づいているので、学校の授業は取りやめになった。

В связи́ с тем, что произошла́ уте́чка га́за, все жи́тели до́ма бы́ли эваку́ированы.
ガス漏れが生じたので、その家の住民は皆避難させられた。

Прошу́ взять ва́ши обвине́ния обра́тно, и́бо я их не заслужи́л.
非難を取り下げてください、私には当てはまりませんから。

На дворе́ был бура́н, поэ́тому не́ было никако́й возмо́жности вы́ехать пря́мо сейча́с.
中庭では竜巻が舞っていたので、今すぐ出発するのはどうしても無理だった。

Роди́тели оста́вили ей большо́е насле́дство, так что она́ сра́зу же верну́лась в Петербу́рг.
両親が莫大な遺産を残してくれたので、彼女はすぐにペテルブルグにもどった。

4．目的を表すもの

что́бы (чтоб), для того́ что́бы, с тем что́бы, зате́м что́бы, дабы́

基本的に目的を表す接続詞は что́бы である。あとは [前置詞＋то の変化形] がついて、意味を確認したもので、文語的である。дабы́ は古い形。что́бы に導かれる従属節の動詞は、時制に関係なく過去形をとるが、その主語が主節の主語と同じ場合は省略されて、動詞は不定形となる。что́бы とその先行部分の間にコンマを打つか否かについては、前掲 3 と同じ。

Он иска́л магази́н, что́бы все могли́ купи́ть что́-нибудь перекуси́ть.	皆が何か口に入れるものを買えるように彼は店を探した。
Он иска́л магази́н, что́бы купи́ть что́-нибудь перекуси́ть.	何か口に入れるものを買うために、彼は店を探した。
Ну́жно бы́ло слома́ть ста́рый дом, что́бы на его́ ме́сте постро́ить но́вый.	古い建物があったところに新しい建物を建てるために、古いほうを壊す必要があった。
Тяжёлый чемода́н она́ оста́вила в гости́нице, с тем что́бы Серге́й сам за́втра забра́л его́.	重いトランクは、明日セルゲイが自分でピックアップするように、彼女はホテルにあずけた。

5．条件を表すもの

е́сли, е́сли бы (б), раз, ли, これらの俗語として е́жели, ко́ли (коль), кабы́

条件を表す接続詞は主として е́сли である。後続の主節文頭に条件の結果を表す то を補う場合もあるが、単独で用いられることのほうが多い。

е́сли には「～は～であり、一方…は…である」と、単に**事実の対比**を表す用法もある。その場合、то は不可欠である。

раз は е́сли と同じ意味であるが、「～である以上～だ」と、決定（既成の）条件を表す感じのときに用いられる口語表現。

Е́сли доба́вить в сала́т немно́го лимо́нного со́ка, он бу́дет ещё лу́чше.	サラダに少しレモン汁を入れると、ずっとおいしくなります。
Раз уж обеща́л, на́до выполня́ть.	約束した以上、果たさなくては。
Раз он не пришёл, зна́чит, оби́делся.	来なかったということは、怒っているからだ。
Медсестра́ ли, кто ли друго́й принёс в пала́ту буке́т ла́ндышей.	看護婦なのか、誰か別の人なのか、病室にすずらんの花束をもってきた。

Éсли стáрший сын ест всё, что даю́т, то млáдший ест тóлько то, что нрáвится.
上の息子は与えるものを何でも食べるが、下の子は気に入ったものしか食べない。

6．譲歩を表すもの

хотя́ (хоть), хотя́ бы (хоть бы), несмотря́ на то что, мéжду тем как, пусть (пускáй), (лишь) тóлько бы
挿入語の прáвда は、но とともに譲歩を表すことができる

譲歩文を作るのは、
① 上に掲げた譲歩を表す従属接続詞（хотя́ (бы), несмотря́ на то など）
② 疑問詞＋ни＋直接法（現在形、未来形、不定形）
③ 疑問詞＋ни＋命令法（命令形）
④ 疑問詞＋бы＋ни＋仮定法（過去形）
これらの ни は合成接続語の一部であり、否定の意味はもたない。

Хотя́ прошлó стóлько лет, Вади́м срáзу узнáл её.
こんなに年月がたったのに、ヴァジームには彼女がすぐわかった。

Несмотря́ на то, что снег давнó растáял, веснá всё не наступáла.
雪はとっくに解けたのに、春はまだだった。

Пусть на лицé морщи́ны, вóлосы посеребри́ла сединá, но душá молодá, как прéжде.
顔にしわがあろうと、白髪が頭を銀色にしようと、心は以前どおり若い。

Тóлько бы самолёт не опоздáл.
飛行機が遅れさえしなければ。

Кудá вас ни пошлю́т, я бу́ду с вáми.
(Кудá бы вас ни послáли, я бу́ду с вáми.)
あなたがどこへやられようと、私はついて行きます。

Кудá тебя́ ни послáть, всегдá ты недовóлен.
どこへやられても、君はいつも不満だ。

Кудá тебя́ ни пошли́, ты всё сдéлаешь не так.
どこへやられても、君は相変らずトンチンカンなことをするだろう。

Я дóлжен доби́ться своегó, чегó бы э́то ни стóило.
何が何でも、私は初志を貫徹する。

Невозмóжно передáть му́зыку словáми, как бы ни́ был богáт наш язы́к.
私たちのことばがいかに豊かでも、音楽をことばで伝えることはできない。

7．状況語的従属節とコンマ

2語以上からなるものでも、ふつう接続詞はひとかたまりのものと扱われるが、что（чтóбы）および как をふくむ場合は、что（как）以外の語を、コンマを打って主節につける場合もある。その場合、その語が強調される。

Он не мог спать тóлько потомý, что испы́тывал сли́шком большýю, волнýющую рáдость.

彼が眠れなかったのは、ひとえにあまりにも心を動かす大きな喜びを味わったからだ。（この場合は特に тóлько によって強調されている）

Водá в рекé си́льно поднялáсь оттогó, что цéлую недéлю шли дожди́.

川の水が上昇したのはまる1週間雨が続いたからだ。

Мы собрали́сь здесь с тем, чтóбы поздрáвить нáшего дорогóго юбиля́ра.

私たちがここに集まったのは親愛なる主人公をお祝いするためです。

С тех пор, как началáсь Граждáнская войнá, о семьé он ничегó не знал.

内戦が始まって以来、彼は家族のことを何も知らなかった。

425. 句読点、その他

1．句読点（зна́ки препина́ния）の用法

(1) コンマ（запята́я）

コンマが打たれるのは以下の場合である。

1）単語レベル （335の2「同種成分と句読点」を参照）	① 接続詞なしの同種成分	Э́то была́ молода́я, краси́вая, у́мная же́нщина.「それは若くて美しい、賢い女性だった」
	② 反意・対立の並立接続詞で結ばれた同種成分	Она́ у́мная, но упря́мая.「彼女は利口だが、がんこだ」
	③ 繰り返される結合・選択の並立接続詞で結ばれた同種成分	На столе́ валя́лись и буты́лки, и стака́ны, и оста́тки еды́.「卓上にはビンもコップも残飯も散らばっていた」
	④ 複合の並立接続詞で結ばれた同種成分	На пло́щади собрали́сь не то́лько мужчи́ны, но и же́нщины и де́ти.「広場には男だけでなく、女も子供も集まった」
2）単文レベル	① 呼びかけ、間投詞に他の記号（感嘆符など）がつかないとき	Ива́н Фёдорович, нали́ть вам ча́ю?「イヴァン・フョードロヴィチ、お茶を注ぎましょうか」、Эх, бра́тцы! Не па́дайте ду́хом!「おい、仲間たちよ、くよくよするな」
	② 挿入語	К моему́ огорче́нию, мой друг заболе́л.「悲しいことに、友は病に伏した」
	③ 形動詞句、副動詞句	На у́лице стоя́ла маши́на, окра́шенная в кра́сный цвет.「通りには赤く塗られた自動車が止まっていた」、Верну́вшись домо́й, она́ переоде́лась и сра́зу позвони́ла в аэропо́рт.「帰宅すると彼女は着替えてすぐに空港に電話した」

3）複文レベル	① 上記 1）の② ③ ④の接続詞で結ばれた並立複文 ② すべての従属複文	В столóвой бы́ло мнóго нарóду, и я вернýлся обрáтно.「食堂は人でいっぱいだったので、私は戻ってきた」

(2) その他の句読点

① セミコロン「；」（тóчка с запятóй）	基本的にコンマと同じ用法。コンマが重なりすぎるようなとき、より大きな区切りとして用いる	Всё кругóм цвелó, жужжáло и пéло; вдали́ сия́ли вóды прудóв; прáздничное, свéтлое чýвство охвáтывало дýшу.「あたりはすべて花開き、羽音をたて、鳴いていた。遠くにはあちこちの池の水面が輝き、うきうきした明るい感情が心をとらえていた」
② コロン「：」（двоетóчие） コロンは、右のような接続詞のない複文の間におかれる。	① ふたつめの文が最初の文の理由を表すとき ② ふたつめの文が最初の文の説明であるとき ③ ふたつめの文が、最初の文の感覚動詞の補語であるとき ④ その他*	Люби́те кни́гу : онá помóжет вам разобрáться в жи́зни.「本を読みなさい、人生の理解を助けてくれるから」 Погóда былá ужáсная : вéтер выл, мóкрый снег пáдал хлóпьями.「ひどい天気だった。風がうなり、湿った雪が綿のように落ちてきた」 Онá прислýшалась: донёсся шум вечéрнего пóезда.「彼女は耳をすませた。夜行列車の音が聞こえてきた」
③ ダッシュ「—」（тирé）	① コロンの①～③の用法の代用となる ② 最初の文がふたつめの文の条件であるとき	Люби́те кни́гу — онá помóжет вам разобрáться в жи́зни.「（同上）」 Лес рýбят — щéпки летя́т.「薪を割れば木っ端が飛ぶ」（諺）

	③ ふたつめの文が最初の文の結果であるとき	Доро́ги размы́ло — нельзя́ бы́ло прое́хать ни на маши́не, ни на лошадя́х.「道が洗い流されてしまった。自動車でも馬車でも進めなかった」
	④ その他*	
④ その他 疑問符「？」вопроси́тельный знак、感嘆符「！」восклица́тельный знак、多重点「…」многото́чие	日本語の発想でもほぼ納得のいく用法だが、日本語より多用される	Варва́ра Никола́евна, неуже́ли э́то вы..., быва́ют же таки́е чудеса́ на све́те!「ヴァルヴァーラ・ニコラエヴナ、本当にあなたですか…この世ではこんな奇跡が起こるものなのですね」

* 総括語をともなう同種成分の句読点については、335「同種成分」3「同種成分と総括語」を参照。直接話法の句読点については次項を見よ。

2．直接話法と間接話法（пряма́я и ко́свенная речь）

文中で、会話をそのまま表現するものを直接話法、なされた会話を筆者の立場から表現し直すものを間接話法という。

«О́чень рад с ва́ми познако́миться», — сказа́л Васи́лий Ива́нович, пожима́я мне ру́ку.

「あなたにお目にかかれてとてもうれしいです」とヴァシーリィ・イヴァーノヴィチは、私の手を握りながら言った。

Пожима́я мне ру́ку, Васи́лий Ива́нович сказа́л, что он был о́чень рад со мной познако́миться.

私の手を握りながら、ヴァシーリィ・イヴァーノヴィチは、私に会えてとてもうれしい、と言った。

3．直接話法に使われる記号と句読点

直接話法は二重カギ「« »または" "」で示される。文学作品やインタビューなどではしばしばカギが省略される。その場合、ひとりの発言毎に行替えとなり、発言の最初にはダッシュがおかれる。直接話法の記号と句読点は次のように用いられる。

⑴ 発言が筆者のことばのあとにくる場合、その前には**コロン**がおかれる	Он спроси́л меня́: «Почему́ ты не согла́сен?»「『なぜ君は賛成しないのだ』と彼は私にたずねた」
⑵ 発言が筆者のことばの前にくる場合、そのあとには**コンマとダッシュ**がおかれる	«Она́ о́чень похо́жа на своего́ отца́», — сказа́л дя́дя.「『彼女は父親そっくりでね』とおじは言った」
⑶ 筆者のことばが発言の途中にくる場合は以下のとおり ① 筆者のことばが、発言途中で、それがなければ句読点のない箇所にくる場合は、両側から**コンマとダッシュ**で区切られる ② 筆者のことばが、発言途中で、それがなければ**コンマ**、**セミコロン**、**コロン**がある箇所にくる場合は、同じく両側から**コンマとダッシュ**で区切られる ③ 筆者のことばが、発言途中で、それがなければ**ピリオド**がある箇所にくる場合、前は**コンマとダッシュ**、うしろは**ピリオドとダッシュ**で区切られる ④ 筆者のことばが、発言途中で、それがなければ疑問符か感嘆符がある箇所にくる場合、前はその符号と**ダッシュ**、うしろは**ピリオドとダッシュ**で区切られる	«За́втра ве́чером, — сказа́л он, — я зайду́ к вам».「『明日の晩うかがいます』と彼は言った」 «Я хоте́л тебе́ сказа́ть, — доба́вил он, — что она́ ничего́ об э́том не зна́ет».「『彼女はこれについては何も知らない、と君に言おうと思ったのだ』と彼はつけ加えた」 «Я давно́ не ви́жу её, — говори́л Серёжа. — Как живёт она́ одна́ без роди́телей?»「『ずっと彼女には会っていない。彼女は両親なしにひとりでどう暮らしているのだろう』とセリョージャは言った」 «А по́мните, как я провожа́л вас на ве́чер в клуб? — сказа́л он. — «Тогда́ шёл дождь, бы́ло темно́...»「彼は言った。『あなたをクラブのパーティーにお連れしたのをご記憶ですか。そのときは雨で、暗くて…』」

4. 大文字、小文字の用法

ロシア語の**大文字（прописна́я бу́ква）**、**小文字（стро́чная бу́ква）**の用法は基本的にはヨーロッパ諸語に類似しているが、相違点も多い。

(1) 単語レベル

単語レベルでは固有名詞を大文字にするのが大原則だが、細かく見ると次のような規則がある。さらにこの規則の例外も少なくないので、必要に応じて個々に確認する必要がある。

① 形容詞や定語がついたものは、全体でひとつの固有名詞と考える	Кра́сное мо́ре「紅海」、Моско́вская о́бласть「モスクワ州」、Верса́льский мир「ヴェルサイユ講和条約」、Не́вский проспе́кт「ネフスキー通り」、Министе́рство иностра́нных дел（ただし略語は МИД）「外務省」
② 国名、単一の（他にはない）組織名では、各語頭を大文字にするのが原則	Росси́йская Федера́ция「ロシア連邦」、Но́вая Зела́ндия「ニュージーランド」、Госуда́рственная Ду́ма「国家会議（下院）」、Кра́сный Крест「赤十字」
③ 前につく付語は小文字	го́род Барсело́на「バルセロナ市」、президе́нт Медве́дев「メドヴェージェフ大統領」、полуо́стров Камча́тка「カムチャトカ半島」、у́лица Чайко́вского「チャイコフスキー通り」
④ 固有名詞扱いで大文字になるもの	Реформа́ция「宗教改革」、Возрожде́ние「ルネッサンス」、Рождество́(Христо́во)「クリスマス」、Да́льний Восто́к「極東」
⑤ 固有名詞から派生した形容詞、名詞などは通常小文字	англи́йский язы́к「英語」、пу́шкинский век「プーシキン時代」、петербу́ржец「ペテルブルグ住民」
⑥ 曜日名、月名は小文字。天体名は大文字	воскресе́нье「日曜日」、янва́рь「1月」、Юпи́тер「木星」、Земля́「地球」（ただし、копа́ть зе́млю「地面を耕す」）
⑦ キリスト教の神にかかわる語は大文字[29]	Бог「神」、Бо́жий「神の」、Тро́ица「三位一体」、Па́сха「復活祭」

[29] ソ連時代にはこれらすべてが小文字で書かれた。

⑧ その他*	Царь「ツァー」、Госуда́рь「(ロシア) 皇帝」、Его́ Вели́чество「陛下」、Центра́льный комите́т Коммунисти́ческой Па́ртии「共産党中央委員会」、Председа́тель Сове́та Мини́стров СССР「ソ連邦閣僚会議議長（首相）」、Ро́дина「祖国（特別な感情をこめて）」

＊一般的に、大文字の使用は特別な敬意を表す。そこで帝政時代には王室関連用語、ソ連時代には党・国家機関名などで通例以上に大文字が使われた。ソ連崩壊後、古い敬称の大文字はかなり復活しているが、党関連用語などが小文字になる例はあまりない。

(2) 文章レベル

原則としてピリオドその他の記号（「？」「！」「…」）によって文が終了したあと、新たな文は大文字で始められる。したがって文を終了させない記号（「,」「；」「：」「－」）のあとは、大文字にはならない。

ただし、呼びかけと間投詞に！がついた場合、大文字にならないときもある。そこで文は終わらず、感嘆符は単に間投詞を強めるためにつけられたと考えられるからである。

Она́ не уви́дела меня́ и увы́! уе́хала с ним.　　彼女は私に気づかず、ああ、彼といっしょに行ってしまった。

また、「：」のあとに直接話法の引用が始まる場合は、大文字となる。2つ以上の文が引用される場合については、先行3「直接話法に使われる記号と句読点」を参照。

Он пря́мо объяви́л: «Я не пойду́ с ва́ми».　　彼ははっきり言い切った。「ぼくはあなたと一緒には行かない」

参考文献

ロシア語（文法）に関する文献は数え切れないほどあるが、ここでは今回直接参考にしたもの、各分野・各事項に関して最も代表的と思われるものをあげるにとどめた。日本で出版された教科書・参考書のほとんどは初級向けなので、それらは取り上げていない。順序について通常のアルファベット順はとらず、「文法全般」では同種のものをまとめ、「個別問題」では本文で扱った順とした。

ロシア語文法全般

八杉貞利・木村彰一『ロシヤ文法』岩波書店、1953。

和久利誓一『テーブル式ロシヤ語便覧』評論社、1959。

井桁貞敏『標準ロシア語文法』三省堂、1961。

レシュカ、O.、ベセリー、J.（千野栄一・金指久美子編訳）『必携ロシア語変化総まとめ』白水社、1993。

城田　俊『現代ロシア語文法（中・上級編）』東洋書店、2003。

Академия наук СССР, *Грамматика русского языка,* Москва, Изд. АН СССР, 1960.

Академия наук СССР, Институт русского языка, *Русская грамматика,* Москва, Изд. «Наука», 1980.

Пулькина, И. М. и Захава-Некрасова, Е. Б., *Учебник русского языка для студентов-иностранцев,* Москва, Изд. «Высшая школа», 1964.（稲垣兼一・初瀬和彦訳『新ロシア語文典』吾妻書房、1981）。

佐藤純一『基本ロシア語文法』昇龍堂、1991。

Зализняк, А. А., *Грамматический словарь русского языка,* Москва, Изд. «Русский язык», 1977.

Караулов, Ю. Н. （Гл. редактор）, *Русский язык : Энциклопедия*, Москва, Изд. «Большая Российская энциклопедия», 1997.

染谷　茂『Русский язык в моей жизни　染谷茂ロシア語文法小話』美顕プリンティング出版部、1979。

文法個別問題

Брызгунова, Е. А., *Звуки и интонация русской речи, 4-е издание,* Москва, Изд. «Русский язык», 1981.

Агеенко, Ф. Л., Зарва, М. В., *Словарь ударений для работников радио и телевидения,* Москва, Изд. «Русский язык», 1984.

城田　俊『ロシア語発音の基礎』研究社、1988。

Рассудова, О. П., *Употребление видов глагола в русском языке,* Москва, Изд. МГУ, 1968（磯谷孝訳編『ロシア語動詞・体の用法』吾妻書房、1977）。

Муравьёва, Л. С., *Глаголы движения в русском языке*（на английском языке）, Москва, Изд. «Прогресс»,（出版年の記載なし）。

金田一真澄『ロシア語時制論（歴史的現在とその周辺）』三省堂、1994。

原　求作『ロシア語の体の用法』水声社、1996。

原　求作『ロシア語の運動の動詞』水声社、2008。

Всеволодова, М. В., Потапова, Г. Б., *Способы выражения пространственных отношений,* Москва, Изд. МГУ, 1968.

Всеволодова, М. В., Потапова, Г. Б., *Способы выражения временных отношений,* Москва, Изд. МГУ, 1973.

Васильева, А. Н., *Частицы русской разговорной речи*（на английском языке）, Москва, Изд. «Прогресс», 1972.

Белевицкая-Хализева, В. С. и др., *Сборник упражнений по синтаксису русского языка с коментариями, Простое предложение*（на английском языке）, Москва, Изд. литературы на иностранных языках, То же, *Сложное предложение*（出版年の記載なし）。

Borras, F. M., Christian, R. F., *Russian Syntax, Second Edition,* London, Oxford University Press, 1971.

Semenoff, A. H., *Russian Syntax,* New York: E. P. Dutton & Co. Inc., 1962.

Ковтунова, И. И., *Современный русский язык: порядок слов и акутуальное членение*, Москва, Изд. «Просвещение», 1976.

Розенталь, Д. Э., *Пунктуация и управление в русском языке*, Москва, Изд. «Книга», 1988.

Крылова, О. А., Хавронина, С. А., *Порядок слов в русском языке*, Москва, Изд. «Русский язык», 1976.

Васильева, А. Н., *Практическая стилистика русского языка для иностранных студентов-филологов старших курсов*, Москва, Изд. «Русский язык», 1981.

あとがき

外国語教育、特に英語教育は「文法ばかり教えるので、実際の役に立つ会話能力が身につかない」としばしば批判されてきた。それはそれで意味のある指摘かもしれないが、日本におけるロシア語教育に関しては、文法に対する必要な配慮が十分に払われてきたとは必ずしも思えない。実用的なロシア語能力習得のために文法がいかに重要で有効であるかということについては、「はじめに」その他の箇所でくりかえし述べたとおりである。

ロシア語能力の獲得とその向上のための学習に長期間にわたって役立つ、辞書のような文法便覧を作りたいというのが、ロシア語教師である私のかねてからの希望だった。しかし、本書がそうした任に堪えるものになったか否かについては、読者のご判断を待つしかない。筆者としては本書が、ロシア語を学ぶ方々、さまざまな分野でロシア語に携わる方々の座右の友になり得るならば、それにまさるよろこびはない。

本書が完成するまでの間に、上智大学の同僚教授の方々から貴重なご助力をいただいた。エレーナ・吉住さんには、ロシア語部分の校訂だけではなく、多数の例文の作成をお願いした。ロシアで出版されるロシア人のための学術的文法書に記載される例文は、外国人向けにはいろいろな点で不適当なため、事実上ほとんど使用できない。本書の意図どおりに作成していただいた例文は、簡単でありながら文法事項理解の手引きになるものばかりである。徳永晴美さんには原稿段階から何回も目を通すなど、全面的なご支援をいただいた。井上幸義さんにはもちまえの、一字一句をおろそかにしない博識にもとづいて、筆者の誤りや不足を多数指摘していただいた。皆さんのご協力に感謝したい。それでも残る不備や誤りの責任が筆者ひとりだけにあることはいうまでもない。

ロシア語習得のためには実用的な文法便覧が不可欠だという点で筆者と同じ考え方をもつ、東洋書店の小沼利英氏のご理解とご尽力がなければ、本書は生まれなかっただろう。わが国の今日のロシア語学習者および使用者の最も基礎的な「神器」である『研究社露和辞典』および『研究社和露辞典』を生み出された編集者小沼氏に、内容・形式にわたって緊密なご協力をいただいた本書が、もうひとつの「神器」になり得るならば幸いである。

最後になってしまったが、私が多少なりとも身につけたロシア語能力は、ロシア語の理解において（その他の点についてはあえてふれないとして）ぬ

きんでた存在であった恩師の故染谷茂先生に負うところがきわめて多い。このようにつたない書物ではあるが、やっと完成にこぎつけたことを、先生のご霊前にご報告したいと思う。

本書初版は2009年4月に東洋書店から発行されたが、このたび発足した東洋書店新社から、2014年9月に若干の訂正を施した旧第2刷がその形のまま復刊されることになったのは、著者としてはうれしいことである。復刊の労をとられた編集者の岩田悟氏に感謝したい。

2016年3月
宇多文雄

詳細目次

230. 形容詞の構成（接尾辞による分類）

250. 複合語、合成語、略語

ロシア語索引

本書で必要事項の検索に実際に役立つのはこの直前に掲載した詳細目次であろう。本書の性質上、文法用語やふつうの単語をアルファベット順の索引にしても、有効な道具になるとは思われないので、ここでは接頭辞、接尾辞、補助語（前置詞、接続詞、助詞、一部の代名詞、副詞）などを索引の形にした。本書全体の索引とはならないが、一定の役にはたつと思う。なお、接頭辞、接尾辞などの区別は厳密なものでなく、使いやすい形にした（たとえば、不完了体動詞を作る接尾辞は -a ではなく、-ать と示した）。

宇多　文雄（うだ　ふみお）

1941年生まれ。現在上智大学名誉教授。1964年上智大学外国語学部ロシア語学科卒、外務省入省、在モスクワ日本大使館にて研修、勤務。1970年退職後、上智大学外国語学部ロシア語学科専任講師、助教授、教授。その間、1979～81年ミシガン大学ロシア・東欧センター客員研究員、96～97年北海道大学スラブ研究センター客員教授、75～78年、82～85年ＮＨＫ教育テレビ・ロシア語講座講師、88年、97年ＮＨＫラジオ・ロシア語講座講師、97～2000年、07～12年ロシア語通訳協会会長。
語学関係主要著書に『新ロシア語会話教本』（共著）研究社（1996)、『ロシア語通訳教本』（共著）(2007)、『表で学ぶロシア語文法の基礎』(2011)、『標準ロシア語作文・会話教程』(2013) 以上　東洋書店。

新版　ロシア語文法便覧

定価はカバーに表示してあります。

2016年３月31日　新版第１刷発行©

著　者　宇多文雄
発行者　揖斐　憲
発　行　東洋書店新社
〒150-0043　東京都渋谷区道玄坂1丁目19番11号 寿道玄坂ビル4階
電　話　03-6416-0170
ＦＡＸ　03-3461-7141
発　売　垣内出版株式会社
〒158-0098　東京都世田谷区上用賀6丁目16番17号
電　話　03-3428-7623
ＦＡＸ　03-3428-7625
印刷・製本　株式会社メディオ
装　幀　クリエイティブ・コンセプト

落丁，乱丁本はお取り替え致します。

ISBN978-4-7734-2004-3